皮书系列

皮书系列

广视角·全方位·多品种

皮书系列

皮书系列

皮书系列

皮书系列

皮书系列为“十二五”国家重点图书出版规划项目

皮书系列

皮书系列

权威·前沿·原创

中国投资发展报告（2012）

ANNUAL REPORT ON THE DEVELOPMENT OF
CHINA'S INVESTMENT(2012)

主　编／杨庆蔚

社会科学文献出版社
SOCIAL SCIENCES ACADEMIC PRESS (CHINA)

图书在版编目（CIP）数据

中国投资发展报告．2012/杨庆蔚主编．—北京：社会科学文献出版社，2012.8
（投资蓝皮书）
ISBN 978-7-5097-3588-6

Ⅰ．①中… Ⅱ．①杨… Ⅲ．①投资-研究报告-中国-2012
Ⅳ．①F832.48

中国版本图书馆 CIP 数据核字（2012）第 146413 号

投资蓝皮书
中国投资发展报告（2012）

主　　编／杨庆蔚

出 版 人／谢寿光
出 版 者／社会科学文献出版社
地　　址／北京市西城区北三环中路甲 29 号院 3 号楼华龙大厦
邮政编码／100029

责任部门／财经与管理图书事业部（010）59367226　　责任编辑／许秀江
电子信箱／caijingbu@ssap.cn　　责任校对／师旭光
项目统筹／许秀江　　责任印制／岳　阳
经　　销／社会科学文献出版社市场营销中心（010）59367081　59367089
读者服务／读者服务中心（010）59367028

印　　装／北京季蜂印刷有限公司
开　　本／787mm×1092mm　1/16　　印　　张／23.75
版　　次／2012 年 8 月第 1 版　　字　　数／406 千字
印　　次／2012 年 8 月第 1 次印刷
书　　号／ISBN 978-7-5097-3588-6
定　　价／79.00 元

投资蓝皮书编委会

主编简介

杨庆蔚 男，1948 年生，教育学学士。历任国家计委社会发展司副司长、司长，固定资产投资司司长，国家发展和改革委员会固定资产投资司司长，中国投资有限公司副总经理兼副首席投资官，中国建银投资有限责任公司董事长。

编写说明

投资是中国经济增长的重要拉动力量。改革开放30余年来，我国经济经历了年均近10%的高速增长，其中投资在经济增长中的作用日益显著，成为最重要的引擎。在改革开放的推动下，在社会主义市场经济体制的建立和完善过程中，我国投资市场逐渐发展壮大，证券投资市场、股权投资市场、房地产投资市场等均已成为企业扩大再生产、居民管理财富的重要渠道，成为经济中不可或缺的组成部分。

当前我国经济发展处在加快转变经济增长方式、经济结构战略性调整的新时期，投资在扩大内需、推动产业升级、实现科学发展等方面，仍将发挥重要作用。“十二五”规划期间是增长方式转变的关键时期，我国的投资体制机制、投资结构、投资领域、投资方式等都将发生深刻变化，投资市场也将得到长足的发展。因此，以转变经济发展方式为主线，深入分析我国投资发展状况，探讨投资在促进经济结构调整、扩大内需等方面发挥作用的方式，研究投资市场的发展变化趋势，对于投资理论建设、投资实践发展均有重要意义。

《中国投资发展报告（2012）》是中国建银投资有限责任公司在投资实践中对中国投资发展的各方面问题进行深入研究和思考后的成果。投资包括固定资产投资、实业投资、金融产品投资、房地产投资等诸多领域，每个领域都存在值得研究的课题。目前学术界和实务界对于投资的研究主要集中于其中的某个领域，缺乏总括性的研究。《中国投资发展报告（2012）》尝试将投资作为一个整体进行研究，能够较为清晰地展现社会资金流动的特点，为投资者、研究者，甚至政策制定者提供参考。

《中国投资发展报告（2012）》以转变经济增长方式为主线，研究和探讨中国投资领域重大问题以及热点问题，包括宏观环境、固定资产投资、股权投资市场、证券投资市场、房地产投资市场等的研究，以及相关行业发展趋势和投资业务实践中的重要问题研究。

《中国投资发展报告（2012）》由总报告、宏观环境篇、市场形势篇、行业发展篇和投资实践篇组成，共17篇论文。其中，总报告全面回顾和总结了2011年中国投资发展的状况，并展望了2012年中国投资市场的前景；宏观环境篇由3篇论文组成，探讨了影响我国投资发展的宏观经济环境，包括国际国内经济形势、民营经济发展以及欧债危机等；市场形势篇由5篇论文组成，分别回顾和展望了股权投资市场、股票市场、债券市场、房地产市场和不良资产投资市场的发展现状和未来前景；行业发展篇由5篇文章组成，从投资的角度分别对金融服务业、第三方支付行业、养老产业、内贸集装箱航运业、液晶面板行业等进行了分析；投资实践篇由3篇论文组成，从投资实践角度研究了私募股权基金的组织形式、企业整体上市以及借壳上市中的法律问题。

《中国投资发展报告（2012）》是“投资蓝皮书”的开篇之作，以后我们将在每年的上半年定期出版。作为以投资和资产管理为主业的国有投资控股集团，中国建银投资有限责任公司今后将在选题角度、研究深度和广度等方面进行更深入的探索，使“投资蓝皮书”能够为投资界及相关人士提供更多、更有益的信息和研究成果。

摘　要

改革开放30余年来，我国经济经历了年均近10%的高速增长，其中投资在经济增长中的作用日益显著，成为最重要的引擎。伴随经济的快速发展，市场化改革的推进，企业融资方式日趋多元化，各种投资活动愈发活跃、投资主体迅速增加，使得投资市场不断深入发展，股票市场、债券市场、私募股权市场等逐渐发展壮大，已经成为支持经济发展的重要力量。

自从2008年爆发全球性金融危机以来，发达国家经济受到重挫，经济增长速度下降，对我国经济增长造成压力。同时，我国“十二五”规划提出以加快转变经济发展方式为主线，把经济结构战略性调整作为主攻方向。作为“十二五”规划开局之年，2011年我国经济发展出现了一些变化：经济增速开始下降，经济增长的动力出现调整，投资贡献率开始下降；房地产行业增速下降，制造业增速提高；国有经济地位进一步巩固，民营经济迅速发展；企业融资更加多样化，直接融资占比迅速提高。经济形势的变化使得我国的投资发展在规模、速度、结构等方面呈现新的变化。

受外需下降以及我国经济结构战略性调整的影响，2011年我国固定资产投资增速下降。投资市场整体规模稳定增长，但投资活跃度下降；房地产、证券市场趋冷，私募股权、信托、银行理财、艺术品等市场火暴；投资收益率降低，短期固定收益类产品受到追捧。

展望2012年，由于宏观经济环境难以出现实质性转好趋势，预计固定资产投资增速仍将平稳下降。投资市场规模保持低速增长，投资活跃度进一步下降；房地产市场难以好转，私募股权投资市场热度将下降，信托产品仍将受到投资者的关注，银行理财产品仍是投资者的重要选择，证券市场将出现一定的回暖。

Abstract

In more than 30 years of reform and opening up, China's economy has experienced a rapid growth with an average yearly rate close to 10%. Investment in economic growth is increasingly significant and becomes the most important engine. With the rapid growth of economy and the advancement of market-oriented reforms, corporate financing channels become more diversified, investments become more active, and the number of the investment agencies increases rapidly. These changes have deepened the development of investment market, and nourished the growth of stock market, bond market, and private equity market, Today these financial markets have become important forces to support economic development.

Since the outbreak of the global financial crisis in 2008, developed economies suffered a serious setback in economic growth, resulting in pressures on China's economic growth. At the same time, the theme of China's "12th Five-Year Plan" has been set as to speed up the transformation of economic development mode and to focus on the strategic adjustment of economic structure. In 2011, the opening year of the 12th Five Year Plan, China's economic development experienced some changes: economic growth rate began to drop, the economic growth momentum adjusted, the contribution of investment to the whole economy became smaller, the growth rate of the real estate industry declined, while the growth rate of the manufacturing sector increased. Meanwhile, the position of state-owned economy was further consolidated and the private economy was growing fast. Last but not least, among more diversified corporate financing channels, the proportion of direct financing increased significantly. In a word, the changes of economic situation promote the changes of China's investment activities in terms of size, speed, and structure, etc.

Influenced by the shrinking of external demands and the strategic adjustment of economic structure, China's fixed asset investment growth rate dropped in 2011. The size of investment market raised steadily, but investors became less active; the real estate market and securities markets cooled down, and the private equity, trust, bank financial management and art markets were growing hot; investment return rate was lowered, and the short-term fixed-income products were sought after.

Looking forwards to 2012, as it is difficult for the macroeconomic environment to improve substantively, the fixed asset investment growth is expected to continue declining steadily. The expension of the investment market would remain slow, and investors are likely to become even less acitive; the real estate market will be difficult to rebound, the private equity market will cool down, trust products will still be the focus of investors' attention, financial products launched by banks will still be an important choice for investors, and the stock market will pick up to some extent.

目 录

𝔹Ⅰ 总报告

𝔹Ⅱ 宏观环境篇

𝔹Ⅲ 市场形势篇

BⅣ 行业发展篇

BⅤ 投资实践篇

皮书数据库阅读使用指南

CONTENTS

𝔹 I General Report

𝔹 II Macroeconomic

𝔹 III Market

B IV Industry

B V Practices

总 报 告

General Report

B.1

2011年中国投资发展回顾及2012年展望

课题组*

摘　要：受外需下降以及我国经济结构战略性调整的影响，2011年我国固定资产投资增速下降。投资市场整体规模稳定增长，但投资活跃度下降；房地产、证券市场趋冷，私募股权、信托、银行理财、艺术品等市场火暴；投资收益率降低，短期固定收益类产品受到追捧。展望2012年，由于宏观经济环境难以出现实质性转好趋势，预计固定资产投资增速仍将平稳下降。投资市场规模保持低速增长，投资活跃度进一步下降；房地产市场难以好转，私募股权投资市场热度将下降，信托产品仍将受到投资者的关注，银行理财产品仍是投资者的重要选择，而证券市场可能将出现一定的回暖。

关键词：投资发展　回顾　展望

---

* 课题组成员：高文志、张璐璐、祝妍雯、高彦如。

一 2011年中国投资发展回顾

2011年，我国国内生产总值增长9.2%，比2010年下降1.1个百分点。经济增速下滑主要是由外需放缓和主动调控双重作用的结果，在此影响下，投资增速也出现了下滑。投资增速下降的同时，产业结构调整正在悄然推进，房地产和建筑业投资增速下降，制造业投资增速上升。货币政策由宽松转向稳健，流动性的收紧引起投资市场结构调整，房地产市场、证券市场趋冷，股权投资市场、信托市场、银行理财市场以及艺术品投资市场火暴。投资者风险偏好降低，对于短期化、高收益的固定收益产品更加青睐。

（一）固定资产投资增速下降，产业结构调整逐步推进

1. 固定资产投资增速下降

2011年，全社会固定资产投资311022亿元，比2010年增长23.6%，扣除价格因素，实际增长15.9%①，低于2010年19.5%的实际增速。具体来看，2011年固定资产投资同比增速呈现先扬后抑的走势，2011年上半年达到25.6%，高于2011年的平均增速水平，而进入下半年后，增速出现明显回落（见图1）。固定资产投资实际增速的回落，表明实际投资在宏观调控的作用下出现了放缓；而名义投资之所以保持较高增速，价格上升是重要原因之一。

固定资产投资增速下降导致投资对经济增长贡献率提升缓慢。2011年，在净出口贡献率下降5.8%情况下，资本形成总额对GDP增长的贡献率是54.2%，仅比2010年提高0.2个百分点。但相对消费而言，投资占比仍然比较高。在工业化、城镇化加速发展过程中，工业发展的需求、基础设施改进的需求、人民生活水平提高的需求，使得投资增速仍将在较高位运行，投资驱动经济发展的模式近期内难以改变。

中西部投资增长较为强劲，投资区域结构有所优化。2011年，东部地区投资144536亿元，比2010年增长21.3%，增速比1～11月回落0.4个百分点；中

① 中华人民共和国国家统计局，《中华人民共和国2011年国民经济和社会发展统计公报》，2012年2月12日，http：//www. stats. gov. cn/。

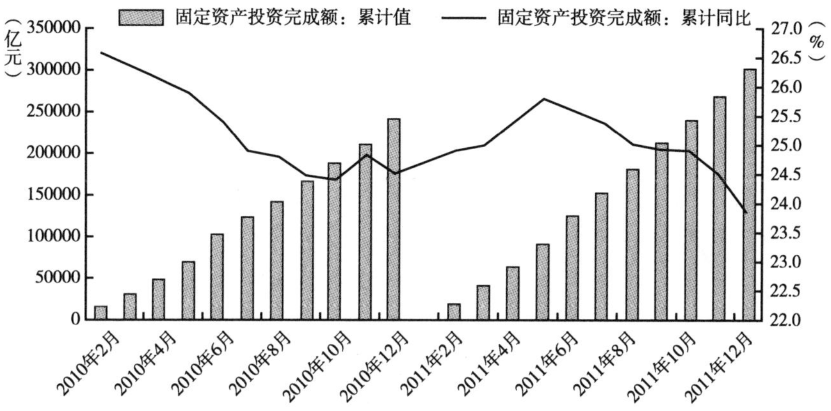

图 1　2010～2011 年我国固定资产投资完成额情况

资料来源：国家统计局。

部地区投资 82524 亿元，增长 28.8%，增速比 1～11 月回落 0.1 个百分点；西部地区投资 69489 亿元，增长 29.2%，增速与 1～11 月持平。中西部投资增速各季度均高于全年投资，呈现出高位平稳运行的态势；同时保持快于东部，投资空间结构不断优化，表明中央区域发展政策效果不断显现，区域产业转移更趋活跃。

2. 产业结构调整出现新变化

第一，第三产业投资增速小幅回落。2011 年，第三产业全年总投资额 162877 亿元，投资增速小幅回落，由年初的 25.6% 降至 21.2%。第三产业投资增速低于第一、第二产业。第一产业增速提升明显，从 2011 年初的增长 6.9% 到全年增长，全年总投资额达到 6792 亿元；第二产业投资增速较为平稳，全年总投资额 132263 亿元，增长 27.3%（见图 2）。

第三产业投资增速回落主要是由于房地产投资增速下降引起的。2011 年，我国房地产开发投资 61740 亿元，比 2010 年增长 27.9%，增速比上年回落 5.3 个百分点。除房地产业外，其他服务业发展提速，批发零售业增长 40.1%、金融业增长 42%、租赁和商务服务业增长 40.3%、居民服务和其他服务业增长 52.9%，增速均超过 2010 年的水平，呈现快速增长势头（见表 1）。

第二，制造业投资增速上升。2011 年，制造业固定资产投资增长 31.8%，高于 2010 年 27% 的水平。其中，装备制造业保持较高增速，通用设备制造业增长 30.6%，专用设备制造业增长 39.2%，电气、机械及器材制造业增长 44.6%；

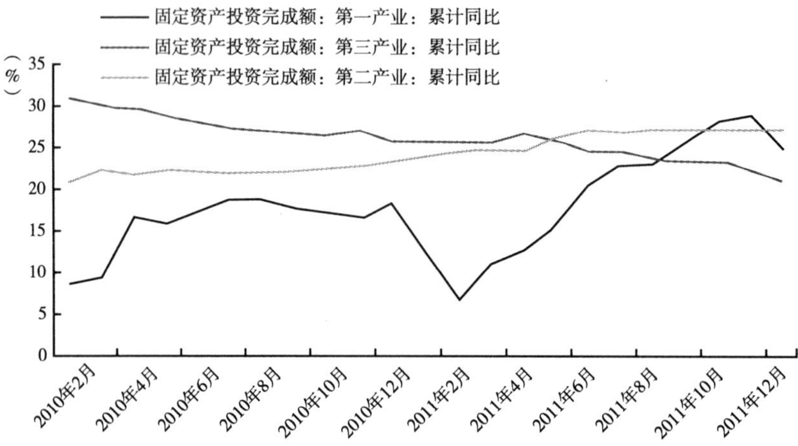

图 2　2010～2011 年我国产业固定资产投资完成额走势

资料来源：国家统计局。

消费品制造业高速增长，农副产品加工业增长 44.1%，纺织服装鞋帽制造业增长 43%，均保持了比 2010 年更快的增长速度（见表 1）。

表 1　分行业固定资产投资（不含农户）及其增长速度

单位：亿元，%

行　业	2011 年		2010 年	
	投资额	比上年增长	投资额	比上年增长
农林牧渔业	6792	25	3966	18.2
采矿业	11810	21.4	9653	18.1
制造业	102594	31.8	74528	27
其中：农副食品加工业	5229	44.1	3626	28.1
食品制造业	2386	23.1	1944	28.8
纺织业	3669	30.9	2230	26.4
纺织服装、鞋、帽制造业	2267	43	1412	34.4
石油加工、炼焦及核燃料加工业	2234	10.1	2076	12.9
化学原料及化学制品制造业	8899	26.4	6863	14.8
非金属矿物制品业	10448	31.8	7556	28
黑色金属冶炼及压延加工业	3860	14.6	3465	6.1
有色金属冶炼及压延加工业	3861	36.4	2924	35.8
金属制品业	5045	23.1	3622	28.6
通用设备制造业	7702	30.6	5459	22.4
专用设备制造业	5893	39.2	4154	35.1
交通运输设备制造业	8406	27.2	6554	31.7

续表

行 业	2011 年		2010 年	
	投资额	比上年增长	投资额	比上年增长
电气、机械及器材制造业	7851	44.6	4996	40.4
通信设备、计算机及其他	5266	34.2	3889	48.2
电力、燃气及水的生产和供应业	14607	3.8	14535	7.3
其中：电力、热力的生产与供应业	11557	1.8	11869	6.6
建筑业	3253	42.9	2332	48.6
交通运输、仓储和邮政业	27260	1.8	27820	19.5
信息传输、计算机服务和软件业	2161	0.4	2392	-6
批发和零售业	7322	40.1	5216	16.2
住宿和餐饮业	3916	34.3	2971	27.6
金融业	628	42	476	36.5
房地产业	75685	29.7	57557	33.5
租赁和商务服务业	3374	40.3	2490	32.4
科学研究、技术服务和地质勘察业	1650	39.4	1288	18.8
水利、环境和公共设施管理业	24537	14.2	22261	24.5
居民服务和其他服务业	1217	52.9	758	46.1
教育	3882	13.7	3717	14.6
卫生、社会保障和社会福利业	2331	28.1	1967	15.9
文化、体育和娱乐业	3148	21.3	2596	22.1
公共管理和社会组织	5766	18.1	4891	21.2
总 计	301933	23.8	241415	24.5

资料来源：国家统计局，http：//www.stats.gov.cn/tjgb/。

第三，根据中华人民共和国工业和信息化部公布的数据显示，我国水泥制造业投资增速 5 年来首次出现负增长①，一定程度上显示了结构调整的成果；但钢铁行业固定资产投资增速达 15.5%，导致钢铁产能仍然扩张。

（二）投资市场规模总体稳定增长，市场结构有所变化

尽管经济增速呈现放缓趋势，但由于货币供应量仍然稳定增长，导致总体投资需求依然旺盛。2011 年底 M2 余额超过 85.16 万亿元，同比增长 13.6%，M2 占 GDP 比重达到 1.8 倍，社会资金充裕。在此背景下，货币市场、信托市场、

① 中国工业和信息化部：《五年来我国水泥制造业固定资产投资首次出现负增长》，2012 年 2 月 27 日。

银行理财市场、私募股权投资市场等规模稳定增长，证券市场规模缩水。

第一，货币市场规模继续增长。2011 年同业拆借市场累计成交金额为 33.44 万亿元，比 2010 年增长 19.99%；银行间债券回购市场累计成交金额为 99.46 万亿元，比 2010 年增长 13.54%。全国企业累计签发商业汇票 15.05 万亿元，同比增长 26.03%；累计办理贴现 25.03 万亿元，同比下降 48.54%。

第二，银行理财及信托市场迅速发展。据万得统计（WIND），2011 年全年共有 100 家银行发行理财产品 23413 款，较 2010 年增长 94.51%。另外有 66 家信托公司发行信托产品 2399 只，信托行业资产规模从 2010 年的 3.04 万亿元扩大至 2011 年的 4.81 万亿元。银行理财及信托市场规模剧增的原因在于 2011 年流动性相对 2010 年偏紧所致。

第三，创业投资（VC）、私募股权投资（PE）规模增长较快。据清科研究中心统计，2011 年 VC、PE 共计投资 1762 起，披露金额为 457.36 亿美元，投资金额同比增长 62.2%。VC、PE 新增募资额约为 670 亿美元，比 2010 年的 388 亿美元增长了 73%。截至 2011 年底，VC 与 PE 的资金存量在万亿元人民币左右。

第四，证券市场规模有所缩小。受股票市场行情下跌影响，2011 年沪深两市的股票总市值为 21.48 万亿元，较 2010 年年末下降了 19.09%，占 GDP 的比重为 45.54%，较 2010 年年末的 66.68% 下降了 21.14 个百分点。股票市场融资额 7010 亿元，同比下降 29%。2011 年债券市场累计发行人民币债券 7.8 万亿元，同比减少 20.4%。减少的主要原因是国债、央行票据等发行量下降所致。2011 年，从银行间市场转托管到交易所的债券面额为 3502.75 亿元，比 2010 年年末的 2878.50 亿元大幅增长 21.69%，债券市场互联互通进一步增强。期货市场累计成交金额为 137.52 万亿元，同比下降 11.03%；沪深 300 股指期货成交金额为 43.77 万亿元。

（三）证券及房地产市场趋冷，私募股权及信托、理财等另类市场火暴

第一，股票、期货市场行情有较大幅度下跌，成交量下降。2011 年年末，上证指数年收于 2199.42 点，较 2010 年年末下跌了 608.68 点，跌幅为 21.68%；深证成指收于 8918.82 点，较 2010 年年末下跌了 3539.73 点，跌幅为 28.41%。2011 年 A 股市场成交金额 41.88 万亿元，较 2010 年大幅减少 23%。2011 年以

来，除黄金和燃料油期货品种价格有所上涨外，其余各商品期货价格均有较大幅度的下跌。在下跌品种中，早稻、玉米和大豆等部分农产品及铝跌幅较小，为5%以内，橡胶跌幅最大，为 35.04%，其余品种价格均下跌了 10%以上。A 股全年走势主要受我国经济增长放缓和通胀水平较高制约。除一季度源于较高的经济增长、较低水平通胀和较宽松的货币环境等因素，导致股指表现较好外，随着国内通胀不断走高，货币政策收紧，经济增速开始回落以及海外市场美国主权债务降级、欧债危机不断恶化等影响，股指面临较大的下行压力，经历了股市的持续低迷。资金面的紧张与行业监管的压力也使得期货市场在 2011 年经历了低迷的“调整年”。

第二，房地产市场销售萎缩。我国商品房销售面积在经历了 2009 年 43%的大幅增长后，2010 年增速回落至 10.1%。2011 年增速继续回落，全年商品房总销售面积为 10.99 亿平方米，仅比 2010 年增长 4.9%，增速回落了 5.2 个百分点。始于 2010 年的房地产严厉调控政策效果开始显现。2011 年全年商品房累计销售额为 5.91 亿平方米，同比增长 12.1%，比 2010 年增速下降 6.2 个百分点。住宅销售约占商品房总销售量的 80%以上。由于房地产的调控政策主要针对住宅市场，造成 2011 年住宅销售增长速度的下降。2011 年全年住宅销售总面积为 9.7 亿平方米，同比仅增长 3.9%，比 2010 年增速下降 4.1 个百分点。存量房交易方面，北京 2011 年成交 136891 套，比 2010 年下降 35.56%；深圳存量房成交套数下降近 40%。

第三，2011 年投资标的不再集中于传统的股票市场和房地产市场，部分资金开始流入以信托、银行理财、创业投资与私募股权投资基金为代表的“另类”投资市场。2011 年，沪深股票一级市场共募集资金 7010 亿元，较 2010 年的 9860 亿元下降了 29%。而 2011 年 VC、PE 新增募资额约为 670 亿美元，比 2010 年的 388 亿美元增长了 73%。2011 年，VC、PE 投资机构数量迅速增长，由 2010 年的 1700 家左右，增加至 2011 年的 6000 家左右。一方面，作为重要的投融资渠道，VC 与 PE 正处在急速扩张的时期；另一方面，2011 年股票市场低迷，房地产市场受到政策调控压制，部分资金流入创业投资与私募股权投资基金，导致 VC、PE 资金募集迅速而容易。

不过，2011 年下半年以来，VC、PE 基金募资出现降温态势，平均单只基金募资规模较低，这也使得 2011 年整体基金募资规模增长幅度明显低于 2010 年超

过100%的增速。这主要缘于市场流动性逐步收紧、经济前景不明朗、二级市场持续疲软以及PE行业竞争激烈等诸多因素的影响。从退出方式看，IPO依然是最主要的退出方式，但受到VIE风波、中概股表现不佳等不良因素的影响，VC的IPO退出同比下降5.7%，PE同比下降15.6%，且主要集中于境内市场；并购退出日渐升温，较2011年都有大幅提升。

第四，信托、理财产品吸纳投资表现突出。2007~2011年，我国信托业资产总规模的平均增速为50%。进入2011年，在货币政策偏紧、“金融脱媒”的背景下，信托行业从供需两方得到支撑，资产规模迅速扩张，从2010年的3.04万亿元扩大至2011年的4.81万亿元。整个行业赢利能力大幅提升，对我国的信贷市场、房地产市场、证券市场以及产业投资产生重要影响。

2011年在通胀形势严峻的背景下，银行基准利率和存款准备金率双双提升，存款准备金率一度达到史无前例的21.5%，尤其在三类保证金存款纳入存款准备金率的缴存范围后，银行的揽存压力倍增。2011年银行理财产品得到了爆发式的增长，全年发行理财产品23413款，市场迅速扩容。

第五，黄金、艺术品等避险投资产品行情上涨。在国际经济环境持续低迷、从紧货币政策与宏观调控政策带来的股市、房市不景气以及通胀担忧下，黄金与艺术品在2011年成为资本追逐的重要目标。黄金价格全年保持上涨。黄金市场累计成交金额为2.47万亿元，同比增长53.31%。主力品种AU99.95 2011年末收于319.80元/克，较2010年年末上涨了17.47元/克，涨幅为5.78%。而艺术品在2011年与资本的联系更加紧密。作为艺术品市场的新兴力量，艺术品基金在股市、楼市双双淡出投资者视线之后，成为更多资金追逐的市场。据有关报道，截至2011年11月18日，国内近30家艺术品基金公司已发行成立了超过70只艺术品基金，除去2只已到期解散的，基金初始规模总计57.7亿元。其中，进入《2011中国艺术品基金排行榜》的20家基金公司管理的基金规模达56.5亿元。2011年艺术品春拍市场共实现成交额428.42亿元，比2010年同期上涨112.71%。

（四）投资收益率降低，短期固定收益产品受到追捧

第一，股票市场投资收益率降低。由于股票市场大幅下跌，导致以股票为投资标的的产品收益率降低。2011年，证券投资基金整体业绩表现不佳。其中，股票型基金净值平均下跌23.90%，混合型基金净值平均下跌20.83%，债券型

基金平均净值下跌 3.60%。

第二，私募股权投资回报率下降。由于国际经济环境恶化，全球资本市场萧条，我国股票二级市场从 2011 年至今也一直委靡不振，IPO 规模持续锐减，VC、PE 机构通过 IPO 推出所获得的收益在逐步减少。据清科研究中心统计，2011 年 VC、PE 支持的中国企业上市数量和融资额双双下滑，仅 171 家具有 VC、PE 支持的中国企业融得 29541.87 亿美元，平均账面投资回报在剔除华锐风电 540.00 倍的高回报之后仅为 7.78 倍，而 2010 年为 9.27 倍。

第三，短期固定收益产品受到追捧。由于经济存在下行风险，投资者趋于谨慎，短期化和固定收益产品受到市场追捧。而相比基金以及股市不尽如人意的表现，这些产品在收益率方面也有相当的吸引力。以银行理财产品为例，在 2011 年 6 次提高准备金率、3 次加息的影响下，银行流动性不断收紧。加息后银行都会相应上调理财产品的预期收益率，各期限理财产品整体呈现上涨趋势，短期理财产品表现尤为明显，部分 7 天以内的超短期产品预期年化收益率达 4%。

（五）政策调整扮演重要角色，制度建设进一步加强

1. 政策调整是投资市场变化的关键因素

一是房地产政策的显著收缩是固定资产投资下滑乃至拖累经济增速下滑的重要原因。2011 年 1 月 27 日公布新“国八条”（《国务院办公厅关于进一步做好房地产市场调控工作有关问题的通知》）（国办发〔2011〕1 号），强化差别化住房信贷政策，对贷款购买第二套住房的家庭，首付款比例不低于 60%，贷款利率不低于基准利率的 1.1 倍。此外，2011 年连续 3 次加息，5 年期以上的基准利率突破 7% 的历史高位，达到 7.05%。若不考虑此前存量房贷利率大部分 7 折的情况，房贷利率已升至最近 10 年来的最高水平。房地产政策的严厉收紧直接导致房地产开发投资、房地产销售出现较大幅度下滑，这也带动了固定资产投资逐步走低。

二是流动性较 2011 年收紧，但整体货币环境依然宽松，导致市场结构变化，资金出现避险逐利的流向。2011 年全年人民币贷款增加 7.47 万亿元，同比少增 3901 亿元。广义货币（M2）余额 85.16 万亿元，同比增长 13.6%，狭义货币（M1）余额 28.98 万亿元，同比增长 7.9%。货币增量虽然减少，但存量基数庞大，市场总体的流动性依然宽裕；另一方面，货币政策由宽松转向稳健，这使得股市、楼市等资金需求较大的市场收益较差，在投资无门的情况下，资金开始寻

找避险和逐利的出口，流入非公开投资市场、黄金艺术品市场和银行理财市场。

三是部分行业与小微企业受益于积极的财政政策。2011 年，政府高达 9000 亿元的赤字容忍为财政政策提供了广阔空间，政府在多领域实施结构性减税措施。例如，提高个税起征点；对企业持有的 2011 ~ 2013 年发行的中国铁路建设债券取得的利息收益减半征收企业所得税；出台《支持小型和微型企业发展的金融财税措施》，提高小型微型企业增值税和营业税起征点，将小型微型企业减半征收企业所得税政策，延长至 2015 年底并扩大范围；以及 2011 年出台的自 2012 年 1 月 1 日起实施营业税改增值税试点，对不同生产性服务业的促进作用，这也是 2011 年租赁和商务服务业、交通运输、金融保险、计算机和通信设备等行业高速增长的重要原因。

2. 投资市场制度建设进一步加强

一是进一步完善了金融市场交易制度，促进市场交易的活跃。2011 年，国家外汇管理局发布新指引，推出即期尝试做市机构或远期掉期尝试做市机构，截至年末，已有北京银行等 8 家机构成为人民币外汇即期市场尝试做市机构，成为活跃市场交易的重要力量；中国证监会发布系列规章，进一步完善了股票市场和期货市场的交易制度，主要包括：正式推出转融通制度，打通社会资金和证券的融通渠道；界定了期货咨询业务，从资本实力和合规角度对从事这项业务的条件作出了规定；对 QFII 参与股指期货的程序、投资与成交金额、业务范围等进行了综合规定。

二是进一步强化了投资规范化管理的要求，建立公平的市场秩序。中国人民银行、公安部、工商总局、中国证监会、中国银监会联合发布通知，对非法黄金交易及黄金衍生产品交易所进行清理，以促进黄金市场规范健康发展。2011 年 1 月，中国银监会发布了《银行业金融机构衍生产品交易业务管理暂行办法》，对此前发布实施的《金融机构衍生产品交易业务管理暂行办法》进行修订；8 月，中国银监会就《商业银行资本管理办法（征求意见稿）》向社会公开征求意见。同时，对股权投资的规范化管理脚步也在逐步加快。2011 年 11 月国家发改委下发了《关于促进股权投资企业规范发展的通知》。作为中国首个全国性股权投资企业管理规则，此次新规的要点在于强制股权投资机构备案以及备案范围由部分试点地区扩大到全国范围。首次明确集合信托计划、合伙企业充当 LP 的基金应核查其资质，并规定单个投资者对股权投资企业的最低出资金额规定不低于 1000 万元。通过该项规则，基金募集有了较明确的政策依据，同时进一步提高

了 PE 基金的投资门槛，提高了基金募集的规范性。

三是进一步加强了企业债券管理制度，为改善企业投融资行为发挥积极作用。2011 年 7 月，国家发展和改革委员会发布《关于进一步加强企业债券存续期监管工作有关问题的通知》，进一步强化债券市场的责任意识，规范企业资产重组程序，完善企业债券存续期内发生重大变化的信息披露制度，加强债券资金用途监管，实施企业偿债能力动态监控并加大中介机构责任，强化市场约束意识，为改善企业融资结构、提高企业筹集投资项目中长期建设资金的使用效率，推进我国多层次资本市场的不断发展起到了积极作用。

二　2011 年主要投资市场发展情况

（一）证券市场

1. 股票市场融资和交易均出现回落

2011 年沪深股票一级市场共募集资金 7010 亿元，较 2010 年的 9860 亿元下降了 29%，除增发出现小幅上涨外，其他均出现了较大程度的下跌。其中 277 家公司首发（IPO），较 2010 年下降 20%，共募集 2720 亿元，较 2010 年下降 45%；增发 187 家，较 2010 年增长 11%，募集金额 3877 亿元，较 2010 年增长 10%；配股 15 家，较 2010 年下降 17%，募集资金 422 亿元，较 2010 年下降 71%。增发仍以 55% 的份额占据股票一级市场融资额的首位，其次是首发和配股（见图 3）。

2011 年首次发行股票的企业中，中小板上市 114 家，募集资金 1004.6 亿元；创业板 125 家，募集资金 745.5 亿元；主板 38 家，募集资金 970 亿元。中小板募集资金最高，而创业板在首发家数方面处于领先。这样的分布符合国家支持中小企业、鼓励企业创新、推进产业结构升级的政策。行业方面，按照 WIND 的统计，2011 年首发募集资金规模前三名的行业分别是资本货物、材料、耐用消费品及服装。而 2010 年首发募集资金规模前三名的分别为资本货物、银行、材料。过会率方面，2011 年 IPO 过会率略高于 3/4，这是自 2008 年以来首次降至 80% 以下。过会企业中，机械设备、化工、电力设备、电子元器件等行业分别以 13.25%、12.05%、9.04%、9.04% 的市场占有率领先。上市未过会被取消审核

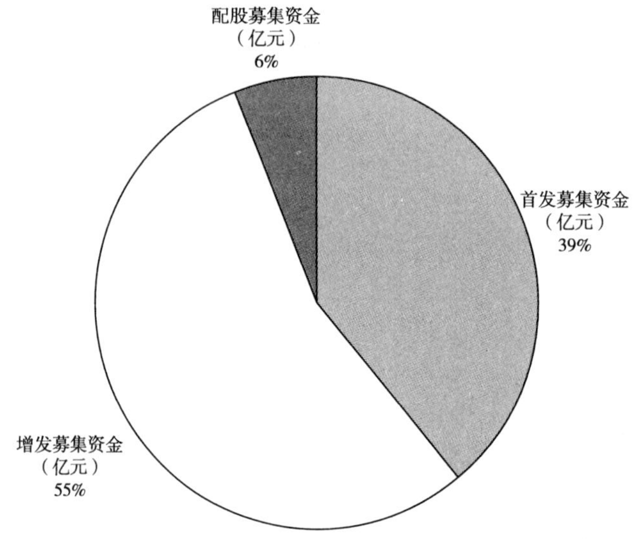

图3　2011 年股票一级市场融资

资料来源：WIND 资讯。

及被否企业为 80 家，行业还是主要集中在机械设备制造业、轻工制造业、电子元器件制造业等高端装备制造行业，分别占到了 20%、20%、17% 的比率。这些企业被否的原因主要还是因为核心竞争能力不足，企业经营收入不稳定，没有可持续发展的优势产业支撑等（见图 4）。

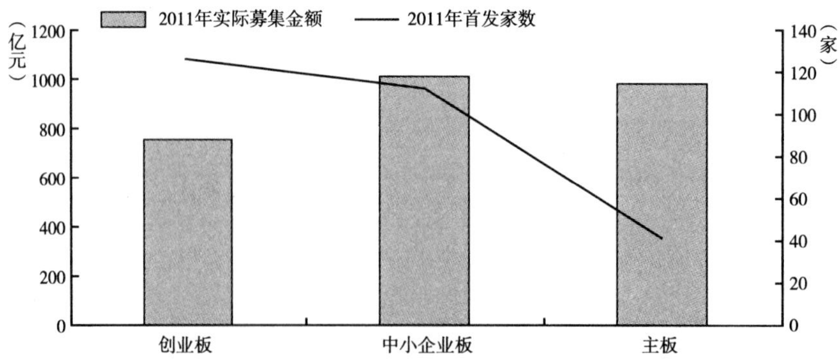

图4　2011 年 IPO 板块统计

资料来源：WIND 资讯。

2011 年沪深股市一级市场增发的企业中，增发数量前三名的行业分别为材料、银行、资本货物。而 2010 年增发数量前三名的行业为资本货物、银行、运输。2011 年沪深股市一级市场配股的企业中，配股前三名的行业为银行、材料、资本货物。而 2010 年配股前三名的行业为银行、材料以及制药、生物科技与生命科学。可以看出，银行在近两年资本充足率下降的情况下，频频使用增发和配股来补充资本金。

2011 年股票二级市场表现较差，整体呈现单边下跌走势，各主要股指跌幅均较大。从历史来看，A 股创下年度第二大跌幅，上证综指跌幅达 21.68%，跌幅仅次于金融危机爆发的 2008 年。在成交额方面，2011 年全年 A 股市场累计成交金额 41.88 万亿元，日均成交额较 2010 年大幅减少 23%。走势上基本和全年指数的表现相一致（见图 5）。

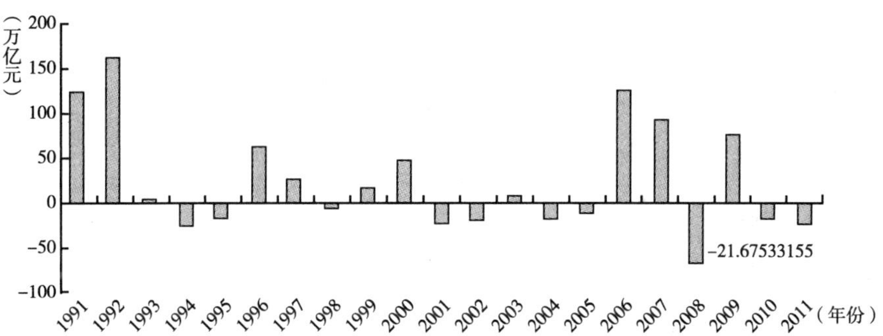

图 5　上证综合指数年度涨跌幅

资料来源：WIND 资讯。

从各行业的走势比较来看，全年所有行业均为负收益，但各行业跌幅差别巨大。其中，跌幅最小的行业为食品饮料行业，金融服务、房地产、公用事业跌幅也较小。跌幅最大的行业为有色金属行业，电子元器件、机械设备、信息设备行业跌幅也较大（见图 6）。

2. 债券市场表现抢眼

2011 年，债券市场累计发行人民币债券 7.8 万亿元，同比减少 20.4%[①]。减

① 中国人民银行：《2011 年金融市场运行情况》，2012 年 1 月 31 日。

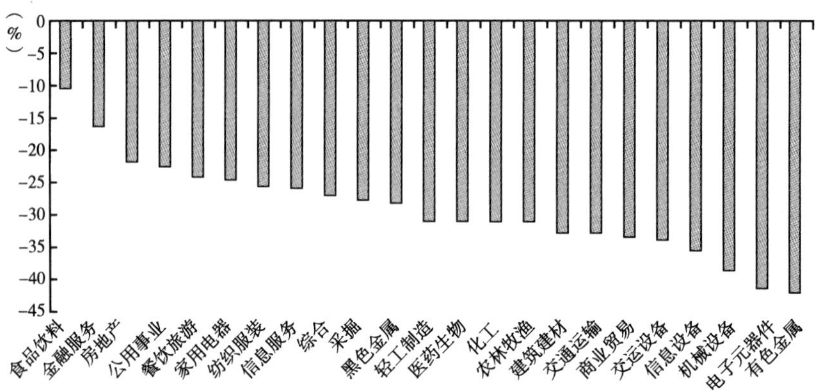

图 6　2011 年股票市场行业涨跌幅（申万一级行业）

资料来源：WIND 资讯。

少的原因主要是由于国债、央行票据等发行量下降导致，而企业通过债券融资的规模增加，其中更以中短期融资居多。虽然规模有所减少，但债券市场融资仍占据了资本市场融资的 90% 以上的比例（见图 7）。

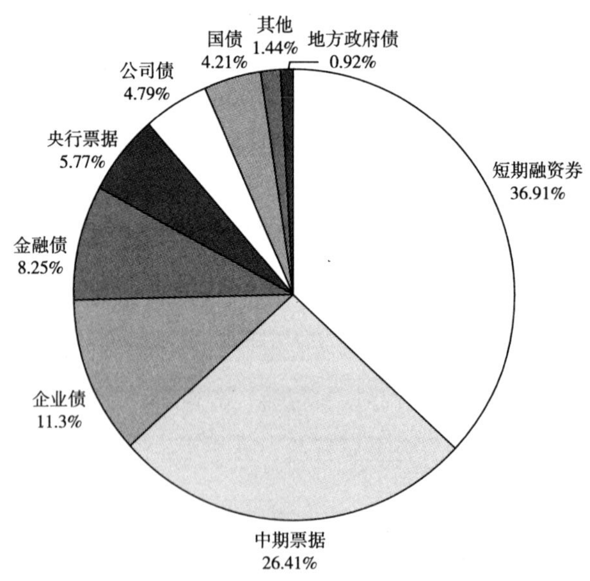

图 7　2011 年债券市场发行数量结构

资料来源：WIND 资讯。

2011 年债券发行数量方面，短期融资券以 36.91% 的比例排名第一，中期票据紧随其后为 26.41%。2011 年，债券发行期限结构以中短期债券为主。其中，期限 5 年以内的债券发行量占比 52.9%，比 2010 年上升 12.9 个百分点；期限 5 年（含）到 10 年的债券发行量占比 29.8%，比 2010 年下降 4.9 个百分点；期限 10 年（含）以上的债券发行量占比 17.3%，比 2010 年下降 8 个百分点。

2011 年，债券指数总体呈现上行走势。全年来看，银行间市场债券指数由 2011 年初的 132.93 点升至年末的 139.75 点，上升 6.82 点，升幅 5.1%；交易所市场国债指数由 2011 年初的 126.32 点升至年末的 131.39 点，上升 5.07 点，升幅 4.0%。市场成交量也出现同比增加，2011 年，银行间市场累计成交 196.5 万亿元，同比增加 9.5%。其中同业拆借累计成交 33.4 万亿元，同比增加 20.0%；债券回购累计成交 99.5 万亿元，同比增加 13.6%；现券交易累计成交 63.6 万亿元，同比减少 0.6%（见图 8）。

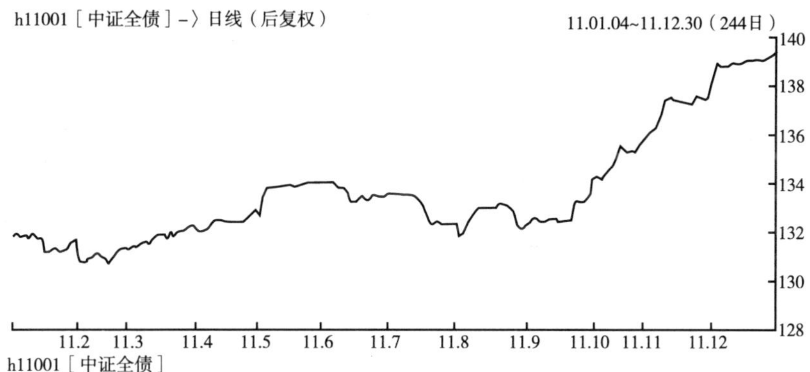

图 8　2011 年中证全债指数走势

资料来源：WIND 资讯。

3. 公募基金净值大幅缩水

截至 2011 年 12 月底，我国基金市场上共有 1068 只基金，基金份额为 24504.98 亿份，基金资产净值为 21043.47 亿元。其中，股票型基金仍占据整个基金市场的半壁江山，占比为 42.28%；债券型基金紧随其后，约占市场的 19.56%；混合型基金占比较 2010 年有所下降，占比约 15.91%；其他类型基金如货币型基金、封闭式基金等市场占有率基本维持在低位。

2011 年受股票市场低迷的影响，基金整体业绩表现不佳。其中，股票型基金净值平均下跌 23.90%，混合型基金净值平均下跌 20.83%，债券型基金平均净值下跌 3.60%，货币型基金净值平均上涨 2.63%，封闭式基金净值平均下跌 11.59%，QDII 型基金平均净值下跌 20.87%。

（二）理财市场

1. 银行理财产品数量出现爆发式增长

2011 年全年共有 100 家银行发行理财产品 23413 只，较 2010 年上涨 94.51%。2011 年前三季度银行理财产品的发行量无论同比还是环比，始终保持增长态势，直至四季度，发行量环比开始下滑，主要是超短期理财产品被叫停的缘故。这也是自 2010 年一季度以来，首次单季度环比下滑（见图 9）。

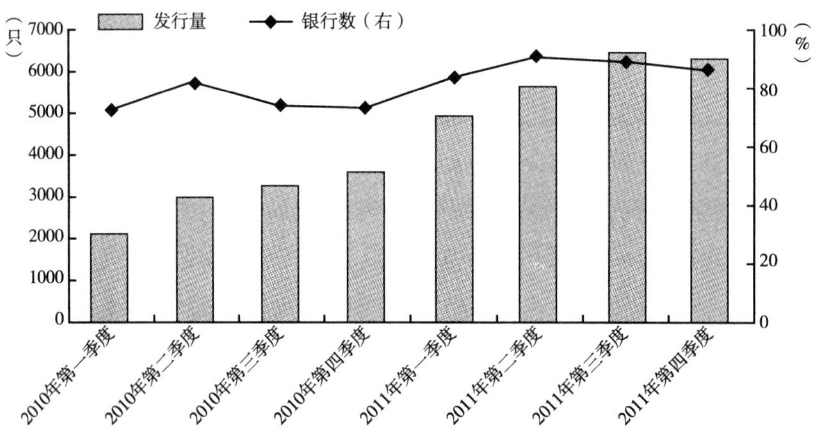

图 9　2010～2011 银行理财产品发行量

资料来源：WIND 资讯。

2011 年全年共有 20395 只产品到期。到期产品数量虽然每季度都在增长（2011 年一季度 4015 只，环比增长 39.12%；二季度 4923 只，环比增长 22.62%；三季度 5632 只，环比增长 14.40%；四季度 5825 只，环比增长 3.43%），但增速下滑之势明显（见图 10）。全年理财产品净增量为正（见图 11）。

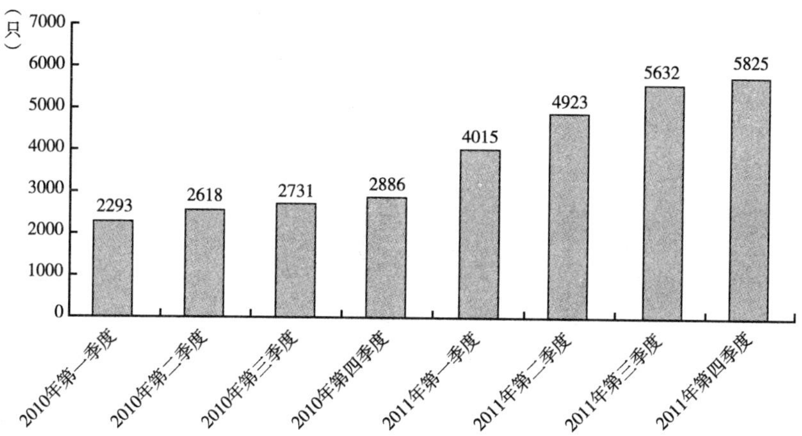

图 10　2010～2011 年银行理财产品到期量

资料来源：WIND 资讯。

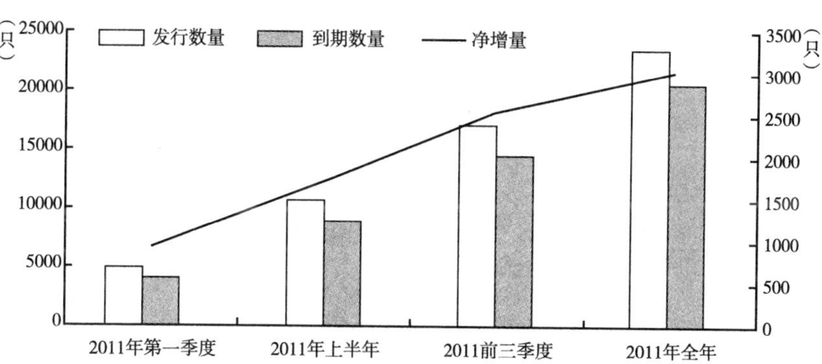

图 11　2011 年银行理财产品净增量

资料来源：WIND 资讯。

短期化是 2011 年银行理财市场的主要趋势。2011 年期限在 6 个月以内的理财产品发行量达到 20606 只，比例高达 88.01%。其中投资期限小于一个月的产品 7593 只，较 2010 年增长 106.11%；1～3 个月的理财产品 8269 只，增长 129.12%；3～6 个月的理财产品 4744 只，增长 115.34%。相比而言，6 个月以上的产品仅发行 2577 只，仅占 11.01%，同比仅增长 3.87%（见表 2）。

表 2　2011 年银行理财产品委托期限结构

类型	发行数量	占比(%)	到期数量	占比(%)
一个月以内	7593	32.43	7598	37.25
1～3 个月	8269	35.32	6940	34.03
3～6 个月	4744	20.26	3387	16.61
6～12 个月	2196	9.38	2169	10.63
12～24 个月	291	1.24	229	1.12
24 个月以上	90	0.38	71	0.35
未公布	230	0.98	1	0.01

资料来源：WIND 资讯。

高收益率的短期理财产品对个人和机构具有很强的吸引力，尤其是对短期闲置资金量较大的高端个人客户和机构客户来说，银行理财产品是兼顾流动性和收益性的较优选择。但是随着银行资金的不断收紧，各家银行开始靠高收益短期产品争抢资金、提高存款。银监会 7 月开始对银行理财市场进行规范，2011 年 9 月发文强调银行不得通过高收益短期理财产品变相揽储，所以 2011 年四季度超短期理财产品发行量急剧下跌。

理财产品根据投资的标的可分为股票类、债券类、利率类、票据类、信贷类、汇率类、商品期货类等。而从 2011 年理财产品的结构来看，单一挂钩某个标的的产品不多，比较普遍的是混合类产品，也就是说一款产品往往投资多个标的。这主要是为应对银监会关于将商业银行银信合作业务由表外转移至表内的发文，不少信贷类理财产品通过披上“混合类产品”的外衣来规避约束（见表 3）。

表 3　2011 年银行理财产品结构

类型	发行数量(只)	占比(%)	到期数量(只)	占比(%)
股票产品	1018	2.65	829	2.51
债券产品	10415	27.11	9137	27.66
利率产品	9328	24.28	7992	24.20
票据产品	4744	12.35	4377	13.25
信贷资产	3059	7.96	3227	9.77
汇率产品	631	1.64	457	1.38
商品期货	52	0.14	43	0.13
其他产品	9170	23.87	6967	21.09

资料来源：WIND 资讯。

2011 年受提高准备金率、加息等因素的影响，银行流动性不断收紧，加息后银行都会相应上调理财产品的预期收益率，因此，2011 年理财产品的预期收益率也呈现上涨的态势。其中收益率在 3% ~5% 的占 56.8%，较 2010 年增长 31.34 个百分点；收益率在 5% ~8% 的占 23.59%，增长了 20.42 个百分点；与此形成对比的是，0% ~2% 的市场占比仅为 3.97%，较 2010 年下降 22.23 个百分点；2% ~3% 的占 11.74，较 2010 年下降 26.39 个百分点（见表 4）。

表 4　2011 年银行理财产品收益率结构

	0 ~2%(含)	2% ~3%(含)	3% ~5%(含)	5% ~8%(含)	8% 以上	未公布
数量	930	2748	13299	5523	94	819
占比(%)	3.97	11.74	56.80	23.59	0.40	3.50

资料来源：WIND 资讯。

2. 信托产品规模大幅增长

2011 年，信托行业资产规模迅速扩张，从 2010 年的 3.04 万亿元扩大至 2011 年的 4.81 万亿元。整个行业赢利能力大幅提升，利润总额从 2010 年的 158.76 万亿元扩大至 2011 年的 298.57 万亿元。截至 2011 年底，我国共有 66 家信托公司。全年共发行信托产品 2399 只。

2011 年参加银信合作产品的银行数量每月在 18 ~35 家之间，较为稳定，而参与的信托公司数量则出现了逐月下降的态势，10 月仅为 8 家。规模上，截至 2011 年底，银信合作余额为 1.67 万亿元，占全部信托资产的 34.73%，与 2010 年基本持平。分月来看，2011 年 5 ~7 月银信合作产品经历了一个发行高峰期，7 月达到全年最高，随后 8 月逐步缩减，四季度进一步萎缩（见图 12）。

2011 年银信合作产品的平均续存期由 2010 年的 150 天缩短至 100 天左右，3 个月的银信合作产品大量发行。银信合作信托产品年化收益率与金融机构一年期存款利率、金融机构 6 个月至 1 年贷款利率关联性较高，在 2011 年多次加息的背景下，银信合作产品的平均预期年化收益率也出现了逐月走高的态势，从 1 月的 3.55% 升到了 12 月的 5.25%，全年平均 4.45%（见图 13）。

资金使用方式上，2011 年组合投资成为银信合作产品的主要使用方式，这一比例由 2010 年的 56% 上升至 2011 年的 80%。组合投资是指在信托产品发起时并不对具体投向作出明确说明，而是给投资者一个预期年化收益率，具体投资

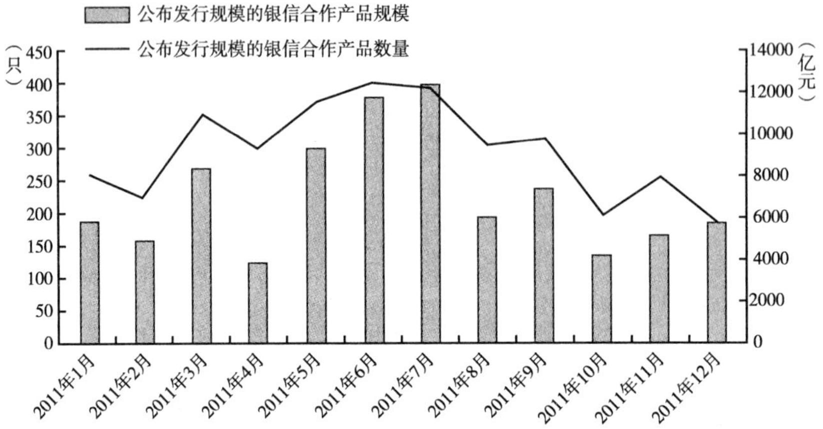

图 12　公布发行规模的银信合作产品规模

资料来源：用益信托工作室。

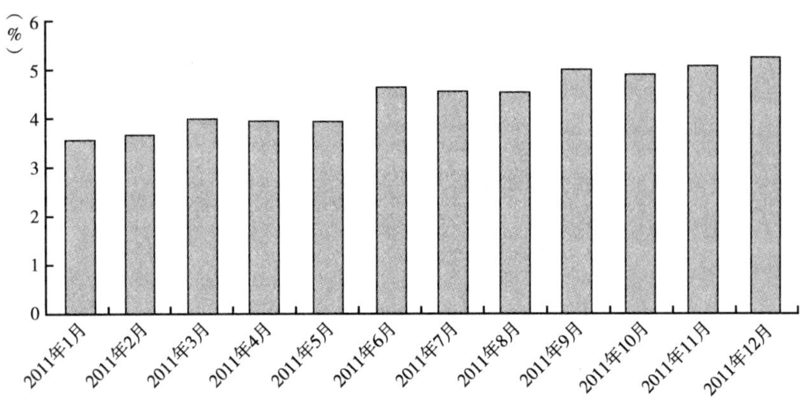

图 13　2011 年银信合作信托产品平均预期年化收益率

资料来源：用益信托工作室。

操作由受托人在续存期内根据经济和市场的具体形势作出决定。

2011 年发起集合资金信托计划的信托公司每月为 40 至 60 家。规模上，截至 2011 年底，集合资金信托余额为 1.36 万亿元，较 2010 年大幅增长 116%。二季度集合资金信托规模达到高峰，之后规模虽有所减小，但数量仍在不断创新高（见图 14）。

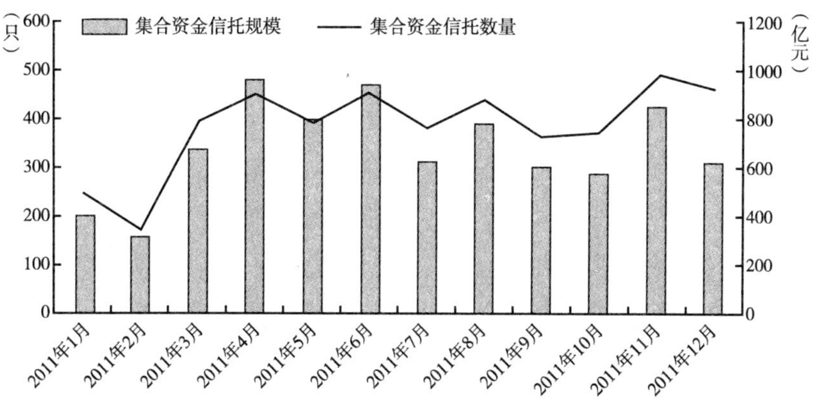

图 14　2011 年集合资金信托规模平走势

资料来源：用益信托工作室。

投资领域上，2011 年集合资金信托投资于房地产的规模为 2868.12 亿元，较 2010 年增长 44%，但数量上全年呈现前高后低的态势。投向金融和工商企业的资金规模为 1789.85 亿元和 1906.23 亿元，分别较 2010 年增长了 152% 和 178%。监管层对房地产信托的严格调控使得房地产信托数量减少，但相较于房地产信托的高收益，其他领域的平均收益显得较低，这也使得集合资金产品的收益率在 2011 年底时出现了小幅下降（见图 15，图 16）。

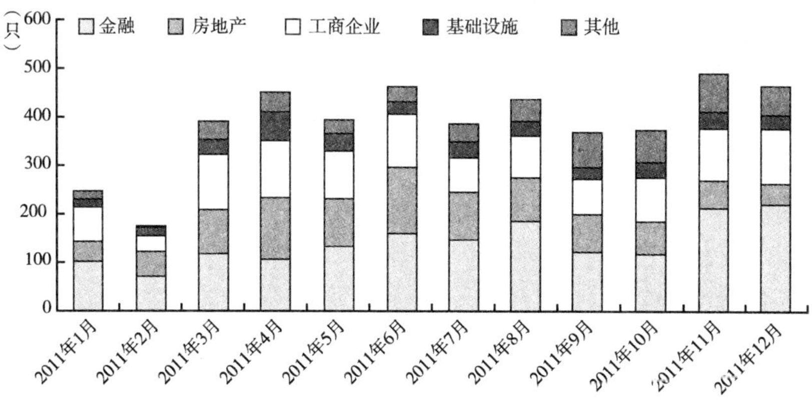

图 15　集合基金信托投资领域数量分布

资料来源：用益信托工作室。

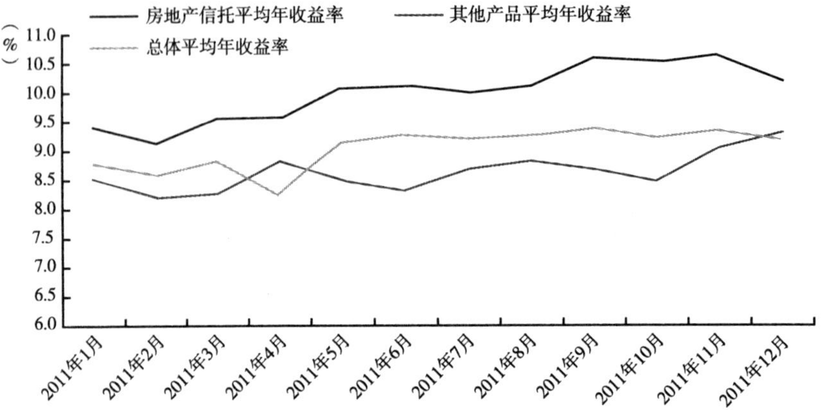

图 16　2011 年集合资金信托产品收益率表现

资料来源：用益信托工作室。

（三）股权投资市场

根据清科研究中心的统计，2011 年风险投资（VC）与私募股权投资基金（PE）共计投资 1762 起，披露金额为 457.36 亿美元，资金规模比 2010 年增长 62.2%。投资数量最多的五个行业为互联网、机械制造、清洁技术、生物技术/医疗健康以及化工原料及加工（见图 17）。

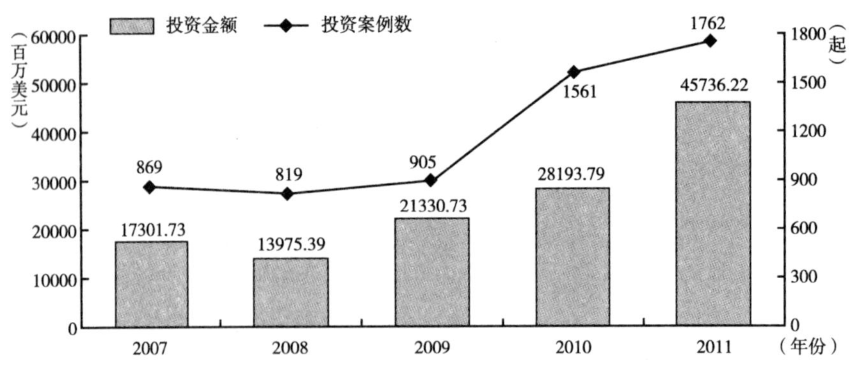

图 17　VC/PE2007～2011 年投资金额与投资案例数

资金来源：清科研究中心。

2011 年 VC/PE 退出活动为 525 起，比 2010 年退出 555 起下降 5%，退出金额为 13.5 亿美元。退出领域的低迷与募集领域的火暴形成了鲜明反差。

1. 创业投资募集规模迅速扩张

2011 年中外创投机构共新募基金 382 只，为 2010 年的 2.42 倍。新增可投资于中国大陆的资本量为 282.02 亿美元，为 2010 年募资总量 111.69 亿美元的 2.53 倍。创业投资募资规模扩张迅猛，其中人民币基金募资总额 204.05 亿美元，占比为 72.4%，基金数量 351 只，占比 91.9%。无论在规模还是数量上，人民币基金均高于美元基金，然而从平均新增资本量上看，美元新募基金规模依然远高于人民币基金（见表 5）。

表 5　2011 年创投基金募集规模

	募资额(亿美元)	占比(%)	数量(只)	占比(%)
人民币基金	204.05	72.4	351	91.9
美元基金	77.97	27.6	31	8.1

资料来源：清科研究中心。

从投资方面来看，2011 年已披露金额的案例共 1452 起，投资总量共计 127.65 亿美元，投资案例和金额分别达 2010 年的 1.84 倍和 2.37 倍。2002～2011 年投资案例数年复合增长率达 23.4%，金额更是达 46.2%，创投出现快速增长。但是，2011 年创投单笔投资规模偏小，近一半的投资规模在 500 万美元以下，这些项目投资额加起来共计 18.29 亿美元，仅占 2011 年总投资额的 14.3%。投资金额在 5000 万美元以上的案例 31 起，投资总额 25.47 亿美元，占总投资规模 20%。

从退出来看，2011 年创投机构共发生 456 笔退出交易，较 2010 年 388 笔退出交易小幅增长 17.5%。从退出方式来看，IPO 依然是最主要的退出方式，但受到 VIE 风波、中概股表现不佳等不良因素的影响，IPO 退出交易数较 2011 年小幅下降 5.7%，并主要集中于境内市场。与此形成对比的是，并购退出日渐升温，较 2011 年都有大幅提升（见表 6）。

投资行业方面，2011 年创投投资案例数和金额排名前三位的分别是互联网、清洁技术和电信及增值业务。其中互联网投资案例 276 起，投资总金额为 32.99 亿美元；清洁技术投资案例 129 起，投资总金额 9.43 亿美元；电信及增值业务 107 起，投资总金额 7.51 亿美元。

表 6 2011 年创投基金退出方式分布

	数量(只)	占比(%)		数量(只)	占比(%)
IPO 退出	312	68.4	股权转让退出	41	9.0
并购退出	55	12.1	管理层收购	22	4.8

资料来源：清科研究中心。

2. 私募股权投资基金募集资金上升，但退出数量下降

2011 年私募股权投资基金中披露募集金额的 221 只基金共计募集资金 388.58 亿美元，数量和募集金额分别为 2010 年的 2.7 倍和 1.4 倍。但由于市场流动性收紧、宏观经济委靡不振、二级市场持续疲软以及 PE 行业竞争激烈等诸多因素的影响，平均单只基金募资规模较低，PE 市场从 2011 年下半年开始呈现降温态势。年内完成募集的 235 只私募股权投资基金中有 201 只成长基金，募集金额 334.59 亿美元，同比涨幅分别为 195.6% 和 186.5%。在银行流动性偏紧以及房地产严厉的调控政策下，房地产商融资渠道开始拓宽，由传统的快速周转开发模式逐步向开发与持有并重的模式转型，2011 年内私募房地产投资基金表现突出，29 只基金完成募集到位，募资总额 40.78 亿美元。同时，2011 年有 2 只夹层基金以及 1 只不良资产基金的完成募集，情况较上年有所好转（见图 18）。

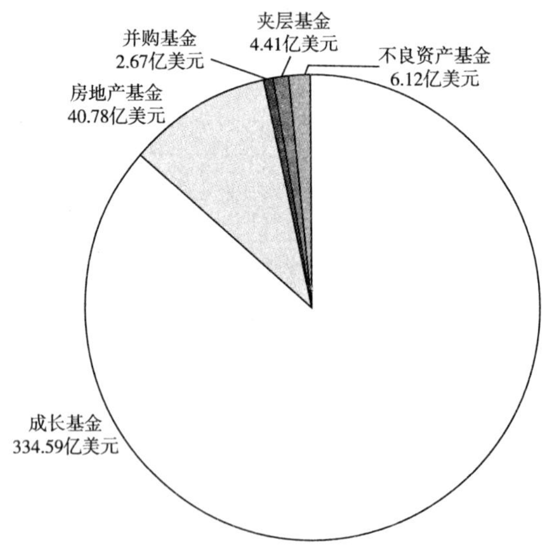

图 18 2011 年新募集私募股权基金类型统计

资料来源：清科研究中心。

2011 年中国私募股权市场中的投资活动急速升温，共计发生投资交易 695 起，其中披露金额的 643 起案例共计投资 275.97 亿美元，案例数量和金额同比分别增长 91.5%和 165.9%。从投资规模来看，2011 年内大额投资案例数量及金额较 2010 年显著增长，金额超过 2.00 亿美元的案例共有 22 起，同比增长 83.3%，投资总额 129.27 亿美元，为 2010 年的 3.21 倍，同时，单笔交易投资规模也较 2010 年小幅回升。

2011 年，中国私募股权投资市场中共计发生退出案例 150 笔，同比下滑 10.2%。其中，IPO 退出共有 135 笔，同比减少 15.6%；并购退出 7 笔，较 2010 年的 2 笔上涨250.0%；股权转让退出 5 笔，与 2010 年水平持平；较 2010 年有所突破的是，2011 年发生管理层回购方式退出 1 笔及其他方式退出 2 笔（见图 19）。

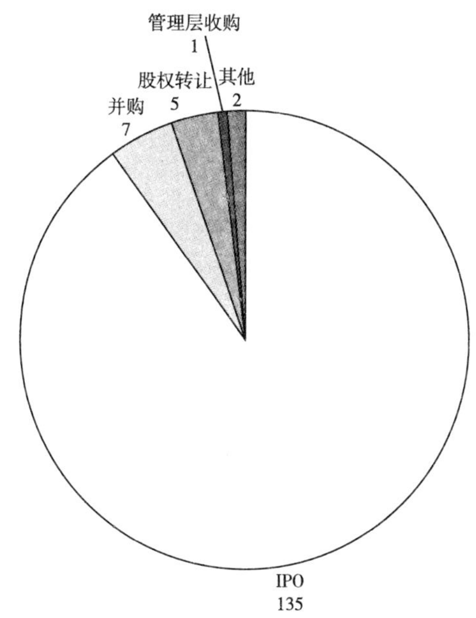

图 19　2011 年私募股权基金退出方式分布（数量）

资料来源：清科研究中心。

投资案例数量位列三甲的行业依次为机械制造、化工原料及加工生物技术/医疗健康。其中机械行业 2011 年完成投资 61 起，为 2010 年的 2.1 倍，虽然交易数量有所上升，交易额却呈现下降的态势，为 11.02 亿美元，较 2010 年下滑 6.5%，被投企业主要集中在电气机械和器材制造行业。2011 年化工原料及加工行业发生投资交易 56 起，投资总额 13.76 亿美元，投资案例数量和金额分别是

2010 年的 3.29 倍和 7.64 倍，被投企业主要集中在化工原料生产和原材料上。2011 年生物技术/医疗健康行业完成投资交易 55 起，与 2010 年水平持平，投资金额 35.75 亿美元，为 2010 年的 4.22 倍，被投企业主要集中在医药行业。

（四）房地产市场

2011 年我国房地产开发投资 61740 亿元，比 2010 年增长 27.9%，增速比 2010 年回落 5.3 个百分点。其中，住宅投资 44308 亿元，增长 30.2%，占房地产开发投资的比重为 71.8%。在房地产政策的严厉调控下，市场销售持续低迷，开发企业在未来市场前景不明朗的情况下，难以加大投资力度（见图 20）。

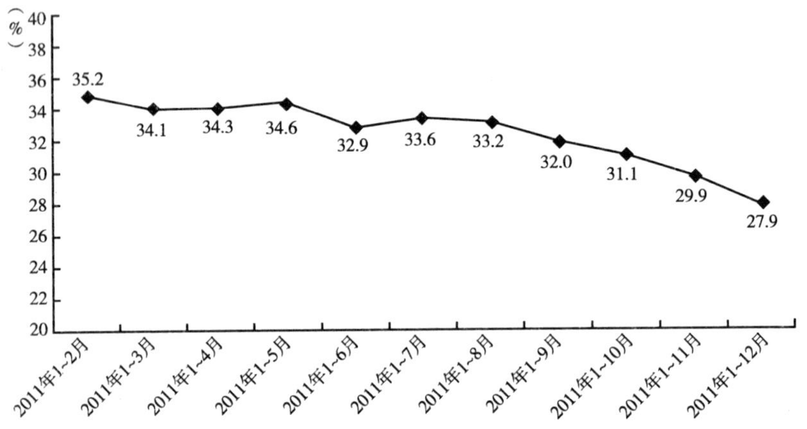

图 20　2011 年全国房地产开发投资增速

资料来源：国家统计局。

2011 年全国房地产开发企业房屋施工面积 50.80 亿平方米，总量比 2010 年增长 25.3%，增速比 2010 年回落 1.2 个百分点；其中，住宅施工面积 38.84 亿平方米，增长 23.4%。房屋新开工面积 19.01 亿平方米，增长 16.2%，增速比 2010 年回落 24.4 个百分点；其中，住宅新开工面积 14.60 亿平方米，增长 12.9%。房屋竣工面积 8.92 亿平方米，增长 13.3%，增速比 2010 年提高 5 个百分点；其中，住宅竣工面积 7.17 亿平方米，增长 13.0%。

2011 年，全国房地产开发企业土地购置面积 4.10 亿平方米，比 2010 年增长 2.6%，增速比 2010 年回落 22.6 个百分点；土地成交价款 8049 亿元，下降 1.9%，而 2010 年为增长 59.3%（见图 21）。

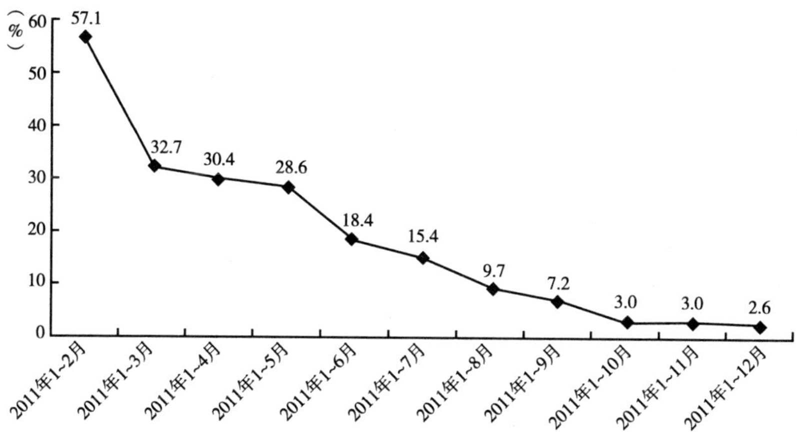

图 21　2011 年全国房地产开发企业土地购置面积增速

资料来源：国家统计局。

2011 年房地产开发企业融资 83246 亿元，比 2010 年增长 14.1%，增速比 2010 年回落 12.1 个百分点。其中，国内贷款 12564 亿元，与 2010 年持平；利用外资 814 亿元，增长 2.9%；自筹资金 34093 亿元，增长 28.0%；其他资金 35775 亿元，增长 8.6%。在其他资金中，定金及预收款 21610 亿元，增长 12.1%；个人按揭贷款 8360 亿元，下降 12.2%。在房地产调控政策的影响下，房地产企业投资的资金来源也受到一定的负面影响。

三　2012 年投资展望

（一）2012 年投资环境

1. 宏观经济形势：全球资本回流发达国家，我国经济增速继续趋缓

2011 年以来，随着欧洲主权债务危机持续深化，世界经济走势的不确定性增加。在此背景下，欧元区流动性趋紧，大量资金回流本土；美元避险需求增加，美国国债成为安全资产；新兴市场经济增速出现放缓，发达国家资金不断从新兴市场撤出。综合以上因素，预计 2012 年全球资本流动规模将会维持收缩的态势，这将对全球投资市场的活跃度造成负面影响。

2011年中国除了消费保持较快增长势头外，固定资产投资和进出口规模均出现一定程度的放缓，中国经济增长速度出现温和回落。展望2012年，受国外需求不振的影响，出口增速仍将低位徘徊，而国内房地产调控仍在继续，对固定资产投资及工业生产造成影响，预计2012年我国GDP增速将延续下行趋势。

2. 政策趋势：稳健的货币政策、积极的财政政策

（1）稳健的货币政策

为了缓解通胀压力，2011年我国的货币政策整体维持了偏紧的态势，这也进一步加大了经济下行的压力。进入2012年，通胀压力已经大幅缓解，“稳增长”被放在了更加重要的位置，为了保证经济不发生大幅振荡，2012年的货币政策预计比2011年偏宽松，央行将综合运用下调存款准备金率和公开市场操作来释放资金，加大信贷投放力度。另外，根据经济形势变化，也不排除会出现降息的可能。

（2）积极的财政政策

在经济下行压力加大的形势下，2012年积极的财政政策主要体现在刺激方面，预计2012年财政支出力度会加大，以抵御经济硬着陆的风险。政策支持的重点主要是“十二五”规划确定的战略性新兴产业、保障房以及与民生相关的产业。此外，为扩大内需，提高消费对经济的促进作用，政策还将继续落实家电下乡、建材下乡等政策，积极推进结构性减税等相关制度的改革。

（二）2012年投资市场发展趋势

在我国积极的财政政策和稳健的货币政策影响下，预计2012年我国投资整体规模仍将保持稳定增长，但增速依然在较低水平。分项来看，固定资产投资增速仍将平稳下降。投资市场规模保持低速增长，投资活跃度进一步下降；房地产市场难以好转，私募股权投资市场热度将下降，信托产品将继续受到投资者的关注，银行理财产品仍是投资者的重要选择，证券市场将出现一定的回暖。

1. 固定资产投资增速进一步趋缓，产业结构调整步伐加快

2012年1~4月，不含农户的固定资产投资75592亿元，同比增长20.2%，大大低于2011年同期25.4%的增速①。在消费潜力尚未完全释放、出口形势面

① 国家统计局：《2012年1~4月份固定资产投资主要情况》，2012年5月11日。

临严峻挑战的前提下，投资仍是我国目前稳定经济增长的重要支撑。2012 年房地产调控政策不变，再加上基础设施的投资力度也将减小，预计全社会固定资产投资增速将进一步下滑。不过由于保障房建设投资的加大，投资增速下滑的幅度将比较缓和。

产业结构调整将进一步加快。首先，随着房地产投资增速进一步下滑，与之相关的钢铁、水泥、建材等行业投资增速将保持下降势头。其次，在外部环境不确定性加大、欧债主权债务危机日益蔓延的条件下，与出口相关的制造业行业增速将下降。第三，战略性新兴产业将加快发展。2011 年 7 月 23 日，国家发改委发布了《鼓励和引导民营企业发展战略性新兴产业的实施意见》，未来在民营经济的推动下，战略性新兴产业发展将进一步加快。2012 年，随着战略性新兴产业相关规划的出台，将进一步拓宽投资空间。此外，《节能环保产业发展规划》、《环境服务业“十二五”规划》、也将陆续出台。第四，文化产业发展将提速。十七届六中全会提出，“加快发展文化产业、推动文化产业成为国民经济支柱性产业”。国家将加快推进文化产业结构调整，大力发展文化创意、影视制作、出版发行、印刷复制、演艺娱乐、数字内容和动漫等七大重点文化产业，这将带动相关产业投资快速增长。

2. 房地产市场调控政策依旧，保障性住房建设成为亮点

2011 年是我国房地产发展史上调控最为严厉的一年，在“限价、限购、限贷”和紧缩货币政策的双重压力下，无论是商品房销量还是存量房交易数据都出现了不同程度的下滑。2012 年，中央政府多次强调房地产调控政策不放松。温家宝总理在两会的答记者问环节提出“房价远没有回到合理价位”，国家住房和城乡建设部等有关部门指出 2012 年政策将继续严格调控，并且将由一线城市向二线、三线城市推广，预计我国的房地产投资将继续下行趋势。

房地产调控政策不放松，使得开发企业在未来市场前景不明朗的情况下，难以加大投资力度。预计 2012 年商品房投资增速继续下滑，新开工面积下降。在政策压力下，预计 2012 年一线、二线城市开发商“以价换量”的行为将使房价稳中有降。但随着城市化进程深入，三线、四线城市的房价将逐步上扬。一线、二线城市房价回落将在一定程度上刺激刚性需求的释放，引起商品房销量小幅上升。从地区来看，东部地区的销售面积增速将继续低于中、西部地区增速。

2012 年，预计信贷较 2011 年宽松，尽管国家对开发贷款控制严格，但首套房的按揭贷款有可能放松，同时房地产信托、房地产基金等增长较快，可以一定程度上缓解房企资金的紧张状况。

2012 年保障房建设将加速，全年保障性安居工程计划开工总量 700 万套，竣工 400 万套。据测算，新开工项目加上前两年结转的在建项目，2012 年整体保障房在建规模将达到约 1800 万套。另外，国家对于保障房资金来源已出台全面可行的支持措施，建设工作有望真正落到实处。根据财政部 2012 年 2 月公布的《关于切实做好 2012 年保障性安居工程财政资金安排等相关工作的通知》，2012 年无论是中央财政补助还是地方政府的其他可支配收入，都加强了对保障房融资的支持。另外，各级财政部门支持成立专门的保障房融资平台，以获得银行的新增贷款支持。

3. 证券市场改革加速，投资活跃度将有所上升

2012 年证券市场改革将加速，监管机制的灵活性将有所提高。2012 年证券市场可能迎来以下几点变化：①自 2011 年起，上市审核制度就受到多方关注，预计 2012 年，上市审核制度不会发生根本性变化，但审核条件将更加市场化，对企业经营业绩的波动容忍度提升，但对企业长期赢利能力及内控能力审核强度将大幅提升。②自 2011 年末，证监会对内幕交易打击态度异常强硬，惩处力度加大，预计 2012 年市场透明度增加，有助于增强证券市场活跃度。③2011 年 11 月，沪深交易所分别发布《融资融券交易实施细则》，融资融券业务由试点转为常规，预计 2012 年融资融券标的股将快速扩大，相关配套措施也将陆续出台。④我国 A 股市场的非理性投资的原因之一是机构投资者占比过少，虽然 2012 年养老金入市存在一定困难，但预计 2012 年长期资金入市将集中在扩大已有的机构投资者。⑤2012 年 4 月，创业板退市机制正式实施，预计主板市场退市机制也可能进一步完善，借壳上市成本增加。⑥2012 年 4 月，证监会发布《关于进一步深化新股发行体制改革的指导意见》，其中提出，个人投资者可参与新股询价和配售，新股发行价格市盈率高于同行业上市公司平均市盈率 25% 的公司将受到更严格的监管，并取消现行往下配售股份 3 个月的锁定期，提高新上市公司股票的流通性。⑦“新三板扩容”正在稳步推进中，预计在 2012 年将正式筹建统一监管下的全国性场外交易市场。⑧我国债券市场产品单一，证监会主席郭树清多次宣布将大力发展债券市场，逐步研究推动地方债、机构债、市政债、公司债、高收益债、私募债等固定收益类金融产品创新，允许创业板公司

非公开发行公司债。

因此，在全球资本回流、国内货币政策相对宽松、证券市场新政频繁推出的预期下，2012 年我国股票市场和债券市场将有不同的表现。股票市场资金量将不会大幅增加，但随着市场透明度增加，机构投资者规模扩大，投资者信心将有一定程度的恢复，预计活跃度将随着时间逐渐增强。年内股市不会出现大幅振荡，预计股指将出现小幅上升，但新股市盈率在政策打压下将有较大幅度下降。融资融券和新三板的扩容是对证券市场的重要补充，将促进产品创新和扩大投资者投资范围，可能对投资行为方式产生一定影响。

中国银行间市场交易商协会统计显示，截至 2012 年 4 月，已累计发行短期融资券、中期票据、超短期融资券、中小企业集合票据、非公开定向发行工具等各类债券融资工具超过 6.2 万亿元，市场存量已经达到 3.2 万亿元，发行企业突破了 1200 家。随着债券市场产品创新能力增强，预计 2012 年我国债券市场投资将明显增加。

4. 银行理财市场热度将下降，信托市场将进一步发展

银行理财市场方面，2011 年银行理财市场的“火爆”趋势在 2012 年可能难以为继。由于 2012 年监管变严，监管层对银行理财产品的销售要求、资金运用规范化，将导致发行量和发行规模有一定程度的下滑，产品收益率也将下滑。

2011 年监管层发现了“资金池”理财乱象，要求各家银行清理理财产品“资金池”，以实现单一理财产品单独核算。同时，“叫停”部分短期银行理财产品。预计 2012 年监管力度将继续加强，对理财产品的期限、收益等有进一步的要求，产品信息也将更透明化。

为应对 2011 年末起监管层对超短期理财的严格限制，银行设计出允许短期赎回的长期产品，即滚动式理财产品。该类产品在每个短周期到期后，如果不选择中止，收益和本金将继续投入下一周期中，并提高收益率。预计不同期限、风格的滚动式理财产品在 2012 年会大幅增加。

信托市场方面，2011 年是《信托公司净资本管理办法》实施的第一年，是信托公司转型过渡的一年，随着管理办法对行业的影响逐步加深，2012 年将迎来中国信托业真正的转型变革。未来行业发展将呈现多元化，赢利能力突出、风险控制及风险承受能力强的信托公司将在行业内获得快速发展的机会。

2012 年房地产行业贷款困难仍是主旋律，同时房地产行业仍有较高利润，预计房地产信托将仍然是信托产品的重要组成部分之一。但由于监管部门提示信托公司要审慎对待房地产类项目，房地产信托产品的发行节奏预计将放缓，项目可能主要偏向于保障房。除此之外，基础设施受益于“十二五”规划项目的推进，预计也将会是信托资金追逐的对象。

5. 私募股权投资市场降温，政府监管力度加强

自2011年下半年开始，境内外资本市场持续低迷，PE基金退出渠道收窄、投资收益下滑，PE行业出现明显“降温”。在政策监管变严和一二级市场价差空间收缩的双重作用下，可以预计2012年私募股权投资的融资增速将有所下降，投资机构增速较2011年也会有大规模下降。同时，于2009年前后“全民PE”热潮中成立的大量PE基金正陆续进入退出期，整个PE行业将面临巨大的退出及回报压力。预计2012年的中国PE行业将出现大规模“洗牌”，PE行业集中度将因此进一步提高。同时，PE投资阶段呈现出向前期发展的趋势，PE出现VC化的倾向。

而VC方面由于投资介入的阶段较早，所受环境影响相对较小，因此2012年预计在新募基金数和新增机构数量的增速将高于PE行业，但更注重细分领域和专业性。

在监管方面，2011年发改委重启PE备案，并于2011年底发布《关于促进股权投资企业规范发展的通知》，成为我国首个全国性股权投资基金管理规则。此外，地方性PE管理规范也在逐步完善，天津、深圳等地均出台PE新规。2012年，修订后的《基金法》将在人大会议上提交审议通过，预计私募基金会纳入其中，而其他部门也会有所跟进，整个PE市场的监管思路有望进一步明晰。

在投资主体方面，2011年下半年开始，人民币基金募资普遍面临困境。2011年底发改委再次发布新规，规范基金募资，个人投资者参与PE基金的门槛进一步提高。在这样的形势下，市场对来自机构投资者，如社保基金、政府引导基金、政府背景的投资公司、保险资金以及FOFs等的资金需求进一步增长。

在募资方面，2011年下半年起已经开始降温。随着行业竞争加剧、洗牌将至，2012年对于中小型基金募资较为困难，而国内外经济疲软，IPO价格受限，一、二级市场价差缩小，将导致募资情况进一步下滑。市场中可能会出现基金后续资金无法到位导致后续投资无法推进的情况。

从所募基金类型来看，房地产企业的资金缺口为私募房地产投资基金提供了良好的投资机会，2012 年房地产基金将显著增多。另外，二级市场市盈率较低为投资机构提供机会，2012 年预计二级市场基金募集将提速。此外，2012 年值得关注的多元化基金类别还有并购基金、夹层基金、对冲基金以及定增基金等。

在投资方面，2011 年的高投资估值、IPO 退出困难、2010 年至 2011 年上半年上市企业多数处于破发状态等因素，将促使投资机构在 2012 年的投资更为谨慎，投资节奏也将有所放缓，市场中的投资估值会明显回落，其给投资者带来的回报水平也将随之下降。

从所投行业来看，预计战略性新兴产业、文化创意产业、新农业、金融及金融服务业、私募房地产投资等行业在政策影响下将成为投资关注领域。其中，移动互联网已逐渐从概念讨论阶段走向商业化运作，投资规模将出现快速增长。

在退出方面，进入 2012 年，“全民 PE”热潮中大量人民币基金将陆续进入退出期，而 IPO 资源仍相对有限，境内 IPO 审核日渐趋紧，过会率走低，二级市场持续疲软，境外中国概念股屡受冲击，上市窗口何时再开尚不明朗，IPO 退出阻力不言而喻。因此 PE 机构必将探索更为多样化的退出方式，并购及股权转让等退出方式将大幅增加。同业转售将成为机构间实现退出与寻找投资机会的重要渠道，PE 洗牌的过程也将带来更多的可交易资产。另外，场外交易市场也可能成为投资机构退出的渠道之一。

参考文献

1. 中华人民共和国统计局：《中华人民共和国 2011 年国民经济和社会发展统计公报》，2012 年 2 月 12 日。
2. 中华人民共和国统计局：《中华人民共和国 2010 年国民经济和社会发展统计公报》，2011 年 2 月 28 日。
3. 中国人民银行：《2011 年四季度中国货币政策执行报告》，2012 年 2 月 15 日。
4. 中国人民银行：《2011 年中国金融市场发展报告》，2012 年 3 月 30 日。
5. 中国人民银行：《2011 年金融市场运行情况》，2012 年 1 月 31 日。
6. WIND 资讯：《2011 年银行理财产品市场专题报告》，2012 年 2 月 2 日。

7. WIND资讯：《2011年券商投行业务报告》，2012年1月。
8. 姜琳琳：《新兴与消亡并存2011艺术品市场：真真假假这一年》，2011年12月19日《北京商报》。
9. 徐馨儿：《2011艺术品市场大事记》，2011年12月24日《现代快报》。
10. 清科研究中心：《2011年中国私募股权投资市场分析报告》，2012年3月2日。

A Review in 2011's Chinese Investment Developing and Outlook in 2012's

Research Group

Abstract: Influenced by the shrinking of external demands and the strategic adjustment of economic structure, China's fixed asset investment growth rate dropped in 2011. The size of investment market raised steadily, but investors became less active; the real estate market and securities markets cooled down, and the private equity, trust, bank financial management and art markets were growing hot; investment return rate was lowered, and the short-term fixed-income products were sought after.

Looking forwards to 2012, as it is difficult for the macroeconomic environment to improve substantively, the fixed asset investment growth is expected to continue declining steadily. The expension of the investment market would remain slow, and investors are likely to become even less active; the real estate market will be difficult to rebound, the private equity market will cool down, trust products will still be the focus of investors' attention, financial products launched by banks will still be an important choice for investors, and the stock market will pick up to some extent.

Key Words: Investment Developing; Review; Outlook

宏观环境篇

Macroeconomic

B.2

后危机时代的挑战

——2012 年宏观经济分析与预测

高文志　祝妍雯

摘　要：全球已经进入后危机时代，经济走势充满了不确定性。金融系统的去杠杆化、频频爆发的债务危机、不断恶化的中东局势，这些因素都使全球经济面临再次放缓的风险。2012 年，世界格局将在危机和动荡中加速变化。美国经济基本面已经开始好转，但政治风险依然存在；欧洲债务问题依然前路漫长，可能会陷入轻度衰退。在这种情况下，中国面临着来自外贸、投资等多方面的挑战，经济结构调整的需求越来越紧迫。为此，我国 2012 年提出了“稳中求进”的经济总基调，积极推进经济体制改革，用速度换质量，在这种情况下，2012 年中国的经济增速将会是个相对低点。

关键词：后危机时代　经济走势　挑战

2011 年，远离 2008 年的次贷危机已经三个年头，世界经济又一次放慢了脚步，一系列欧债、美债危机的出现，标志着全球进入了后危机时代。进入2012年，欧债危机依然悬而未决，中东局势扑朔迷离，各地政府选举竞争激烈，2012年的经济局势依然充满了不确定性。而我们能做的，就是在2012年不确定的环境中，把握我们可以确定的事情，抓住机遇，迎接挑战。

一　全球进入后危机时代

后危机时代，指的是危机缓和后，出现的一种较为平稳的状态。但是这种状态是相对而言的，由于造成危机的根源并没有消除，全球经济仍然存在很多不确定因素，危机可能还会回来，并引起新一轮的衰退。

2008年美国次贷危机后，在全球大规模的经济政策刺激下，世界经济开始出现好转。但这只是表象，进入2011年，债务问题、经济问题、社会问题接踵而至，危机出现反复（见图1）。人们这才从复苏的喜悦中清醒过来，意识到后危机时代的来临。

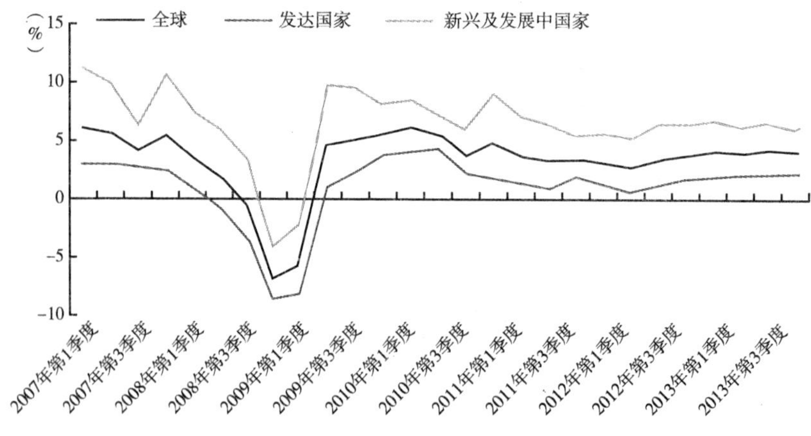

图1　全球经济走势

资料来源：IMF。

（一）后危机时代特点之一：经济充满不确定性

金融的高杠杆率是诱导2008年金融危机爆发的主要原因。信用的过度膨胀导致资源过度利用，产生资产泡沫，泡沫破裂导致金融系统去杠杆化，信用收缩引发经济衰退。

目前西方经济体正处于去杠杆化过程，这是一个信贷泡沫破裂后削减过度负债的痛苦过程。一旦进入去杠杆化进程，包括风险利差、流动性利差、市场波动水平都会上升。资产价格将因此受到冲击，并最终影响市场的流动性，进而冲击实体经济。

就西方金融体系去杠杆化的进展来看，目前美国金融体系的去杠杆化已经取得一定进展，美国金融部门杠杆率已从 2008 年初的峰值下降了近 30%，大幅低于 30 年历史平均杠杆率，但也留下了不少后遗症，由于商业银行资产负债表严重受损，银行借贷意愿不足，信贷标准趋紧，所以即使美联储释放了大量的基础货币，信贷市场在零售层面上仍处于紧缩状态，货币乘数缺乏显著改善。欧洲金融体系的去杠杆化刚刚开始，主权信用和金融部门的风险相互传导，大量金融机构不得不通过削减贷款或廉价出售资产来补充资本金，这种“惜贷”行为加剧了风险对实体经济的打击，可能引起经济的衰退。

金融体系的去杠杆化引发企业和消费者的融资受限，使得非金融企业、投资者和消费者也进行了去杠杆化操作。为了缓冲资产的萎缩，企业开始削减开支，减少投资，居民则开始储蓄，降低消费。这样的结果就是需求减少，实体经济的基本面恶化，加剧了金融机构利润的下滑及资产价格的下跌，反过来更加强化了金融机构的去杠杆化过程。

西方金融体系去杠杆化过程远未结束，并在金融体系和实体经济之间相互强化，导致了以中国为首的出口型国家外部需求的大幅度减少。这些国家出口的下滑可能引发产能过剩、制造业疲软等一系列问题，从而增强了全球经济衰退的风险，使得未来走势更加充满不确定性。

（二）后危机时代特点之二：债务转移

“二战”后，“凯恩斯主义”成为发达国家制定经济政策的主要依据，这使得多数国家的财政赤字和政府债务在大部分年份处于扩张状态。经济危机爆发后，为了避免经济萧条，政府出手救市，将私人部门的债务转变为国家债务，政府就此累积下巨额财政赤字（见图 2）。

以美国为例，2008 年金融危机爆发后，政府采取了大量的救助措施。为此，美国政府在 2008 年、2009 年和 2010 年分别进行了 1.03 万亿美元、1.89 万亿美

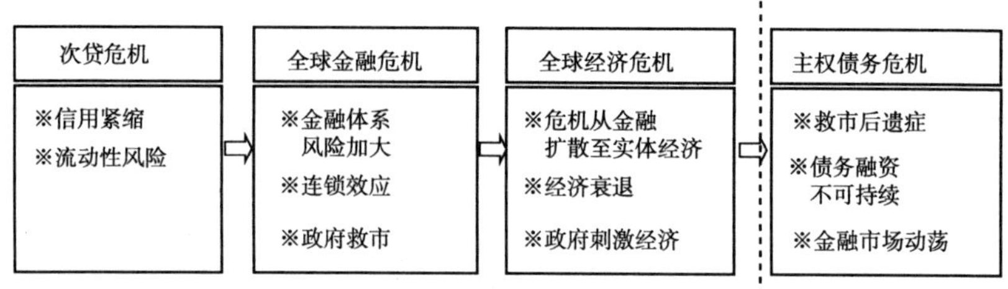

图2　危机的传导路径

资料来源：中国建投研究中心整理。

元和1.65万亿美元的国债融资，美国长期存在的赤字进一步扩大，最终导致美国债务评级被降。

目前美国、日本、欧元区的主权债务问题都非常严重。有所不同的是，美国凭借着美元的强势地位，通过两次量化宽松将危机转嫁出去，把它的国家债务变为全球债务；而日本以内部债务为主，且拥有大量的外汇储备，一度成为美国最大的债权国，其一面以低成本在国内融资，另一面在外购买美债，事实上不赔反赚。与前两者不同的是，欧元区虽在货币上实现了统一，但财政的独立使得各国在发债问题上无法达成共识，另外，由于欧元区各国的债务都是交叉持有，所以出现问题后的解决过程也变得尤为艰难。

（三）后危机时代特点之三：经济格局的调整

在后危机时代世界经济放缓的背景下，世界经济格局也在发生变化。在2008年以来，以金砖五国为代表的新兴经济体较快地摆脱了金融危机的阴影，为全球经济的稳定和复苏作出了重要贡献。与此同时，新兴经济体在国际贸易、国际资本流动和重点产品产出等方面的影响力也在不断增强，国际经济地位大幅提升。

目前，随着发达经济体纷纷陷入债务危机的泥潭，世界经济的重心已经开始加速东移。现存的由西方发达国家主导的国际经济规则和秩序，越来越不适应21世纪新兴经济体的发展要求，东方制造、西方消费的模式已经难以为继。世界经济格局和经济秩序的重建已经不可避免。而后危机时代的来临，更加速了这种改变的进程。

在后危机时代的背景下，各个国家都面临着不同程度的挑战。发达国家面临经济复苏的挑战，新兴经济体面临经济增长模式的挑战。但总的来说，在新的科技革命和产业变革仍在酝酿的前提下，发达经济体新的经济增长点尚未找到，而新兴经济体由于仍存在制度和改革的红利，所以，对于后者来说，机遇大于挑战。新兴经济体应把握住这次难得的机遇，积极进行改革，重塑在全球经济分工中的定位，提高在国际经济关系中的话语权，创造参与国际经济合作和竞争的新优势。

后危机时代，不同的国家存在不同的问题和挑战，以下我们将就美国、欧元区、中国这三大经济体分别进行说明。

二　美国：2012 年将温和复苏

（一）多项经济指标好转显示美国经济基本面回暖

1. 制造业回暖

2011 年三季度美国制造业表现不佳，但进入四季度后，在需求的拉动下，制造业开始止跌回暖。新订单指数在年末消费旺季的推动下明显反弹（见图 3），考虑到前期库存水平一直偏低，美国企业正面临新一轮补库存周期。

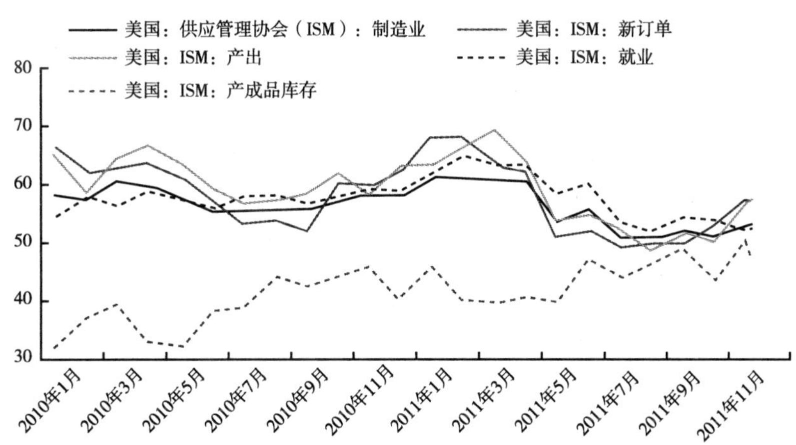

图 3　2010 ~ 2011 年美国制造业 ISM 指数走势

资料来源：WIND 资讯。

展望2012年，虽然2011年末消费旺季的过去可能会带来终端需求的阶段性回落，但制造业的内在驱动因素将会发生变化。首先，终端需求虽可能放缓，但由于2011年12月消费旺季使得商品消费量大幅超出企业当期产量，使得产成品的库存大幅下降，因此企业回补库存在一段时期内仍将支持制造业的上涨。其次，在补库存的背景下，作为企业投资领先指标的产能利用率已经达到78%，接近历史高位，企业投资动力增强，在一定程度上也可带动制造业增速加快。再次，近期美国提出了“再工业化”的口号，还提出“要做出口大国”，预计未来在制造业方面会加强政策扶持力度和投入，这或将会带动制造业的加速增长。

2. 房地产走出低谷

美国房地产2012年已经走出低谷，在没有依靠政策刺激和信贷支持的情况下逐步自我修复。从具体指标来看，住房市场2011年四季度指数连续强劲上扬；新建住房销售也出现稳步回升；新屋开工数据显示房地产商信心有所恢复（见图4)。这将对美国经济产生正面的拉动作用。

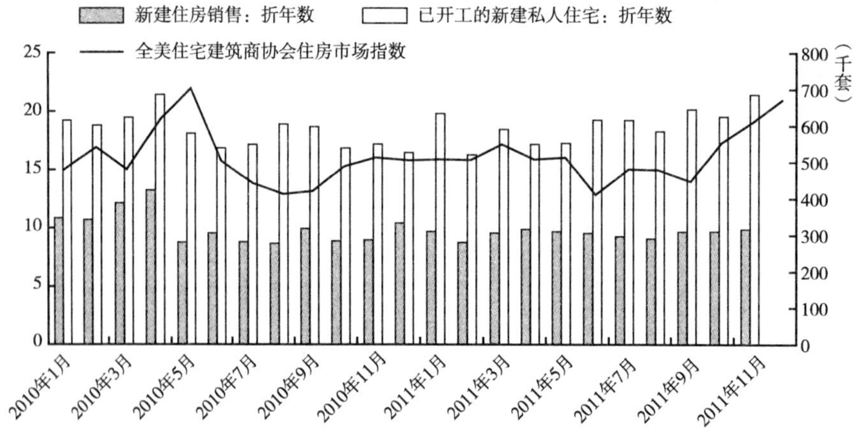

图4　2010～2011年美国房地产走势

资料来源：WIND资讯。

房地产触顶回落是经济衰退的预警指标，同样，房地产触底反弹也是经济复苏的先导性驱动力。金融危机以来，美国房地产、建筑业委靡，经济进入库兹涅茨周期（房地产投资周期）下的调整阶段。在经过最近几年新增供给大幅下降，房地产去库存化之后，供需大致平衡，调整基本进入尾期，2012年将出现触底回升。一旦房地产出现复苏，将通过消费渠道、投资渠道以及银行业渠道支持实体经济，成为经济复苏的主要驱动力。

3. 消费和信贷出现回升

美国经济增长70%靠消费拉动，而美国人习惯信贷消费，所以，消费信贷与经济增长有较强的关联性（见图5）。据美联储年底发布的数据，美国2011年10月份消费信贷增加76.5亿美元，升至2.457万亿美元，年率增长3.7%，显示美国经济正缓慢复苏。

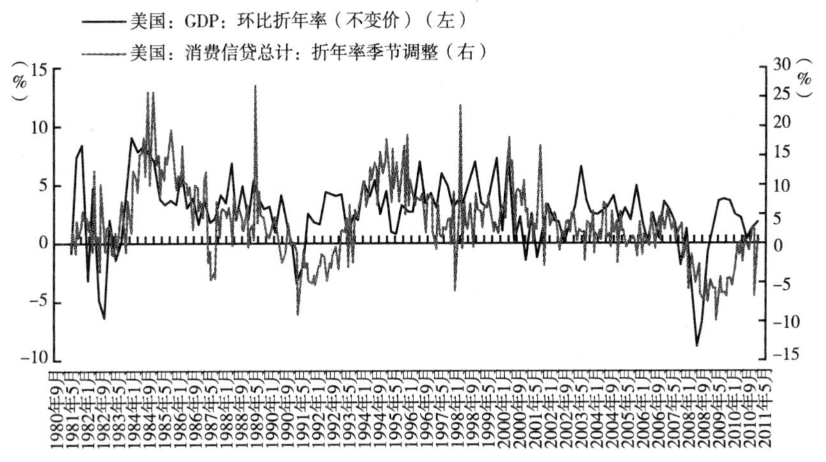

图5 消费信贷和经济增长

资料来源：WIND资讯。

4. 就业出现向好趋势

虽然美国就业市场复苏步伐一直缓慢得令人失望，但2011年下半年以来，就业市场出现了向好的趋势。根据美国2011年12月就业数据，失业率已经降至8.5%，为连续第四个月下降，创下2009年2月以来的最低水平；当月非农业部门新增岗位20万个，超出市场预期，为2011年9月以来的最好表现（见图6）。

虽然就业情况有所好转，但趋势能否持续，2012年美国就业状况又能在多大程度上得以改善还有待观察。目前美国总失业人数高达1310万，按照2011年新增岗位的速度（全年160万个）来看，解决就业问题仍是美国政府的首要任务。2012年美国就业形势的改善取决于两个因素：一是美国经济增长，二是政

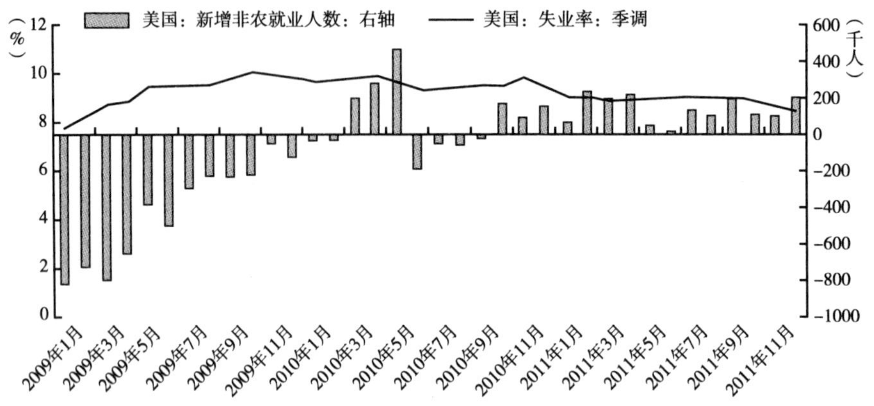

图 6　美国就业数据

资料来源：WIND 资讯。

策刺激。单就第二点来看，美国国会至少还会以分裂状态再走过一年，共和党人似乎打定主意要处处阻挠奥巴马的行动，所以 2012 年两党针对创造就业措施达成一致的概率较小。

（二）两党斗争、欧债危机将是美国 2012 年经济增长面临的主要挑战

1. 两党斗争将阻碍政策实施

诚如我们上文所说的，2012 年美国国会将处于分裂状态至少到 2012 年 11 月选举结束。在这期间，大选可能会成为压倒一切的问题，如此一来，针对税收和联邦福利政策进行的改革就会遇到阻碍，同时围绕减税政策、自动支出削减机制以及其他即将到期的政策所带来的不确定性也将增强。

2. 欧债危机将拖累美国经济

虽然表面上美国对欧元区的出口仅占国内生产总值（GDP）约 2%，欧元区财政危机对美国经济的直接影响不大，但危机可能会通过其他途径传导，其影响仍不可小觑。

未来一年欧债危机可能会通过以下三个途径对美国经济造成拖累。

首先，银行体系。虽然美国银行业对于欧洲主权债务的风险敞口并非处于历史高位，但在金融全球化的今天，美国庞大的银行体系独立于欧洲金融体系的说

法是完全不切实际的。举例来说，从2011年四季度开始，美国的外资银行分支机构开始收紧放贷标准，带动美国国内银行也开始小幅收紧，银行的这种“惜贷”行为可以看做试图为希腊主权债务减计和接下来的形势变化做准备，但这也给美国经济复苏带来了威胁。

其次，投资者情绪和消费者信心。一旦欧洲市场风暴的负面冲击超出预期，可能会引发财务脆弱的家庭和企业间再次产生忧虑。这个风险虽一直被分析师和部分美联储官员淡化，但却为美国股市充分反映出来。

其三，出口。虽然美国向欧元区的出口下滑不太可能成为拖累美国经济的根本原因，但鉴于2012年欧洲进口需求仍会疲软，预计这一影响将有所上升。

根据高盛2012年2月发布的最新一期欧债危机效应分析报告，2012年欧债危机可能会对美国经济增速造成1个百分点的拖累。经济基本面的改善是美国经济向好的多个信号之一，但是只要欧洲没有找到债务问题的解决方法，美国经济复苏就会面临威胁。

（三）美元2012年虽存在短期风险，但中期维持强势

回顾美元在2011年的表现，可以用“跌宕起伏”来形容，欧债危机、美债事件交替上演，使得美元走出了“一波三折”的态势。第一折，2011年1~4月，全球通胀上升，各央行开始倾向于货币紧缩，而美联储的第二轮量化宽松和超低利率，导致投资者开始转向非美元资产，美元指数单边下跌。第二折，2011年5~8月，欧债危机出现恶化，美国债务问题浮出水面，标普下调美国评级，在避险情绪和对美国财政状况担忧的双重作用下，美元底部调整。第三折，2011年9~12月，欧债危机步步惊心，欧洲央行拉开全球宽松序幕，美元再次得宠，指数振荡上行（见图7）。

展望2012年，我们认为，美元会受三个方面因素的综合影响，包括：美国经济基本面好转、避险情绪和美联储扩大“资产负债表”。前两个是利好因素，后一个是利空因素。

1. 基本面好转是美元走强的充分条件

2011年美国经济整体呈现出前高后低的走势，全年增长1.7%。分季来看（见图8），2011年一季度受国际大宗商品价格上升及日本地震导致供应链断裂、汽车销量下滑等因素影响，GDP增速回落至0.4%；2011年二季度在出口、政府

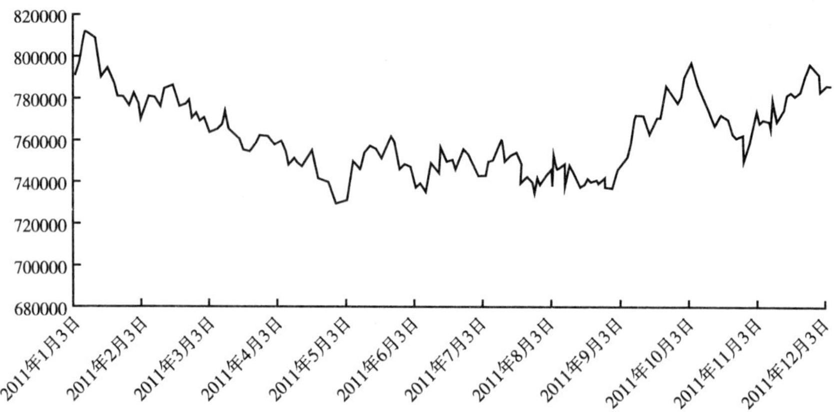

图7　2011 年美元指数走势

资料来源：WIND 资讯。

开支及私人消费增加的带动下，经济增速小幅回升至 1.3%；进入 2011 年三季度后，大宗商品价格和日本地震对美国经济的影响逐渐减弱，个人消费开支增加，但受经济悲观预期影响，企业生产意愿不强，GDP 增速小幅回升至 1.8%；2011 年四季度美国经济回暖态势明显，房地产回暖、失业率小幅回落、企业开始补库存，基本面的好转加上节日消费的刺激，GDP 增速达到 2.8%。

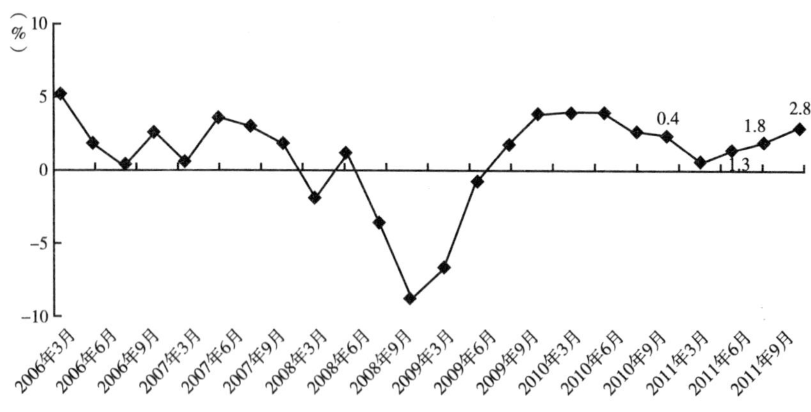

图8　美国 GDP 环比折年率走势（2005 价:%）

资料来源：WIND 资讯。

展望2012 年，美国经济将会温和复苏，二次探底的可能性不大。促进复苏的动力除了前面提到的房地产复苏和制造业增长外，还包括企业赢利能力正处在历史高位，现金流充足，技术水平领先等因素。预计全年经济增长约为2%左右。相较之下美国经济2012年的表现将优于其他发达经济体，这种基本面的好转将成为美元走强的充分条件。

2. 避险情绪催生美元需求

2012年新年伊始，纵观全球局势：欧债危机依然如故，偿债高峰期的来临使得欧洲形势似乎更加困顿；伊朗、叙利亚局势紧张，地缘政治危机剑拔弩张。就目前来说，2012年全球面临的风险不会比2011年少，这也催生了美元的避险需求（见图9），进一步加大了美元资产的吸引力。根据IMF最新公布的《官方外汇储备货币构成》季度报告，全球外汇储备中美元比例由2011年第二季度的60.3%上升至第三季度的61.7%，而欧元占比由第二季度的26.7%下降至25.7%。

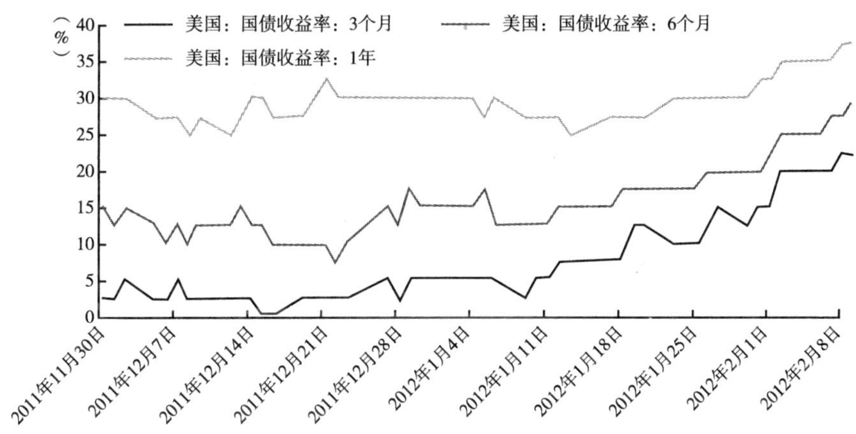

图9　近3个月美债收益率走势

资料来源：WIND资讯。

3. 美联储推QE3会对美元产生负面影响，但程度有限

依照目前的情况来看，美国决策层对是否推出QE3产生分歧，特别是共和党，其总统候选人公开表示“伯南克推QE3就是叛国”。在这种政治压力下美联储能否推出QE3还是个未知数，但即使推出，对美元的影响程度也有限。因为在全球全面二次宽松的大背景下，美元对于进一步货币政策刺激的敏感度已明显下降，这一点从QE2对美元影响明显弱于QE1就可以看出来。另外，市场目前对QE3已经形成预期，利空会提前释放，所以，即使推出QE3，对于美元的负面影响也会偏短期。

综上所述，我们认为美元会在美国经济复苏及全球避险情绪上升的带动下，虽存在风险，但总体会呈现动荡走强的态势。

三　欧洲：2012 年将轻度衰退

（一）经济不平衡程度加剧

1. 经济动力依然不足

2011 年欧元区经济同比增速呈现前高后低的走势，全年增长 1.5%。分季来看（见图 10），2011 年一季度在德国等核心经济体出口大幅增长的带动下，经济同比增速达到 2.4%，但经济不平衡程度加深；二季度欧元区通胀形势加剧，欧洲央行两次加息，给实体经济造成负面影响，经济同比增速下滑至 1.6%；三季度欧债危机开始蔓延，投资和消费增速均出现大幅下滑，经济同比增速回落至 1.3%；进入四季度，欧债危机继续深化，债务国家纷纷采取紧缩政策，在此带动下，经济同比增速大幅降至 0.7%，环比则出现萎缩。

图 10　欧元区 GDP 增速走势

资料来源：WIND 资讯。

从欧元区三大经济体的表现来看（见图 11），首先是德国，作为欧元区最大的经济体，德国 2011 年经济呈现出前高后低的走势，并且降幅明显，主要是由于受欧债危机和全球经济放缓拖累，2011 年对外贸易对经济的贡献明显减弱所致，全年经济增长3%。其次是法国，经济增速虽有下降，但程度相对温和，全年经济增长1.7%。最后是意大利，由于深受债务问题困扰，意大利国内实行了严厉的财政紧缩政策，加上出口大幅下滑，全年经济增长0.2%，且已经出现连续两个季度的萎缩，陷入技术性衰退。

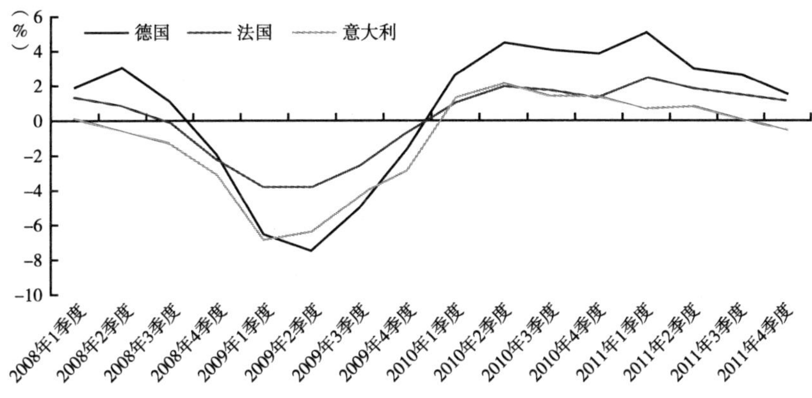

图11　德国、法国及意大利季度GDP增速走势

资料来源：WIND资讯。

2. 通胀仍处于较高水平

2011年欧元区消费者物价指数（CPI）从一季度上升之后就一直在3%左右的高位徘徊，整年都高于欧洲中央银行为维持物价稳定所设定的2%的警戒线（见图12）。居高不下的能源和大宗商品价格是导致CPI维持在较高水平的主要原因。与CPI表现不同的是，生产者价格指数（PPI）在3月达到6.8%的高点后呈现缓慢下滑的趋势，2011年底已经落至4.3%，反映出欧元区制造业需求的回落，增长呈现疲软态势。由于债务危机给欧元区经济增长带来冲击，需求疲弱，所以，我们认为在没有大规模货币宽松的前提下，2012年欧元区通胀压力有望得到缓解。

3. 就业短期内很难改观

截至2011年底，欧元区失业人数为1674万人，较2010年同期增长107万人（见图13）。另外，根据欧盟统计局的最新数据，欧元区1月失业率为10.7%，创1999年欧元诞生以来新高，青年失业率更高达22.4%。总体来看，欧元区经济不景气导致企业不愿扩大再生产和增加雇员，失业率上升。

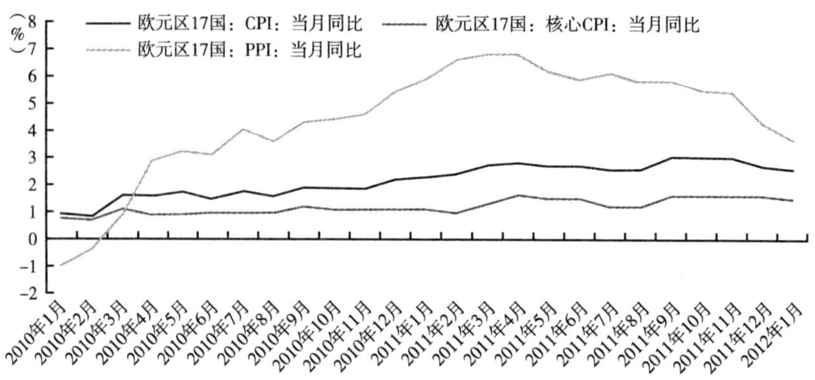

图 12　欧元区 CPI 走势

资料来源：WIND 资讯。

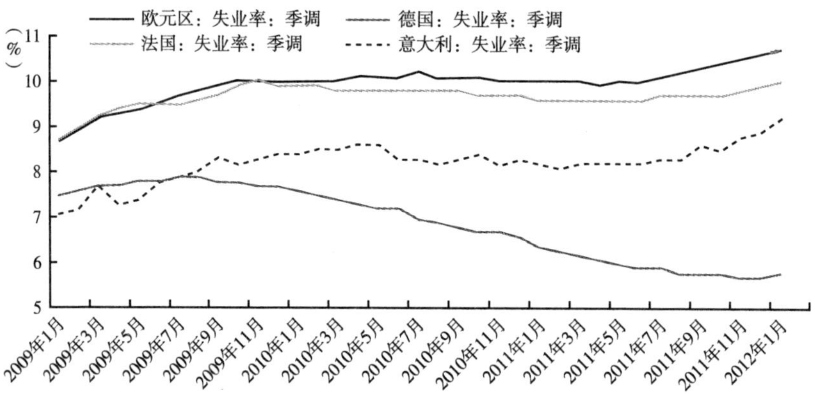

图 13　欧元区失业率走势

资料来源：WIND 资讯。

就业方面各国分化依然明显，从欧元区三大经济体来看，德国失业率屡创历史新低，2011 年底为 5.7%，较上年同期下降近 1 个百分点，这主要得益于医疗护理和社会服务业岗位的增加；法国失业率居高不下，2011 年底达到 10%，受目前国内经济疲软，新增就业岗位不足影响，法国的就业状况很难马上改观；意大利 2011 年三季度失业率开始急剧上升，2011 年底升至 9.2%，创 10 年以来新高，主要是受出口疲弱以及国内紧缩政策所致，大量工人找不到工作，其中多数是青年人。

（二）债务危机有所缓解但仍未解决

1. 2011 年出现的新特点

欧债危机自 2009 年底爆发以来，已经走过了两个年头，这期间危机的形势不断在发生新的变化，现将 2011 年的新变化归结如下。

首先，危机由边缘国家向核心国家蔓延。2011 年初，在债务危机气氛的笼罩下，葡萄牙、西班牙、意大利的旧债集中到期，引发了国债市场的混乱，融资出现困难，评级纷纷被降，到 2012 年初，法国也失去 3A 评级。由于希腊、爱尔兰与葡萄牙的国债市场规模仅占欧元区国债市场总规模的 7%，而西班牙、意大利和法国占比高达 55%，所以欧债危机已由欧元区的局部债务危机演变为整体债务危机。

其次，危机由主权国家向商业银行蔓延。由于欧洲各国商业银行交叉持有大量重债国债券（见表 1），所以，这些国家的信用评级下调与债券收益率的上升给银行造成了严重的账面损失，为防范风险，2011 年 10 月欧盟峰会要求欧洲银行的资本充足率提高至 9%，这也进一步加大了银行补充资本金的压力。

表 1　截至 2011 年三季度欧洲银行业交叉持有主权债务情况

单位：亿美元

	比利时	法国	德国	意大利	西班牙	希腊	爱尔兰	葡萄牙
比利时银行		623.66	164.01	222.17	212.34	13.52	233.63	32.39
法国银行	2301.28		2456.29	3724	1445.21	478.99	290.29	257.55
德国银行	346.57	2170		1446.86	1608.65	186.36	1015.65	299.93
意大利银行	48.62	480.15	2449.56		295.23	31.64	158.52	34.71
西班牙银行	65.55	65.55	600.36	355.12		10.48	86	788.09

资料来源：国际清算银行。

最后，危机有被中长期化的趋势。2012 年是欧洲欧元区重债国的偿债高峰期，为避免大规模的债务违约摧毁欧元，欧盟委员会、欧洲央行和 IMF 采取了“输血”的方式帮助这些国家渡过难关，但这仅能缓解债务到期对各国的影响，并不能从根本上解决问题。最终还是要靠提高经济驱动力和财政整合来解决，但这需要一个长期的过程，因此，债务风险问题可能会出现中长期化的趋势。

2. 2012 年欧洲债务问题面临的挑战

虽然2011 年欧元区通过扩大 EFSF 规模、降低欧洲银行抵押融资抵押物的要求和长期再融资操作（LTRO），缓解了市场的风险情绪。但展望 2012 年，债务问题仍面临不小的挑战。

首先，2012 年上半年主权政府融资需求巨大，仅“欧猪五国”一、二季度就有约 3400 亿欧元的债务到期。由于投资者信心并未显著改善，所以单靠政府自身很难筹到全部，只能依靠救助机制或是国债拍卖。而从目前来看，欧洲央行的长期再融资操作（LTRO）虽刺激了银行的套利操作，推动了短期国债需求，但长期国债需求仍未显著改观。

其次，银行系统对于欧洲央行廉价贷款的过度依赖，加大了银行系统的潜在风险。2011 年底为了缓解欧元区银行融资几乎枯竭的问题，欧洲央行出台了三年期“长期再融资操作”（LTRO），以极低的利率向银行提供大量资金（两轮加起来共 10185 亿欧元）。该操作虽然帮助银行系统暂时缓解了流动性紧张的局面，但也加深了银行体系的潜在风险。一旦欧洲央行所提供的流动性无法满足银行的资金缺口，或欧洲央行不能再无限制地为银行提供流动性，银行系统的问题将更加严重。为此，三大评级机构继续在大范围下调欧洲金融机构的评级，穆迪更是将欧洲 114 家金融机构的评级展望列为负面，表明未来欧洲的很多银行将面临融资成本上升的压力。

其三，财政契约的执行将充满艰难。2012 年 3 月初，除英国和捷克以外的 25 个欧盟成员国在欧盟春季峰会上正式签署《欧洲经济货币联盟稳定、协调和治理公约》，又称“财政契约”。目的是对各国的财政预算起到一定的监督作用，但我们认为，这一切是在契约有效执行的前提下才能成立的，而后者依旧充满不确定性。因为契约从签署到最终实施，需要得到各国立法机关的批准，并写进宪法。而这一过程将确定会充满曲折。一方面法国大选，萨科齐未能连任，可能会重启对财政契约的谈判；另一方面，由于契约的执行须写进宪法，可能会触发一些国家进行全民公投，更增加了执行的不确定性。

3. 不能对欧债危机放松警惕

从目前的情况来看，欧元区 2012 年第一个偿债高峰（3 月）已经安全度过，希腊如期得到第二轮救助，LTRO 也使得银行流动性危机有所缓解。欧元区爆发大规模债务违约的概率已经降低。最坏的时候虽可能已经过去，但即使如此，我们依然要对欧债危机的长期性、复杂性及其所带来的影响保持警惕。

首先，重债国的偿债能力依然没有起色。希腊基本上已经失去造血功能，只能依靠救助和国有资产拍卖，预计 2012 年经济负增长 6% 以上。其他重债国目前“被迫”采取的旨在削减财政赤字的紧缩政策可能会扼杀经济增长，危机反而得不到最终的解决。所以，欧债危机的解决将是一个漫长而纠结的过程，不排除中间会出现反复的可能。

其次，LTRO 有再次推高通胀的可能。LTRO 又被称为“欧洲版的量化宽松”，两轮加起来共向银行注入超过 1 万亿欧元的流动性，虽然其目的是为了促进实体经济和购买自家国债，但由于没有硬性约束，不排除一部分资金会流向其他经济体。目前我们对于 LTRO 未来是否引发新一轮通胀的上升虽然还不能确定，但肯定会在较大程度上加大欧元区通胀压力及其他国家的外部输入型通胀压力。

最后，欧洲银行去杠杆化或给新兴经济体带来负面影响。进入 2012 年以来，许多欧洲银行开始大规模出售资产或业务，欧洲银行的去杠杆化过程已经开启，这将会令政府减少开支，银行借贷紧缩、投资减少。另外，欧洲银行去杠杆化还会通过资金流动和信贷收缩等渠道对新兴经济体产生负面影响，导致资金从新兴经济体流出，从而给证券市场和外汇市场带来波动。

（三）2012 年欧元区经济前景

根据 IMF《世界经济展望》的预测，2012 年欧元区经济增速为 -0.5%，较 2011 年的 1.6% 下降 2.1 个百分点，陷入轻度衰退。其中，德国、法国、意大利和西班牙经济增速分别为 0.3%、0.2%、-2.2% 和 -1.7%，较 2011 年分别下降了 2.7 个、1.4 个、2.6 个和 2.4 个百分点。

从欧元区经济景气指数来看（见图 14），2011 年总体呈现单边下滑趋势，2012 年初虽略有回升，但仍处于历史低位。从各组成部分来看，2012 年 2 月工业、建筑业、零售业、服务业以及消费者信心指数均有止跌企稳的迹象，但是否就能说明欧洲已经摆脱了衰退的风险我们还不能肯定。首先，欧元区各类信贷同比增速仍处在底部，2011 年四季度起企业获得商业银行贷款的难度在上升，企业的融资环境在变差。其次，欧债危机使得欧元区的经济充满不确定性，目前已经出台的救助方案总体上也都属于缓兵之计，不能从根本上解决问题。其三，欧元区政府宣布的进一步财政整顿将会给实体经济带来负面影响。综合以上因素考虑，我们认为欧元区 2012 年陷入衰退的风险仍然较大。

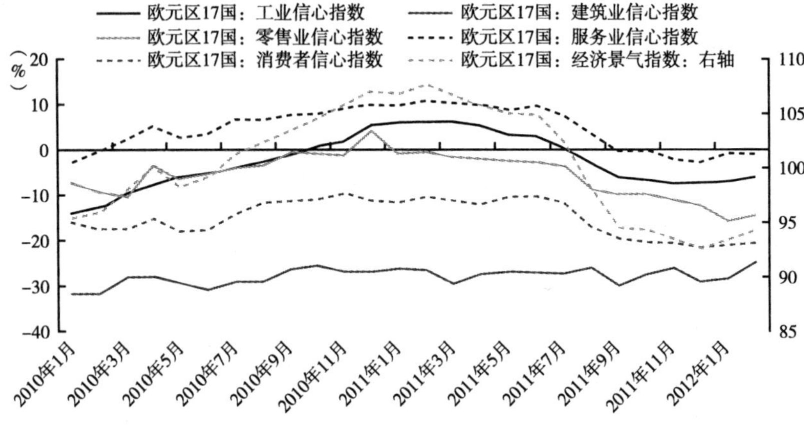

图 14　欧元区经济景气指数

资料来源：WIND 资讯。

四　中国：2012 将面临挑战

2011 年我国的经济整体呈现前高后低的走势，全年增长 9.2%。分季度来看（见图 15），四个季度的增速分别为 9.7%、9.5%、9.2%、8.9%，降幅较为平缓，基本实现软着陆。

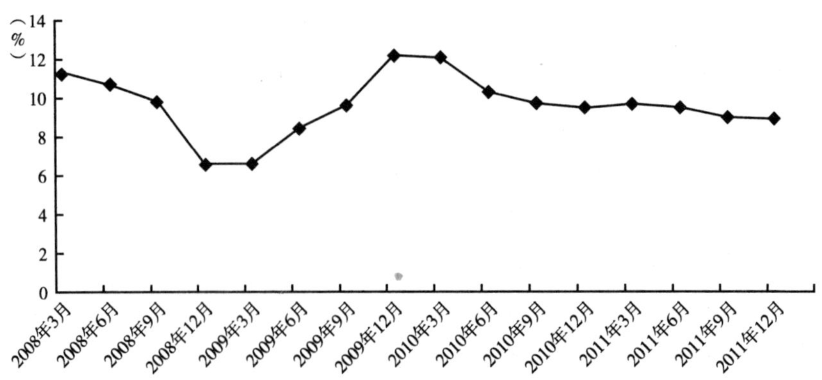

图 15　中国季度 GDP 增速走势

资料来源：WIND 资讯。

2011 年经济增速趋缓一方面是受外围环境影响，但更主要的还是我们自身调控的结果。为了控制物价、打压房地产泡沫、实现经济运行的平衡，我国实行了紧缩的货币政策和严厉的房地产调控政策，使实体经济受到较大程度的影响。虽然 2012 年通胀形势已经遏制住，但是在出口、房地产、制造业等方面仍然面临较大的挑战。

（一）2012 年，你准备好了吗

1. 外贸的挑战

2012 年，全球经济整体呈现低迷态势，欧债危机、地缘政治等风险因素增加，给我国的对外贸易带来了诸多风险和挑战。

首先，经济低迷导致全球需求减弱。根据 IMF 最新预测，2012 年全球经济增长率仅为 3.5%，低于 2010 年和 2011 年（分别为 5.2% 和 3.8%）。外围经济，特别是先进经济体的疲弱，决定了我国 2012 年出口将延续 2011 年的下行趋势（见图 16）。

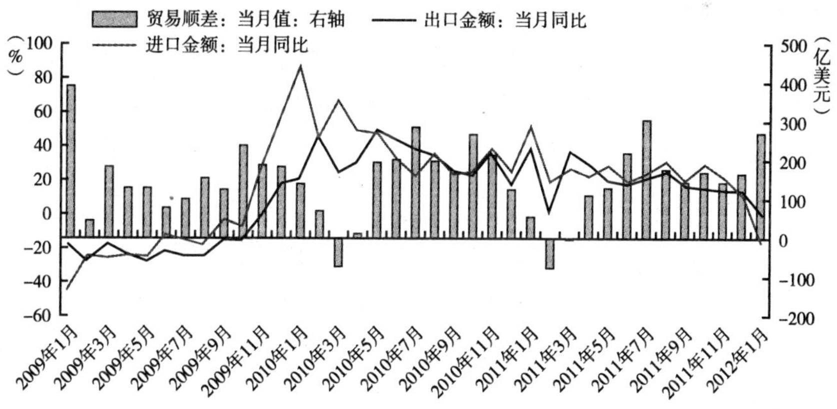

图 16　中国进出口增速情况

资料来源：WIND 资讯。

其次，国内成本上升加上人民币升值导致出口产品竞争力下降，出口价格维持在高位（见图 17）。随着国内生产要素价格的不断提升，出口企业的成本压力不断加大。从 2011 年两次广交会情况来看，出口企业利润微薄，再加上人民币不断升值，出口赚钱阻力重重。所以企业即使知道会丧失订单，也要用提价的方式来缓解生存压力。

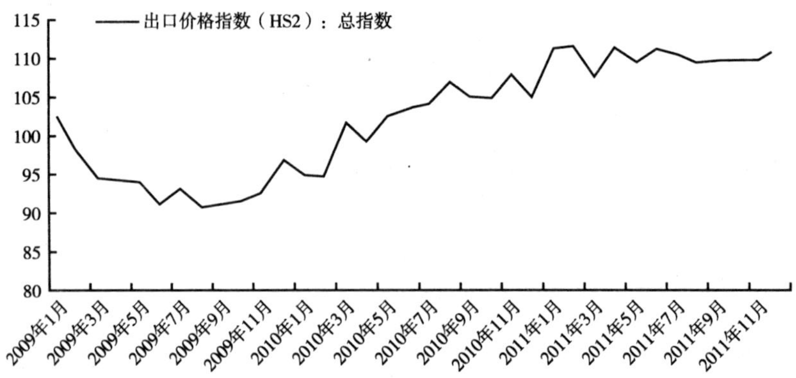

图 17　中国出口价格指数

资料来源：WIND 资讯。

最后，贸易保护主义抬头。在经济不景气和一些国家高失业率的背景下，为了保护本国的生产和就业，矛头纷纷指向中国制造。仅 2011 年 1～11 月，我国就遭遇了全球 16 个国家对我国产品发起的 60 项贸易调查，数量居世界之首。

当前中国的出口额占全球贸易的比重已经远超其他经济体，继续扩大的空间有限。所以，提高出口质量，扩大单位出口产品的经济附加值才是当务之急。有句话叫“痛则思变”，从这个角度来讲，2012 年外贸的低位调整也不失为出口转型提供了一个良好时机。

2. 房地产的挑战

对房地产行业来说，政策引导走势，信贷影响生存。刚过去的 2011 年，无疑是我国房地产发展史上调控最为严厉的一年，在“限价、限购、限贷”和紧缩货币政策的双重压力下，无论是商品房销量还是投资数据都出现了不同程度的下滑（见图 18）。

对于地方来说，占其财政收入半壁江山的土地出让金大幅缩水以及房地产相关税费的减少导致以土地收入为担保的地方债务和基建受到影响。为了减轻财政压力，地方政府不断试探中央底线，从佛山“一日游”到芜湖“三日游”，但都无疾而终，可见中央对房地产调控的决心，预计政策 2012 年放松的概率不大。

在 2012 年政策的严厉调控下，特别是温家宝总理在“两会”的答记者问环节提出“房价远没有回到合理价位”之后，我们认为，商品房市场将进一步走弱，销售回归低迷甚至进一步下滑。商品房新开工面积也将出现较大程度的下跌。

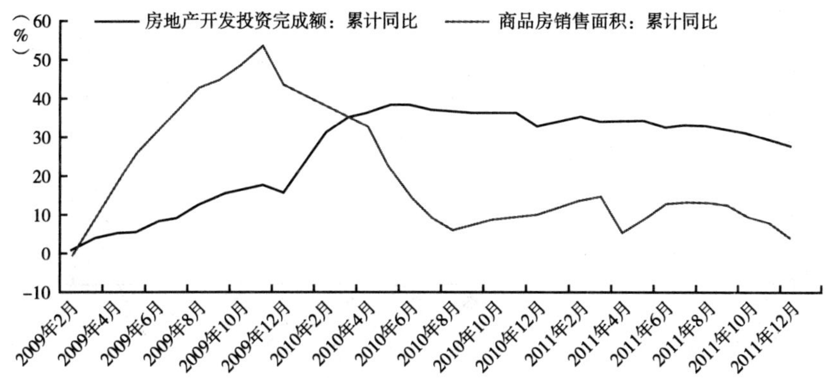

图 18　中国房地产开发及销售情况

资料来源：WIND 资讯。

2012 年房地产投资的下行趋势已经基本确立，至于对中国宏观经济会产生何种影响，我们认为，在保障房的支撑下，整体建设活动不会出现大幅下滑。

一方面，2012 年保障房的建设力度要高于 2011 年。2012 年全年保障性安居工程开工总量基本确定在 700 万套，竣工总量确定为 400 万套。据测算，新开工项目加上前两年结转的在建项目，2012 年整体保障房在建规模将达到约 1800 万套，从而对钢铁、水泥、家电等房地产的上下游行业起到实质性的拉动作用。

另一方面，国家对于保障房资金来源已出台全面可行的支持措施，建设工作有望真正落到实处。根据财政部 2012 年 2 月公布的《关于切实做好 2012 年保障性安居工程财政资金安排等相关工作的通知》，2012 年无论是中央财政补助还是地方政府的其他可支配收入，都加强了对保障房融资的支持。另外，各级财政部门支持成立专门的保障房融资平台，以获得银行的新增贷款支持。

所以，我们认为，在保障房的支撑下，商品房投资增速的下滑并不会使全社会固定资产投资出现太过剧烈的波动。

3. 制造业的挑战

2011 年，中国的制造业呈现出连续下滑的态势。汇丰制造业 PMI 指数 2012 年 2 月为 49.6，连续四个月保持在 50 以下（见图 19）。现阶段我国仍处于城市化、工业化中期，制造业在推动经济、促进就业方面仍发挥着重要作用，贡献了三分之一的 GDP 总量，创造了 90% 的出口总额。所以，未来几年制造业仍将是重要经济支柱。然而从目前来看，我国制造业面临的压力仍然较大，主要体现在以下三点。

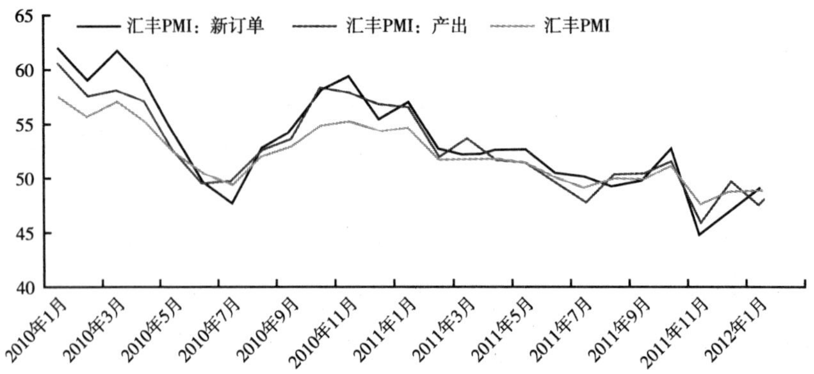

图 19 中国汇丰 PMI 指数

资料来源：WIND 资讯。

首先是来自成本的压力。劳动力价格随着近两年来的通胀水涨船高，国际原油和大宗原材料商品价格也在高位运行，且供应不确定因素增多，这些因素带来的成本压力企业很难在短时间内消化。

其次是来自国内外需求放缓的压力。制造业是中国出口的支撑，大量的过剩产能需要国外帮助消化，但目前欧洲局势仍不明朗，全球经济放缓已经可以确定。外需不景气，内需潜力又很难短时间内完全释放，所以我国制造业的市场面临萎缩，这一点也可以通过 PMI 的新订单指数来印证。

最后是来自信贷的压力。制造业发展离不开信贷融资，2011 年制造业的不景气，在很大程度上也和信贷控制相关。2012 年虽然新增信贷预计会达到 8 万亿元。但如果考虑到之前的在建和续建工程，以及保障房庞大的资金需求，剩下的能够投向制造业，特别是中小企业的也寥寥无几了。另外，吴英案显示了政府打击民间非法融资借贷的决心，但实际情况却是，中国制造业企业，尤其是中小企业实际上非常依赖于民间融资。虽然中央鼓励银行等正规金融机构加大中小企业贷款，也出台了“非公 36 条”，但在缺乏结构性变革的情况下，起不到太大作用，制造业企业的融资难度恐怕不降反升。

制造业目前面临的问题，一方面是由外部环境造成的，但更主要的还是由我国制造业低附加值、劳动密集型、高能耗、低产出的特点决定的。所以，我国制造业转型已经迫在眉睫，急需从低附加值向高附加值发展。而这也将催化整个中国经济发展方式的转变。

（二）2012年，不一样的政策

1. 稳健的货币政策

我国货币的M2增速从2010年开始见顶回落，2011年底更是创下近年来的低点（见图20），这和2011年紧缩的货币政策有很大关系。新增信贷从2011年起也出现回落，2012年初也没有像往年那样出现信贷的大规模释放，两个月加起来仅为1.44万亿元，其中企业中长期贷款尤为明显，反映出在经济下滑的背景下，企业扩产的意愿减弱。2012年央行在《货币政策执行报告》中提出，2012年M2增速目标值为14%，以此推算全年新增信贷规模约为8万亿元，为达到该目标，我们预计后续信贷投放力度或将加大。

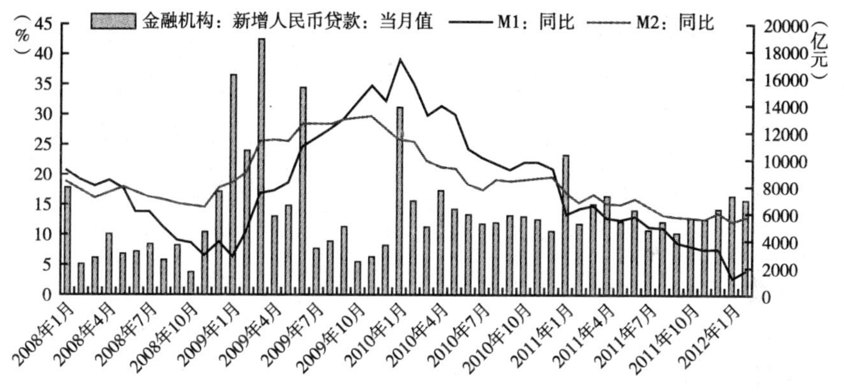

图20 中国货币供应情况

资料来源：WIND资讯。

在货币政策调控方面，2011年为了缓解通胀压力，央行全年6次上调存款准备金率，3次上调利率。2012年面临经济下行压力，预计货币政策将进行适当放松，但力度不会太大，以预调微调为主。如果经济下行的压力加大，央行将首先考虑降低法定存款准备金率，其次是降息。

存款准备金率方面，我们认为要根据新增外汇占款的情况来定。从去年四季度开始，新增外汇占款出现萎缩甚至是负增长（见图21），造成我国基础货币投放量相对偏少，而存款准备金率作为对冲机制，再度下调的可能性加大。不过，我们认为像去年那样频繁操作的可能性较小，总体将保持温和有序的力度。

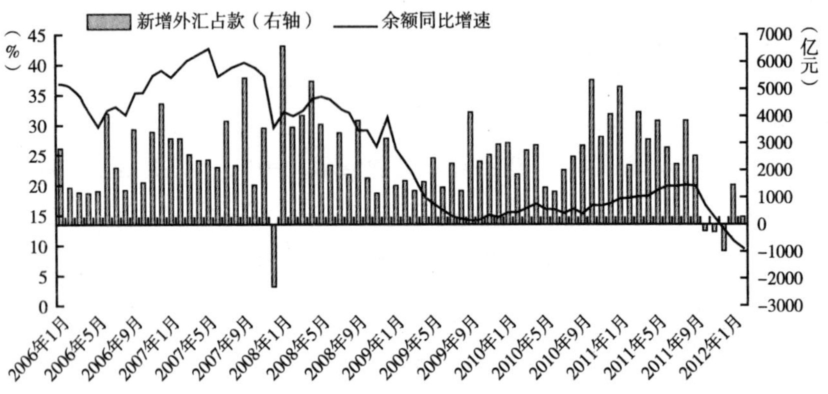

图 21　中国新增外汇占款情况

资料来源：WIND 资讯。

利率方面，2012 年通胀压力将会有所缓解，给降息创造了空间。所以，在经济下行压力增加的情况下，降息对经济的提振作用要远大于降低存款准备金率，但降低利率可能会造成大批境外资金流出，不利于我国货币环境的稳定。所以 2012 年通过降息稳增长的可能性较大，但次数不会太多。

整体来看，从 2011 年年底开始的货币政策的预调微调已初见成效，M2 目前已经止跌企稳，信贷也将随着保障房等项目的开工而逐渐放大，所以，2012 年整体来看货币环境要比 2011 年偏宽松，但放宽的节奏会比较缓慢。

2. 积极的财政政策

在货币缓慢宽松和经济逐步下滑的背景下，市场普遍对 2012 年“积极的财政政策”抱有很高的期望。

从 2012 年两会出台的政府工作报告和预算报告来看，2012 年预算财政收入和支出增速分别为 9.5% 和 14.1%，均比过去两年高。预算财政收入在经济下滑的背景下不降反升，显示出国家对 2012 年经济并没有过度悲观，另外，结合 2012 年所面临的形势，财政支出力度也会加大，从而抵御经济硬着陆的风险。

从 2012 年公共财政支出的结构看，2012 年政策支持的重点主要是教育、社会保障、医疗、文化、保障性住房、科技、水利、环保等领域。从规模来看，除了政府财政收入以及工作报告提出的 8000 亿元预算赤字外，中央政府还拥有中央财政预算稳定调节基金和国债这两张牌来实施积极财政政策。一旦政府评估经济下行风险过大，财政支出的空间还是有保障的。

（三）2012 年中国经济前景

2012 年 3 月 5 日，温家宝总理在第十一届全国人大五次会议开幕会的政府工作报告中提出，2012 年国内生产总值预期目标是增长 7.5%，这是八年来首次低于 8%。报告一出，市场反应强烈。然而根据以往的经验，政府经济增长目标多是下限管理，其产生的信号意义要大于实际意义。从主动调整目标增速，我们可以看出政府用速度换质量的决心，从而可以引导地方政府不要过度追求速度，为加快转变经济发展方式留有空间。

从目前我国实际宏观经济形势来看，出口增速虽会放缓，但程度上在美国逐渐复苏的带动下应该会比较缓和，投资在保障房以及大量在建续建工程的支撑下也会比较稳定，消费在一系列政策的刺激下其潜力也会逐步释放出来。所以，我们认为 2012 年经济的实际增速并没有到 7.5% 那么悲观，整体仍可以维持在 8% ~8.5%。

参考文献

1. 中国国际经济交流中心：《国际经济分析与展望（2011 ~2012）》，社会科学文献出版社，2012。
2. 国际货币基金组织：《全球经济展望》，2012 年 1 月。
3. 国际货币基金组织：《全球经济展望》，2012 年 4 月。

The Challenges of the Post-crisis Era

Gao Wenzhi　Zhu Yanwen

Abstract: While the world has entered a post-crisis era, the economy is full of uncertainties: the deleveraging of the financial system, frequent outbreaks of debt crisis, the worsening situation in the Middle East. All these factors have put the global economy at risks. In 2012 the turmoil and crises will accelerate the changes of the world. For America the fundamentals of the economy has begun to improve, but political risk still exists. Due to debt problems Europe may fall into a mild recession. In such situation China faces challenges from trade and investment, and the needs for economic restructuring is increasingly urgent. Therefore,, Chinese government has set the tone of 2012 economy as "making progress while ensuring stability", planning to actively promote economic reform and reduce the speed while improving the quality of the economy's growth. In this case the growth rate of the China's economy will be relatively low in 2012.

Key Words: Post-crisis era; Economic trends; Challenges

B.3

从民营经济发展看我国经济发展趋势

高文志　禚金吉

摘　要：民营经济发展的困难实质是人口红利逐步消退背景下，产业转型遭遇的难题，目前国内民营企业面临的结构调整、产业转型压力远大于融资困难带来的影响。当前国内外严峻的经济形势下，产业资本不可避免地从实业领域转向金融、地产领域，从而导致国民经济增速降低。鉴于民营经济在我国社会经济中的地位，未来产业转型能否成功，将直接决定民营经济的未来前景以及我国国民经济的长期增长趋势。

关键词：民营经济　困难　前景

民营经济是除国有与国有控股企业以及外资企业以外的多种所有制经济的统称，它并不是一个严格的法律概念，而是具有显著中国特色的经济概念和经济形式，一般而言，可以将个体工商户、私营企业、民间资本占主导的股份制企业统称为民营经济。

民营经济是我国国民经济的重要组成部分，是国民经济发展的生力军，在推动经济增长、解决社会就业、促进出口以及推动经济市场化改革等方面发挥着重要的作用。据全国工商联统计，截至2011年底，中国民营经济总量占GDP比重已经超过50%。

一　民营经济发展概况

（一）民营经济的规模与发展速度

由于“民营经济”概念宽泛，因此在相关统计报告中，并没有单独列示民营经济的统计内容。在缺乏对应数据的情况下，本报告使用私营企业可比数据间接替代民营经济。①

据全国工商联统计，“十一五”时期我国登记注册的私营企业数量年均增速高达14.3%，已经超过840万户（含分支机构，下同），成为我国最大的企业群体，占全国实有企业总数的74%；私营企业注册资金年均增速达到20.1%，总额超过19万亿元。个体工商户超过3400万户，注册资金超过1.3万亿元，较2005年底分别增长40.9%和133%。

截至2011年上半年，全国实有企业1191.16万户，实有注册资本66.16万亿元，分别比2010年底增长4.81%和10.95%；而私营企业903.49万户，注册资本22.85万亿元，分别比2010年底增长6.86%和18.98%。可见，即便遭受国际经济危机的巨大冲击，民营经济增速仍然显著领先于整体水平。

而根据规模以上企业的统计口径，无论是企业数量还是产值，私营企业占比均呈现稳健上升态势，这说明民营经济在我国国民经济中的地位不断提升，影响力逐步增强（见表1）。

表1　各地区规模以上私营工业企业主要指标

年份	企业数(家)			工业总产值(亿元)		
	整体	私营企业	私企占比(%)	整体	私营企业	私企占比(%)
1998	165080	10667	6.46	67737	2083	3.07
1999	162033	14601	9.01	72707	3245	4.46
2000	162885	22128	13.59	85674	5220	6.09
2001	171256	36218	21.15	95449	8761	9.18
2002	181557	49176	27.09	110776	12951	11.69
2003	196222	67607	34.45	142271	20980	14.75
2004	276474	119357	43.17	201722	35141	17.42
2005	271835	123820	45.55	251620	47778	18.99
2006	301961	149736	49.59	316589	67240	21.24
2007	336768	177080	52.58	405177	94023	23.21
2008	426113	245850	57.70	507285	136340	26.88
2009	434364	256031	58.94	548311	162026	29.55
2010	452872	273259	60.34	698591	213339	30.54

资料来源：《中国统计年鉴2011》。

① 《中国统计年鉴》对内资企业的分类为：国有企业、集体企业、股份合作企业、有限责任公司、股份有限公司、私营企业和其他企业。2010年底国内共有630.05万个企业法人，其中私营企业有468.39万个企业法人。

就业方面，2010 年底我国个体私营企业从业人员总数超过 1.8 亿，较 2005 年底增加 6000 万人，年均增加 1200 万人，年均增速超过 9%，成为我国吸纳扩大社会就业的主要渠道。

而投资方面，除 2008 年底至 2009 年，受四万亿投资计划影响，国有固定资产投资增速超过非国有增速，其他年份非国有及国有控股单位的固定资产投资增速均高于国有及国有控股单位，显示民营经济的强劲势头。

2011 年，非国有及国有控股单位的内资单位完成固定资产投资 174255.44 亿元，累计同比增长 41%，占全部内资投资比重为 62%。国有及国有控股企业累计同比增长 11.1%，反映国有投资的力度持续减弱（见图 1）。

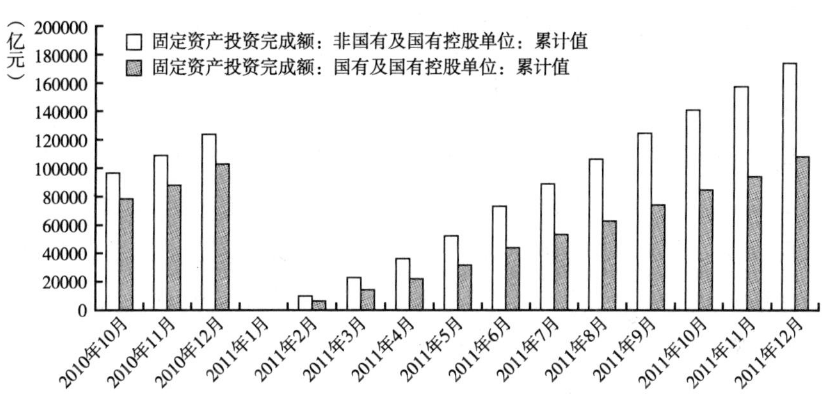

图 1　不同注册类型投资额及投资增速

资料来源：WIND 资讯。

此外，从对外贸易来看，据全国工商联统计，2010 年我国民营企业出口总额超过 4500 亿美元，高出国企出口总额 1 倍以上，占全社会出口总额的 30% 以上，已经成为我国对外贸易的重要主体（见图 2）。

（二）民营经济的行业分布

作为国民经济的重要组成部分，民营经济的行业分布也有自身特点。分析其行业分布，有助于理解目前民营企业在发展中遇到的问题，以及未来的出路。

基于数据的可得性，本报告采用规模以上工业企业的行业数据，根据私营工

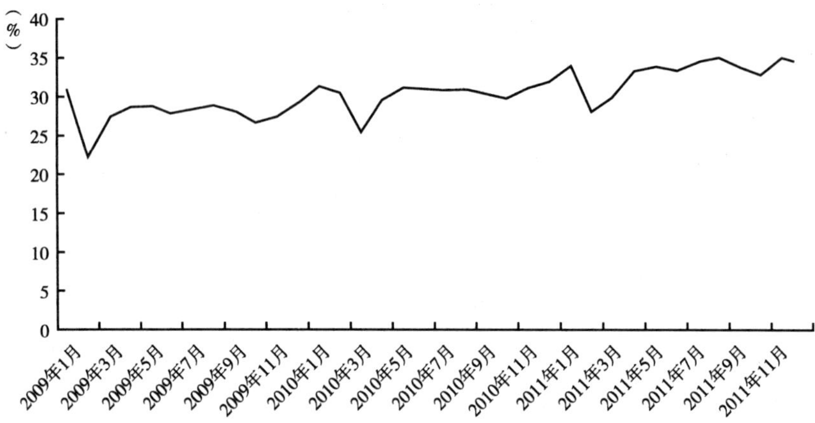

图2 除国有及外资外其他性质企业出口额占总额比例

资料来源：WIND资讯。

业企业总产值占全部工业总产值的比重，计算和分析民营经济的行业分布。

通过分析，发现民营企业相对集中的行业主要是木材加工、采矿、纺织服装、家具制造、金属与非金属制品、农副食品加工以及通用设备制造等劳动密集型行业和资源型简单加工业。这些行业恰恰也是我国的优势出口行业，因此出口形势的变化，会对民营经济产生较大冲击。

相应地，民营企业在烟草、油气开采、公用事业、电子设备、石化、交运设备及仪器仪表等行业占比较少，这些行业以国有垄断资源型行业、资本和技术密集型行业为主，利润率普遍高于劳动密集型行业。相对民营资本，国有和外资在这些领域具有显著的比较优势（见表2）。

（三）民营经济的区域分布

由于缺乏工业增加值数据，因此本报告采用私营工业企业总产值数据代表区域民营经济的相对规模。私营工业总产值位居前五的省区为江苏、山东、浙江、广东和河南，以东部沿海省区和中部人口大省为主，这些地区产业基础较好，外向度水平较高。而排名靠后的省区主要分布在西北内陆，如青海、甘肃、宁夏和新疆等。可见，民营经济更容易受到国际经济形势变化的影响（见表3）。

表 2　2010 年私营工业企业的行业分布

行业	私营企业工业总产值(亿元)	占规模以上企业产值比(%)	利润额(亿元)	企业数(家)
木材加工及木竹藤草制品	5063	68.48	358	8741
黑色金属矿采选业	3556	59.27	489	3275
非金属矿采选业	1789	57.84	148	3174
纺织业	15117	53.03	876	23268
家具制造业	2285	51.77	152	3661
金属制品业	10260	50.96	642	16679
非金属矿物制品业	16138	50.34	1348	22228
塑料制品业	6780	48.88	438	13017
农副食品加工业	16283	46.62	1103	17114
通用设备制造业	16097	45.82	1116	26385
纺织服装、鞋、帽制造业	5589	45.33	340	10359
工艺品及其他制造业	2532	44.71	161	4626
印刷业和记录媒介的复制	1546	43.39	111	4083
皮革、毛皮、羽毛及制品	3182	40.29	245	5273
造纸及纸制品业	4165	39.92	278	6582
文教体育用品制造业	1148	36.63	73	2500
食品制造业	4071	35.86	330	5188
化学纤维制造业	1746	35.24	91	1362
橡胶制品业	2062	34.91	148	2953
有色金属矿采选业	1292	34.01	143	1346
专用设备制造业	7323	33.96	579	11798
化学原料及化学制品制造业	15843	33.06	1136	17162
有色金属冶炼及压延加工业	9107	32.39	486	5065
电气机械及器材制造业	13829	31.91	919	15838
饮料制造业	2736	29.89	235	3729
黑色金属冶炼及压延加工业	13701	26.43	743	5302
医药制造业	3045	25.94	260	3118
仪器仪表及文化办公机械制造	1659	25.92	122	2869
煤炭开采和洗选业	5059	22.88	682	5531
交通运输设备制造业	10645	19.20	709	11638
石油加工炼焦及核燃料加工	3549	12.14	206	1302
燃气生产和供应业	181	7.58	15	242
通信设备计算机及其他电子设备制造	4120	7.50	290	5629
水的生产和供应业	73	6.46	6	223
电力、热力的生产和供应业	574	1.42	46	1092
石油和天然气开采业	92	0.93	17	80
烟草制品业	5	0.08	0.6	8

资料来源：《中国统计年鉴 2011》。

表3 2010年私营工业企业的区域分布

地 区	工业总产值(亿元)	利润总额(亿元)	企业数(家)	从业人员(万人)
江 苏	32645	1817	43738	487
山 东	30409	2238	28873	360
浙 江	22792	1178	46706	467
广 东	16201	1020	23015	349
河 南	14174	1725	12495	182
辽 宁	14166	1041	15898	154
河 北	12038	968	8959	130
四 川	8967	602	8135	139
湖 南	8206	623	9152	128
福 建	6206	425	9985	134
安 徽	6069	415	11269	99
湖 北	5766	413	9313	98
江 西	5394	381	4366	78
重 庆	3601	212	5202	73
内蒙古	3521	331	2227	35
上 海	3483	192	8065	74
吉 林	3442	164	3652	40
广 西	2950	225	3931	57
天 津	2458	201	3676	34
山 西	2272	115	1802	34
黑龙江	1805	166	2366	26
云 南	1615	153	2000	35
陕 西	1503	187	1778	24
贵 州	840	89	1469	22
北 京	812	46	2465	18
新 疆	777	99	1057	11
宁 夏	562	27	593	8
甘 肃	406	20	776	10
青 海	195	21	176	3
海 南	52	5	94	1
西 藏	11	4	26	0.25

资料来源：《中国统计年鉴2011》。

二　民营经济的生存现状

民营经济在国民经济中占据重要地位，其规模快速增长，自身素质不断提高，成为拉动经济增长、吸纳就业、促进出口、推进产业结构转型的重要力量，为实现经济社会平稳较快发展作出了积极贡献。

而在全球经济持续低迷，国内投资增速回落、紧缩政策延续的大背景下，民营经济的发展遭遇多重挑战，少数民营企业资金链断裂，甚至一度传出民营企业出现"倒闭潮"的声音，民营经济的波动已经严重影响到我国经济的整体增长态势。因此需要准确判断目前民营经济的经营状况，剖析民营经济陷入危局的原因及其影响。

（一）民营企业未出现倒闭潮，但停产企业增加

2011 年三季度，在媒体上闹得沸沸扬扬的民营企业倒闭潮引起了社会的广泛关注。但根据浙江省工商局统计，2011 年 1～8 月，浙江全省新设企业 91601 家，注销 21777 家，同比分别增长 12.3%、4.25%，企业数量持续增长，关停企业数并没有出现异常增加的情况。2011 年 1～9 月，反映民营经济态势的全省规模以下工业企业总产值同比增长 21.9%，实现利润和税金总额分别同比增长 33.5% 和 31.4%。

但是新增企业主要以服务业企业为主，以民营企业高度聚集的台州为例，2011 年二季度全市新设民营企业 2848 户，但是新增企业集中在租赁和商业等行业，新设制造业企业仅有 1169 户，同比仅增长 0.14%。

需要指出的是，虽然注册企业数仍然保持增长，但是主动停产、减产的企业数量也在增加，这可能导致相关注册数据的失真。以温州为例，由于成本上升、招工难、用电紧张、融资难等，实业生产已变得无利可图，因此少数企业主动选择停产、减产。同时，这些企业将退出的资本投资于高利贷、矿山等领域，谋求高额回报。

与之相应，目前东南沿海地区产业"空心化"趋势逐步显现，大量实业资本转向投资领域，这将对我国经济发展造成不利影响，特别是冲击以民营经济为主的东部地区经济发展。

（二）民营经济遭遇多重挑战

近年来，在全球经济持续低迷的大背景下，受国内产业结构调整和货币政策紧缩的双重压力，国内民营企业，特别是严重依赖出口的民营企业遭受重创，赢利水平大幅下滑。据阿里巴巴调研统计，受原材料、人工成本上升影响，2011年珠三角地区中小企业的平均利润比2010年减少30%～40%，企业经营困难开始加大。义乌小商品指数显示，2010年四季度以来，景气指数和效益指数均出现了大幅下降（见图3）。

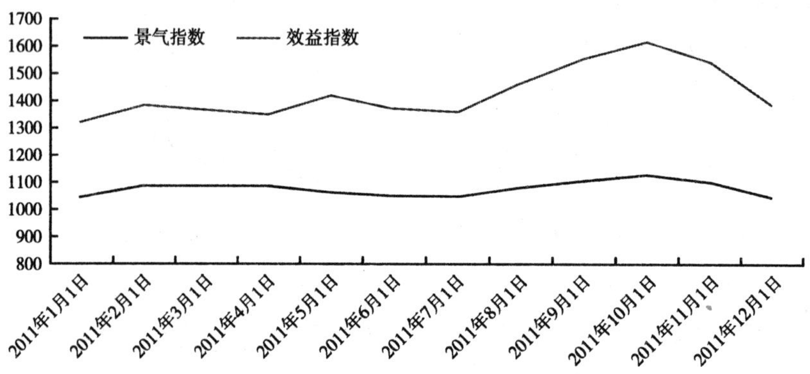

图3　义乌中国小商品景气指数走势

资料来源：义乌中国小商品指数网：http：//www. ywindex. com。

总体而言，影响民营企业发展的主要因素可以归纳为成本上升、需求增长放缓和融资困难。

1. 成本上升

近年来，由于国内土地和劳动力成本大幅上升、大宗原材料价格暴涨，加之产业结构调整压力加大、节能减排等环保支出增加，企业生产成本大幅上升。

具体而言，成本上升主要体现在：

第一，原材料价格上涨，而企业难以转嫁成本。上游大宗商品价格大幅上涨，导致生产成本显著增加，但由于大部分民营企业位于价值链末端，所处行业分散，同质化程度高，竞争激烈，且受制于国外贸易商，因此议价能力低，无法及时向下游转移成本压力，使企业利润率下降。同时，人民币升值、原材料价格波动也使企业成本不确定性增强，因此很多企业陷入了有单不敢接的尴尬局面。

此外，在适度从紧的货币政策下，上游原材料供应商为加快资金回笼，缩短结账周期，增加了中小企业资金压力和采购成本。

第二，日益严重的资源约束限制了传统制造业企业的发展。东部地区日益紧张的工业用地以及近年来接连出现的“电荒”、“柴油荒”，不仅导致土地和原材料成本大幅上升，而且严重限制了企业产能的有效利用。以温州为例，2011 年 8 月平安证券等机构的联合调研显示，目前温州单月工业用电缺口达 60 万千瓦左右，供电局采取每 3 天停 1 天，或每天停 3 小时等方式对企业用电实行限制，很多企业不得已自购柴油机发电，用电成本是电网供电的 3 倍，对企业的开工率和成本造成直接的负面影响。

第三，劳动力成本大幅上升，招工日益困难。越来越多的劳动力选择本地就业导致东南沿海地区传统制造业连年出现“民工荒”，劳动力价格不断上升（见图 4）。刘易斯拐点的到来以及中西部地区制造业的发展，使得越来越多的工人选择在当地就业，造成东南沿海地区用工紧张，劳动力成本上升。据统计，2011 年上半年，浙江温台地区平均薪资水平已至少上调 30% 左右，普通工人月工资已经超过 1500 元，珠三角地区工人工资也同比上涨了 20% ~30% 。

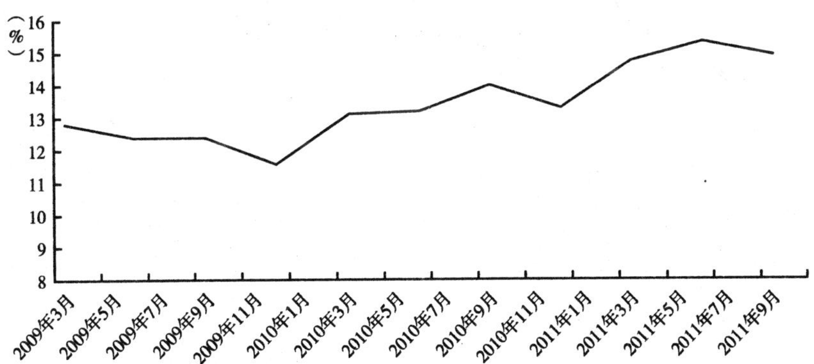

图 4　城镇在岗职工平均工资水平增速变化

资料来源：WIND 资讯。

第四，企业税负繁重。随着企业生产成本的上升，利润水平被逐渐压缩，但是企业各种税收却没有相应减少，税负压力巨大。此外，政策性、行政性和社会性三大类收费也给企业带来了深重的负担，利润水平被不断压缩。

2. 需求增长放缓

2007年以来，受经济危机影响，海外市场需求增速放缓甚至萎缩，而人民币持续升值，进一步降低了中国产品在国际市场的竞争力，大量外向型中小企业遭受巨大冲击。此外，金融危机之后，欧美经济遭受重创，各种反倾销及贸易壁垒层出不穷，也打击了国内企业的出口，传统劳动密集型行业受到的冲击最大。具体来说：

第一，海外订单萎缩，竞争加剧，国内消费增速放缓（见图5）。

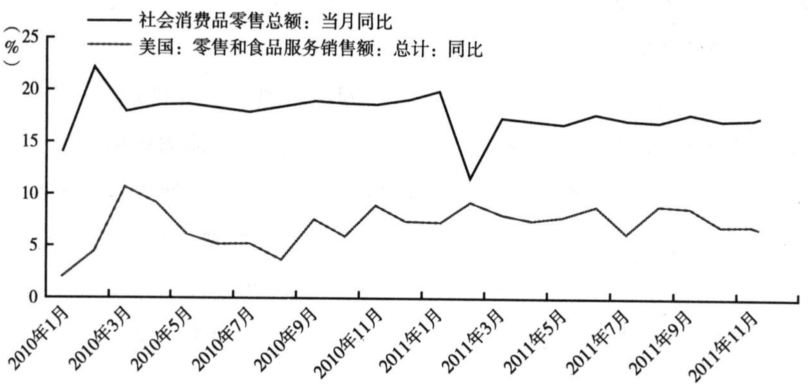

图5 中国零售增速与美国个人消费支出及增速

资料来源：WIND资讯。

2011年以来，国内来自欧美市场的订单逐步下降，询盘量持续缩减，据阿里巴巴调研统计，截至2011年三季度，欧洲市场的装船率在50%左右，北美市场也低于80%，相比往年降幅较大。而拉美、中东的订单增加量远不能弥补欧美市场的缩减量。

由于成本上升、人民币升值以及越南、印度等国制造业的崛起，国内企业的比较优势逐步丧失，针对中国的反倾销政策，进一步打击了国内企业的出口。

国内持续的宏观调控以及通胀压力，导致居民消费支出增速回落，房地产不景气、基建步伐放缓也导致相关产业链上的订单普遍减少。此外，原有外向型企业转向国内市场，也面临没品牌、没渠道的尴尬。

第二，未知风险增加，企业接单谨慎。

为了降低人民币升值及原材料价格波动带来的负面影响，出口型企业更倾向

于接小订单，缩短生产周期，灵活应对市场变化，以保证一定利润率，而这也直接影响了企业的产能利用率。据阿里巴巴统计，目前珠三角地区的中小制造企业平均开工率仅为71%，这与往年企业加班生产的局面形成鲜明对比。

3. 企业融资成本上升，融资难度加大

中小企业一直难以从银行等正规金融体系获得贷款，所需资金以自有资金为主，民间融资为辅。但由于2010年下半年以来银根持续收缩，商业银行贷款利率大幅攀升，导致民间融资成本快速抬高，加剧了企业经营困境。目前在江浙一带，民间无抵押贷款月利率高达7%～10%，有抵押贷款月利率也高达2.5%以上。

同时由于企业普遍缺乏资金，上游企业希望通过缩短账期加快资金回笼，而下游企业希望通过延长账期缓解资金压力，这使得处于产业链中间的制造业企业资金紧张，并产生新的融资需求，而在银根紧缩的背景下，中小企业的银行贷款首当其冲受到影响，不得不增加对民间借贷的依赖。

以温州为例，截至2011年三季度全市共有担保公司270多家，注册资本5000万元以上的有40～50家，另有小额贷款公司23家。大量活跃的民间资金为中小企业在短期资金紧缺、无法按期偿还银行贷款时提供了资金来源，但在宏观调控的背景下，民间借贷利润陡升，一些前期激进扩张的高负债企业以及无法及时回款导致短期借贷演变成长期借贷的企业，面临巨大的偿债压力，部分企业甚至出现资金链断裂。

（三）民营企业的应对之策

由于成本压力加剧，而需求持续放缓，中小民营企业的经营压力不断加大，企业纷纷采取应对措施，其应对措施可以归纳为产业转移、业务多元化、转变经营策略与产业升级等。据浙江工商局统计，截至2011年三季度浙江已有20%的企业实行了对外投资，34%的企业开展了多元化经营，64%的企业已有意向投资新兴产业。

1. 产业转移

由于东部地区各种成本较高、资源短缺、环评监管加强等，很多传统劳动密集型制造业已经积极对外转移，转移的目的地既包括省内欠发达地区、中西部省区，也包括东南亚等周边国家。

以纺织服装业为例，2007 年以来，苏南地区的纺织服装企业大量向苏北的宿迁、淮安等地转移，珠三角地区的服装企业也大量向粤北、江西等地转移。此外，为了降低成本并规避贸易壁垒，许多服装企业转移到越南、柬埔寨等国，这些国家对欧美出口能够充分享受最惠国待遇，免于多种贸易壁垒，同时这些国家在税收等政策方面给予了国外企业相当大的优惠空间。

2. 多元化经营，转战金融地产

由于成本上升、需求放缓，而且承受着较重的税负，目前江浙地区大量产业资本纷纷从实业领域退出，转战金融、地产、矿产等高利润行业，不少资本甚至进入民间高息借贷等灰色领域，通过多元经营，保持资本的整体回报率。但这也导致了部分地区出现产业空心化问题。

目前江浙一带大量地产公司、贷款公司、融资性担保公司的资金，有相当一部分是来自实业领域，据不完全统计，目前 A 股上市公司中就有二十多家进入小额贷款、融资担保领域，且以民营企业为主，如康恩贝、联化科技、新湖中宝、七匹狼等。无锡市 2011 年 1～8 月新增内资企业 12000 多家，其中各类投资公司约占 30%。

3. 改变经营策略，机器替代人工等

由于产业工人工资和原材料价格继续上涨，对企业生产带来了巨大压力。为应对工人工资上涨、招工困难的压力，部分劳动密集型企业筹划采购生产设备，提高生产自动化水平，实现机器替代人工。此外，也有一些企业积极尝试期货套保等手段锁定原材料成本。

但是，对于大部分小企业而言，受制于自身资金实力和融资困境，其调整经营策略的空间并不大。而且由于产品同质化程度高，竞争激烈，企业缺少通过品牌建设、核心技术等手段提升利润的能力。

4. 产业升级

企业生产成本不断上升，市场竞争力下降，也促使很多企业积极转型，这种转型，一方面是指从传统劳动密集型产业向资金、技术密集型产业升级，另一方面是指从产业链的生产加工等低端环节向研发制造等高端环节转移。目前选择后一种方式的企业较少，大部分企业选择进入新兴产业。

伴随传统制造业的外迁，产业升级在长三角、珠三角等地区表现尤为显著。近年来，大量民间资本从传统制造业领域进入新能源、汽车及零部件、电子信息

等领域，就充分反映了这一趋势。

但是，各路资本急速涌入一些尚不成熟或者严重依赖外需的新兴产业领域，也导致这些产业出现了较为严重的产能过剩，企业赢利水平大幅波动，如太阳能、风能等新能源材料及设备制造业等。

（四）民营企业陷入困境的根源

目前民营经济遭遇的难题，本质上是在传统比较优势逐步丧失的背景下，我国产业经济转型遭遇的困局，而全球金融危机、国内信贷体系的不完善，进一步放大了这种困难。问题的根源可以归纳为：

首先，产业转型期，经济增长率的自然下滑，给民营企业发展带来巨大压力。根据国际经验，包括日本在内的新兴国家，在产业转型期，实际 GDP 增长率都遭遇显著下滑，克鲁格曼在其 1994 年的经典文章《亚洲奇迹的神话》中指出，东亚国家之所以能够快速实现经济腾飞，主要是由于劳动力、资本的大规模投入，但这种增长难以为继。而日本经济转型的经验，也验证了这一观点，1973 年之后日本产业经济逐步从重化工业转向高加工组装行业和高新技术行业，经济增速明显下滑（见图 6）。

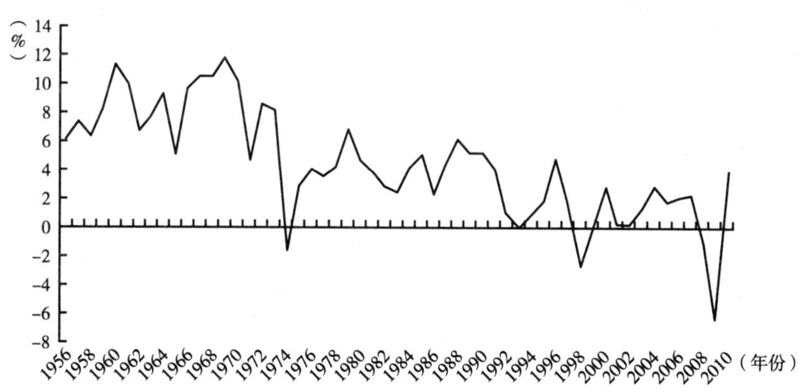

图 6　日本实际 GDP 增速的变化

资料来源：CEIC。

而就国内而言，经济增速下滑的潜在之意是传统制造业增速逐步下降，因此集中在这一领域的民营企业将首当其冲受到冲击。

其次，人口红利逐步丧失，传统制造业国际比较优势丧失，而相对于金融地产等行业，制造业升级缺乏吸引力。随着刘易斯拐点的来临以及印度、越南等国制造业的崛起，过分依赖廉价劳动力的传统制造业比较优势逐步丧失，中小民营企业的竞争力日渐消退，实际上，从工作年龄人口占总人口比重来看，这一比例自 2015 年开始就将明显下滑（见图 7）。

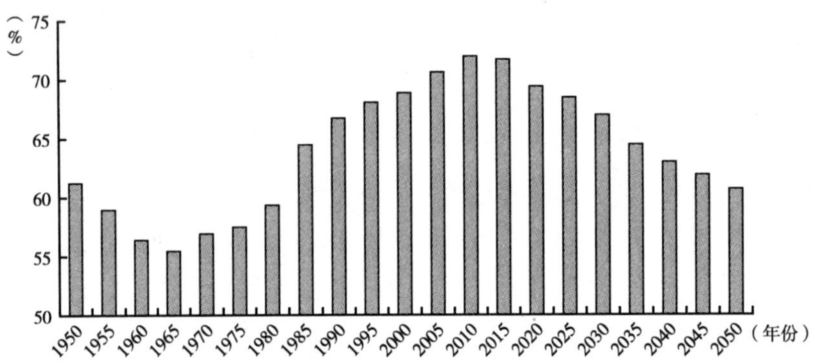

图 7　中国工作年龄人口占比变化

资料来源：CEIC。

而延缓人口红利丧失步伐的唯一方式就是技术升级、产业转型。但是受制于自身技术实力、资金积累以及融资困境，同时又受到民间借贷等虚拟经济高额回报的诱惑，民营企业缺乏产业转型的能力和动力。在这一背景下，民营制造业企业的萎缩难以避免，我国传统制造业优势将逐步凋零，经济增长必然受到影响。

其三，对民企进入垄断行业的限制。虽然国务院连续出台了两个“非公 36 条”，但现实中民营资本进入垄断行业，平等参与竞争、分享利润仍然显得困难重重。在石化、煤炭、银行等利润相对丰厚的行业，民营企业仍然受到诸多限制，这导致民营资本对发展前景日渐悲观，越来越多的民间资本转向投资特别是民间借贷。有数据显示，在温州做实业的中小企业毛利润一般在 3% ~5%，但民间借贷的年利率则高达 180%。

其四，国内金融服务体系的不完善，加剧了民营企业转型的困难。由于正规金融服务体系的不完备以及民间借贷的长期受压制，导致民营中小企业普遍面临融资困难。尽管各银行都在推进中小企业贷款业务，但各银行并没有针对性地形成小额贷款产品和有效控制风险办法，而民营中小企业信用体系缺陷与经营不规

范，又加剧了融资难度。特别是2009年以来，正是我国传统制造业转型的关键时期，但是紧缩货币政策使民营企业融资问题雪上加霜。总之，内生性的金融缺陷，是影响民营经济发展的重要障碍。

目前成本上升、需求增速放缓以及人民币升值都直接削弱了我国传统制造业的比较优势，融资困难成为加剧产业转型困难与结构调整压力的短期因素。实际上，民营中小企业融资难问题长期存在，但在金融危机、结构转型的背景下，这一难题的影响被放大。总体而言，民营企业面临的结构调整、产业转型挑战远大于融资困难带来的影响。

三　民营经济走势及其对宏观经济的影响

（一）对民营经济走势的判断

目前，在各项传统比较优势逐步丧失的情况下，民营制造业增速将不可避免地继续下滑。受制于垄断行业管制政策，日益微薄的制造业利润率将促使更多的民间资本从制造业流向服务业或投资领域。

短期来看，民营经济的走势取决于需求的复苏以及融资政策的变化。2003～2007年国内民营企业通过大规模固定资产投资大幅提升产能，这部分产能的有效利用是民营经济短期发展的关键要素。虽然目前欧美经济逐步复苏，但是复苏速度远不及预期，这将成为短期内抑制民营经济发展的重要因素。此外，近期国家出台了一些融资支持政策，这些政策在短期内能够在一定程度上缓解民营企业的资金压力，并促使企业积极接单，提高产能利用率，从而加快民营制造业企业的复苏步伐。

但长期来看，民营经济的发展取决于产业转型成功与否。而要成功实现产业转型，除了资金支持外，更重要的是通过降低税负、技术补贴等多种手段，鼓励企业增加技术投入，向新兴产业和产业价值链高端攀升。同时通过发展精品制造业等手段，延缓人口红利的消退步伐。

（二）民营经济困境对宏观经济的影响

由于民营经济在国民经济中已经占据了十分重要的地位，因此民营经济发展遭遇波折，必然会影响整体经济走势，同时对产业转型、就业、出口以及投资产生冲击。实际上，微观层面大量中小企业的产业调整，必然会在相当长的时间内降低整体经济增速，使经济增长的中枢下降，但是这并不会导致宏观经济的大幅滑坡，我们需要警惕“产业空心化”现象。

短期来看，外贸订单量减少，影响企业开工，会对就业产生一定影响，并影响经济增速，而随着外部需求的恢复，这种影响将很快消失。长期来看，随着产业转型，制造业的要素投入结构发生变化，如果我国经济的全要素生产率得以提高，则宏观经济仍将保持较高增速。

参考文献

1. 阿里巴巴，国家发展研究院：《珠三角小企业经营与融资现状调研报告》，2011 年 8 月。
2. 保罗·克鲁格曼：《亚洲奇迹的神话》，《国外社会科学文摘》1995 年第 7 期。

China's Private Economic Development and Economic Development Trends

Gao Wenzhi　Zhuo Jingji

Abstract: The difficulties that private economies face is actually due to industrial restructuring problems caused by the receding of demographic bonus. Private enterprises' pressures in restructuring and industrial transformation are much heavier than that of financing difficulties. Facing current severe economic situation, it is inevitable for capital to shift from industrial area to finance and real estate areas, resulting in the reducing of national economic growth. Given the importance of the private enterprises in the economy, industrial transformation will directly determine the prospects of private economy, as well as the long-term growth trend of China's national economy.

Key Words: Private economic; Difficulties; Prospects

B.4
欧洲债务危机的原因及影响分析

祝妍雯

摘　要：2009 年希腊主权债务危机的爆发标志着欧元区陷入了债务困境，之后，爱尔兰、葡萄牙、西班牙和意大利财政也暴露出了不同程度的问题，欧债危机出现了从“外围国家”向“核心国家”蔓延的趋势。这次欧债危机的原因主要是外围因素、内在因素和欧元区机制共同作用的结果，具体原因则各有不同。欧债危机对欧元区以及全球经济造成负面影响：需求下降、银行风险上升、对投资者和消费者信心造成打击，可能会成为拖累 2012 年全球经济发展的主要不确定性因素。

关键词：欧债危机　原因　影响

作为 2008 年国际金融危机的次生危机，欧洲主权债务危机已经走过了近 3 个年头。这期间欧元区警报不断拉响，评级下调、经济重挫、游行示威、政治动荡频频爆发，主权债务危机已经演变成为拖累 2012 年全球经济发展的主要不确定因素。

一　发展过程

（一）第一阶段：希腊陷入危机

2009 年 10 月，随着希腊政府更迭，该国公共债务严重超标的消息传出。该年 12 月，希腊政府对外宣布其 2009 年财政赤字高达 GDP 的 12.7%，公共债务占 GDP 的比例约为 113%，远远超过欧盟所规定的 3% 和 60% 的上限。紧接着，全球三大评级机构惠誉、标准普尔和穆迪在一个月内相继调低希腊的主权信用评级，希腊的主权债务危机正式爆发。

2010 年 2 月，德国和西班牙公布的财政预算情况也出乎市场的预料，财政赤字2009年占GDP的比例分别高达5.5%和9.8%。消息一出欧元空头立刻增至80亿美元，创历史最高纪录。欧元大幅下挫、欧洲股市暴跌，欧元区面临考验。

2010年4月，撑不住的希腊不得不向欧盟和IMF申请援助，但由于这是欧元区成立以来成员国首次遭遇如此严重的冲击，相关的援救机制几乎没有，加上涉及援救者和施救者之间的复杂博弈，整个过程绵延数月之久。最后，终于在2010年5月10日敲定了具体方案，引进欧洲金融稳定工具和相关援救稳定机制，推出了针对希腊的总计7500亿欧元的援救计划，暂时稳定住了局势。

（二）第二阶段：爱尔兰求援

2010年9月，爱尔兰政府宣布，由于求助本国五大银行可能耗资500亿欧元，预计当年财政赤字将骤升至GDP的32%。2010年11月21日，爱尔兰政府正式请求欧盟和IMF提供救助。

爱尔兰1997~2006年年均经济增长率达6.5%。高增长催生了房地产泡沫，使其产值占GDP的比重超过10%。2008年金融危机爆发，房地产市场骤然萎缩，房贷出现大笔坏账，金融体系岌岌可危。为了维护金融稳定，爱尔兰政府决定救助本国银行，最终导致财政不堪重负，陷入债务危机。2010年11月25日，爱尔兰和欧元区成员国、欧洲央行以及IMF达成了约850亿欧元的援助协议，同时爱尔兰推出了总计150亿欧元的财政紧缩计划。

（三）第三阶段：危机蔓延

2011年年初，随着本身经济问题缠身的葡萄牙、西班牙、意大利旧债集中到期，穆迪等评级机构连续调低了主权信用评级，新债发行遭遇收益率高企压力。欧债危机出现了由希腊、爱尔兰等“外围国家”向意大利、西班牙等“核心国家”蔓延的趋势。除此之外，欧洲银行业的形势也非常严峻，由于交叉持有各国债券，欧洲银行业的系统性风险大大提升，主权债务危机也颇有从公共部门向银行业蔓延的趋势。

二　危机的起因

深究主权债务危机形成和难以快速解决、且反复发作的原因，大体分为以下几个方面：

（一）外围因素

2008 年美国金融危机之前，欧洲经济正处在上升周期，失业率不到 8%。受到外来冲击后，经济状况出现了严重恶化。金融危机通过信贷紧缩、贸易渠道、财富效应等方式影响到欧洲的实体经济（见图 1），投资和出口增长锐减，消费委靡不振，失业率上升（见图 2）。为了防止经济萧条，各国普遍实施大规模的财政刺激政策，扩大了赤字，债务余额水涨船高。

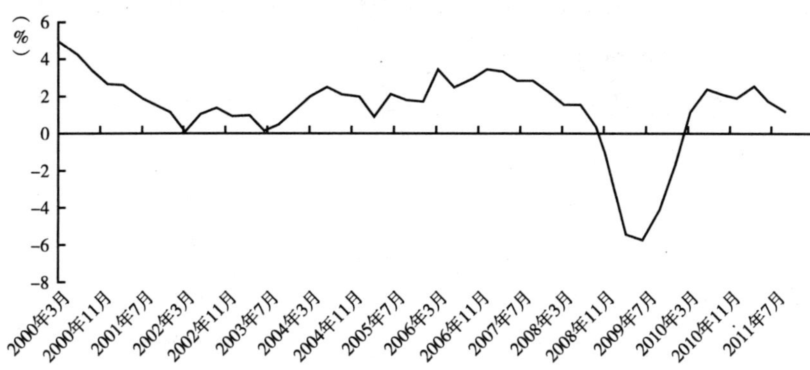

图 1　欧元区 GDP 季度环比

资料来源：欧盟统计局。

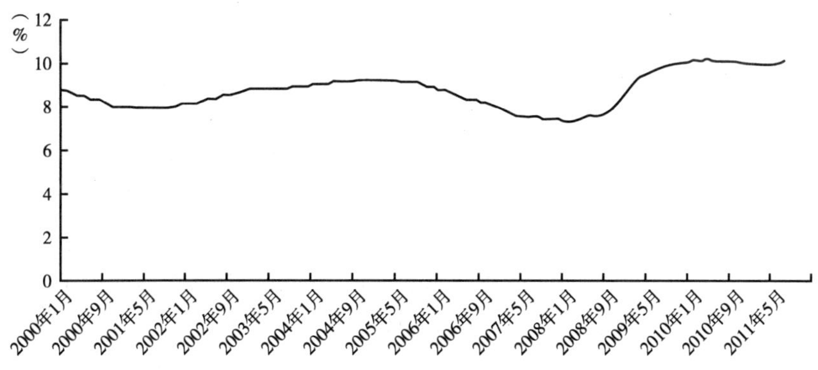

图 2　欧元区失业率

资料来源：欧盟统计局。

危机爆发以来，外部评级机构在警示投资者风险的同时，也产生了催化危机的影响，成为欧债危机的推手。信用评级机构对债券的评级是投资者判断风险的重要依据，在很大程度上也决定了债券的价格，所以对于重债国来说，每一次评级下调都意味着国债收益率的进一步攀升，融资成本增加。另外，由于银行抵押品存在信用门槛，所以，当评级下调至该标准之下时，通过抵押向银行借款这一条路也被堵死，这对于面临融资难题的政府来说无疑是雪上加霜。

（二）内在因素

经济增长、财政盈余是解决债务问题的最有效途径。但是，欧洲经济增长动力不足却是不争的事实，这也意味着欧债危机的彻底解决仍有很长一段路要走。

1. 劳动力市场的结构性失衡

就业人数等于劳动年龄人口①与就业率的乘积，以下分别从这两个方面来说明欧盟劳动力市场中存在的问题。

首先，和世界上其他地区相比，欧盟人口自然增长速度缓慢，人口增长主要靠移民。此外，由于不断升高的生活水准和健全的医疗条件，欧盟人均预期寿命不断提高，死亡率保持在极低的水平。目前欧盟人口年龄结构属于典型的老年型金字塔结构。人口预期寿命的提高，老年人口所占比重将继续增加，生育率低于世代更替水平，年龄金字塔的塔基将越来越小。人口统计学家提出，2035 年之前，欧洲一年内死亡人数将超过出生人数约 100 万，劳动年龄人口比重将会大幅减小。

其次，和美国相比，欧盟的信息通信产业、服务业等就业比重相对较低，传统制造业比重较高。在本轮经济危机当中，全球汽车、化工等制造产业受到打击最大，这导致欧盟第二产业的就业人数当年就下降了 8% 以上。

劳动年龄人口和就业率的双重下降导致了欧盟就业人数的大幅减少，另外，金融危机期间，欧盟许多成员国提高失业救济的水平和享受期限，以保持和提高居民购买力，刺激经济需求。欧盟国家的这种高福利体制给政府造成了巨大的财务负担，进一步加剧了财政赤字和债务的累积。

2. 劳动生产率增长缓慢

劳动生产率的增长是推动经济发展的驱动力。工人单位时间内的产量增加，人们的生活水平就会上升，经济也会不断地向前发展。对欧洲来说，在目前经济

---

① 指 15 ~64 岁之间的人口数。

急需复苏的时期，快速的劳动生产率增长一方面可以抵消人口问题给经济带来的负面影响，另一方面也为政府偿还债务以及救济失业者提供了更好的经济保证。反之，如果劳动生产率增长缓慢的话，只会使情况变得更糟。但目前的情况却是偏向后者。

得益于IT行业的快速发展，美国的劳动生产率从20世纪90年代起得到了突飞猛进的增长。而欧洲依靠从美国引进的先进经验也表现不俗，到1995年，欧洲的劳动生产率达到了美国的90%以上。但紧接着差距开始拉大（见图3）。

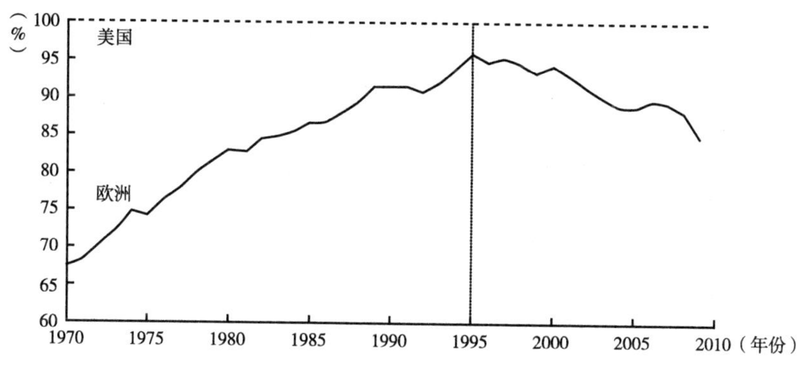

图3　欧洲与美国劳动生产率差距

资料来源：麦肯锡。

劳动生产率主要取决于工人的技术水平以及“技术革新”的进程。衡量技术进步主要通过两个方面，一是研究开发的经费投入；二是研究成果的数量，这里我们用专利数量来衡量。

研发经费支出是创新的重要投入，是决定技术进步的重要因素。有研究表明，研发经费支出占GDP比重提高1个百分点，全要素生产率增长率可以提高0.47个百分点。

在发达经济体中，欧洲研发经费占GDP比重明显低于日本和美国。从内部来看，南北差距较大，瑞士和芬兰的比重超过美国，德国、丹麦、奥地利、法国和美国的相差不大，但是希腊、葡萄牙、意大利、西班牙等南欧国家大大低于美国。

专利数是衡量研究开发活动产出的重要指标。根据世界知识产权组织出版的《2008世界专利报告》，若以每百万人口申请专利数衡量专利密度，欧洲专利数密度低于美国：2006 年美国为 741.78 项，而欧盟成员国中最高的是德国，为 582.59 项，最低的是葡萄牙，为 17.38 项，其余成员国均大幅低于美国。①

总之，欧洲研发经费支出不如美国，专利数量相对较低，研究开发活动相对较少，是造成欧洲技术进步缓慢的重要原因。

3. 服务业发展不足

服务业②发展不足也是欧洲劳动生产率增长缓慢的原因之一。欧洲的制造业和公共事业已经达到了世界较先进的水平，二者加起来对 1995～2005 年劳动生产率增长的贡率度为 64%。与之形成对比是，欧洲的服务业发展比较滞后，由于服务业可以创造新的就业机会，且一般都集中在利润率比较高的领域中，所以服务业的缓慢发展也是导致欧洲劳动生产率落后于美国的重要原因之一（见表 1）。

表 1　1995～2005 年美国和欧洲服务业比较

	行业	美国	欧洲
对 GDP 贡献率	服务业	1.8	1.1
	制造业及公共事业	0.4	0.5
	其他	0.7	0.5
对劳动生产率贡献率	服务业	1	0.4
	制造业及公共事业	0.9	0.9
	其他	0.1	0

欧洲的服务业市场的规模相对美国较小，零散地分布在成员国之内，且管制重重，许多成员国内部都充斥着抑制竞争的规则。在意大利，建筑、法律服务类行业的收入都受到了限制；在希腊，许多服务类行业，如制药被禁止进行公开宣传。这些管制措施显然有利于既得利益者，限制了更有活力的新竞争者的加入，使整个经济中的成本上升，并直接导致了欧洲服务业进步乏力。

（三）欧元区一体化机制的缺陷

毋庸讳言，对欧元区各国来讲，单一货币制度有着降低成本、增加贸易便利

① World Intellectual Property Organization, *World Patent Report: A Statistical Review, 2008*, pp. 68－69.

② 这里的服务业包括建筑、交通、商业贸易、酒店餐饮、管理咨询及金融服务、IT、租赁、科技研发、法律服务、广告媒体、社区服务等。

性、促进区域经济一体化的优势。但这种单一货币制度也存在一些先天的缺陷。

首先，欧元区国家上缴了货币主权，使得相关各国政府不得不更多倚重财政政策以调节经济，在财政尚未统一的情况下，为刺激本国经济增长，增加就业，各成员国都有一种内在的财政赤字扩大的倾向。另外，在遭受外来冲击时，由于无法独立使用汇率政策等来应对，且欧洲央行单一的货币政策无法在区内各国经济受到不对称冲击时发挥作用，所以只能更加倚重财政政策，造成赤字和债务负担纷纷超标。多数成员国的赤字和债务都已超过了《马斯特里赫特条约》规定的水平①（见图4、图5）。

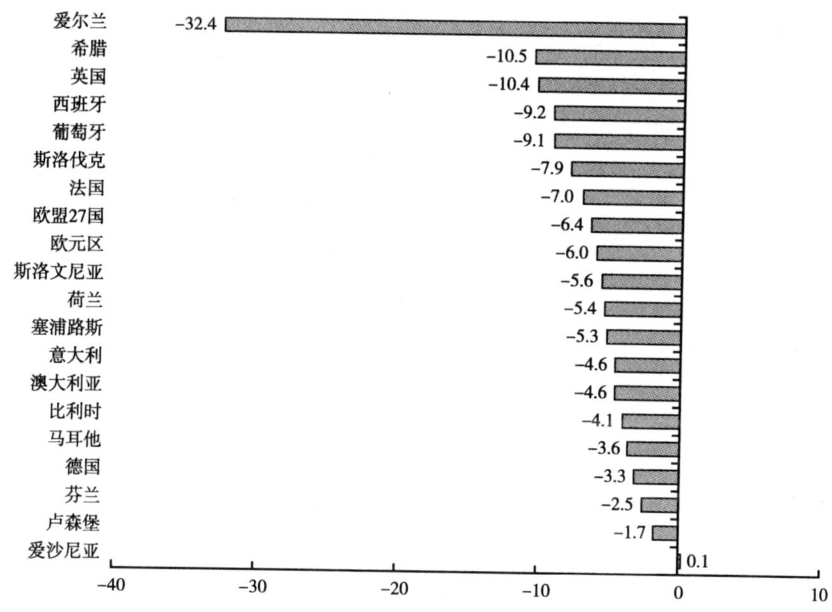

图4　2010年欧元区各国赤字/GDP情况

资料来源：中国建投研究中心整理。

其次，区域发展失衡。在欧元区发展的过程中，逐渐形成了以德法等为核心，以包括“PIIGS”② 在内的边缘国家为外围的“圈层式”发展模式。德法等“核心”国家拥有支撑经济可持续发展的支柱性产业，具有较强的竞争力。边缘

① 条约规定，欧元区各国财政赤字须控制在GDP的3%以下，国债保持在GDP的60%以下。

② 指希腊、爱尔兰、葡萄牙、意大利、西班牙五国。

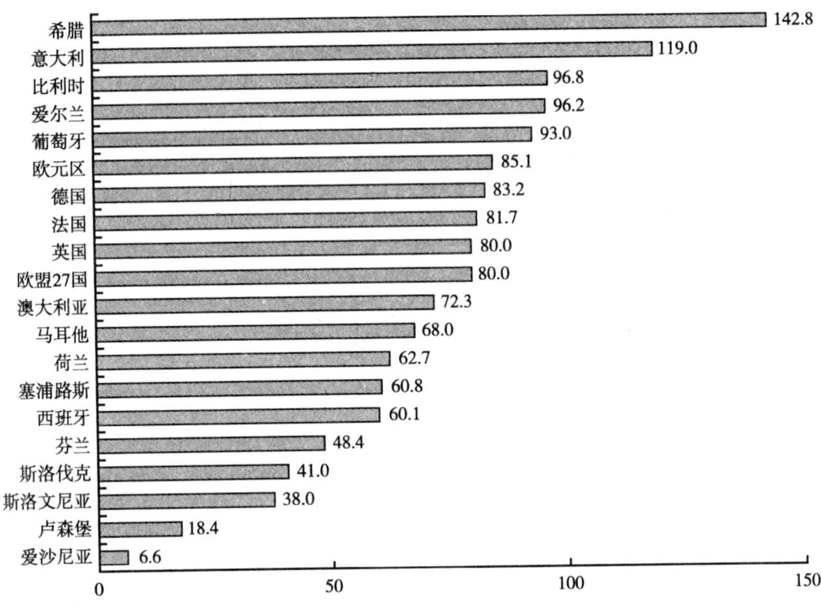

图5　2010 年欧元区各国债务/GDP 情况

资料来源：中国建投研究中心整理。

国家产业经济结构单一，新兴产业发展不足，缺乏能从根本上长期推动经济发展的支柱性产业，而这些国家的政府也并未采取有效措施及时调整经济结构。在这样一种畸形的发展模式下，边缘国家逐渐沦为核心国家的附庸，经济发展缺乏内生性增长动力。另外，欧洲央行将德国的国债收益率作为基准，超低的国债收益水平造成融资成本下降，边缘国家通过低廉的借贷成本将大量的资金投向房地产等投机性行业，加重自身负担的同时也破坏了对风险的“免疫力”。

其三，一体化使危机产生了多米诺骨牌效应。作为单一货币区，欧元区内任何成员出现问题，都有可能对整个欧元区产生溢出效应并波及其他国家，影响欧元区的整体经济稳定。这种连锁效应尤其反映在金融体系当中，以救助希腊为例，在 7500 亿的临时救助资金中，4400 亿欧元由欧元区国家根据相互间协议提供，600 亿欧元由欧盟委员会从金融市场上筹集。在成员国中，以德国出资最高，占 27%，其次为法国。在这种情况下，如果希腊危机持续恶化，或采取极端重组形式，债权人可能需要放弃 50% ~70% 的债权索偿（目前已经这么做了），这将给欧洲金融体系造成巨大冲击。

针对债务危机暴露出的这些体制问题，欧元区已经开始向财政一体化的方向发展。可以说，债务危机在给欧元区带来巨大考验的同时，也为欧元区体制完善提供了契机和动力。

三　欧债危机所带来的影响

（一）全球需求放缓

欧债危机全面爆发以来，欧元区进口增速急剧下降（见图6），对全球大宗商品的需求和出口导向型国家的对外贸易产生了一定的负面影响。

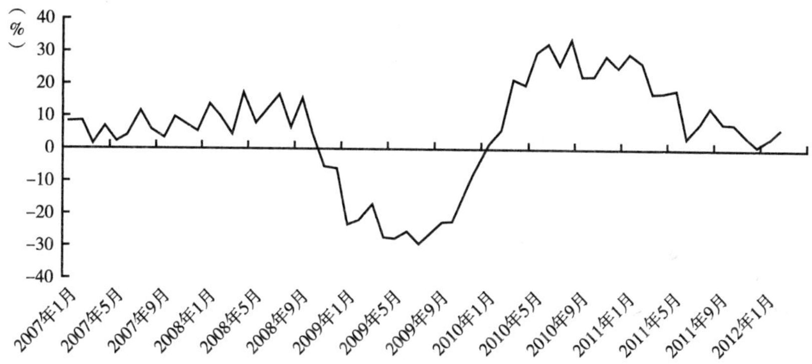

图6　欧元区17国进口增速同比

资料来源：WIND资讯。

以中国为例，在中国外贸出口的主要对象中，占据前三位的分别是欧盟、美国和日本。欧盟是中国的第一大贸易伙伴、第一大出口市场、第一大技术引进来源地和第二大进口市场。所以，在欧债危机的影响下，我国对欧盟的贸易增速出现了较大程度的下滑（见图7），不少出口企业由于需求不振导致订单下降，利润大幅缩水，生存状况出现恶化。

（二）加大金融体系风险

2011年以来，欧债危机出现了由“外围国家”向“核心国家”、由公共部门向银行体系蔓延的趋势。这使欧洲银行业的风险水平大幅提升。从目前的情况来

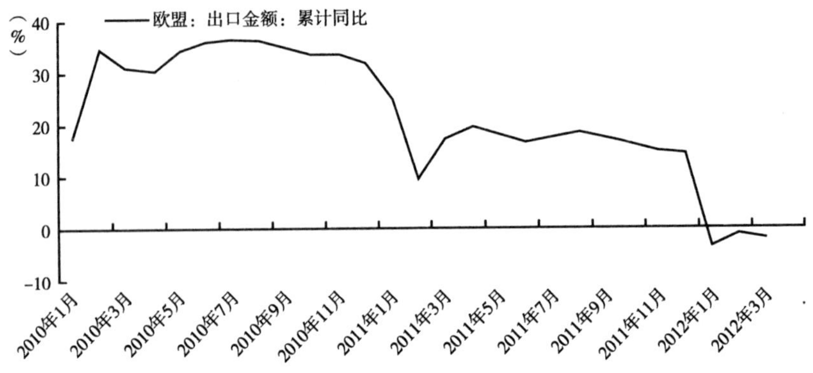

图7　中国对欧盟出口增速同比

资料来源：WIND 资讯。

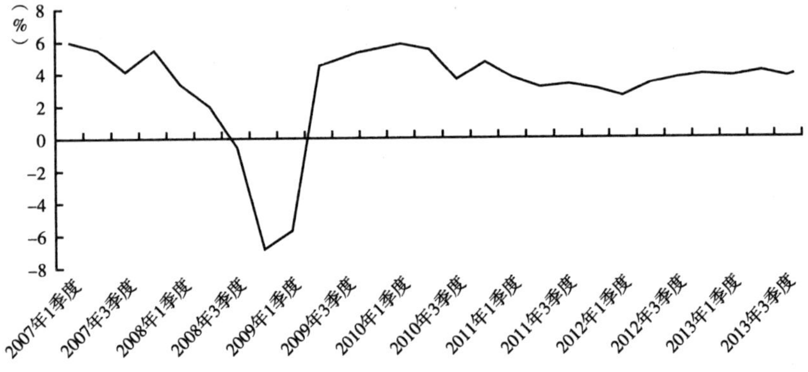

图8　世界经济增速走势

资料来源：WIND 资讯。

看，风险主要来自三个方面：

首先，资产减值的风险。欧洲各银行交叉持有大量的欧元区其他国家的国债，“PIIGS”国债价格的下跌以及违约可能性的上升，将直接导致银行资产的损失。例如作为希腊第二轮救助方案之一的将私人部门所持债券减值 53.5%，给持有该债券的银行的资产负债带来了严重的负面影响。

其次，流动性枯竭的风险。欧洲的储蓄率较低，银行的吸储能力有限，资金通常以其所持债券为抵押，向欧洲央行借贷或同业拆解。当债券评级下调或价值大幅降低时，可贷资金就会减少，从而使银行出现流动性枯竭的风险。为了缓解这种情形，欧洲央行推出了两轮总规模超过 1 万亿元的长期再融资计划。虽然暂

时缓解了银行业的流动性压力，但也导致了银行系统对于欧洲央行廉价贷款的过度依赖，加大了银行系统的潜在风险。

再次，政府不再有能力救助银行。由于欧元区政府陷入财政危机，自顾不暇，所以，一旦银行发生系统性危机，政府向其提供担保或救援的能力有限，这也使得银行评级受到一定的负面影响。

欧元区银行业在全球金融系统中的地位举足轻重，如果发生危机，将会对欧洲乃至全球金融系统造成极大的冲击。举例来说，从 2011 年四季度开始，美国的外资银行分支机构开始收紧放贷标准，带动美国国内银行也开始小幅收紧，银行的这种“惜贷”行为可以看做是为希腊主权债务减记和接下来的形势变化做准备，但这也给美国经济复苏带来了威胁。

（三）打击投资者和消费者信心

欧债危机不仅对欧元区内部的投资者和消费者信心造成严重打击，对欧元区以外的投资者和消费者信心也造成了一定的负面影响。

2011 年欧债危机蔓延以来，欧元区投资信心指数一路下跌，从 2011 年 3 月的 17.1 一路狂跌至 2011 年年底的 -24（见图 9）。由于欧元区各种资产的风险增加，且股市和债市表现不佳，不少资金已经从欧元区的投资市场撤离。另外，受危机影响，欧元区的固定资产投资增速也出现了放缓的趋势，2011 年四季度仅为 0.1%，大大低于年初 3.5% 的水平。

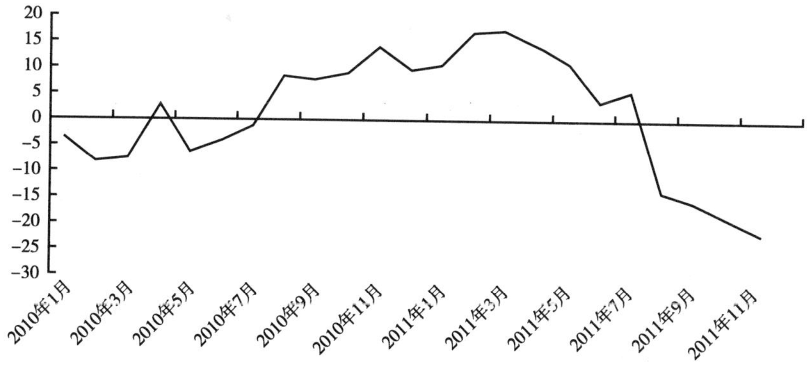

图 9　欧元区 Sentix 投资信心指数

资料来源：Sentix 公司。

欧债危机对经济前景的负面影响严重打击了居民的消费欲望。2011 年下半年以来，欧元区消费者信心指数一路走低（见图 10），即使是圣诞节消费旺季也没起到多大的提振作用，可见欧债危机对消费者信心的打击程度。

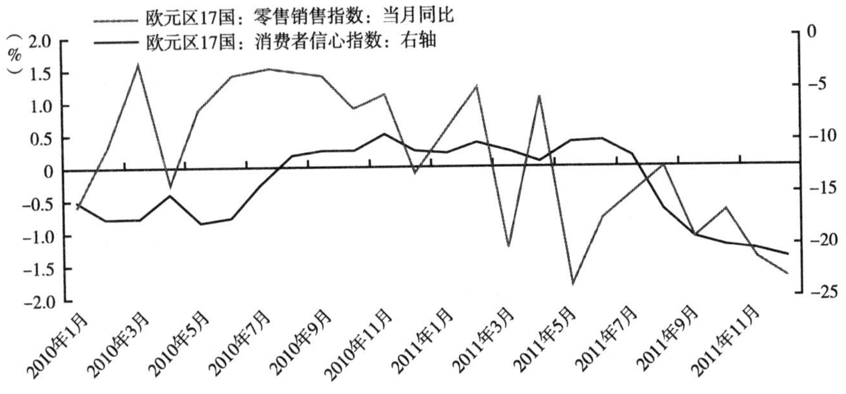

图 10　欧元区消费信心指数

资料来源：WIND 资讯。

欧债危机也使得全球金融市场恐慌情绪蔓延，出于对欧元区债务问题的担忧，投资者纷纷看空欧元，导致欧元兑美元在 2010 年出现了一轮较大的下跌。且几乎每次债务危机恶化的消息都会带来全球股市的暴跌，而这又会进一步打击了国内外投资者的信心。

四　“PIIGS”五国的危机状况

（一）希腊

1. 危机起因

希腊加入欧元区之前财政就已经出现状况，为了达到《马斯特里赫特条约》对债务水平的要求，希腊政府通过高盛隐瞒了 10 亿元的公共债务，为日后危机的出现埋下了隐患。

在希腊，退休工人享有退休前收入的 96%，而工作还需要缴税，算起来还不如退休后拿得多。在 65 岁以上的人口比例高达 18.6% 的社会，这种高福利大大加重了政府的负担。

危机之前希腊以旅游业和造船业为主要支柱产业，新兴产业发展严重不足。2008年经济危机给传统的制造业带来了严重的冲击，使希腊经济失去了活力。政府只能靠财政手段来挽救经济，而低迷的经济使得增加税收这条路行不通，所以只能靠发债。除此之外，由于外界不看好希腊经济，所以希腊只能靠高额的收益率来吸引投资者，而投资者再通过CDS来规避风险。但随着希腊评级被降低，其相应的CDS也水涨船高，更增加了政府的负担和融资的难度，最后不得不向欧盟和IMF求助。

持有希腊国债的多为外国机构（见图11），所以当希腊出现问题时，其债券容易遭受恐慌性抛售，给危机雪上加霜。

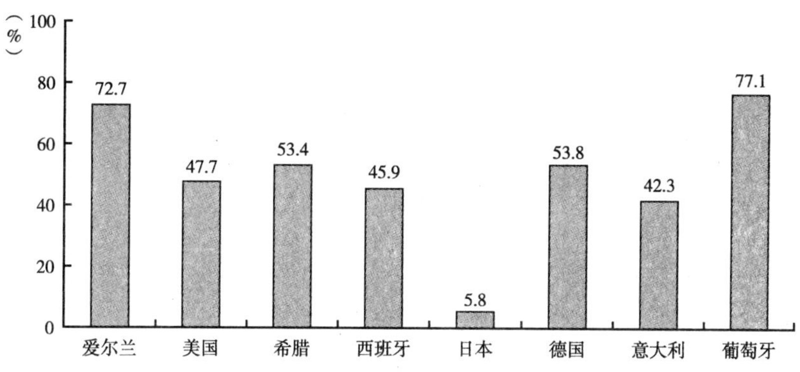

图11　国外投资者持有的国债比例

资料来源：中国建投研究中心整理。

2. 解决途径

作为欧债危机的“重灾区”，希腊问题能否妥善解决一直是被关注的焦点。虽然希腊在2010年5月已经获得了7500亿欧元的救助计划，且新一轮的救助方案也于2012年3月通过，但希腊出现问题的原因不仅仅是由于政府的资金链断裂，而是更深一层的经济结构甚至是社会体制的问题。所以，除非希腊能够进行彻底的经济改革，否则很难完全走出危机的阴影。即使依靠救助出现了好转，也只是以“寅吃卯粮”的方式在透支未来。

（二）爱尔兰

1. 危机起因

20世纪90年代，爱尔兰的软件行业异军突起，软件出口带动了经济的迅速发展，这种奇迹的崛起一度被称作“凯尔特之虎”。但是，在经济飞速发展的过程中也出现了不少问题。爱尔兰的出口占比过大，为整个国家经济的70%，而内需对经济的拉动作用十分有限。这使得爱尔兰的经济增长很大程度上受制于全球经济的波动，自身调节能力较差。所以，在金融危机的影响下，经济出现了快速下滑。

爱尔兰经济繁荣的背后一直隐藏着泡沫化的隐患。为了吸引较多外资，爱尔兰一直实行低税率政策，加上原先积累的贸易顺差，国内出现流动性过剩。但由于欧盟规定成员国的利率不能超过通胀最低的三个国家平均数2个百分点，且消费由于长期的出口导向受到挤压，导致国内出现了严重的通货膨胀，大量了资金流入房地产，造成房地产泡沫。

金融危机使房地产泡沫破灭，银行的多数房贷出现坏账，为维护金融体系的稳定，爱尔兰政府决定耗资500亿欧元救助该国5大银行，导致财政赤字飙升，信用评价被降，融资出现困难，最后不得不向欧盟和IMF请求救助。

2. 解决途径

爱尔兰的经济状况要比希腊好很多，且欧盟和IMF对其的救助也非常迅速。另外，爱尔兰国库自身也有约200亿欧元的周转现金，所以，至少短期来看，爱尔兰不会出现资金断流的风险。对于爱尔兰来说，平息本次危机的关键在于能否让市场恢复信心，缓解债券市场的压力，以便其重返市场进行融资。爱尔兰已经着手对其银行也进行强有力的资本重组，压缩部分银行规模，稳定金融体系。目前，爱尔兰致力于经济转型，由信贷消费型转向出口导向型，取得了初步成果。同时，爱尔兰还公布了一项力图在2014年前解决其赤字和债务的计划，为长期实体经济的恢复打下了基础。

（三）葡萄牙

1. 危机起因

葡萄牙的情况与爱尔兰不同，没有房地产泡沫，也没有高速的经济扩张，葡萄牙沦落到这种地步主要是由于其高企的债务。2010年，葡萄牙的公共债务高达GDP的93%，2011年，葡萄牙的债务达GDP的97.3%。

近年来，葡萄牙经济逐渐丧失活力，增长率低下。但民众不断要求提高工资，而由于经济危机，社会能享受到的“廉价进口商品”减少，这造成了社会用工成本的提升和资金链紧张。此外，前任政府为了刺激经济增长，推出了昂贵

的“交通计划”，拓宽城际交通网络，大建高速铁路，遗留下大笔账单和尚未完工的项目。

低经济增长意味着政府必须通过加税等手段来获取收入，但在欧盟普遍的“高福利”和“减税”背景下，加税无异于宣告罢工和社会动荡开始。如果没有经济危机，这一切或许还能“蒙混过关”。随着经济危机来临，债台高筑的葡萄牙面临越来越大的偿债压力。由于担心葡萄牙无法偿还债务，国际信用机构调低葡萄牙的评级，提高了还贷利率，更加剧了葡萄牙的经济困境。

为了还债，时任葡萄牙总理的苏格拉底一直试图像英国卡梅伦政府一样引入“紧缩计划”，通过加税和减少政府开支“开源节流”，将赤字和债务控制在一个可控的水平。但这项紧缩政策遭到了国内汹涌的反抗潮。在汹涌的民意压力下，议会否决了“紧缩计划”。这使得该国政府原本就高企不下的融资成本很可能会上升到无法负担的水平，迫使该国向其他欧盟国家和IMF申请援助。

2. 解决途径

葡萄牙经济规模只占欧元区的一小部分，如果只是葡萄牙的危机，对市场来说不足为虑。但葡萄牙一向被视为西班牙经济的“防火墙”，两国贸易额相当于西班牙GDP的10%。如果西班牙倒下，将是欧盟不可承受之重。所以欧盟对葡萄牙的救助是非常及时的。救助方案将缓解葡萄牙的市场融资压力，但若要经济回到正常轨道，葡萄牙还必须采取有效的结构性改革，以削减自身的债务和赤字，找回促进经济增长的有效驱动力。

（四）意大利

1. 危机起因

意大利的情况之所以令人担忧，主要是由于该国多年来沉重的公共债务问题相当棘手，截至2011年，其债务占GDP的比例已超过120%。

意大利经济和希腊一样欠缺竞争力。从欧元区国家过去十年的出口数据来看，意大利出口产品的市场份额不断下跌。由于制度不利、公共范畴缺乏效率、劳工市场僵化，以及贪污问题严重（尤其是在意大利南部），近年来意大利的生产力增长低迷。2011年一季度GDP环比仅为0.1，欧盟倒数第二。

意大利劳动力市场存在结构性问题。由于用工制度和庞大的行业协会，意大利用工成本高昂，一半妇女不参加工作，青年失业率居高不下。

2. 解决途径

目前意大利约有 1.9 万亿欧元的未清偿长短期债务。如果意大利完全陷入危机，欧洲当前的救助机制将不太可能足够应对，所以还是要靠意大利自身的结构性改革。虽然意大利政府在 2011 年 7 月通过了紧缩法案，但要断言意大利危机就此解决还为时过早。紧缩法案中的大部分预算削减目标计划在 2014 年实现，但 2013 年意大利将进行大选，法案中许多措施如降低公共福利、提高退休年龄等措施势必会引发选民的抵触情绪。意大利政府届时能否顶住选举压力推行有关措施，是紧缩政策能否达到预期效果的重要因素。

（五）西班牙

1. 危机起因

与爱尔兰类似，导致西班牙危机的直接原因也是房地产泡沫的破裂。危机之前，西班牙的房地产行业促进了 GDP 的增长，创造了大量的就业机会。在近十年里，西班牙的地价上涨了 5 倍，可是金融危机的到来使房地产泡沫破裂了，开发商的银行贷款都成了不良债务，全国各地留下了大量的烂尾工程。

西班牙失业率高企。房地产泡沫破裂后，西班牙的失业率高达 20%，糟糕的劳工市场问题也是西班牙经济增长动力不足的原因之一。

2. 解决途径

解决银行坏账问题和劳动力市场僵化是西班牙面临的两大挑战，而二者都是以 GDP 的稳定增长为前提的，所以，恢复经济的竞争力是西班牙政府的当务之急。就目前的情况来看，西班牙急需解决的是银行业的资本重组。由于对房地产行业过高的风险敞口和持有大量的本国国债使西班牙银行的资产质量急剧下降，融资遭遇困境，如果这个问题不解决，将会对本就疲软的经济再次造成冲击。而针对就业市场委靡，西班牙政府一方面要刺激经济以增加就业岗位，另一方面也需要积极推进就业市场的改革。

参考文献

1. 张明哲：《20 世纪 90 年代以来欧洲经济增长研究》，中国社会科学院研究生院博士

论文，2010年8月。
2. 赵宗博：《欧元区国家主权债务危机的根源与本质》，《求实》，2011年3月。
3. 国际货币基金组织：《全球经济展望》，2012年4月。

The Causes and Impact of European Debt Crisis

Zhu Yanwen

Abstract: The outbreak of Grance's debt crisis in 2009 marked that the euro zone had been tragged into a debt predicament. Later, Ireland, Portugal, Spain and Italy also had fisical troubles. European debt crisis tends to spread from the "periphery countries" to the "core countries". The main reasons for European debt crisis are external environment, internal factors and the euro-zone mechanism, but each country has its different and specific reason. The negative impacts of the European debt crisis on euro zone and the global economy include the following: decline in demand, increase in banks ' risk, and decline in investors and consumers' confidence. The debt crisis in Europe may become the main uncertainty of 2012 global economic development.

Key Words: European debt crisis; Causes; Effects

市场形势篇

Market

B.5 2011年股权投资市场回顾与2012年展望

课题组*

摘　要：2011年股权投资行业的监管更加规范，募集、投资和退出活动整体活跃，但受国内外经济状况和资本市场影响，呈现出增速放缓及行业内竞争加剧的特点。2012年我国面临构筑新一轮经济增长基础的艰巨任务，高速增长下潜伏的问题逐渐显现，经济增长模式的转变和增长动力的培育给股权投资行业带来了新的机遇和挑战，投资者既要抓住市场机会，又要谨慎识别风险，提升专业能力，不断适应政策和市场形势的变化，加强对实体经济的支持，有效地发现价值、提升价值、实现价值。

关键词：股权投资　经济形势　产业运行

* 课题组成员：夏龙君、张人文、王申、李西垚。

一 2011 年股权投资市场回顾

（一）宏观环境

1. 政策环境

总体而言，2011 年国家对股权投资的政策进一步明晰，对基金的募集设立、投资活动的开展及退出的实现都逐步建立起更加有效和严格的规范，对股权投资行业的长远发展有深刻影响。

（1）基金募集设立。

2011 年 7 月 12 日，中国证券监督管理委员会公布了《证券公司直接投资业务监管指引》，正式将券商直投业务纳入常规监管，对券商“保荐 + 直投”的模式明确作出限制，并允许证券公司直投子公司，设立直投基金、产业基金及基金管理机构。

2011 年 8 月 17 日，国家财政部、国家发展和改革委员会联合发布的《新兴产业创投计划参股创业投资基金管理暂行办法》，明确了中央财政资金将通过直接投资创业企业、参股创业投资基金等方式，培育和促进新兴产业发展。

2011 年 12 月 8 日，国家发展和改革委员会发布《关于促进股权投资企业规范发展的通知》，确立首个全国性股权投资企业管理规则，对私募股权投资企业的募资方式、风险控制、备案管理等方面作出明确规定，将备案范围扩大至所有私募股权投资机构。

（2）投资活动。

2011 年 8 月 25 日，商务部颁布了《商务部实施外国投资者并购境内企业安全审查制度的规定》，强调对关系国家安全的重要行业的审查，并首次将协议控制（VIE）纳入法律的监管范围。

2011 年 10 月 12 日，商务部正式印发《关于跨境人民币直接投资有关问题的通知》，允许境外投资者用合法获得的境外人民币依法在中国境内开展直接投资活动。

（3）退出活动。

2011 年 8 月 1 日，中国证券监督管理委员会颁布《关于修改上市公司重大资产重组与配套融资相关规定的决定》。该项新规定的三个核心内容是整肃借壳上市、完善发行股份购买资产和并购重组配套融资，旨在遏制借壳上市内幕投机交易、提高并购重组审核效率，以及拓宽兼并重组融资渠道。

2011年9月19日，证监会公布《创业板专家咨询委员会工作规则（试行）》，正式设立"创业板专家咨询委员会"，在创业板上市的审核过程中为发审委提供咨询意见。

2. 经济形势

2011年经济形势十分复杂。我国经济处于由危机应对向常规增长转型的过程之中，也正在开始由传统发展方式向新的发展方式转型。随着政府刺激经济增长的政策不断调整、退出，以微观经济主体行为调整为基础的发展方式转型正在逐步推进，决定经济增长的诸多因素相互消长，不确定、不稳定因素增加。

（1）经济增长呈下行态势。

2010年一季度至2011年底，我国季度GDP增长率总体呈下行态势。其原因既有政策调整因素，也有国际经济波动因素，还有经济结构调整和经济发展方式转变因素（见图1）。

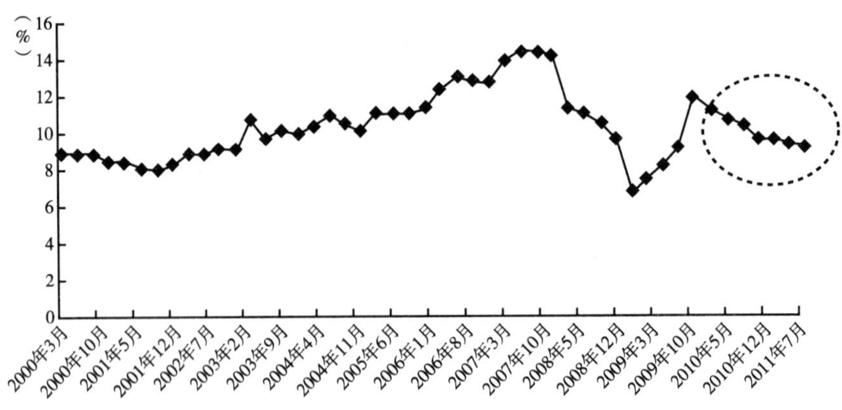

图1　中国季度GDP增长率

资料来源：WIND资讯。

从政策调整因素来看，2011年货币政策开始将重点集中到回收过多的流动性方面。财政政策方面，政府支出特别是投资支出的力度明显减弱。同时对房地产市场进行了多次调控，严厉控制投机性等不合理买房需求。这些政策措施调整总体对国内市场需求产生了稳定和抑制作用（见图2）。

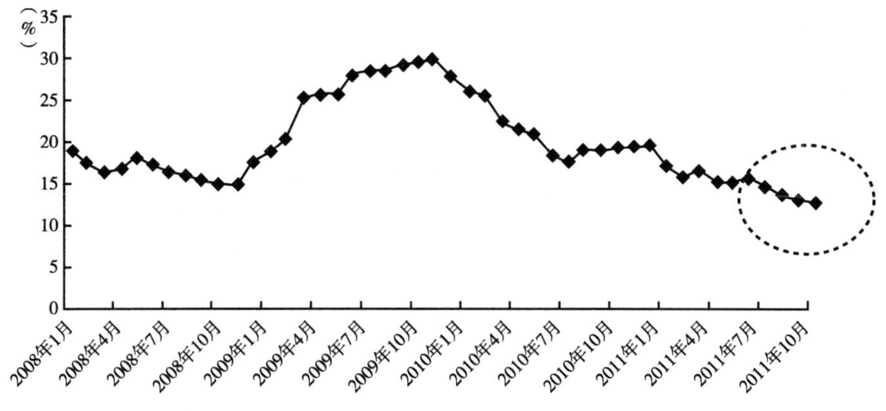

图 2　M2 月度同比

资料来源：WIND 资讯。

从外部经济环境看，我国出口的外部环境还很不稳定，世界经济从国际金融危机的打击下恢复还十分艰难，这些导致出口及贸易顺差的恢复存在较大不稳定性。2010 年出口强劲恢复以后，2011 年又有明显回落（见图 3）。

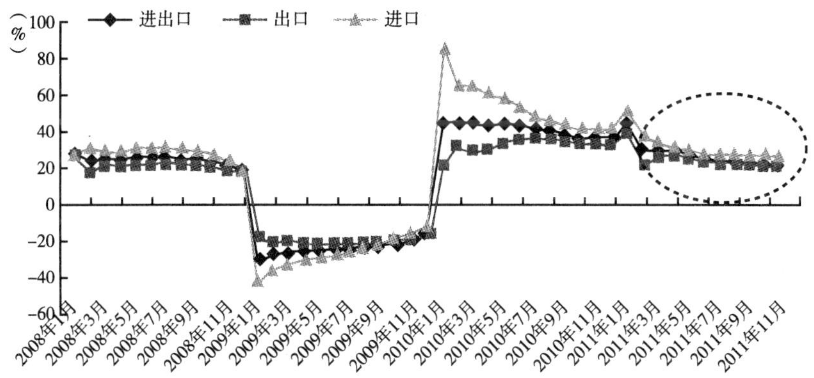

图 3　对外贸易月度累计同比

资料来源：WIND 资讯。

从结构调整和发展方式转变看，以住行为主的消费结构升级活动出现较大波动。买房需求、买车需求在 2011 年上半年都出现明显降温。这些对消费增速产生了重要影响，同时，面对市场环境和要素成本的变化，一批低水平、粗放发展模式的企业开始陆续退出，而新一代企业的成长尚需时日，这些也导致经济增速下降（见图 4）。

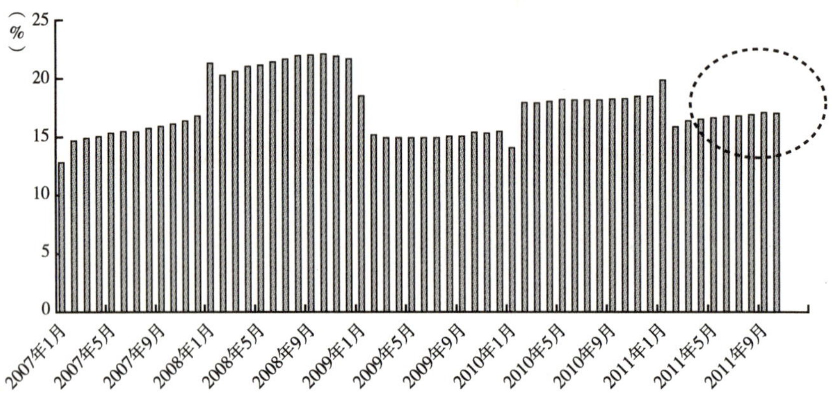

图4　社会零售消费总额月度累计同比

资料来源：WIND 资讯。

综合来看，经济增速回落比较平缓，但也显现出经济转型过程的复杂性和不稳定性，特别是经济增长的内生性动力和市场需求基础还不够稳固。

（2）企业发展困难增大。

2011 年，各类实体企业实现利润增幅大幅降低，亏损企业单位总数虽未增加，但降幅明显下降。尤其是中小企业，在 2011 年经营困难不断加大，很多企业在盈亏点附近艰难维持（见图 5）。

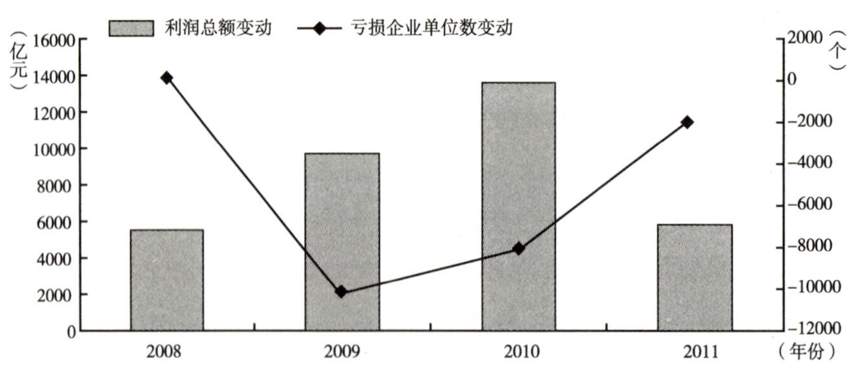

图5　企业经济效益指标变动

资料来源：WIND 资讯。

造成企业发展困难的因素是多样的，大体来说包括以下一些方面：①成本因素：2011 年市场要素资源价格持续提高，使企业的成本压力不断加大；②市

场需求：国际金融危机后国内外市场需求结构出现重大变化，市场竞争日趋激烈，企业取得订单越来越不容易；③产业结构调整：结构调整加剧了企业新陈代谢活动，从而增大了企业发展的不稳定性和不确定性；④货币政策：银根持续收紧加剧了企业特别是中小企业的融资困难；⑤通货膨胀预期扩大了企业库存调整活动的幅度。企业面对的诸多困难，从微观角度表现出我国经济发展面临的困难和挑战。

（二）市场环境

1. 基金募资方面

根据投中集团 CVSource 数据库统计信息显示，2011 年中国创业投资及私募股权投资市场共披露募集基金 688 只，其中募资完成及开始募资基金数量分别为 503 只和 185 只，募资规模分别为 494.06 亿美元及 470.69 亿美元。

2010 年，中国 VC/PE 市场投资及退出环节均出现爆发式增长，在此态势下，2011 年的基金募资规模继续增长。然而，受到二级市场持续低迷对基金退出的不利影响，再加上 VC/PE 行业市场竞争日趋激烈，2011 年下半年开始，基金募资数量和金额已开始呈现出降温态势。整体来看，2011 年基金募资规模增长幅度明显低于 2010 年超过 100% 的增速。这种降温的趋势在新成立基金方面表现更为明显，显示出基金管理者和投资者对未来市场状况的谨慎态度（见图 6）。

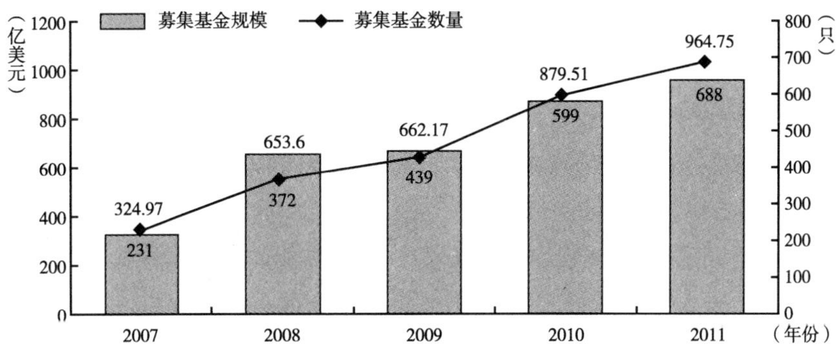

图 6　基金募集（含募集完成及开始募集基金）情况（2007～2011）

资料来源：CVSource。

从基金币种角度分析，自2007年以来，人民币基金募资活跃度保持高速增长，募资完成基金数量年均增长35%；2009年，人民币基金募资完成规模开始超过美元基金。2011年，募资完成（含首轮募资完成）的基金中，人民币基金为463只，募集完成规模347.71亿美元，分别占比90.0%和70.4%（见图7）。

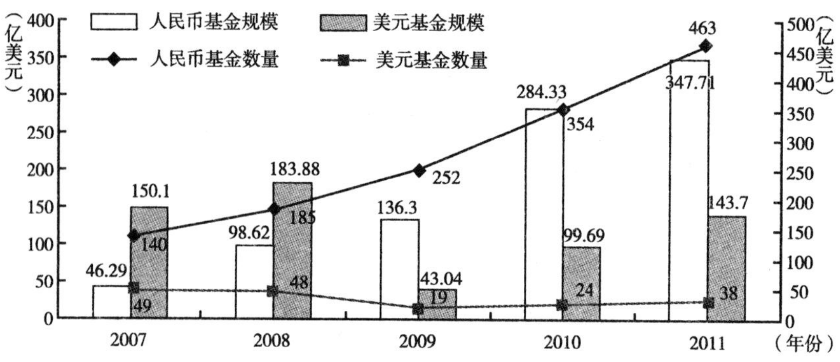

图7　人民币和美元基金募集情况（2007～2011）

资料来源：CVSource。

从完成（含首轮募资完成）基金的类型来看，2011年成长型基金数量为255只，占据总量的51%，其次为创投基金，占比42%；募资规模方面，成长型基金完成募资320.01亿美元，占比64%，创投基金募资140.37亿美元，占比28%。相比2010年，成长型基金募资数量及规模占比均出现较大幅度增长（见图8）。

2. 投资方面

（1）投资规模。

根据清科研究中心统计数据显示，2011年全年披露VC及PE投资案例共1857起，投资总额465亿美元，相比2010年分别增长14.6%和62.3%，案例数量和投资规模均达到新的历史高位（见图9）。

整体来看，2011年中国VC/PE市场的活跃度依然较高。但是从投资案例数量来看，其增速出现大幅下滑；从季度数据来看，2011年2～4季度，投资案例从529起降至364起，投资金额从199亿美元降至82亿美元，VC/PE市场已开

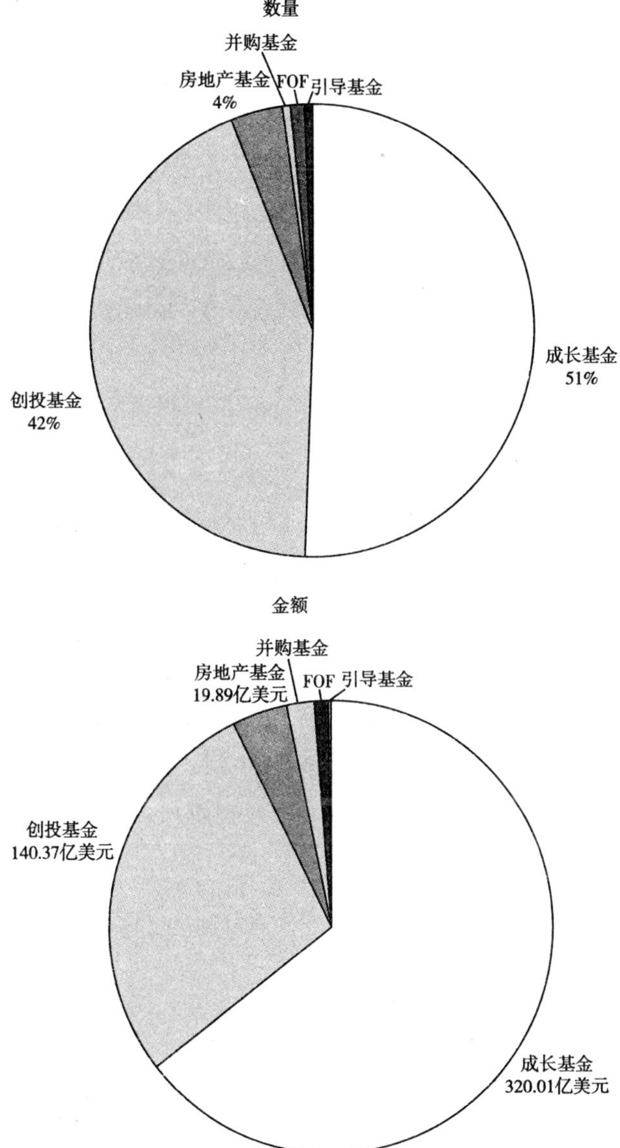

图 8　2011 年各类型基金募集数量及金额情况

资料来源：CVSource。

始呈现降温态势。这一变化应是由于宏观经济委靡不振、二级市场疲软以及股权投资行业竞争激烈等诸多因素影响所致。

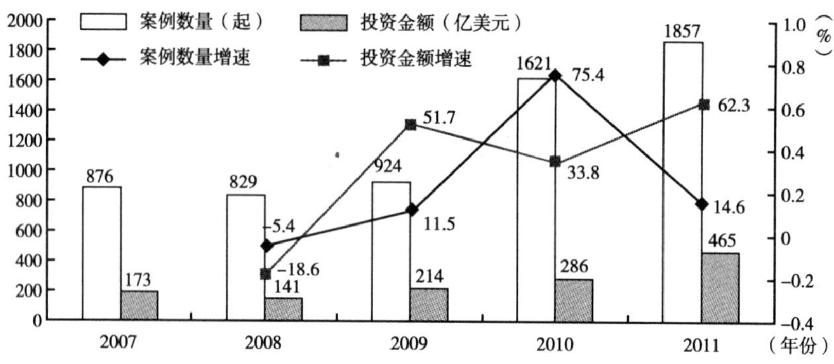

图 9　投资规模变动情况（2007～2011 年）

资料来源：清科数据库。

（2）投资行业。

2011 年中国 VC/PE 市场投资共涉及 19 个行业，其中，投资案例以制造业、互联网和 IT 最多，投资金额以互联网、金融和制造业最多。较之 2010 年，2011 年行业分布最大的改变就是互联网行业的崛起（见图 10）。

具体而言，2011 年 VC 依然青睐 TMT、消费服务、制造业、能源及医疗健康等几大领域。除了因特殊案例推高整体投资规模的互联网行业，PE 投资依然以传统行业为主，如制造业、能源、金融，以及消费相关的食品饮料、农林牧渔、医疗健康等。

（3）投资阶段。

2011 年，中国 VC 市场仍以发展期投资案例数量居多，比 2010 年提高 4.7 个百分点；早期、扩张期、获利期企业占比均比 2010 年有所减少。这一结构变化反映出 VC 投资者重新关注兼具高风险与高成长性行业（见图 11）。

2011 年，中国 PE 投资市场以扩张期企业数量居首位。Pre-IPO 为主的投资格局导致扩张期及获利期企业成为 PE 的主流选择。

（4）投资地区。

2011 年获得 VC 和 PE 投资的企业，仍主要分布在东部沿海地区。北京、上海和广东的投资案例数量和投资金额总量均位列三甲。中西部省份中，湖北、湖南、四川、安徽受到较多投资者关注。但与东部沿海相比，中西部地区投资环境仍有待改善（见图 12）。

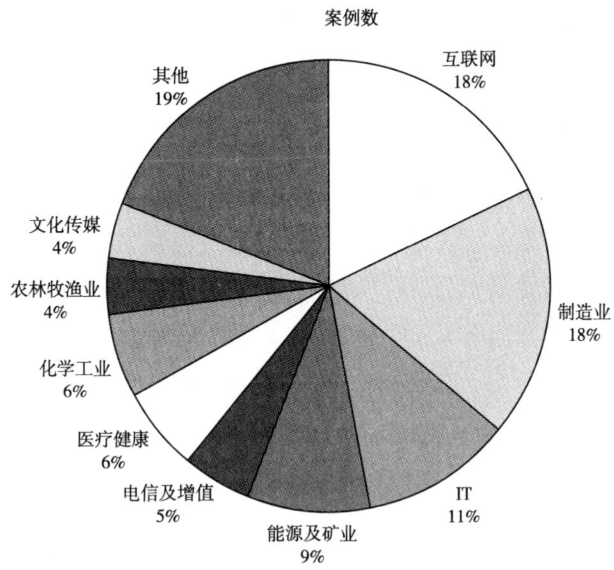

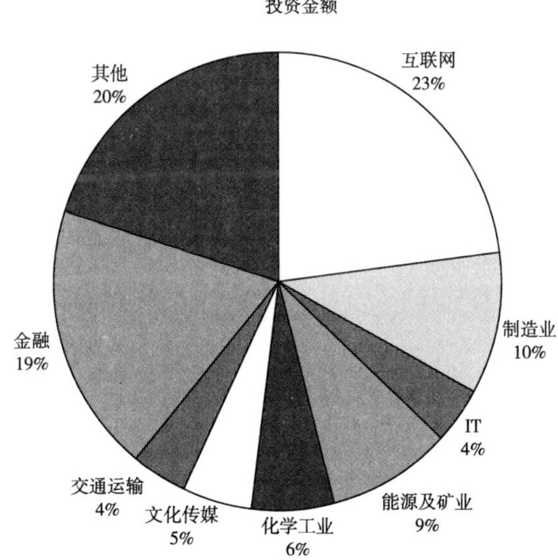

图 10　2011 年投资行业分布情况

资料来源：CVSource。

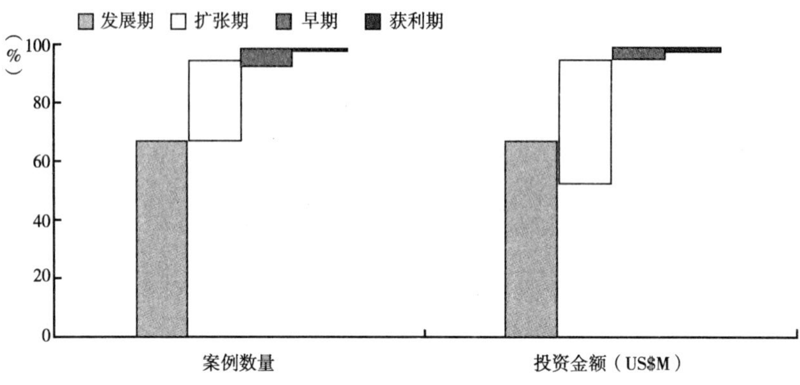

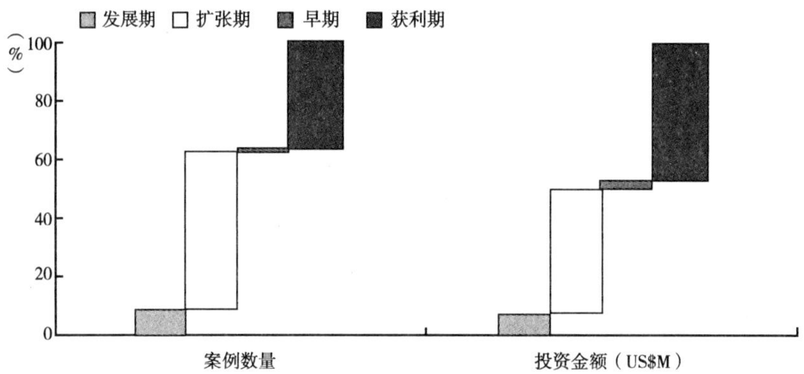

图 11　2011 年 VC/PE 投资阶段分布情况

资料来源：CVSource。

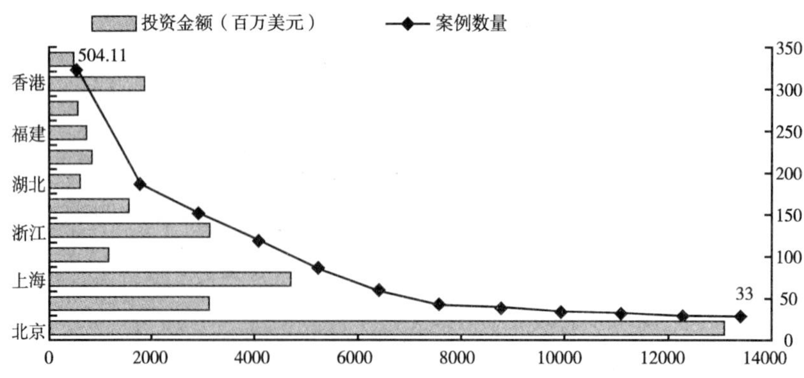

图 12　2011 年投资地域分布情况

资料来源：CVSource。

3. 退出方面

2011 年 VC/PE 的退出方式主要包括 IPO 退出和并购退出。不论从退出的案例数量和金额，还是退出的回报率来看，IPO 退出仍然是当前投资机构最主要的选择。

（1）IPO 退出。

2011 年，在有 VC/PE 背景的中国企业中，共有 165 家企业在全球资本市场实现了上市，融资金额总计 1796.7 亿元，较 2010 年分别下降 25.0% 和 29.0%（见图 13）。

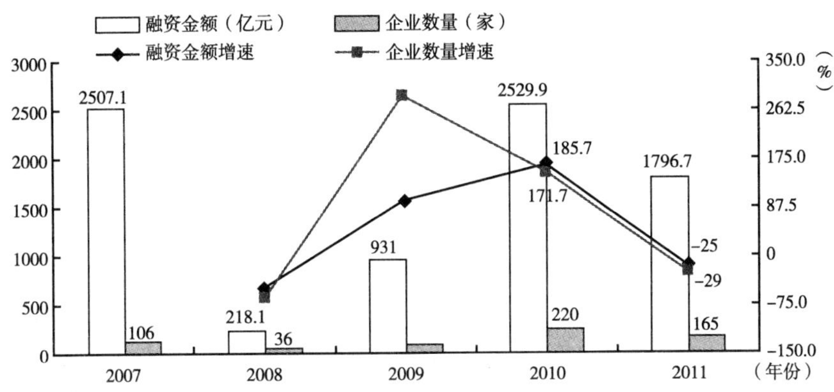

图 13　VC/PE 背景企业 IPO 变化情况

资料来源：CVSource。

从企业数量来看，2011 年 VC/PE 背景企业境内上市占比 82.27%，且地点基本集中在深交所，并且创业板是 IPO 退出的第一选择。海外资本市场由于中概股危机及主要经济体表现不佳，全年仅 21 家 VC/PE 背景企业成功上市；从融资金额来看，上交所合计融资 546.6 亿元，占比最高（见图 14）。

2011 年共有 393 起 IPO 退出案例，平均账面回报率为 7.22 倍，为近三年来的最低水平。上交所成为 IPO 退出回报率最高的交易市场，其次为纽交所。总体而言，境内退出回报率（7.6 倍）高于境外退出回报率（5.66 倍）（见图 15，图 16）。

（2）并购退出。

并购退出披露信息较少，从投中数据库的统计结果来看，2011 年共披露 53 笔 VC/PE 背景企业并购退出。就披露的 15 笔退出回报而言，其平均投资回报率仅为 1.52 倍。

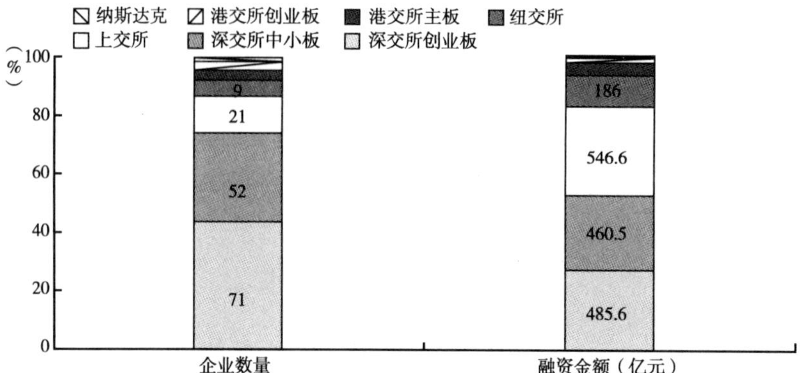

图 14　2011 年 VC/PE 背景企业 IPO 地点分布

资料来源：CVSource。

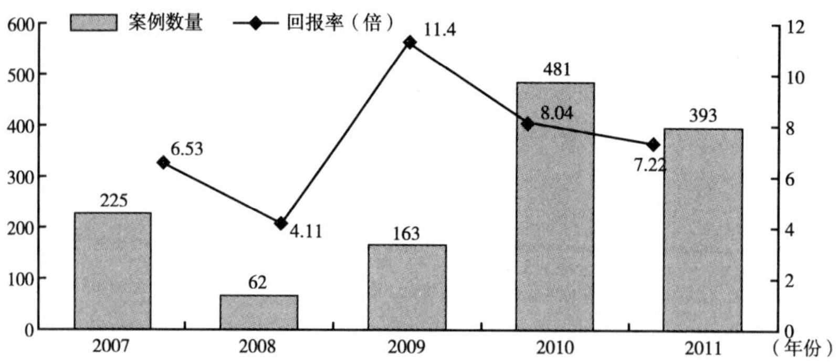

图 15　IPO 退出案例数量及回报水平（2007～2011）

资料来源：CVSource。

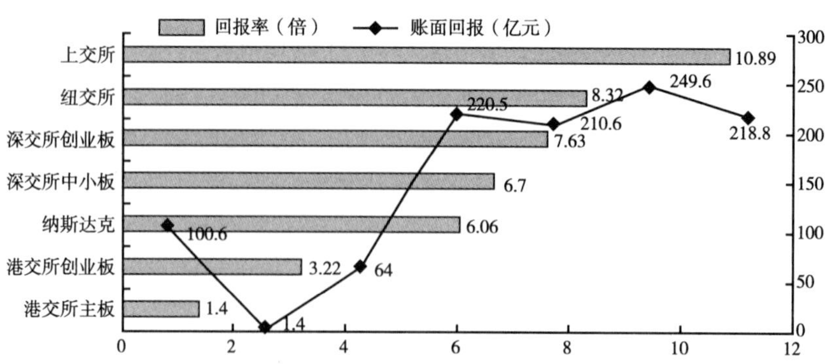

图 16　2011 年不同市场 IPO 退出回报情况

资料来源：CVSource。

从我国并购市场的发展情况来看，无论是退出案例数量还是回报水平，目前并购交易相对于 IPO 而言，并非 VC/PE 机构所追求的主要退出方式。但随着行业的发展，单一退出渠道必然承压过大，退出途径的多元化仍是发展趋势。

二　2012 年股权投资市场展望

（一）宏观经济形势

1. 经济增速将继续回落

从三大需求的发展趋势来看，在 2011 年经济平稳回落基础上，预计 2012 年经济增速将继续回落。

（1）世界经济深层问题尚待解决，出口将继续回落。

世界经济增长低迷，欧债危机的潜在威胁较大，世界经济的不确定性、不稳定性增加，一些深层次矛盾和问题还在继续发展中。

美国经济恢复仍然主要依靠政府力量，依靠量化宽松货币政策，而其内生性增长能力尚未恢复。受高失业率和高负债率影响，其居民消费总体低迷；房地产市场需求不振，房价持续下降抑制了建筑业及其他与房地产相关产业的恢复，进而影响就业恢复。受这些因素制约，预计美国经济内生性增长能力难以很快建立。一旦政府力量发生问题，则由政府力量支持的经济增长就会发生振荡，由政府保护维持的不良经济成分，其问题也会加快暴露，这些都会导致经济出现深度调整和振荡。

欧洲经济问题更突出，由于只有统一的货币政策而没有统一的财政政策，因此欧盟国家主权债务引发的危机暴露得更早，由此导致的欧盟国家政府预算的收紧也更为突出，由主权债务危机导致的信用危机、金融危机，可能对欧洲经济以致世界经济产生较大冲击，也增大了我国出口的不确定性。

日本经济尽管开始灾后恢复，但进展比预期缓慢，近期对我国出口状况的改善作用有限。

综合分析，世界经济的深层次矛盾和问题正在显露之中，潜伏较大的波动性，这些对我国出口将形成较大不利影响。国内出口企业自身困难也比较多，很多企业存在出口越多亏损越多的情况。因此，预计 2012 年出口增速将会继续下降。

（2）整体投资增速将降低。

从投资构成来看，房地产业、制造业和交通运输行业是三个最主要的组成部分，约占投资总额的一半以上。三个部分的投资变动基本能够解释整体投资水平的变动情况。

受房地产市场调整的影响，预计房地产投资增速将有较大回落。2010～2011年房地产投资的高增长，是在2009年较低基础上起步的，具有恢复性质。从2008年房地产市场变化看，住房销量变化与房地产投资之间有密切联系。当2008年第三季度住房销量出现负增长以后，自2009年第一季度开始，房地产投资增速出现大幅度下降，由2008年20%以上的增幅降低到4.1%；随着房地产市场调控措施效果的进一步显现，预计买房需求将继续收缩，这些变化预计将对商品房投资产生明显影响。另一方面，2012年保障房建设规模预计较2011年将有所减少，建设步伐较2011年放缓。综合这些因素，预计2012年房地产投资增幅将明显降低。

随着宏观经济政策从危机应对向常规状态的调整，政府投资将恢复正常增长水平。2011年由于从"一揽子计划"模式的退出，政府投资出现低谷。考虑到2012年处于"十二五"规划的第二年，很多项目建设将进入高涨期，因此政府主导的基础设施和公共事业投资增速将有所提高。

制造业投资受房地产、基础设施投资影响较大。如果前两项投资一降、一平，预计制造业投资增长将略低于平均增速（1995～2010年为23%）（见图17）。

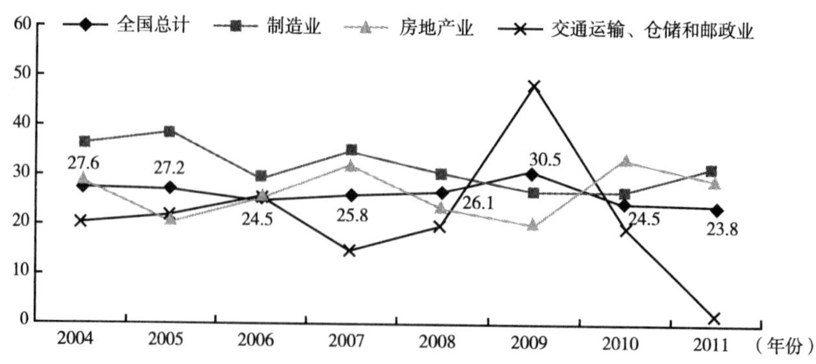

图17　分行业投资同比变动情况（2004～2011）

资料来源：中华人民共和国国家统计局。

综合投资中主要部分的增长预测，预计 2012 年投资增长将略低于 2011 年。

（3）消费需求将有所提高。

受住房、汽车需求降温的影响，2011 年消费增幅出现明显降低，从汽车市场变化规律看，预计 2012 年汽车销量将有一定恢复，对消费增长将形成积极支持。买房需求预计不会较 2011 年明显恢复，受其影响，家具、家电、装修材料等消费品零售额增速不会明显恢复。综合这些因素，预计 2012 年消费实际增长率较 2011 年将会略有提高。

综合看，鉴于投资增速和出口增速均将继续回落，消费增速提升有限，整体需求增速呈现回落态势。根据三大需求与经济增长之间的相关关系分析，预计 2012 年 GDP 增长率将继续降低（见图 18）。

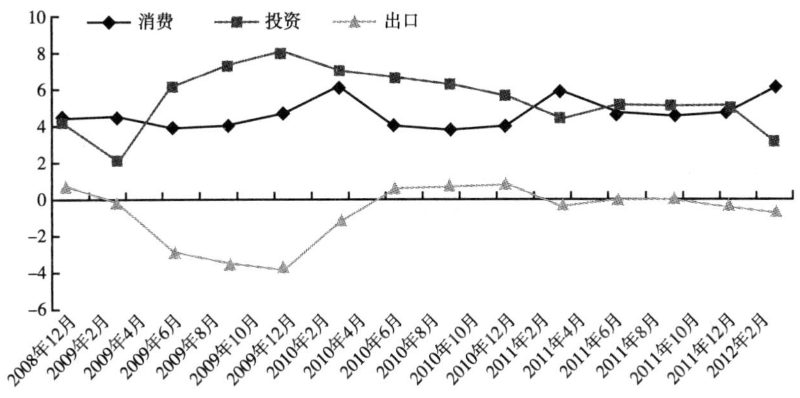

图 18　三大需求对经济增长的拉动情况（2008～2011）

资料来源：WIND 资讯。

2. 经济发展面临的突出问题

在需求增速降低的背景下，2012 年我国经济发展面临的突出问题主要有三个方面：企业特别是中小企业经营困难加大，就业压力加大和金融系统性风险加大。

（1）企业经营困难加大。

2011 年中小企业经营困难问题已经有所显现，但大多数企业尚能维持。与 2011 年比较，2012 年市场需求不足、订单不足预计仍将成为约束企业发展的突出问题。

根据国家统计局发布的2012年1~3月工业企业财务数据显示，全国规模以上工业企业累计实现利润继续下降，但降幅同比1~2月有所收窄。

在既有问题和需求不足等多方面困扰下，预计企业特别是中小企业的资金链将难以维持，倒闭企业的数量可能较快增加。

（2）就业压力加大。

就业与中小企业关系密切。根据就业统计资料分析，中小企业提供了80%以上的就业岗位。如果中小企业出现较多倒闭，则就业压力必然加大。

目前处于流动状态的农民工约为1.5亿人，其中“80后”的年轻人约为8000多万人，这些人已经很难回归农村，特别难以长期生活在农村，一旦在城市较长时间找不到工作，可能会产生较多不稳定因素。

（3）金融系统性风险加大。

受货币政策收紧的影响，2011年社会资金链条已经绷得很紧，特别是民间融资领域，已经出现逃债现象。

2012年若市场需求约束增强，预计资金回流困难导致的资金链断裂会比较多，一旦发展蔓延起来，不仅民间融资信用体系会出现严重问题，国有商业银行资金安全预计也会受到影响和冲击。

（二）投资环境与行业机会

当前，我国已逐步进入工业化后期阶段，新的增长和发展动力将来自于主导产业由低端制造业向中高端制造业和生产性服务业的升级，我国的竞争优势需要由低成本向创新优势转变。

在此过程中，股权投资行业面临着许多的不确定性和复杂性，只有顺应国民经济和产业的发展趋势，才有可能把握投资机会，寻求与实体经济的共存共赢。

1. 把握主导产业发展机遇

主导产业简单说就是在一定时期内对一国经济的拉动能力上升较大的行业。从我国的实际情况来看，我们认为，对需求拉动能力上升较大的主导行业主要是中高端耐用消费品制造业和装备制造业。这些行业普遍具有以下特征：从需求角度，要么符合国内居民消费升级方向，要么符合外贸比较优势升级方向；从生产角度，大多是下游终端行业或中游资本品行业，所需中间投入比重大、品种多，后向关联程度较高，产业链条较长，需求波及面广。

综上所述，我们认为这些行业市场需求潜力大，发展前景广阔，符合产业自然演进的方向，应作为股权投资的重点关注领域。

2. 寻找基础产业突破口

我们认为，基础产业对我国产业间的供给推动能力提升有重大作用，主要包括能源原材料和中高端生产性服务业。

能源原材料行业因其特殊的自然禀赋，对经济的持续快速发展有着非常重要的作用，这类行业的投资虽有较高的门槛，但其长远的经济效益和社会效益十分突出，可以充分挖掘国际市场和技术进步的契机。中高端生产性服务业具有较强的外部性，对其他行业的发展具有基础性的支撑和制约作用，培育和发展这类企业中的龙头具有较好的前景。

3. 兼并重组过剩行业

我们认为，过剩产业的产值比重未来可能会下降，对于可能形成产能过剩的行业，应加快兼并重组，优化资源配置。

在此过程中，必须十分重视传统行业普遍存在竞争激烈、效益低下和职工生活困难的问题。在产业结构调整过程中，注意对产业链的整合和梳理，注意对行业内相关企业的调查研究，注意对市场变化的把握，以求在此类行业的投资中，在可承受的风险范围内获取投资收益，帮助实现产业升级。

（三）股权投资行业自身发展

在当前复杂的国际国内形势下，股权投资行业面临着新的发展机遇和挑战，随着行业发展的深入，已有一系列的发展趋势逐渐明朗。而 2012 年伊始，“寒冬”便成为股权投资行业的重点词之一，可以窥见市场对股权投资行业 2012 年艰难局面的担忧。具体而言，股权投资行业 2012 年将可能呈现以下几方面的特点。

1. 行业面临深度调整

2011 年，VC/PE 上半年募集和投资活动保持活跃，然而，下半年却出现了降温的迹象，业内的竞争已趋白热化，加上境内外资本市场持续低迷，PE 基金退出渠道收窄、投资收益下滑，PE 行业出现了高潮后的拐点。

2012 年，全球经济依然面临探底风险，中国经济增速也将继续放缓。随着境内外资本市场持续低迷，行业将面临巨大的退出及回报压力。中国 VC/PE 行业将步入深度调整期，行业“洗牌”将加速，未达到预期收益的PE机构将在市场竞争中处于不利地位，募资、投资均面临挑战，甚至遭遇市场淘汰；而专业水平高、已提前完成募资的成熟机构则将更好应对行业调整，投资策略、竞争格局都将面临改变。

2. 市场监管思路逐步明晰

2011年国家发展和改革委员会重启PE备案，2011年年底发布的《关于促进股权投资企业规范发展的通知》，成为我国首个全国性股权投资基金管理规则。此外，地方性PE管理规范也在逐步完善。

在目前PE行业所在政策环境中，国家发展和改革委员会在PE市场运行尤其是基金募资层面，起到了相对主导的作用。不过，对于PE运作中所涉及的投资、退出环节，商务部、中国证券监督委员会等部门相应的政策导向仍未明朗。

2012年，修订后的《基金法》将在人大会议上提交审议通过，新《基金法》将通过扩展“证券”定义的方式，将私募股票型基金、私募股权基金、私募期货投资基金、券商集合理财产品、信托发行的理财产品等多种投资品种纳入监管。整个私募股权投资市场的监管有望进一步明晰。

3. 退出压力促使渠道多样化

目前，我国私募股权投资的退出方式主要有IPO、并购和同业转售等几种。由于相比出售股权给战略同业买家及二级并购市场，IPO的溢利回报仍然较高，所以IPO仍是中国市场PE退出的首选方式。

在全球范围内，IPO退出只占各退出渠道中的14%，金砖五国（巴西、中国、俄罗斯、印度、南非）的这一比例达到了37%；二次并购退出方面，由于中国并购交易不发达，同业转售和大股东回购的难度也大，股权投资的退出之路一直很窄，全球范围内并购退出的平均比例高达32%，而金砖五国比例为20%；同业买卖退出方面，金砖五国比例是43%，全球比例则为53%。

对于同业转售，在欧美成熟市场，一直是基金退出的重要渠道之一。在中国，由于股权投资发展尚在起步阶段，早期基金得以顺利退出，近期成立的大量基金尚未迎来退出期，因此同业转售交易并不频繁。进入2012年，大量人民币基金将陆续进入退出期，而IPO资源仍相对有限，同业转售将成为机构间实现退出与寻找投资机会的重要渠道，PE洗牌的过程也将带来更多的可交易资产。随之而来的，则是成熟的PE二级市场，甚至是PE二级市场投资基金在未来几年

内的出现。

我们认为，随着 IPO 退出回报率下降，以及基金自身的退出压力，投资机构必然会寻求其他退出渠道，2012 年并购和同业转售等退出方式将有所增加。

4. 向专业化方向转型

现在股权投资市场相对比较混乱。有的机构为了做规模，不断募集基金，有项目就投，投完了就跑中国证券监督委员会。有的机构为了抢项目，总是把入股价格抬高。有的机构不做尽调，有人投就跟着投。股权投资行业还在一个初期的阶段，大部分机构都是在追逐短期利益，从而导致整个行业的价值观普遍扭曲。大多数的投资机构都无法给自己一个明确的定位。关系、通道、介绍费成了核心竞争力，根本的原因还是专业能力的缺失。

我们认为，随着 PE 市场的成熟完善，传统的靠一级、二级市场价差获利的投资模式将不可持续，对投资机构而言，价值发现的能力和价值提升的能力是获得投资收益的关键。股权投资是一个较长周期的投资品种，因此也给予投资人足够的时间发挥价值提升的能力，或者是价值毁灭的能力，一笔投资只有在完全退出时才能定论是否成功。

一些 PE 机构，看了很多的项目，做了很多的尽调，但始终不能摆脱 Pre-IPO 投资的惯性思维，因此他们很难发现企业真正的价值和潜力。同样的项目在不同能力的机构手里会导致不同的结果，而投资后的持有期将会成为机构比拼技术含量和提升企业价值的舞台。

随着行业发展的深入和竞争的激烈，股权投资将向更高技术含量、更丰富的赢利模式发展；并购类的投资、夹层投资、控股型投资、杠杆收购等案例将会频繁出现，高水平的机构将会通过实施复杂的交易实现投资收益。

国外很多投资机构都有独特的赢利模式和操作方法，只做自己熟悉的领域。有的机构只做大型企业的收购，因为他们擅长企业的经营和价值提升；有的机构只做某个行业，因为他们对行业的周期很熟悉，能够准确判断进入和退出的时间；有的机构只做高科技，因为他们的合伙人都是行业内的资深人士。专业性是这些成熟机构获取投资收益的关键因素。

综上我们认为，未来判断投资水平高低的依据将不仅仅是找项目的能力、跑关系的能力，而是对周期的判断能力、经营能力、企业价值的提升能力。

5. 成长性溢价地位上升

对于PE/VC机构而言，其赚取的利润来源主要分为三部分：非公开市场价格不透明性溢价、流动性溢价和成长性溢价。其中，流动性溢价是由于我国独有的发审制度所造成的，由于该制度的存在，使得企业上市的周期比较长，需要经历一个“排队等候”的阶段，不确定因素多，由此带来一级市场的流动性折扣，导致一级、二级市场存在较为明显的价格差。这种制度性红利的存在为Pre-IPO模式提供了巨大的套利空间。

然而，随着政策监管的进一步趋严、二级市场市盈率的一再下跌，PE/VC的真正获利来源将回归到核心的部分——成长性溢价，也就是“帮助企业成长”的那部分钱，而这对PE/VC机构的投后管理能力提出了更高的要求。

被投企业在对增值服务方面的侧重内容，以及不同成长阶段的企业对增值服务的需求也并不相同。通常情况下，早期项目需要得到的资源帮助更多，战略规划、后续融资、企业内部管理、外部资源等服务需求都显得比较迫切；而中后期项目则更集中于某一短板方面，尤其是资本市场运作、财务规范、高管补充等方面需求更大。

与国际著名的PE投资机构相比，本土投资机构除了资金规模、专业投资能力和经验方面的不足之外，还有一根软肋是投资后的增值服务和项目管理。本土投资机构应在包括战略、品牌、财务等在内的投后管理方面给企业提供更多的增值服务，增强自身的长期竞争力。

为保证投资回报水平，目前已有一批投资机构设立专门的投后管理部门。随着投资的加大，必将带来投后管理团队的进一步扩充，专职投后管理团队成为投资机构部门设置趋势。通过专业人才和团队的培养，投后管理能力的提升，将为投资机构收获成长性溢价提供更多给养。

参考文献

1. 何小锋编《资本—股权投资基金》，中国发展出版社，2011。
2. 中华股权投资协会：《2011 中国 VC/PE 行业发展状况调研报告》，2012 年。
3. 投中投资咨询有限公司：《2011 年中国创业投资及私募股权投资市场统计分析报

告》，2012 年。

4. 京都天华会计师事务所：《2011 全球私募股权投资报告》，2011 年。
5. 国务院发展研究中心经济形势分析课题组：《经济增长降中趋稳攻击政策可有作为——2012 年一季度经济运行分析及全年展望》，2012 年 4 月 16 日《中国经济时报》。
6. 张立群：《加快构筑经济增长的新基础》，《国研视点》2011 年 12 月 7 日。
7. 李伟：《我国企业转型面临的新形势》，2012 年 3 月 16 日《经济日报》。
8. 吴敬琏：《2012，我的担忧——增长模式有根本缺陷》，《商界评论》2012 年第 1 期。

The Private Equity Market Reviews in 2011 and Prospects for 2012

Research Group

Abstract: In 2011, the private equity market faced more stringent regulations. Fundraising, investment and withdrawal were all active in the past year. However, under the influence of the domestic and international economic tublence and the fluctuation of capital market performance, the growth of private equity market slowed down and the competitions became fiercer. In 2012, China is facing the challenge of building the basis of a new round of economic growth. The potential problems underneath rapid growth gradually emerge. Transforming economic development mode and fostering new areas of growth in the economy bring up both opportunities and challenges to private equity investment in China. Investors should seize investment opportunities while controlling risks, improve investment capacity, adapt to the changing policies and markets, provide more supports to the growth of real economy, and eventually discover, improve and realize investment values.

Key Words: Private equity investment; Economic situation; Industry development

B.6
2011 年股票市场回顾与 2012 年展望

黄建军　邹继征　韩 笑

摘　要：2011 年，全球股市在基本面作用下剧烈动荡。A 股市场在整体经济不确定下，呈现振荡下跌走势。结合对估值、宏观经济、流动性与股市自身周期的分析。本文对 2011 年股票市场进行了回顾。文章从政策面、流动性及市场层面多角度对 2012 年股票市场进行展望。

关键词：股票市场　回顾与展望

一　2011 年股票市场回顾

（一）总体概述

2011 年对于全球资本市场的投资者来说，是危机四伏和充满挑战的一年。

国际方面，欧债危机接踵而来，希腊、意大利、西班牙主权评级连遭调降，国债收益率不断攀升，主权信用危机深度恶化，并不断冲击银行业；美国失去保持近百年的 3A 评级，房地产、就业市场依然低迷，经济数据难有起色；欧美经济复苏艰难，市场对全球经济二次衰退的担忧陡然增加，全球主要经济体货币政策再度放松，以量化宽松为代表的政策不断祭出。而新兴市场国家一方面积极应对经济下滑的风险，另一方面又不得不对抗全球流动性泛滥带来的巨大通胀压力。

国内方面，2011 年的整体形势就是通胀高企，房价偏高，政策紧缩，经济下行。以加息，提高存款准备金率为代表的宏观紧缩的政策开始改变 2009 年以来极度宽松的流动性环境，使得通货膨胀的货币条件得到有效控制，通胀冲高回落。但另一方面，紧缩的货币政策和严格的信贷控制使得经济增长开始减速，各

种矛盾逐渐显露，如地方融资平台债务问题，中小企业融资难及民间高利贷问题，房地产调控及房地产企业资金链问题，全球经济减速与出口环境恶化问题等，由此，政策超调、经济硬着陆等悲观预期又起。

总体而言，为了重新恢复经济的内在不平衡性，2011 年世界范围内的“去杠杆化”分别在国家、金融体系、消费者三个层次同时进行。这种持续进行的“去杠杆化”对资本市场产生了重要的影响。首先表现在风险类资产价格的普遍下跌。危机的凸显导致全球市场风险偏好大幅降低，避险情绪严重，全球股市跌幅惨烈。全球股票总体下跌 9.42%，其中发达国家股票下跌 7.62%，新兴市场国家下跌 20.41%。在 MSCI 世界股票指数 45 个成分国家中，有 41 个国家的股票价格出现下跌，其中深陷债务危机困扰的希腊股票下跌 62.38%，成为 2011 年股票下跌幅度最大的国家。而上证指数，也以 21.68% 的跌幅，居于世界跌幅前列。本文将从海内外市场来回顾这跌宕变化的一年。

（二）海外市场

2011 年全球金融市场、全球股票市场大幅波动。尽管困扰市场的主要问题如欧债危机、美国债务上限以及美国国债信用评级遭到下调等事件均发生在欧美发达国家，但通览全年环球股票市场，主要发达国家股市表现远好于新兴经济体。

由于美国市场受欧洲危机影响较小，美国资产的安全性受到投资者的青睐，道琼斯指数全年上涨 5.53%；欧洲股市身处危机的中心，在年中的时候遭受重创，英国金融时报 100 指数全年下跌 5.55%，风暴中心希腊股市跌幅达 51.88%；经济增速较快的新兴国家股市，尤其是亚洲新兴国家跌幅较大，上证 A 股下跌 21.68%，印度下跌 24.64%，俄罗斯下跌 21.94%，巴西下跌 18.11%；MSCI 新兴市场指数下跌 20.4%（见图 1）。

受到经济增速回落的影响，除原油之外的大宗商品表现惨淡，尤其是基本金属。而由于市场风险上升，贵金属黄金的避险功能在大部分的时间里受到投资者的追捧（见图 2）。

在汇率方面，由于大宗商品价格大幅下跌，与大宗商品密切相关的货币多数贬值，在所有的货币中，最值得关注的是欧元对美元的走势。虽然债务危机升级，但这似乎并不影响欧元的生存，并且由于欧元利率持续高于美元利率，欧元汇率全年虽有波动，但跌幅有限。

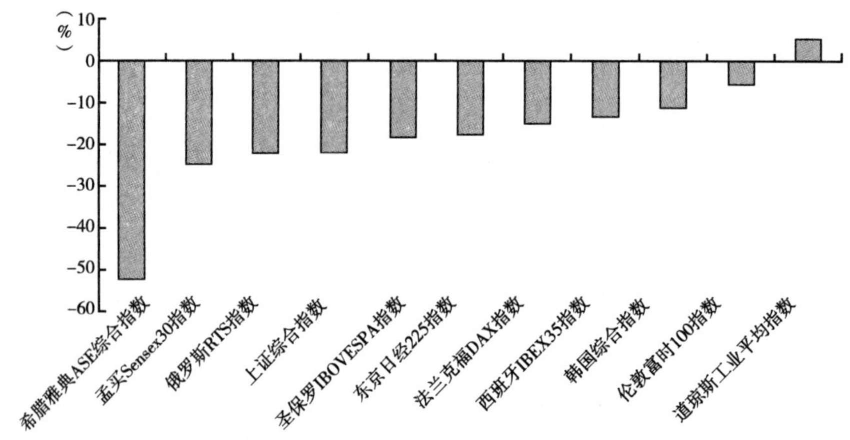

图1　2011全球主要指数回顾

资料来源：WIND。

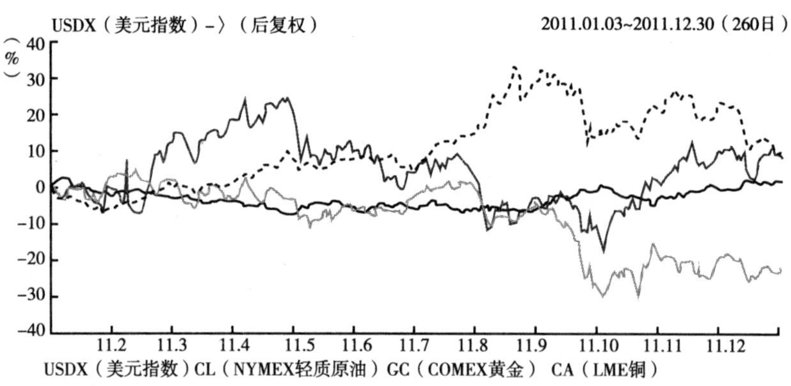

图2　美元、原油及金属走势

资料来源：WIND。

和2010年相比，2011全球市场的风险上升，波动更加剧烈，从2011年一季度开始发生的事件都对全球金融市场造成了巨大的影响。

第一，2011年3月的日本强震和与之相关的核泄漏风波对全球制造业的产业链，尤其是高端制造的产业链，造成了重大的负面影响，导致发达国家制造业在2011年第二季度下滑。所幸震后日本政府采取了及时的救援措施，经济没有大幅下滑，受到影响的制造业也在2011年第三季度有所恢复，核污染扩散的危

险最后也被证明是虚惊一场。总体来说，日本地震对全球经济造成的影响较小，但却在短期内打击了金融市场，造成股市暴跌。

第二，中东和北非的政治乱局，利比亚内战，短期内原油价格飙升，全球经历了一波小型的石油冲击，后果是通胀在世界范围内抬升，增加了新兴市场国家宏观调控的难度，也加剧了市场对于新兴市场国际经济“硬着陆”、“滞胀”的担忧。

第三，围绕调整美国国债发行上限的问题，美国国会进行了一场“斗争”，随后美国国债评级被标普下调，引发了市场对于美国债务水平可持续性和美国经济前景的担忧，市场大幅波动。

第四，全球经济增速放缓，尤其是美国经济有陷入衰退的风险。在油价上涨和日本地震的冲击下，美国经济增长从 2011 年一季度开始大幅低于预期，市场担心美国经济“二次探底”不可避免。虽然在第四季度 GDP 有所回升达到 3%，但仍不及历史平均水平，市场的担忧将在很长一段时间内挥之不去。虽然美国经济已步入温和复苏之路，但减持问题困难重重，政治争端加大经济复苏的不确定性，美国复苏前景变数始终困扰资本市场（见图 3）。

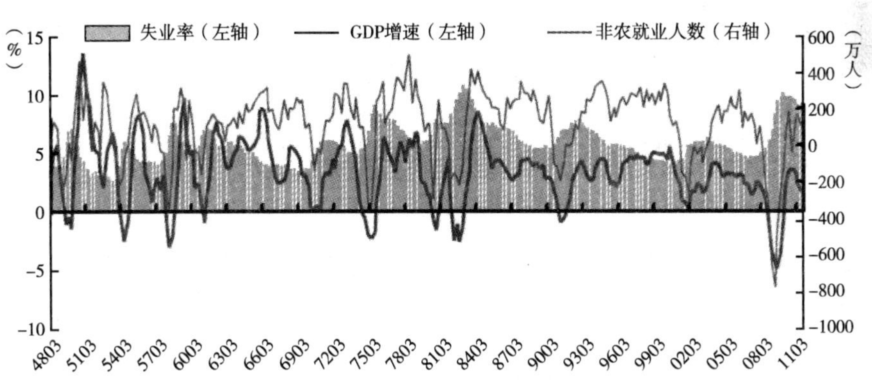

图 3　美国经济温和复苏

资料来源：WIND。

第五，欧债危机反复冲击市场。从 2009 年末开始爆发以来，欧洲主权债务危机已经有两年的历史。从那时开始，欧债危机分为四个阶段：第一阶段从 2009 年底至 2010 年第二季度，希腊债务危机浮出水面，随后全面爆发；第二阶段从2010年第3季度至2011年第二季度，危机蔓延至欧元区其他国家（爱尔兰、葡萄牙）；第三阶段发生在2011年第3季度，危机蔓延至欧元区核心国家（意大利）；第四阶段从2011年第4季度开始，欧盟加大应对债务危机的力度。欧债危机错综复杂、旷日持久，并将在未来很长一段时间内对世界经济和全球市场造成冲击。

（三）国内市场

2011年，A股市场在国内外经济前景不确定影响下，继续延续2010年的收敛走势。“下跌”成为贯穿2011年股市的主旋律。截至2011年12月末，上证综指跌幅 -21.68%，深成指跌幅 -28.41%，以中小板和创业板为代表的小盘股估值下行的幅度要远超大盘股，其中中小板指数下跌37.09%，创业板下跌35.88%（见表1）。

表1　2011年证券指数变动情况

	年末收盘(点)		累计下跌(点)	跌幅(%)		历史低点:全年跌幅超过20%(%)			
	2010	2011	2011	2010	2011	2008	2001	1998	1994
上证综指	2808.08	2199.42	608.66	-14.31	-21.68	-65.39	-20.62		-22.30
上证A股	2940.24	2304.12	636.12	-14.46	-21.63	-65.38	-21.89		-21.23
深证成指	12458.55	8918.82	3539.73	-9.06	-28.41	-63.36	-30.03	-29.52	-42.88
深证综指	1290.86	866.65	424.21	7.45	-32.86	-61.76	-25.13		-40.98
深证A股	1351.14	906.91	444.23	7.13	-32.88	-61.77	-26.84		
中小板综指	6828.98	4295.86	2533.12	21.26	-37.09				
创业板指数	1137.66	729.5	408.16		-35.88				

资料来源：深沪交易所。

对于2011年股市二级市场的全年走势，简单来说，可以用“虎头与蛇尾”来概括。K线图形上呈现的是一条抛物线。2011年1~4月，上证综指从2700点振荡攀升至3067点，构成上抛线。这是全年成交量最大、最活跃的时期。2011年4月18日，上证综指达到全年最高点3067点，随后便掉头向下。由于通胀形势陡然上升，决策层迅速加码货币紧缩政策，导致行情从3067急转直下到2600点附近。2011年4月中开始的下抛线，幅度之大，超出了几乎所有人的预期。由于欧债危机、美债危机接踵而至，国内通胀超预期走高、市场流动性枯竭，内

外交困的基本面、政策面背景，引发指数在整个 2011 年二、三季度反复滑落至 2307 点。截至 2011 年 12 月 30 日，距离年内高点 3067，上证指数已经跌去了近 22% 。最终收于 2011 年最低点 2100 左右，跌幅接近 22% （见图 4）。

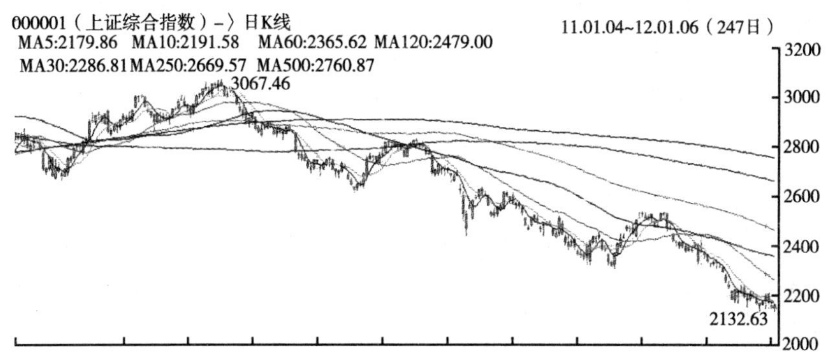

图 4　2011 年上证指数走势图

资料来源：WIND 资讯。

如图 5 所示，深证成指在 2011 年 3 月 9 日摸高到 13233. 02 点并成为年内最高点，到 2012 年 12 月 14 日为止最低则是 2012 年 12 月 14 日收盘点位 9064. 63 点，下跌 4168. 39 点。

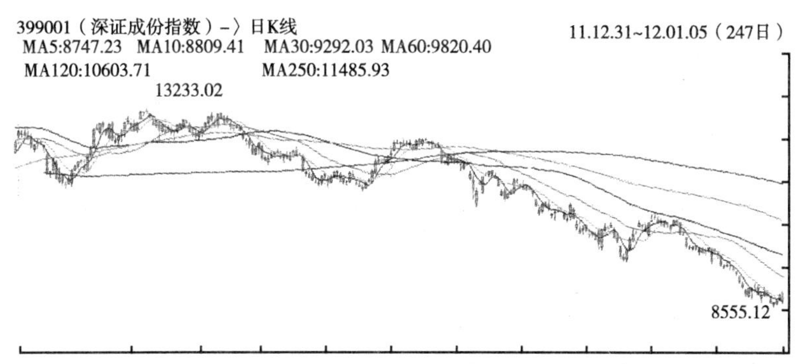

图 5　2011 年深圳成指走势图

资料来源：WIND 资讯。

深圳成指与上证走势差别不大，在经过 2011 年初年线附近的振荡之后，选择向下突破，走出一波下跌趋势，并且没有放缓迹象。

回顾2011年A股市场，一季度国内经济处于高增长、高通胀的环节中。市场呈现一波上涨行情。这时的市场出现中小市值股票跌幅远超同期大盘。受存款准备金率上调和加息影响，银行板块持续走高带动指数持续反弹。二季度国内经济开始出现减速，货币政策进一步紧缩，通胀继续走高，美国的经济刺激政策效果远低于市场预期，受其影响，国内出口囿压，A股市场跟随持续走低，三季度经济减速得到进一步确认，通胀回落局势形成，政策处于观察期，但欧债危机愈演愈烈，欧美主权国家信用评级遭到下调，欧美股市大幅下跌，进而进一步拖累国内股市。沪深股指也加速下跌。四季度国内经济增速进一步放缓，但紧缩性政策出现松动，在政策调整的预期下，市场在2011年10月份左右出现一波反弹行情。但投资者对于欧美经济以及债务危机的担忧依然存在，令沪深股指继续下行（见图6）。

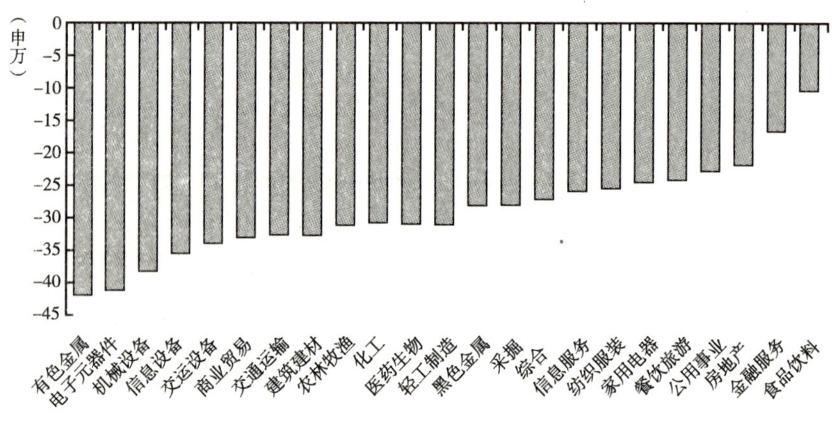

图6　2011年申万一级行业涨跌幅

资料来源：WIND。

在政策面、基本面的重压下，股市难以止住估值中枢下滑。2011年4月上旬提高存款准备金率的再次实施成为压垮市场上行的最后一根稻草。2011年6月的小幅反弹、8月份百亿保险资金入市依然没能阻挡市场做空的步伐。三季度以来，A股市场呈加速下行态势。随着2011年10月份中央汇金对银行的增持，A股下跌步伐放缓。随着通胀的逐渐可控，政策结构性放松预期增强，2011年10月底以来A股市场开启新一轮的反弹历程，但是到了11月份，A股市场又开始了一波单边下跌，并且屡创新低，成交量也达到了2011年以来的底量（见表2）。

表 2 2011 年个股涨跌幅统计

单位：%

全年涨幅前 20 名			全年跌幅前 20 名		
新华联	209.60	有色金属冶炼Ⅱ	泰胜风能	-61.65	电气设备
国海证券	204.78	证券Ⅱ	百川股份	-61.92	化学制品
ST 国祥	194.35	普通机械	时代新材	-61.93	化工新材料Ⅱ
ST 中源	142.96	生物制品Ⅱ	中粮屯河	-62.08	农产品加工
ST 兰光	118.67	计算机设备Ⅱ	辉煌科技	-62.18	计算机应用
*ST 光明	111.64	其他轻工制造Ⅱ	太工天成	-62.88	煤炭开采Ⅱ
*ST 白猫	98.08	化学制品	国星光电	-63.12	半导体
*ST 鑫安	94.74	化学原料	滨海能源	-63.58	电力
ST 科健	83.38	通信设备	海普瑞	-63.67	生物制品Ⅱ
广电信息	79.59	视听器材	新筑股份	-63.88	普通机械
安纳达	72.41	化学制品	金风科技	-64.26	电气设备
拓尔思	66.05	计算机应用	莱宝高科	-64.42	显示器件Ⅱ
ST 合臣	64.13	房地产开发Ⅱ	建新股份	-64.50	化学制品
迪康药业	58.08	中药Ⅱ	大元股份	-65.19	石油化工
东软载波	54.29	半导体	世纪瑞尔	-65.60	计算机应用
中珠控股	52.93	化学制药	彩虹股份	-66.47	显示器件Ⅱ
ST 康达尔	50.56	农业综合Ⅱ	新中基	-68.63	农产品加工
安徽水利	49.82	建筑装饰	东山精密	-69.19	普通机械
ST 宜纸	43.13	造纸Ⅱ	万邦达	-71.59	水务Ⅱ
康得新	42.59	塑料Ⅱ	汉王科技	-73.20	计算机应用

资料来源：WIND 资讯。

从成交量上看，2011 年 3 月成交量达到 4600 亿股的高位后，随后成交量便处于减少态势。2011 年 9、10 月更达到不足 1900 亿股的低点。这与 A 股市场总体呈现“虎头蛇尾”的态势一致。2011 年股票市场成交量明显下降。全年累计成交金额 23.9 万亿元，日均成交金额 978.5 亿元，较 2010 年减少 21.9%（见图 7）。

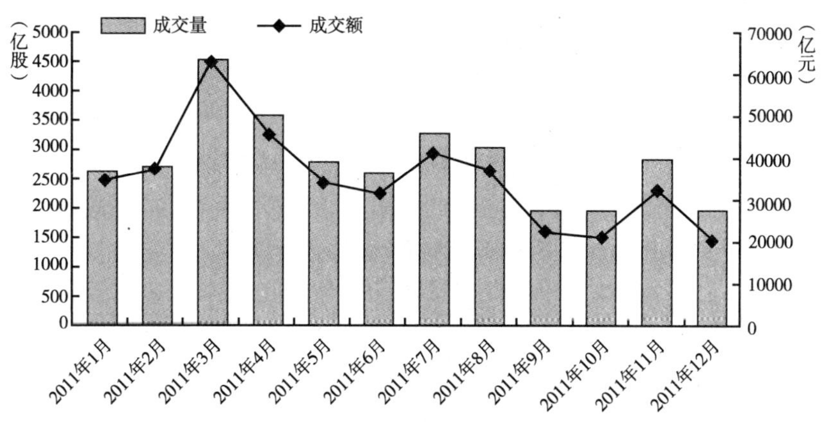

图 7 2011 年 A 股市场成交量统计图

资料来源：WIND 资讯。

市场的走势大多是围绕经济周期、流动性出发的，改变这些预期变化的一般都有特定的事件，策略事件表能够较为清晰地记录市场走势的脉络（见表3）。

表3　2011年策略事件表

时间	事件
2010年12月	中央一号文件
2011年1月中旬	2010年12月经济数据公布
2011年2月中旬	央行2010货币政策报告
2011年3月初	两会召开
2011年3月底	欧债五国还债高峰
2011年4月	通胀预期上升
2011年4月30日	上市公司2011年一季度季报
2011年4月下旬	地产贷款压力测试，国家督察组各地考察政策落实情况
2011年4~5月	欧债风险
2011年5月16日	2011年5月美国国债上限讨论
2011年5月16日	欧财长会议
2011年5月18日	存款准备金率提高缴款日
2011年5~6月	融资平台清查，保障房资金问题解决尚待观察
2011年6月14日	公布2011年5月份CPI等数据
2011年6月底	美国QE2截止
2011年6月6日	各地公布保障房建设进展
2011年6月中下旬	财政资金解决方案
2011年7月	水利投资大会
2011年6~7月	经济运行状况密集调研期
2011年8月5日	美国国会讨论国债上限
2011年8月上旬	财政部第二次地方债发行
2011年8月9~10日	国内宏观数据公布
2011年8月中下旬	希腊债务到期首个高峰
2011年9月5日	商业银行的保证金存款纳入存款准备金的缴存范围
2011年9月1日	意大利债务到期高峰，也是整个欧洲五国债务到期的高峰时段
2011年9月底~10月初	美元反弹见顶
2011年9月中旬	中国水电和陕煤发行
2011年9月20~21日	美联储会议
2011年9月底	银行存贷比考核季末效益
2011年10月1日	浙江民间借贷市场稳定方案
2011年10月14日	2011年9月CPI数据公布
2011年10月	中央政治局的定调
2011年10月17~18日	欧盟主要领导人再次讨论欧债危机解决方案
2011年12月	中央经济工作会议

资料来源：根据和讯网、东方财富网相关资料整理。

2011 年国内经济预期的变化主要围绕通胀，海外主要围绕债务。股市估值受到经济、通胀、政策的“负反馈三角”的压制。2011 年上半年，由于通胀持续上行，房价未显受控趋势，因此紧缩政策不断加码，这使得投资者早已形成了经济下行的预期，股市也因此承压；但另一方面，由于房地产投资、出口等数据在上半年韧性较强，经济始终以较为缓慢的增速在回落，这反而使得通胀压力迟迟无法缓解，政策加码也不断超预期，从而对股市形成了进一步的压制，A 股市场估值不断创出新低。

2011 年，我国 CPI 上涨率持续高位运行，2011 年前三个季度居民消费价格平均上涨 5.6%，除 1 月、2 月保持在 4.9% 的水平外，其余 7 个月上涨都在 5% 以上，其中 7 月 CPI 同比上涨 6.5%，创下自 2009 年以来 CPI 的新高。随着翘尾因素的逐步减弱，CPI 涨幅在第四季度有所回落，全年为 5.4%（见图 8）。2011 年中央把治理通胀作为宏观调控的首要任务，虽然取得了一定进展，但造成物价快速上涨的主要因素还没有大的变化，稳定物价还面临很多的挑战。其中，流动性过剩的问题并未得到根本改变，因长期外贸顺差多发的货币和 2009 年前后大量的贷款还需要较长时间进行消化，美国实行的量化宽松的货币政策造成的全球性流动过剩对我国的影响也还在发生作用。从紧的货币政策会对资本市场带来较大的影响。首先，银根收紧，资金紧缩会影响上市公司基本面，通胀无牛市，这其中的原因是高通胀将造成企业高成本，这将蚕食掉部分上市公司的利润，影响

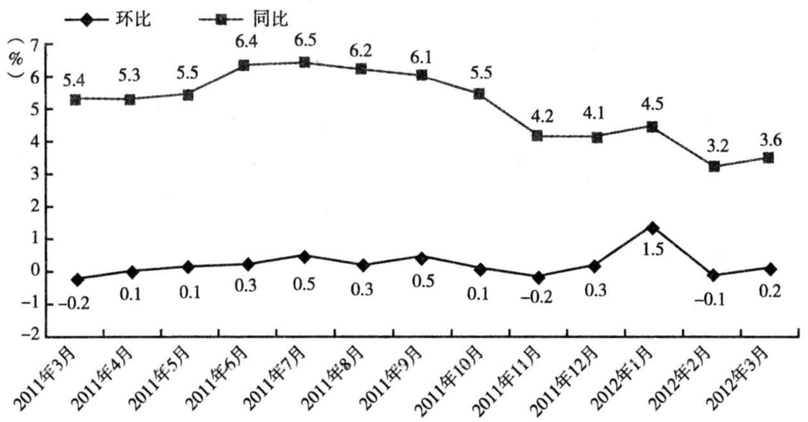

图 8　全国居民消费价格涨跌幅

资料来源：国家统计局。

其业绩增长，使估值降低；高通胀直接触发央行紧缩性的货币政策反应，使股市上涨所需要的资金推动力大大削弱。高通胀所释放的宏观经济失衡信号，会加大投资者对经济前景的不确定性，从而造成股市持续低迷。

二　2012 年股票市场展望

（一）海外市场

欧债危机蔓延升级严重打击了消费者和投资者信心，阻碍世界经济复苏（见图 9）；美国减赤谈判屡陷僵局，也增加了经济衰退的可能性；新兴经济体受困于高通胀的压力，持续紧缩政策也驱使经济增长势头放缓。金融危机后各国政府出手救市、大力刺激经济的后遗症逐渐显现，危机后私人部门去杠杆、政府部门加杠杆的行为加大了政府的债务负担，而各国经济增长疲弱使得市场对其信心不足，推动再融资成本上升，影响了各国政府债务的可持续性，导致主权债务危机频发。主权债务危机的深层次原因是福利过度、储蓄和消费失衡以及经济结构僵化等因素，中期内各国政府巩固财政、长期内实现经济再平衡仍然任重道远。

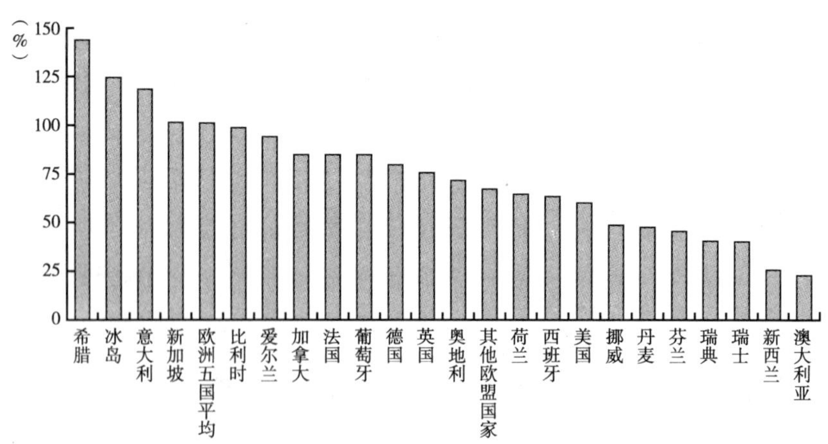

图 9　世界主要国家债务占 GDP 比重

资料来源：WIND。

展望 2012 年，经济增长前景和欧债危机的演变将决定市场走势。美国经济仍将温和复苏，个人消费和投资仍是带动经济增长的主要动力。美国经济避免衰

退的可能性较大，最大的下行风险将来自于欧洲形势的恶化，以及美国政治僵局对于财政的影响。因此，美国 2012 年经济不确定可能依然存在。欧债危机则可能继续出现波折。全球化的去杠杆之路仍将持续。

（二）国内市场

随着经济周期的滞涨阶段将结束，2012 年流动性不会持续变差是确定性事件，股市既面临严峻挑战也存在机会，单边下跌将结束可以看到的能影响市场的重大基本面因素的转变。在 2011 年中央经济工作会议上提出了稳中求进作为 2012 中国经济发展的总基调。“稳”是前进的基础，体现在“四个保持”上：保持宏观经济政策基本稳定，保持经济平稳较快发展，保持物价总水平基本稳定，保持社会大局稳定。“进”是发展的方向。就是要继续抓住和用好战略机遇期，在转变发展方式上取得新进展，在深化改革开放上取得新突破，在改善民生上取得新成效。稳定政策，关键在于实施积极的财政政策和稳健的货币政策（见图 10），保持宏观经济政策的连续性和稳定性同时增强调控的针对性、灵活性、前瞻性。其目的在于，继续处理好保持经济平稳较快发展、调整经济结构和管理通胀预期三者关系。

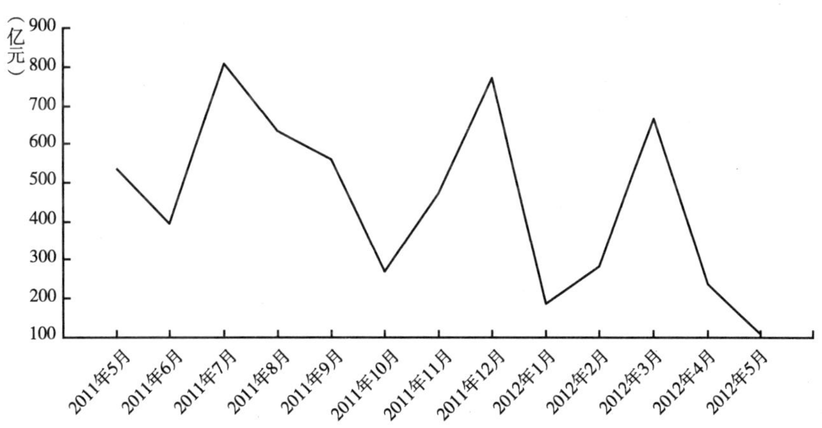

图 10　股市募集资金的力度

资料来源：WIND 资讯。

2012 年中央工作会议上将货币政策转向“稳健”。2011 年货币政策趋紧，2012 年稳健的货币政策为市场释放了更多的资金和流动性。中央仍保持“稳健的货币政策”与“积极的财政政策”这一对政策组合，货币政策基调不太可能发生根本改变。

名义 GDP 增速趋势则是上半年回落下半年回升，股市的流动性将大体呈现倒 U 形走势，上半年趋于宽松，下半年趋于回笼，2012 年二、三季度是最佳阶段。2011 年 11 月底央行下降存款准备金率意味着货币政策已经转向，我们预计 2012 年管理层将在保就业、防通胀、防范系统性风险和调结构之间徘徊。尽管货币政策上仍维持“稳健”基调，但预计 2012 年的货币环境会较 2011 年有所放宽，而鉴于通胀隐忧尚存，政府也不可能全面放松货币政策。

2012 年经济所面临的最大挑战将是保增长和保民生。因为市场无论是外需还是房地产都在下滑，如果不采取及时的政策应对，经济增速将面临很大的挑战。自央行下调存款准备金率以来，就标志着货币政策的放松，以应对通胀缓解这样的新变化。

对于物价指数，CPI 2012 年有望回落至 3% 左右。随着粮食和猪肉价格的回落，2012 年 CPI 下滑成为大概率事件；价格水平快速下降对企业赢利形成压力，抑制企业投资意愿，进而影响经济增速（见图 11）。

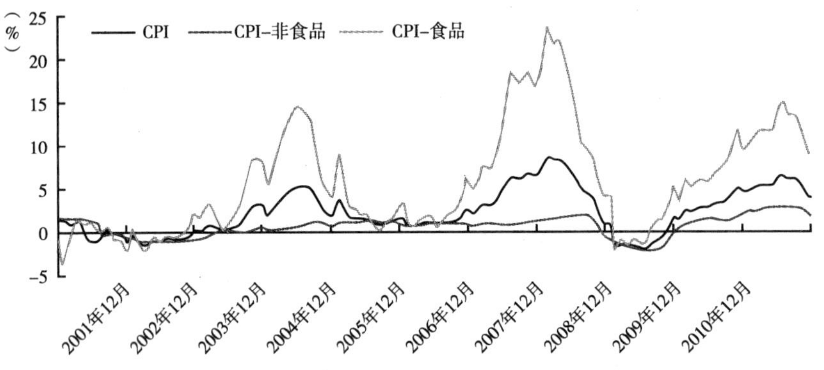

图 11　CPI 同比增长示意

资料来源：WIND 资讯。

中国经济增长当前延续回落趋势，但从目前的趋势看不会出现硬着陆，当前的宏观政策应当关注经济运行和经济结构中出现的变化，及时进行预警性微调。因为外部经济情况短期内出现改善，中国的出口情况要比市场预期得要好，预期 2012 年全年中国的出口仍然有望保持 8% ~10% 的增长，而不会出现悲观时期部分机构所预测的零增长或负增长。与此同时，中国经济的中长期负面因素均未消

除，海外需求复苏缓慢、企业成本继续提升问题都将制约 A 股市场。

从实体经济运行的视角看：对 2012 年影响最大的因素是房地产市场。2011 年房地产投资 6.17 万亿元，比 2010 年实际增长 27.9%。但从 2011 年 10 月份开始，房地产投资的环比出现加速下降的趋势，估计 2012 年房地产投资比 2011 年下降 20% 左右，即下降到 5 万亿元左右。不排除大幅度下滑的可能性（如下跌 30% 以上），因为从 2011 年第四季度后，每个月的投资额已经大于销售额约 1000 亿元左右，未来的开发商必须大幅度减少投资支出才能保持现金流不为负。即使假设 2012 年的销售额和 2011 年接近，投资应该会减少 20% 左右。房地产市场的不确定性给实体经济整体带来了影响，2011 年房地产价格回升不太现实，房地产崩溃的可能性也非常小。影响房地产走势的最大因素是政策因素。由此 2012 年房地产市场会调整，量、价齐降，崩溃、回升的可能性很小。房地产调控本身对经济产生的影响是不可能忽视的，对股市也会产生一定的冲击。

从政策面看，按照中央经济工作会议精神，中国 2012 年将实施积极的财政政策和稳健的货币政策组合，增强调控的针对性、灵活性、前瞻性，政策基调可能是“稳增长、调结构、防通胀”，政策的重心更多侧重于保持经济增长稳定，同时促进经济结构转型，防止通货膨胀，准确把握好调控的力度、节奏、重点，并根据形势变化作出预调、微调。

2012 年将继续实施积极的财政政策，财政政策支持的重点可能更注重扩大内需、促进消费，财政支出将更好发挥“调结构”的作用。

央行货币政策委员会在 2012 年的首次例会上就释放出了宽松信号。央行货币政策委员会第一季度例会指出，要继续实施稳健的货币政策，同时引导货币信贷平稳适度增长。

2012 年中国证券监督管理委员会改革的方向为市场化与国际化。市场化改革包括新股发行制度改革，创业板再融资审批权下放，退市制度改革和新三板。国际化改革包括国际板（短期推出的可能性较小）和跨境 ETF。目前证监会公布的等候 IPO 上市公司约 600 家，其中银行、证券、信托等金融类企业将近 20 家，供给的大幅度上升对市场有冲击作用，如果市场反弹，整理新股供应量将大幅上升，限制市场上升空间。中国证券监督管理委员会主席郭树清在 2012 年初讲话中提出把深化发行体制改革列在其部署的五方面工作的首位，并指出，将继续深化发行体制改革，其中包括完善新股价格形成机制，改革股票承销办法，使新股定价与发行人基本面密切关联。

从流动性及市场层面看，2011 年以来 M1、M2 增速持续下滑，2011 年 11 月 M1 增速为 7.8%，创自 1998 年以来的单月第三低，居于低位的货币供应量增速显示当前经济的流动性依然处于偏紧（见图 12）。

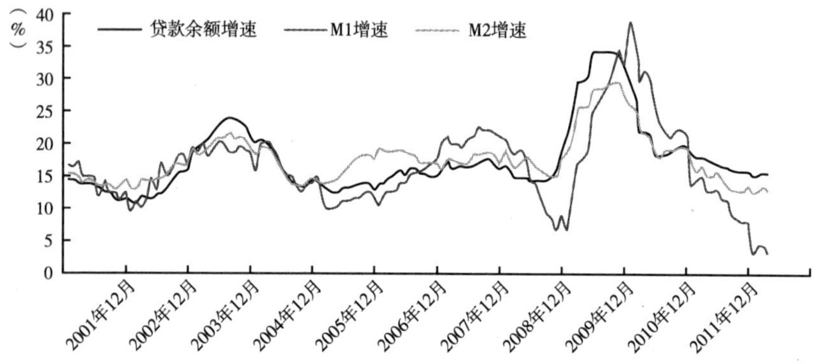

图 12　M1/M2/贷款余额增速比较

资料来源：WIND 资讯。

综合以上分析，2012 年经济仍是调整的阶段，市场关心的焦点问题将是经济如何见底。经济下行，政策对冲将是 2012 年全年的主题，回归中性将是包括经济，政策和资本市场在内的主要特征。

就 2012 年来说，目前相对确定的是通胀下行，经济下滑，政策对冲，不确定的是经济复苏的时点和力度，核心在于房地产政策的变动。

宏观经济：房地产和外需是 2012 年经济的最大风险，预测经济先下后稳，上半年下滑，之后随着相关政策的对冲，年中逐步企稳，全年经济增速在 8% ~ 8.5%之间。固定资产投资增速明年将放缓，实际消费增长稳中略升，出口对明年经济增长负贡献。

政策：通胀下行为政策的放松打开了有限的空间。换届之年，将以“平稳过渡”为主，微调将成为 2012 年政策的主要操作方式。政策路径可能在刺激消费和刺激投资之间摇摆不定。如果经济增速下降温和，政府容忍度提高，那么政策路径仍以微调为主；但如果经济下滑较快，在 2012 年二季度前后，政府投资可能上升。后续政策的核心还在于房地产调控是否能够放松，变动的底线仍是就业。

赢利：判断 2012 年 A 股业绩低点或在二季度，消费相关的行业赢利稳定，投资与房地产相关的中上游周期性行业赢利将有较大幅度下滑，之后保持低位水平增长。

流动性：2012 年宏观经济流动性环比改善，有望回归中性，货币供给触底回升；A 股资金方面，需求端新股等资金需求依然旺盛，供给端居民资产配置及制度创新吸引资金入市方面有所改善，流动性将好于 2011 年。

因此从经济增长、通货膨胀、企业赢利、估值及流动性等方面去分析 A 股市场，多个因素已经发生了有利于股市的变化，2012 年，A 股市场将不会更差！

2012 市场面临的大背景依然是经济处于衰退后期，对于全年行情来说，宏观经济的走势是关键。从投资时钟的角度出发，一个完整的经济周期中，股票市场一般会出现三次上涨机会：

阶段 1：经济由快速衰退向平稳衰退转变，即炒作政策放松与流动性。

阶段 2：经济触底后经济复苏；即经济及赢利拐点显现，炒作业绩的改善。

阶段 3：经济由复苏步入繁荣阶段，进入新一轮的增长周期，股市进入主升浪。

而在 A 股市场，由于政府掌握了大量的资源，政府力量的非常强势，使得其调控对经济的影响力极大，在短期会影响经济的波动方向，主导投资者的经济预期，因此在过去，A 股市场一直存在“经济恶化—约束放宽（通胀或房价约束）—政策放松—经济预期改善—经济见底并且加速—约束出现—政策加紧—经济预期恶化”的投资循环。所以 A 股市场在阶段 1 的特征就特别明显。就始于 2011 年底的股市反弹而言，首先就是 2011 下半年通胀下行趋势确认（约束放松），政策开始转向（2011 年 11 月 30 号开始降存款准备金率）；因此，政策转向后，大家预期流动性开始宽松，股市触底回升，隐含的逻辑是政策放松后经济将回升。但经过一轮反弹之后，如果市场要继续上行，则需要基本面的支持，股市最终需要赢利的支撑。因此 2012 年 A 股市场将不断在“放松政策加码预期”与“实体经济复苏”两种预期中切换。政策的方向和力度决定了经济触底回升的方式，也决定了股市运行的节奏。

2012 年 A 股市场将在确定的经济及通胀下滑与灵活的政策对冲之间摇摆。而从投资的角度来说，经济止跌的方式与时点，决定了全年投资的节奏，经济恢复的速度和顺序，决定了行业配置的重点及行业轮动的节奏。2012 年的投资，关键在于把握经济中向上的力量，规避经济中向下的力量，寻找拉动经济上升的

主导性行业，并作为投资的重点。对2012年投资展望的最大分歧，也是最大机会还是来自政策支持的方向。

因此2012年主要有两个较为确定的投资方向：从投资时钟出发；沿着政策支持的方向。

方向一：遵循投资时钟规律，配置消费与早周期行业。

按照传统的投资时钟观点，在经济周期复苏的时候，与消费、财政刺激相关的早周期行业将成为配置的首选，之后传递到设备制造、原材料和资源能源领域，而在经济衰退时期，公用事业、必选消费、科技类公司的防御性得以体现。

2012年上半年，宏观经济将处于衰退期或复苏的早期。宏观环境预计与2009年有些类似，都是经济下滑，政策对冲。分析2009年各行业投资规律，从财政刺激、早周期的相关行业传递到在中游的设备、原材料制造，再到消费领域，最后反映在资源能源领域。从市场表现来说，2009年涨幅居前的分别是交通运输设备，有色金属，采掘，家用电器，电子，餐饮旅游等。涨幅居前的行业跟政策刺激方式及经济复苏的顺序密切相关。

方向二：沿着政策支持的方向。

对2012年投资展望的最大分歧，也是最大机会还是来自于政策支持的方向。就刺激经济的效果来说，2012年房地产政策彻底放松的可能性很小，传统的凯恩斯式的逆周期调整出路仍然是公共投资扩张。但是，经过4万亿元投资的刺激，市场比较质疑这种公共开支扩张的方向及持续性。理论上，公共投资扩张的方向还有选择的空间。公共投资不仅是铁路、公路、基建，一般包括以基础设施为主的经济建设支出、科教文卫事业发展支出和服务于产业政策的财政补贴三个方向。过往投资的主要着力点囊括了公路铁路、水利建设、基础原材料工业等领域，并且部分行业的过度投资引致了目前上游行业产能过剩的局面。水利和城市供水、环保设施、能源工业、通信、医疗支出和新兴产业等的投资需求依然为公共投资的扩张提供了极大的选择空间。

深化煤、电、油、气、水、矿产等资源性产品价格关系也将是政府未来着力推进的方向，未来通胀逐步回落的宏观环境，为修复被人为压低的资源品价格改革创造了良好的外部条件。而价格机制的理顺将再次激发相关行业的投资动力。

因此，2012年为转型的重要一年，相关的民生投资，如社会保障，医疗卫生，文化传媒，结构性减税，放松民间投资限制，水利建设等；转型相关的制造

升级，七大新兴产业等，如节能环保等领域，可能有较大扶植政策与支出。这些措施长期利好中国转型，但短期内效果不明显。短期投资主要还是以主题性投资为主，关注增长相对确定，关注持续公共投资扩张下的受益行业：

资源能源：电力及电力设备、天然气产业链等

环境改善：水、气、固废处理等节能环保领域。

民生保障：政务支出、信息通信、卫生服务，文化传媒等。

要素价格改革：煤、电、油、气、水、矿产等资源性产品价格关系改革。

总体而言，2012 年，仍然是包括中国在内的全球通往再平衡之路的延续之年。2012 年中国经济面临了去投资化，去地产化的转型压力，我们判断中国经济将软着陆，只是下滑周期会被拉长，政策放松的力度和时间点比市场预期的更弱和更晚的概率增加。

The Stock Market Reviews in 2011 and Prospects for 2012

Huang jianjun　Zou Jizheng　Han Xiao

Abstract: The global stock market fluctuated seriously under the economic fundamentals. The trend of stock market in 2011 was a big jolt and downward, with the macro economy facing uncertainty. The article analyzes the stock market by the valuation, macroeconomics, liquidity and economic cycle, we think the stock market in 2012 can have a new developingopportunity. The author analyzes the stock market in 2011. The article analyzes the 2012 stock market through liquidity, economy policy and macro-economy aspects.

Key Words: Stock market; Review and prospect

B.7
2011年债券市场回顾与2012年展望

李昇 刘媛 何一峰

摘 要： 回顾2011年的债券市场可谓跌宕起伏，峰回路转，全年走势先抑后扬。前三季度经济增速放缓与通胀高企并存，宏观调控政策措施严厉，债券市场资金面紧绷，信用风险凸显，债市振荡下跌。四季度，经济增速和通胀双回落趋势确立，政策预调微调，资金面回暖，债券市场走出继2005年、2008年以来的第三大牛市。展望2012年，整体经济将处于缓慢回升调整阶段，结合对宏观基本面和政策面的考量，我们认为明年债市收益率将是“V”形走势，相应的，债市行情将是先扬后抑的“倒V形”走势。

关键词： 债券市场 回顾与展望 制度建设

一 2011年债券市场回顾

（一）2011年债市宏观基本面、政策面、资金面回顾

1. 2011年债市宏观基本面回顾

2011年全球经济增速放缓，金融危机影响余波未平，欧债危机的蔓延进一步加剧了国际经济环境的复杂性和不稳定性，包括美国、日本、法国、意大利、比利时、西班牙、葡萄牙等在内的多个国家主权信用评级遭到下调。美国经济复苏缓慢，劳动力市场失业率居高不下，房地产市场持续低迷成为美国经济复苏进程的巨大阻力；欧债危机从边缘国家向核心国家扩散，欧元区面临分化挑战，欧洲经济体受累于主权债务危机不断恶化步入“温和衰退”；受制于发达经济体消费需求下滑，新兴市场国家经济增速普遍放缓、通胀水平上升，但是依然是全球经济亮点。

在复杂的国内外经济环境下，2011 年我国经济运行总体良好，宏观调控效果显现，经济保持温和增长，GDP 增速逐季缓慢下行，通胀水平冲高回落，基本实现经济软着陆。

（1）GDP 增速逐季回落。

在内部宏观调控和外部经济环境不利的共同作用下，2011 年我国经济仍保持了平稳较快增长，全年国内生产总值 471564 亿元，比上年增长 9.2%，低于 2010 年的 10.4%，GDP 增速逐季小幅回落，环比增长速度保持在 2% 左右，较为稳定，没有发生较大的波动。从拉动经济的三驾马车来看，全年最终消费、资本形成和净出口对经济增长的贡献分别为 51.6%、54.2% 和 –5.8%，分别拉动 GDP 增长 4.7%、5.0% 和 –0.5%。其中，受房地产、基建投资拖累，投资较 2010 年出现明显回落，但仍实现了较快增长；消费同比增速基本保持稳定，全年消费名义增速为 17.1%，实际增速为 11.6%；外围形势逐步恶化导致我国贸易顺差逐步收窄，出口增速不断下降。总体而言，内需的情况要远远好于外需（见图 1）。

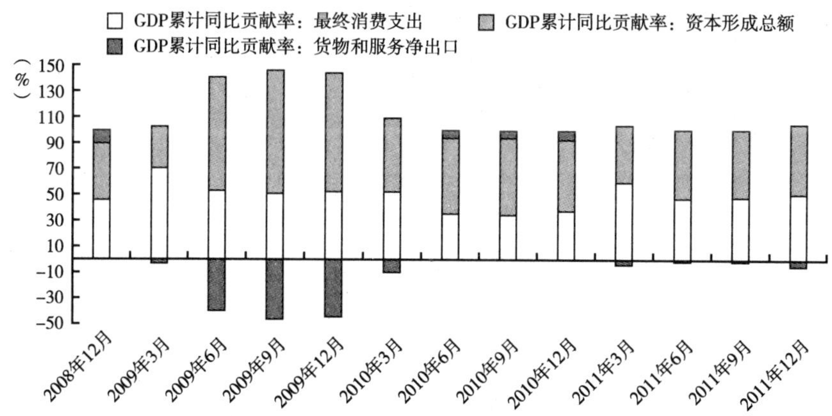

图 1　三大需求对 GDP 增长的贡献率

资料来源：WIND 资讯。

（2）通胀水平高位回落。

2011 年消费者物价指数整体呈现“中间高、两头低”的倒“V”字形走势，通胀走势超出市场预期。上半年 CPI 同比增速基本呈单边上升走势（除 2011 年 4 月曾小幅下降 0.1 个百分点外），并在 2011 年 7 月攀升至 6.5% 的年内高点。

进入2011年8月以来，物价涨幅逐月回落，年末回落到4.2%，并且环比涨幅出现了8个月以来首次负增长，物价上涨的压力明显缓解，到2011年12月CPI回落至4.1%，全年我国CPI同比上涨5.4%，超出年初4%左右的调控预期目标。分类别来看，2011年物价上涨结构性特征明显，食品价格仍然是导致本轮通胀高企的主要推手，非食品价格同比涨幅也在2011年创下历史新高（见图2）。分析2011年通胀回落影响因素主要归结为如下四个方面：翘尾因素的影响在下半年逐步消退；政策调控尤其是货币政策不断收紧效果逐步显现；经济增长回落导致通胀压力减缓，并受政策扶持、生产扩大以及运输成本减低等因素影响；国际大宗商品价格走低。

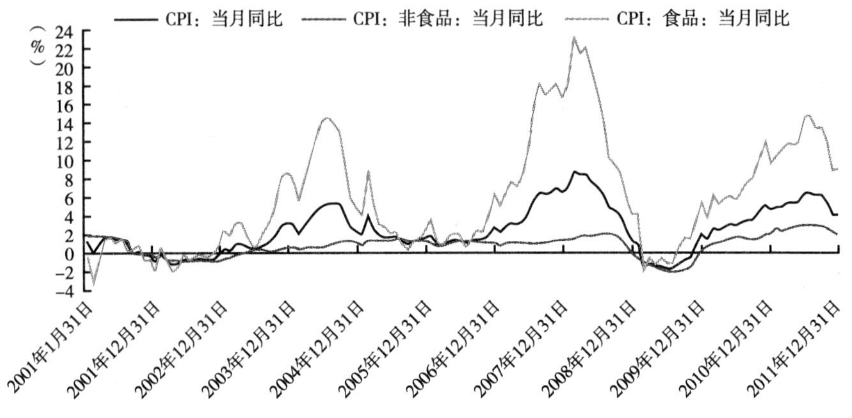

图2　CPI同比走势及其构成走势

资料来源：国家统计局。

2. 2011年债市政策面回顾

2011年我国实行稳健的货币政策和积极的财政政策，央行在前三季度将“保持物价总水平基本稳定”作为宏观调控首要任务，进入四季度开始强调“根据形势变化适时适度进行预调微调”，提出“要处理好保持经济平稳较快发展、调整经济结构和管理通胀预期之间的关系”。与宏观经济指标的变化相呼应，年内央行货币政策进行了适时适度的调整，并呈现出以数量型工具为主，以利率调控为辅的特征，即央行主要通过调整准备金率的方式对冲外汇占款以调控基础货币投放，并通过适度加息缓解负利率水平。全年新增贷款同比增速持续下降，绝对水平也低于市场预期，M1、M2同比增速不断回落，并接近2009年初的低点（见图3）。

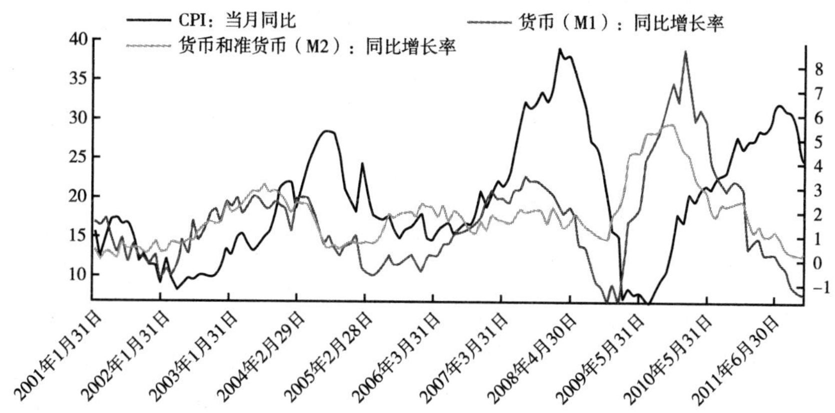

图3　M1、M2及CPI同比走势

资料来源：人民银行及国家统计局。

在2011年上半年物价上涨压力较大的情况下，始于2010年四季度的加息周期在2011年上半年得以延续，央行分别于2011年2月、4月、7月3次上调存贷款基准利率，一年期定存利率累计上调幅度达75BP；在1～6月央行保持了每月上调一次法定存款准备金率的频度，再加上2011年的6次调整，本次货币政策调整周期内央行共计12次上调存款准备金率，累计上调幅度达6个百分点，调整后大型银行的准备金率达到21.5%的历史高位，金融机构的超额存款准备金率则不断下降。三季度开始，通胀阶段性见顶，政策进入观察期，但其间央行为加强表外业务监管，将保证金纳入法定准备金缴存范围，严重打击了市场信心。随着通胀得到控制，在经济整体降温的情况下，货币政策出现了一些松绑的迹象，特别是由于欧债问题对我国出口影响加剧以及资本流出，2011年10月我国外汇占款3年来首度出现负增长，12月央行下调了存款准备金率0.5个百分点，这是自2008年金融危机以来的首次。总体而言，随着经济增速和通胀的双回落，货币政策转向的空间已经打开。

3. 2011年债市资金面暨回购利率走势回顾

2011年受货币政策主要通过数量工具实施的影响，随着多次存款准备金率的提高，货币紧缩政策的边际冲击明显增大，市场资金面格外脆弱，资金面的阶段性紧张变得常态化，频度剧增，且利率跳升幅度大。以银行间市场7天回购利率为例，在2011年上半年每月一次的法定存款准备金率上调节奏下，全年回购利率中枢多数时间在3.5%～5.6%区间波动，2011年来均值约为4.08%，高出历史均值约170bp以上，且数次超过8%的高位。除存款准备金率上调外，节日因素、大盘转债发行、银行时点考核、财政存款上缴以及保证金存款纳入法定准备金缴存范围等事件都带来了市场利率的大幅骤升。进入四季度以来，由于欧债危机升级、国内经济下行，宏观调控和货币政策均出现预调微调，以及财政存款的集中投放才对资金面形成一定的支撑。总体来看，除个别大行外，多数银行资金均紧张，市场资金面整体处于偏紧状态。存款准备金率连续上调的累计效应以及资金利率的高企，导致2011年债券市场需求在流动性紧张的时点上出现断崖式萎缩，大型银行的债券投资规模较2010年显著下降。2011年债券投资市场脆弱的流动性，直接影响到金融市场的稳定性，如财政部多期国债流标，代发的多只地方政府债收益率走高，铁道部作为最大的企业债券发行体在7月进行的短融发行遭遇流标。

具体就2011年的回购利率的走势而言：1月央行意外上调存款准备金率给市场较大的冲击，春节效应和1月法定存款准备金率上调后的缴款效应重合，推动银行间回购利率水平直线上升，7天回购利率大幅跳升，最高达到8.63%。跨过春节之后，现金回流银行，银行间市场资金面得到有效缓解，隔夜和7天回购利率迅速回落到3.0%以下。2月央行宣布年内第二次上调存款准备金率，叠加石化转债的发行，7天回购利率迅速走高，但是隔夜回购利率却没有太大变化。随后回购利率持续在低位徘徊，隔夜和7天回购维持在3%以下，这段时间基本上是2011年资金面最宽松的时期，3月15日，7天回购加权利率达到1.99%的年内最低水平。直到4月央行再度上调存款准备金率，隔夜和7天回购利率上升到4%附近，并很快回落。每月一次的上调准备金使得其累计效应逐步增大。5月央行上调准备金率并叠加5月底财政存款规模较大，市场资金再度紧张，隔夜和7天回购利率上行到5%附近。经历6月初资金面短暂宽松之后，6月央行在资金面紧张的情况下，再次意外上调存款准备金率，叠加银行年中考核因素，带动回购利率大幅走高，6月23日，7天回购加权利率达到9.04%的年内最高水平。直到7月份停止上调准备金率，资金面才有一定的缓解。8月底保证金存款纳入准备金缴存范围，再次给资金面较大的冲击，7天回购利率攀升至5%附近。9月底是季度末考核的关键时点，回购利率如预期上行到5%附近。10月底受财政存款缴存的影响，回购利率也同样回升至5%附近。2011年11月底央行宣布下调准

备金率，资金得到一定的释放，加之近万亿元的财政存款的集中投放，回购利率持续明显回落。临近年末时点 7 天回购利率再次回升到 5% 以上（见图 4）。

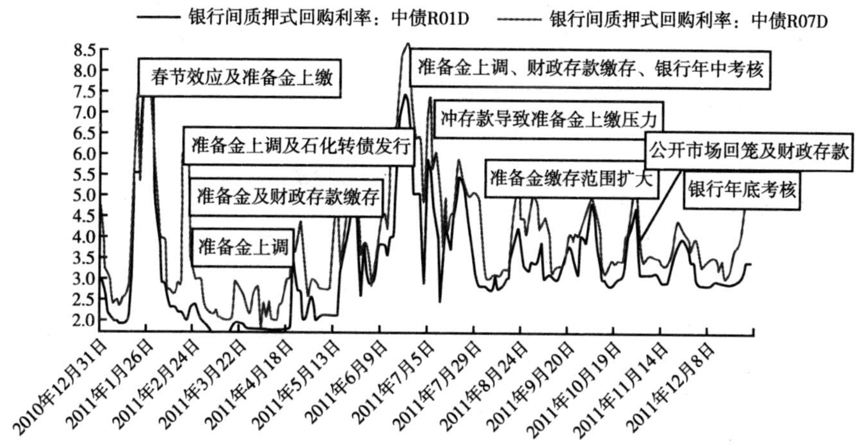

图 4　2011 年回购利率走势分析

资料来源：中央结算公司。

（二）2011 年债券市场总体概况回顾

1. 2011 年债券发行概况

经过数年的发展，债券市场已经成为整个社会重要的融资平台，投资者数量和结构发生质的飞跃，各市场参与主体的债券发行种类日趋多样化，信用层次愈加丰富。2011 年债券市场累计发行人民币债券 7.8 万亿元，同比减少 20.4%，但是发行次数增加①。其中按发行市场结构分，银行间市场发行规模 5.71 万亿元，上交所、深交所合计发行规模 1734 亿元，柜台市场发行 3000 亿元，跨市场发行 1.59 万亿元。从发行券种结构看，国债、央行票据等发行量较 2011 年减少，政策性银行债券、金融债券和公司信用类债券等发行量较 2011 年有所增加，国债、央票、政策性金融债仍在发行规模中占主要地位（见表 1）。从发行期限角度看，1 年以下短期债券发行规模依然较大，其次为 3 ~5 年的中期品种，10 年以上长期品种占比较 2011 年略有提高（见图 5）。截至 2011 年末，债券市场债券托管总额达 22.1 万亿

① 中国人民银行，《2011 年金融市场运行情况》，http：//www. pbc. gov. cn。

元，其中，银行间市场债券托管额为21.4万亿元，占比97.1%。2011年银行间市场累计成交196.5万亿元，同比增加9.5%。截至2011年末，银行间债券市场参与机构11390家，较上年末增长了1155家，其中金融类机构投资者占比42.84%，非金融类投资者占比56.51%，资金集合型投资主体增加较多，境外机构投资国内债券市场试点稳步推进，投资者类型更加多元化，已构建起多层次的投资者结构①。

表1　2011年债券发行券种结构

单位：亿元

债券类型	发行规模	债券类型	发行规模
国债及代发地方政府债券	17000	中期票据	7270
央行票据	14000	中小企业集合票据	52
政策性金融债	20000	非公开定向债务融资工具	899
金融债券	3529	企业债券	2473
超短期融资券	2240	公司债券	1241
短期融资券	8029		

资料来源：中央结算公司。

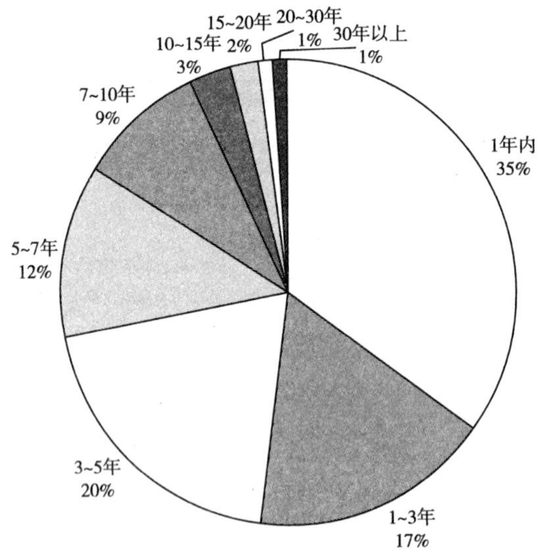

图5　2011债券发行期限结构

资料来源：人民银行、中央结算公司。

① 中央结算公司：《2011年度银行间债券市场年度统计分析报告》，http：//www.chinabond. com。

2. 2011 年债券市场总体走势回顾

在经济增速下滑和物价前高后低的大背景下，2011 年的债券市场也经历了大起大落的戏剧性转折，市场收益率波动幅度大，收益率曲线变化显著。全年债券指数先抑后扬，收益率曲线发生了先平坦上升、后陡峭化下行的变化。在通胀和加息预期的引导下，流动性和超预期事件成为触发债券市场大幅波动的导火索。受资金面极为紧张影响，债券市场收益率大幅跳升，收益率居高不下，第三季度创出年内高点，第四季度受欧债危机与国内宏观调控叠加影响，国内经济下行，通胀回落，货币政策开始预调微调，债券市场随着紧缩货币政策周期的逐渐终结而迅速回暖，收益率拐点出现，四季度收益率快速下行逾百点，继 2005 年、2008 年以来，中国债市创出历史第三大牛市。截至 2011 年末，中债综合指数（财富）收于 141.479 点，较年初上涨了 5.18%。中证综合债指数（净价）收于 98.31 点，较年初上涨了 1.65%。中债财富总指数再创历史新高，总指数回报收益率为 5.57%，其中国债品种跑赢政策性金融债券约 2 个百分点，固定利率债券跑赢浮动利率债券近 2 个百分点（见表 2）。

表 2　2011 年中债财富各分类指数收益率

指数名称	2011 年 1 月 4 日财富指数	2011 年 12 月 31 财富指数	涨幅(%)
中债—总指数	131.7654	139.106	5.57
中债—综合指数	141.479	134.5015	5.19
中债—银行间债券总指数	132.9305	139.7461	5.13
中债—国债总指数	131.0327	139.8225	6.71
中债—金融债券总指数	133.4041	139.6066	4.65
中债—浮动利率债券指数	129.8999	134.9054	3.85
中债—固定利率债券指数	132.5872	140.4037	5.90
中债—中短期债券指数	131.0889	137.7001	5.04
中债—长期债券指数	127.9579	138.1324	7.95
中债—银行间国债指数	132.2742	141.1166	6.68
中债—企业债总指数	112.0847	116.5261	3.96
中债—短融总指数	119.3781	124.4124	4.22
中债—央票总指数	124.9503	129.6151	3.73
中债—中期票据总指数	114.706	119.4383	4.13

资料来源：中央结算公司。

2011年债券走势跌宕起伏，峰回路转，从全年收益率走势来看，大致可分为以下四个阶段（见图6）：

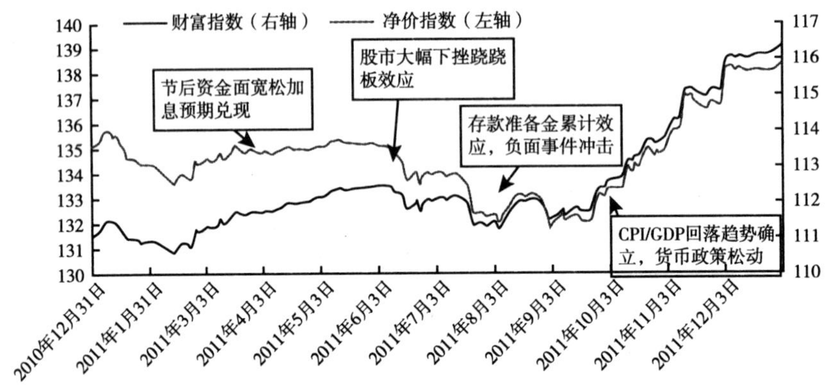

图6　银行间债券总指数（财富、净价）走势

资料来源：中央结算公司。

第一阶段：2011年年初至春节后，年初强烈的紧缩预期和偏紧的资金面导致春节前央票一级、二级市场利率倒挂，这削弱了央行通过公开市场操作回笼货币的能力，也不断强化加息的预期，债市收益率总体抬升，尤其是短端利率债收益率上行明显，收益率曲线平坦化上移。

第二阶段：春节后至2011年5月中旬，在春节后资金面趋于宽松、加息预期的逐渐兑现以及经济增速下滑的支撑下，债市阶段性回暖。同时，在机构配置性需求的推动以及股市显著下行的市场环境下，债券市场稳步走强，收益率曲线陡峭下移。

第三阶段，2011年5月下旬至9月中旬，央行连续上调存款准备金率的货币紧缩效应开始凸显，资金面出现超预期紧张，加之通胀水平居高不下，债券市场在缺乏流动性支撑和加息预期升温的背景下再度回落，收益率振荡上行，尤其是短端上行幅度明显，收益率曲线平坦化上移。同期债券市场接连遭受负面因素冲击，受房地产调控政策不断深化影响，以及地方融资平台频频爆出信用事件等负面消息，投资者对于城投、地产债信用风险的担忧升温，加上资金面紧张引发的去杠杆操作，从而推升中低等级信用品种收益率大幅上行；中石化第二期可转债发行预案和振荡走弱的A股市场，促使投资者对可转债的转股价值进行重估，

各转债的转股权价值大幅收缩，企业债和可转债均遭受重创。8 月下旬，央行扩大存款准备金上缴范围，让市场对于后续流动性担忧升级，引发收益率再次上行，并创出年内新高。

第四阶段，从 2011 年 9 月下旬至年末，国际上美国经济复苏慢于预期、欧债危机恶化，而国内通胀水平和经济增速双双回落态势确立，严峻的国际贸易形势以及紧缩政策进入"预调微调"窗口共同构成了债券市场良好的基本面，引发了市场乐观情绪，债券市场开始反弹，债市收益率快速下行，其中利率品种和高等级信用品种下行幅度较大，均创出年内新低，债券市场走出一轮牛市行情，收益率曲线陡峭化下移。投资者对地产、城投债信用风险的担忧仍未消退，中低等级信用产品收益率因为信用利差的扩大而继续维持高位。但中长期国债收益率水平已回落至 2010 年四季度加息前的水平，可转债的转股权价值大部分修复，但信用品种的利差水平仍处于历史高位。

（三）利率债市场走势回顾

从全年来看，2011 年是利率债的牛市，2011 年末的 1 年、5 年、10 年、30 年期国债收益率分别比上年末下行 56 个、51 个、46 个、24 个基点，10 年期政策性金融债由于短期利率上行速度快，上行幅度远超长端，长短期利差急剧走低，国债收益率曲线一度极为平坦化，直到四季度以来情况才有所缓解。

2011 年长期利率走势呈现前三季度平台波动、四季度转折下行的态势。这主要是由于影响长期利率的两大基本面因素在前三季度方向不一致，经济增长类指标从一季度开始就呈现下行态势，而通胀类指标则呈现一路上行态势，导致长期利率一～三季度方向较为犹疑，基本呈现高位区间振荡态势，一～三季度的变化较具韧性，收益率易下难上。四季度以来，随着经济增速日益下行以及通胀水平回落趋势确立，货币政策出现"预调微调"征兆，央行持续在公开市场保持净投放，利率品种的基本面和资金面均逐渐向好，长期利率快速下行。以 10 年期国债为例，在 2011 的收益率最高升至 4.13% 附近，高于 2009～2010 年的最高水平 3.70%，同时也大幅低于 2007～2008 年最高水平 4.60%。一～三季度其收益率波动区间较小，基本维持在 3.8%～4.1% 的高位区间内振荡，四季度快速回落，年末的收益率水平已基本相当于 2010 年加息前的水平。从其具体走势来看，2011 年初 10 年期国债收益率维持在 3.85% 附近；1 月中旬，因央票发行利率上调，市场加息预期增强，10 年国债收益率也明显上行，至 2 月加息时，10 年国债收益率最高上行至 4.12% 附近；尽管 2～5 月连续上调了存款准备金率，但资金面相对宽松，在经济增速回落但通胀预期始终未能消退的背景下，10 年国债收益率维持 3.85% 附近窄幅波动；此后由于回购利率维持在较高水平、CPI 连创本轮新高、7 月份央行再次加息，市场对于利率产品进行杠杆化操作，中长期利率产品的抛售加重，10 年国债收益率大幅攀升到 4.13%。8 月初标准普尔下调美国信用评级，引发全球金融市场动荡，国内金融市场避险情绪加重，10 年期国债收益率略有回落。9 月份开始，欧洲债务危机恶化引发市场恐慌，市场对经济加速下滑和政策放松的预期，推动 10 年国债收益率下行。11 月市场对 CPI 趋势性回落已经达成共识，1 年期央票发行利率再次下调，央行宣布下调存款准备金率，在多项利好的刺激下，10 年国债收益率年末已回落到 3.5% 以下（见图 7）。

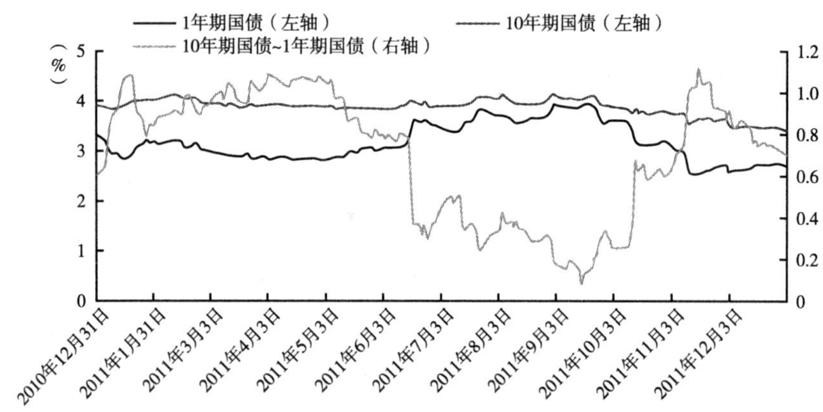

图 7　利差曲线显著收窄（10 年期国债～1 年期国债）

资料来源：中央结算公司。

2011 年短期利率的波动幅度较大，并带动了利差曲线的显著变化，期限利差在三季度显著收窄。与长期利率受经济基本面两大因素影响不同，短期利率的走势主要受 CPI 高企引发的紧缩货币政策因素驱动，资金面对其影响较为明显，与回购利率走势基本一致。以 1 年中央银行票据的走势为例，从年初二级市场交易利率 3.1% 起步，受发行利率不断走高和资金面紧张等因素的冲击，收益率屡创年内新高。因回购利率大幅上涨，不少机构选择抛售短债做逆回购。8 月中

旬，在资金面偏紧的市场环境下，1 年期央票发行利率再度上调引发市场加息预期，带动央票市场收益率在 9 月初达到 4.05% 的年内高点。9 月末开始，市场流动性明显改善，政策紧缩周期结束并"预调微调"，1 年期央票收益率回落，快速下行至 3.5% 附近（见图 8）。

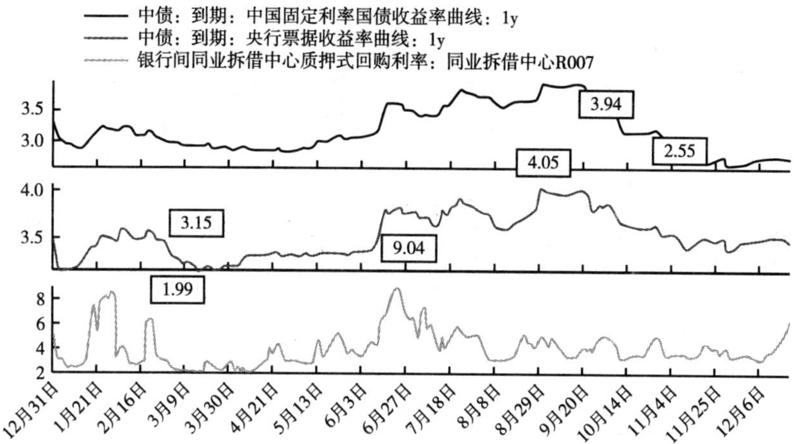

图 8　2011 年短期利率债走势回顾

资料来源：中央结算公司、银行间同业拆借中心。

（四）信用债市场走势回顾

2011 年信用债的走势逊于利率债，期间呈信用利差持续扩大，曲线大幅平坦化上行的特点，尽管四季度出现一轮牛市行情，利率债和 AA 以上信用等级债券收益率快速回落，并创出年内新低，曲线出现明显陡峭化下行，但是 AA- 以下级别的债券收益率基本维持原来水平，个别低信用等级债券的收益率不降反升，信用利差甚至扩大。各等级信用债券都表现出，信用等级越高，信用利差回落幅度越大的特点。

2011 年的信用债市场走势除由基本面和政策面因素主导外，还应当特别关注供给压力、利率市场化的推动、利率产品的大幅波动、流动性紧张以及信用风险等因素的影响。第一，信用债供给量的大幅度提高，供给压力加大对信用债的收益率构成冲击。例如，进入 9 月，尽管外部环境和内部环境都有利于债券市场，但由于市场对信用产品大规模发行所带来的供给压力的担心，使得信用债收益率难以下行，当利率产品率先出现回落时，10 月初高等级信用产品未能及时跟上，信用产品收益率仍创新高，信用利差大幅扩大。第二，债券市场利率市场化是推动 2011 年信用利差趋势性上行的长期作用因素之一。年内严厉的宏观调控使银行信贷额度严重短缺，导致贷款利率作为债券市场发行利率天花板效应失效，偏低评级的信用债券发行利率普遍超过贷款基准利率。第三，利率产品的大幅波动导致信用利差的扩大，市场对信用产品要求更多的利差保护。第四，年内资金面前松后紧，这是高信用等级债券收益率呈先上后下的走势的重要原因之一。第五，信用风险事件为市场所关注①，城投平台、铁道债频频受到负面报道，房地产公司、城投平台和地方政府偿债能力受到市场质疑，导致低信用等级债券的收益率飙升，并与高信用等级债券的信用点差逐渐扩大。年末高等级信用债收益率已经回归到 2011 年年初，但是低信用等级债券收益率依然维持在全年最高水平（见图 9）。

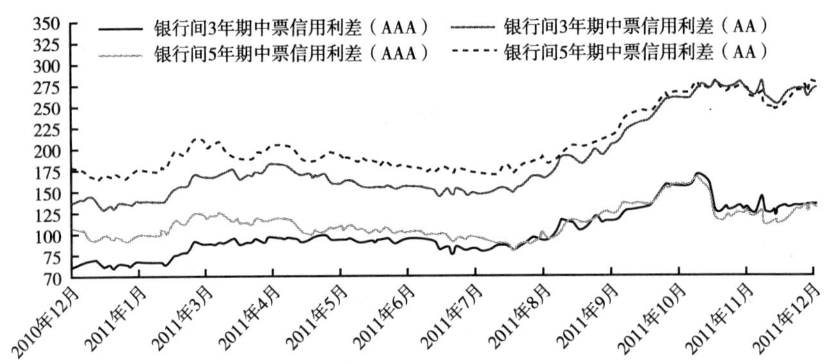

图9　3 年、5 年期中票信用利差走势

资料来源：中央结算公司。

具体从走势来看，一季度受短融和中票供给增加冲击，信用品种收益率水平大幅走高；二季度短融和中票发行量的减少，中等期限低信用等级品种信用

① 尽管我国国内债券市场尚未有实质性违约的发生，但是 2011 年发生了一系列信用事件：3 月，川高速将核心资产成渝高速划给川交投；5 月，10 华靖债对旗下公益性资产实行等额资产置换；6 月，滇公路宣布停止还本，只付息；6 月，上海申红债务逾期；7 月山东海龙连续亏损被中国证券监督管理委员会调查，后信用评级被调降；并出现云投集团转移核心资产传闻，由此引发了一场开端于城投债蔓延至高评级信用债的系统性信用危机。

利差振荡回落，高信用品种和中短期品种信用利差仍高位振荡。三季度投资者对城投、地产债的信用风险担忧逐渐升温，信用利差延续了上半年的扩大趋势。受供给压力和信用风险增大影响，低信用等级企业债的收益率水平创下历史新高，高信用等级企业债的收益率水平也已与历史高点基本持平。四季度随着利率品种的回暖，信用品种出现分化。高等级信用品种的收益率随利率品种大幅回落，信用利差亦显著收窄，而低等级信用品种的流动性仍然积弱，收益率继续维持高位振荡（见图 10）。

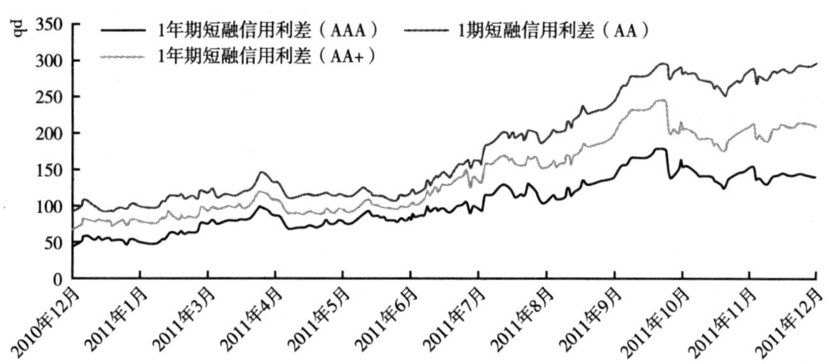

图 10　1 年期短融信用利差走势

资料来源：中央结算公司。

（五）交易所可转债市场走势回顾

1. 可转债一级市场发行情况回顾

2011 年可转债市场共发行 9 只转债，总发行额达到 413 亿元，其中大盘石化转债发行 230 亿元，其他中小盘转债合计发行规模为 183 亿元，发行主要集中于一季度和三季度。经过近两年的快速扩容，截至 2011 年底转债市场已经规模突破千亿元，现有转债市场流动性大幅改善。2011 年 9 只新发行转债的平均中签率为 0.53%，相较 2010 年中签率有所下降。由于股票市场低迷，债券市场大跌，导致转债市场也比较清淡，资金申购热情消退，转债市场的中签率在下半年有所反弹，从全年看，转债的申购中签率呈前低后高走势，大盘转债流动性较好和稳健回报的特点使其获得资金的热捧，如石化转债的申购参与资金量创历史之最。从一级市场参与主体来看，新发行转债的原股东参与度有所上升，网下申购机构投资者以基金、保险、年金、券商、财务公司等为参与主体。2011 年可转债的一级市场申购收益下降，其申购收益小于创业板和主板 IPO。转债一级市场的网下申购杠杆也日益降低，1～2 倍杠杆的转债达到 6 家，仅有 3 家转债的杠杆比例为 5 倍，转债中签率的下降和杠杆的降低大幅减少了转债投资者的申购收益。另从 2011 年发行的可转债条款分析，大都设有相对较为苛刻的回售条款和比较宽松的赎回条款，对投资者的吸引力有所下降（见表 3）。

表 3　2011 年可转债发行情况

名称	发行规模（亿元）	债券期限（年）	原股东实际配售比例（%）	中签率（%）	上市首日收益率（%）
国电转债	55.0000	6	40.15	1.09	2.66
中海转债	39.5000	6	51.94	0.33	0.96
巨轮转 2	3.5000	5	75.28	0.42	-0.91
深机转债	20.0000	6	72.61	1.34	1.49
川投转债	21.0000	6	38.15	0.56	-0.59
石化转债	230.0000	6	27.15	0.59	0.64
中鼎转债	3.0000	5	44.89	0.22	-3.20
国投转债	34.0000	6	52.67	0.24	-0.47
海运转债	7.2000	5	66.21	0.21	-1.59

资料来源：WIND 资讯。

2. 可转债二级市场走势回顾

2011 年受到股票市场持续低迷、债券市场全年先抑后扬的影响，可转债市场整体走势比较惨淡，整体表现逊于普通信用债券，但优于正股表现。截至 2011 年 12 月 30 日，中信标普可转债指数收于 2494.16 点，全年下跌了 -12.12%，全市场 21 只可转债价格平均下跌幅度为 -13.79%，其中只有国电转债上涨 5.96%，唐钢转债由于债性的支持只下跌了 -2.92%，而燕京转债跌幅最大为 -24.96%。对比股票市场及转债正股走势，2011 年 A 股市场仅在一季度出现短暂行情之后，就持续单边振荡下跌，全年沪深 300 指数年跌幅为 -25.01%，可转债正股平均下跌幅度 -27.61%，因此全年来看转债还是表现出了固有的防御性，仍是一个比较好的防御性投资品种。2011 年可转债市场成交相对活跃，年成交金额 2119.545 亿元，相对于 2010 年的 1373.5 亿元大幅度增加。不同转债之间的成交量和流动性差异较大，随着大盘转债的上市，市场流

动性显著改善。

可转债走势与正股相关性强，二者的总体走势基本一致，但是值得注意的是，在2011年下半年转债市场发生了两轮背离正股走势的深幅下跌，这主要是由于流动性冲击与巨大供给压力冲击。具体就全年走势来看（见图11）：一季度可转债走势与A股变动基本一致，转债市场表现尚可，中信标普可转债指数上涨0.38%；二季度受欧债危机、国内经济增速下滑和紧缩政策的影响，A股开始大幅下跌，可转债的转股价值也逐渐减少，转债市场也受影响应声下跌；三季度，受城投平台违约等信用风险事件冲击，债券市场大幅下挫，纯债暴跌导致转债市场的债性支撑下移，转债估值水平大幅滑落，且随着信用品种收益率的走高，可转债的吸引力逐渐减弱。同时由于公开市场流动性紧缺，基金遇到赎回压力选择抛售相对价值偏弱的可转债，当流动性冲击来临时最先承受压力的就是大盘转债，可转债市场因机构套现而出现显著下跌，出现与正股价格相背离的走势。8月末中石化董事会通过发行300亿元第二期石化转债的预案，供给的大幅扩容，使资金面难以承受，可转债市场秩序受到严重冲击，同时由于担忧大盘转债发行人促进转股意愿不强，投资者开始重估可转债的转股价值，可转债向债性回归，导致了可转债市场出现集体暴跌，系统性风险降临。进入四季度，随着市场对宏观政策放松预期增强，交易所拟出台可转债回购政策增加可转债的融资功能，石化转债一期公告向下修正转股价，表达发行人促进转股意愿，转债的转股权价值得以修复，转债市场走出一波估值修复行情，但疲弱的A股制约了可转债的进一步上行。

图11　2011年可转债走势

二　2012 年债券市场展望

（一）2012 年宏观面、政策面、资金面展望

1. 2011 年债市宏观面展望

（1）经济增长呈现减速趋势。

在全球经济下滑和国内经济结构转型升级的大背景下，出口和投资对中国经济增长的推动作用减弱，2012 年经济增速略较 2011 年小幅放缓。但从中长期来看，欧美发达国家经济复苏、中国产业结构升级以及收入分配优化推动的消费水平提升将为中国经济增长注入新的活力，这些因素有助于中国经济实现软着陆。从三驾马车的驱动力来看，2012 年投资增速趋缓，消费增速对 GDP 贡献下降，贸易顺差继续收窄，全年 GDP 增速估计在 8% 左右（见图 12）。

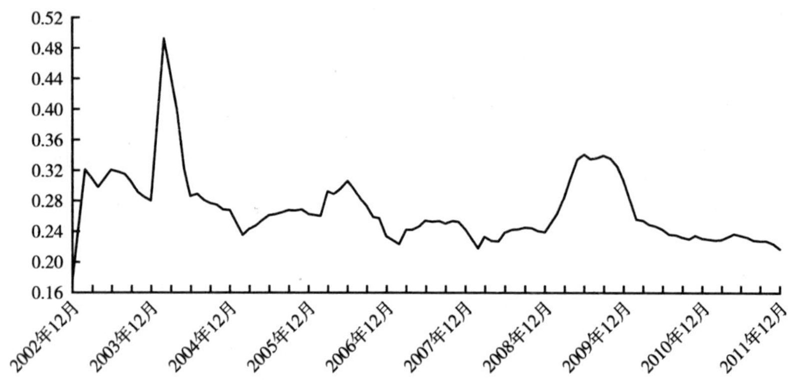

图 12　实际投资增速*

＊实际投资增速等于名义投资增速减去固定资产投资价格指数。
资料来源：WIND 资讯。

第一，投资增速整体放缓。2011 年以来实际投资增速一直处于历史低位，预计 2012 年投资增速仍将维持低位，主要有以下三个方面的原因：

首先，地方融资平台债务的清理在 2012 年基本结束，清理的基本思路是“控制增量，消化存量”，未来政策扶植的方向也将是“保在建，控新增”。在这种背景下，虽然地方政府有巨大的投资冲动，但资金的桎梏也会制约其投资能

力。其次，在房价远高于居民实际购买能力的背景下，房地产严控方向不会发生根本性改变。目前房地产企业库存高企，资金压力巨大，随着房地产信托项目的陆续到期，这种状态还将进一步恶化。2012 年房地产投资增速出现显著回落将是大概率事件。再次，超宽松的货币环境不复存在，企业面临去杠杆化压力。2011 年以来信贷的严格控制导致固定资产投资资金来源增速一直低于投资增速，这种现象到目前为止尚未得到有效改观。2012 年信贷虽较 2011 年略为宽松，但全年的信贷目标预计在 8 万亿元左右，扣除物价因素后增速有限，因此资金约束将依然存在（见图 13）。

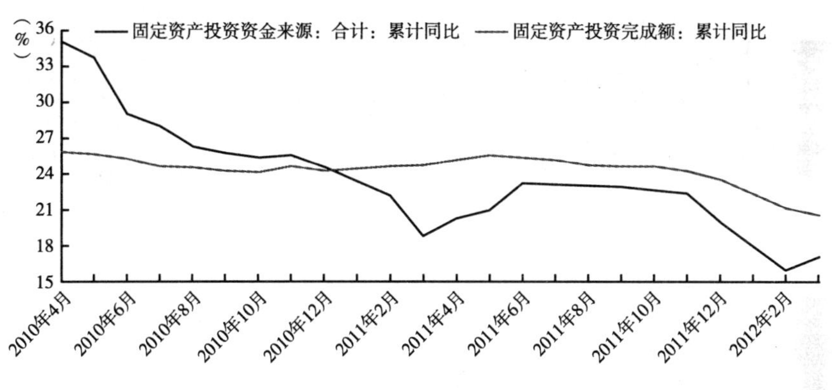

图 13　固定资产投资资金来源及完成额

资料来源：WIND 资讯。

综合来看，2012 年政府和企业的去杠杆化进程仍将持续，投资增速还将继续下滑。但也应看到，投资增速大幅下滑的空间也不大，因为政府换届之际地方的投资冲动很强，而政策也会随着经济的走势适时预调微调。一旦投资增速大幅下滑，地方融资平台的信贷控制可能出现松动，在房地产投资大幅下降的背景之下，政府或将重启刚需购房优惠政策。政策和经济的博弈过程决定了实际投资增速只可能是箱体振荡，向上或向下的突破都非常困难。我们预计箱体的区间为上界 20%，下界 15%。

第二，消费增速保持稳定增长。2011 年以来，名义消费和实际消费增速明显减弱，实际消费增速更是不到 12%。2012 年在经济增长整体趋缓的背景下，居民收入增长幅度不会太高。但消费增速出现大幅下降的可能性也不大，主要原因是：一方面，CPI 下降将刺激实际消费增速上升。GDP 减速时往往伴随着通胀回落和房价回落，此时居民感受到的实际收入反而增加，从而导致实际消费需求上升。另一方面，政府会加大对民生工程和社会保障的投入，从而提高低收入群体的消费能力。综合来看，预计2012年全年的实际消费增速和2011年基本相当，为12%～13%（见图14）。

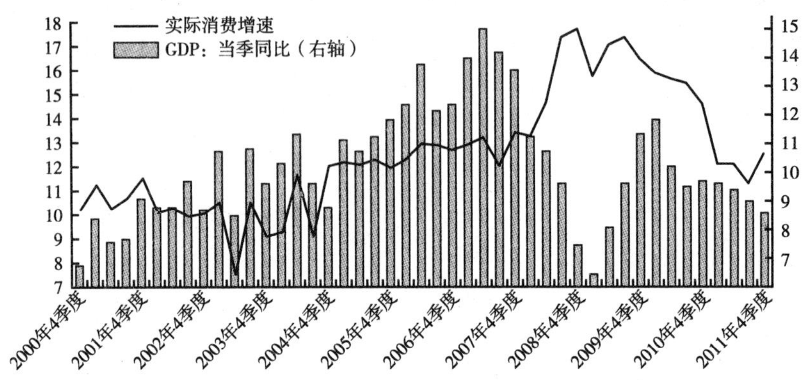

图14　实际消费增速和GDP增速*

*实际消费增速等于名义消费增速，即常用的社会消费品零售总额同比，减去RPI。这里不减CPI而采用RPI是因为后者更能反映社会消费品零售总额的价格水平。

资料来源：WIND资讯。

第三，贸易顺差继续减少。2011年以来，进出口同比增速逐步回落至20%左右，贸易顺差整体保持在1500亿美元左右的历史均值水平。2012年贸易顺差将进一步收窄，主要的原因在于：首先，欧美发达国家的经济仍在缓慢复苏过程中，外需刺激力度有限。其次，中国劳动力成本快速上升和产业结构升级政策将限制低附加值的加工贸易的发展。再次，奢侈品关税的降低将刺激进口额的增加，削减贸易顺差。在经济整体减速的背景下，进出口增速也将明显下滑，预计2012年全年贸易顺差将回落至1000亿美元左右（见图15）。

（2）通胀年中触底，年底小幅反弹。

受2011年同期高基数效应的影响，2012年CPI同比将出现回落。2011年CPI约为5.4%，其中翘尾因素贡献2.6%。2012年翘尾因素对全年CPI的贡献将大幅回落，预计全年CPI同比降至3.2%附近。具体来看，CPI同比将呈现"V"形走势。

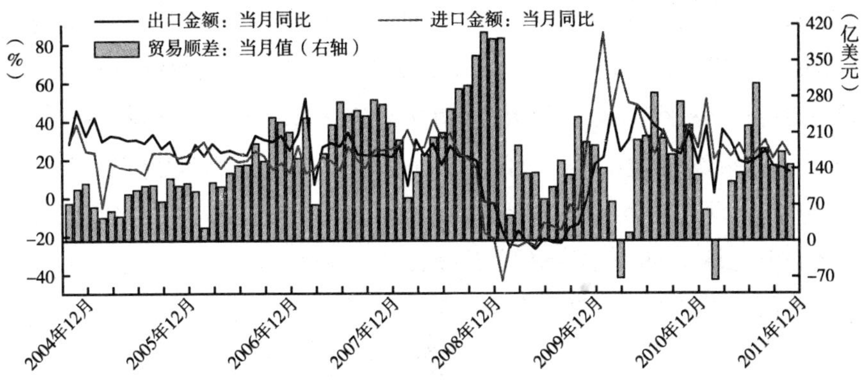

图 15　进出口额增速和贸易顺差

资料来源：WIND 资讯。

第一，食品价格将在下半年出现拐点。食品价格是影响 CPI 整体走势的主要因素，主要体现在猪肉、粮食和蔬菜价格上。从猪肉价格来看，2011 年整体冲高回落，预计 2012 年将继续维持下行态势。受基数效应影响，年中猪肉价格增速见底的可能性较大。从粮食价格看，2011 年的秋粮丰收可以保证 2012 年上半年粮价相对稳定。从蔬菜价格看，2011 年 10 月份增速明显低于历史均值，蔬菜价格补涨虽然可能导致 2012 年 CPI 同比回落的节奏变缓，但由于蔬菜在 CPI 中所占权重较小，难以改变通胀变化的趋势。我们预计 CPI 食品同比的拐点将在下半年出现（见图 16）。

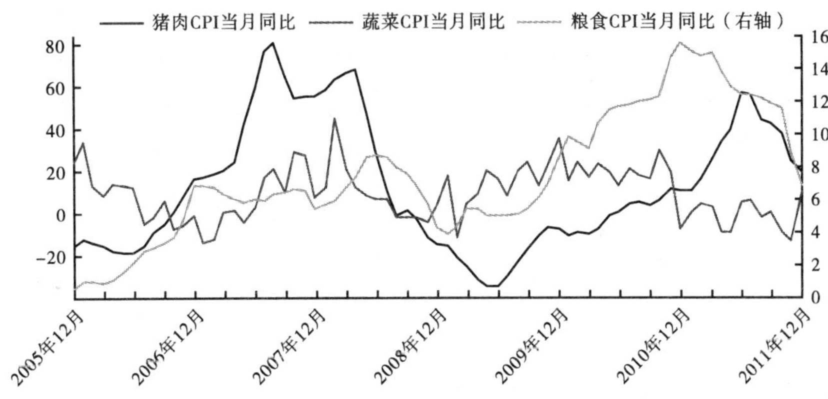

图 16　猪肉、粮食和蔬菜 CPI 走势

资料来源：WIND 资讯。

第二，非食品类价格低位运行。非食品类价格走势主要由衣着、日用品和居住价格决定，其他部分的价格表现相对稳定。从服装原材料价格来看，2011 年以来棉花价格走势持续下落，预示着 CPI 衣着同比有较大回落空间。PPI 生活资料一般日用品指数也出现下降，这表明明年 CPI 家庭设备用品及服务也将同步回落。在房地产市场中，考虑到房地产调控、房价回落和公租房上市等因素的影响，CPI 居住上涨空间将受到制约。伴随着经济的温和减速，非食品类 CPI 同比将呈现下行态势，一定程度上促使通胀回落。

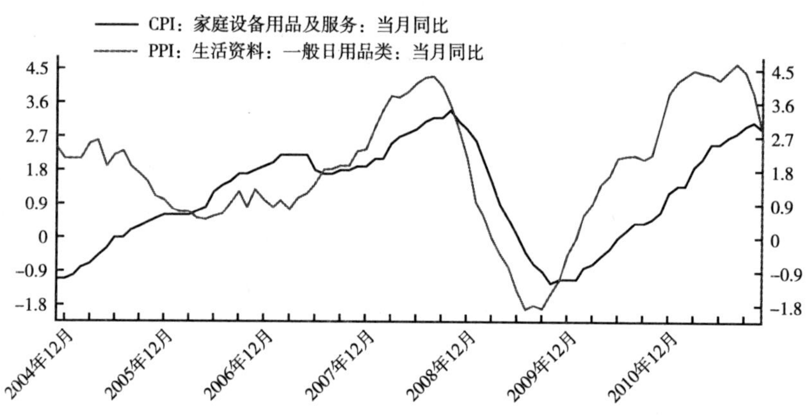

图 17　CPI 家庭设备及用品与 PPI 一般生活品指数当月同比

资料来源：WIND 资讯。

下面我们借助计量方法更加精确地预测 2012 年 CPI 走势，基本的思路是通过历史上各月 CPI 环比数据模拟其月度环比的经验分布，然后用 Bootstrap 的方法模拟 2012 年 CPI 演变路径及分布动态，为保证精度，模拟次数为 100000 次。考虑到春节所在月份的不同对 1～2 月 CPI 走势影响很大，这两个月的环比经验分布模拟时，只考虑春节在 1 月份的年份（1995、1998、2001、2004、2006、2009）（见图 18）。

由模拟结果可以看出，2012 年 CPI 同比 7 月触底概率最大，达 57.53%。月度 CPI 同比低点在 3% 以下的概率为 59.4%；在 2% 以下的概率为 36.4%（见图 19）。

综上，预计 2012 年 CPI 同比为 3.2%，走势呈“左高右低”的非对称“V”形。

（3）欧美经济缓慢复苏，日本经济增长乏力。

2011 年，受欧洲主权债务危机的影响，全球经济增速全面放缓。2012 年，

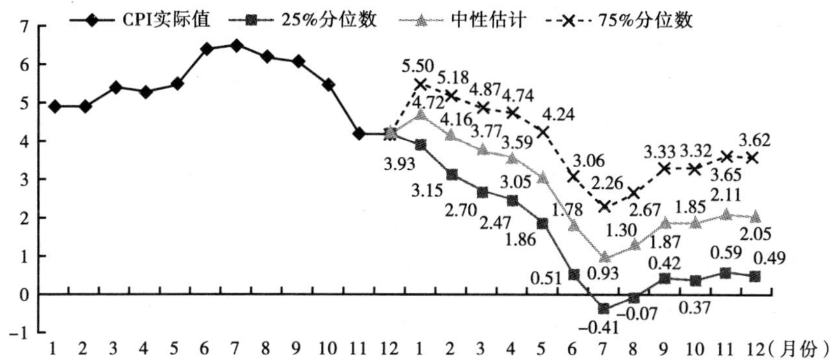

图 18　2012 年 CPI 同比路径的 bootstrap 模拟

资料来源：宏源证券。

1月	2月	3月	4月	5月	6月	7月	8月	9月	10月	11月	12月
0.59%	0.23%	0.23%	0.12%	0.45%	5.84%	57.35%	13.52%	3.28%	5.37%	3.22%	9.78%

图 19　2012 年各月 CPI 同比为年内最低值的概率估计

资料来源：宏源证券。

全球经济将整体呈现“美强、欧日弱、新兴国家减速”的特征。

第一，欧洲经济复苏之路漫长曲折。受欧债危机影响，2011 年欧元区整体经济呈现滞涨，一方面是经济减速的回落，2011 年四个季度的 GDP 同比增速分别为 2.5%、1.7%、1.3% 和 0.3%；另一方面是通胀的不断走高，从 2011 年初的 2.2% 升至年末的 2.7%。自 11 月欧债危机解决方案初步达成后，欧元区整体经济出现好转，不仅 PMI 指数回升，而且市场信心开始企稳恢复，但是经济的全面复苏尚需时日。首先，欧元区在建立之初缺乏防范道德风险的惩罚和约束机制，在欧债危机发生后虽及时补救，但国家利益之争造成的内耗延误了财政货币政策刺激经济的时机，削弱了政策的效果，欧元区经济陷入长期衰退是难以避免的。其次，欧元区工业新订单不断下滑，带动制造业产能利用率下降，实体经济形势并不乐观。再次，未来欧元区面临“控债务”和“保增长”的双重责任，而这两个政策目标相互冲突，政策制定者只能在相机抉择的货币政策框架下寻求两者的相对平衡，投资者将难以对政策形成理性的一致预期，这必然会降低宏观政策工具的效力。所以，整体来看，欧元区经济虽有复苏迹象，但道路注定曲折而漫长。

第二，美国经济逐步回暖。2011 年二季度以来，美国经济重现企稳反弹迹象，经济好转趋势出现。多方数据也支持经济回暖：首先，目前失业率不到 3%，只要未来不出现大幅反弹，美国经济复苏无忧；其次，PMI 指数的表现也显现经济复苏是全方位的，订单指数和生产指数同步回升；再次，投资信心指数和消费信心指数在年底也大幅回升；最后，工业总体产出指数和制造业产出指数都在 2009 年触底反弹，复苏较为平稳。所以，虽然未来美国政府去杠杆化的意愿和节奏还存在很大的不确定性，但总体来看，美国经济复苏前景良好。

第三，日本经济增长乏力。2011 年日本经济经历衰退之年，GDP 增速出现负数为 -2.8%，通货也出现紧缩为 -0.3%，经济走势尽显疲态。同时，制造业 PMI 指数与 2011 年相比整体呈下滑态势。投资信心指数和消费信心指数表现也并不理想，前者从 2011 年的 4.3 降至 2011 年的 -11.3，后者从 2011 年的 40.1 降至 2011 年的 38.1，回落趋势明显。预计 2012 年日本经济仍将继续衰退，增长缺乏动力。

2. 2012 年债市政策面展望

2011 年召开的中央经济工作会议给 2012 年定下的基本定调是：积极财政政策和稳健货币政策。积极财政政策主要依靠结构性减税、加大民生领域投入、扶植三农、加大欠发达地区投入、支持创新、节能环保和战略性新兴行业来实现。稳健货币政策的特点是适时适度地进行预调微调，方向趋于放松。整体宏观政策的思路是通过宽货币和宽信贷来促进投资，从而实现扩大内需和稳定外需的目标。

（1）对财政政策的判断。

历史上财政预算与实际执行之间总是存在相当的差距，2010 年财政赤字预算是 10500 亿元，实际仅有 6495 亿元，2009 年预算赤字为 9500 亿元，而最终实现了 7397 亿元。2011 年预算赤字规模为 9000 亿元，预计实际仅实现 4700 亿元。而 2012 年预算赤字为 8000 亿元，若能完全实现，较 2011 年预计的实际值将有较大幅度的增长，实现真正意义上的“积极财政政策”。而关键问题在于 2012 年的财政政策在力度上是否会打折扣。若 2012 年 8000 亿元的财政赤字规模得以执行，一方面，增加的 3300 亿赤字规模将有大部分体现为减收，其释放出来的资金将为最终消费作出贡献。另一方面，2012 年的预算财政支出将达 1.2 万亿元，较 2011 年预计的 1.05 万亿元增加 1500 亿元，考虑到财政预算支出占总投资的比重约为 1/3，所以增加的财政支出将推动投资的增长。所以，财政赤字的

扩大将对拉动 GDP 增速起到重要作用。

（2）对货币政策的判断。

第一，大幅降息概率不大。利率走势与经济增长和通胀走势有着紧密联系，一方面经济没有硬着陆的风险，通胀虽然呈现回落趋势，但这种回落主要是基数效应和“猪周期”带来的周期性回落，未来通胀反弹的风险依然非常巨大。另一方面，是否降息牵扯银行、企业和居民三者之间的利益平衡，降息不仅有损居民利益，而且违背扩大内需和结构性减税的目标。存款增长缓慢正是居民对低利率条件下利益受损作出的“用脚投票”选择，降息将加剧这一现象。因此，即使出现降息也可能表现为非对称降息。

第二，存款准备金率下调空间大。2012 年存款准备金率是否会调整取决于两个方面，一是外汇占款流入的规模，二是央行合意的 M2 增速水平。目前人民币贬值预期已出现，在经济减速趋势下，贬值预期将继续存在，外汇占款在近两个月也出现流出迹象，所以为保证流动性，央行下调存款准备金率的概率很大。以 2012 年外汇占款 1.2 万亿元、央行合意 M2 增速 14% 进行测算，即便公开市场不再回笼，存款准备金率也至少要下调两次以上。

第三，信贷放松空间有限。在经济减速的背景下，实体经济对信贷的需求会显著下降。2011 年银行享受了普遍范围内的贷款利率上浮，而 2012 年一方面银行监管会更加严格，另一方面存量信贷的违约率会出现上升。新增信贷总量在 7.5 万亿 ~8 万亿元之间（见图 20）。

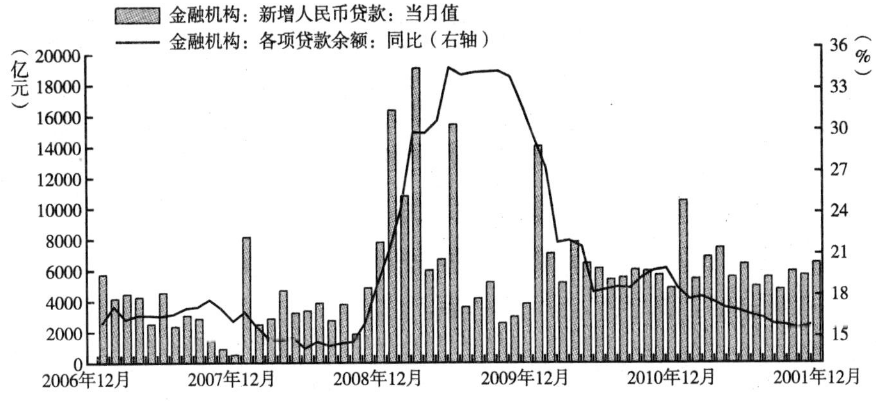

图 20　金融机构新增人民币贷款当月值和同比

资料来源：WIND 资讯。

3. 2012 年市场资金面展望

从公开市场看，就目前时点来看，2012 年的到期量不到 1 万亿元，主要月份集中在 3 月和 4 月，2 月和 6～10 月几乎没有。另外，2011 年外汇占款流入 3 万亿元，预计 2012 年将萎缩到 1.2 万亿元左右。存款准备金方面，2011 年存款增加带来准备金增量约 1.8 万亿元，预计 2012 年存款增加带来的准备金增量约 2.1 万亿元。同时，2011 年上调 5 次准备金，预计 2012 年可能下调 3～4 次准备金，将释放约 3～3.4 万亿元资金。综合来看，2012 年资金面约增加 2000 亿元左右，较 2011 年资金面有所改善，但幅度不大，资金面超预期的改善只能期待于存准下调次数或外汇占款流入的超预期（见图 21）。

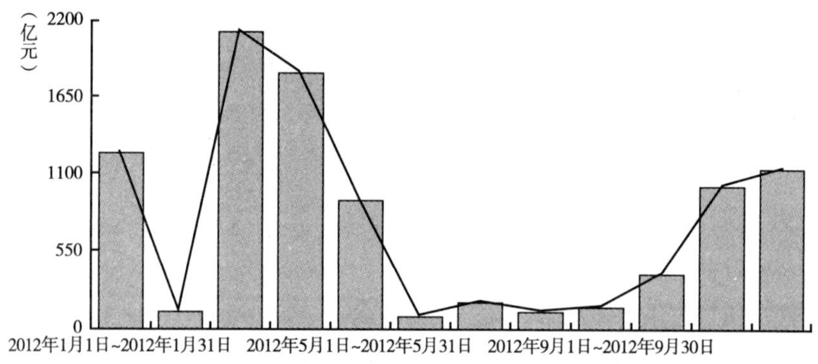

图 21　2012 年公开市场操作

资料来源：WIND 资讯。

2011 年受上调存款准备金率的影响，7 天回购利率系统性走高，资金利率波动性显著增大。但是预计 CPI 的逐步回落和央票发行利率的降低，7 天回购利率等短期资金成本也会有所下降。但是，由于 2012 年降息的可能性不大，资金成本下降的幅度也有限，因此 7 天回购利率中轴仍将在 3% 附近（见图 22）。

（二）2012 年债券市场总体展望

2012 年债券市场整体将呈现“V”形走势。从经济周期角度看，2012 年仍处于经济复苏期。自 2009 年开始，经济周期从谷底进入新一轮的调整，虽然受主动性宏观调控影响，2011 年 GDP 增速较 2010 年出现小幅下降，但其在经济周

图 22　7 天回购利率和 3 个月 SHIBOR 利率

资料来源：WIND 资讯。

期中处于复苏阶段的地位仍不改变。但是，自 2007 年以来，潜在增长率出现了放缓趋势，所以 2012 年整体经济将处于缓慢回升调整阶段（见图 23）。

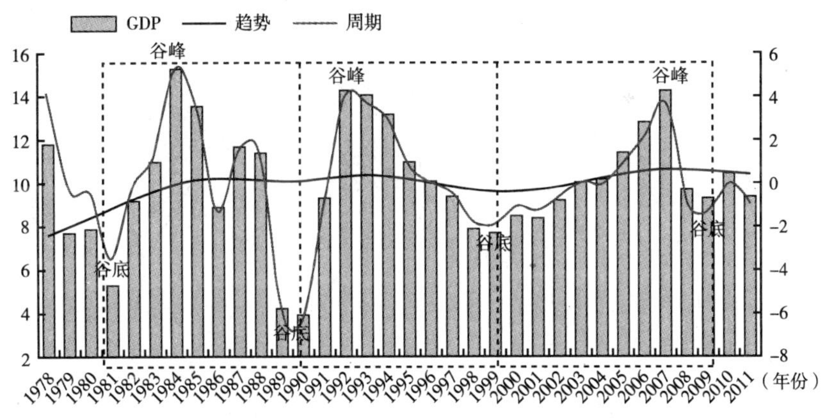

图 23　经济周期

资料来源：国家统计局。

从通胀周期看，在 1997 年之前，由于没有采取凯恩斯主义的政策来刺激经济，所以没有形成明显的 A 浪。1997 年之后，随着宏观调控的实施，通胀周期的 A 浪开始出现，并且 B 浪也从高点下行，通胀周期的 A、B、C 浪突显出来。由此推断，2012 年上半年将是 A 浪的回落期，而下半年可能进入 B 浪上升期（见图 24）。

结合投资时钟，可以看出 A 浪回落期往往伴随着政策的由紧转松和股债的

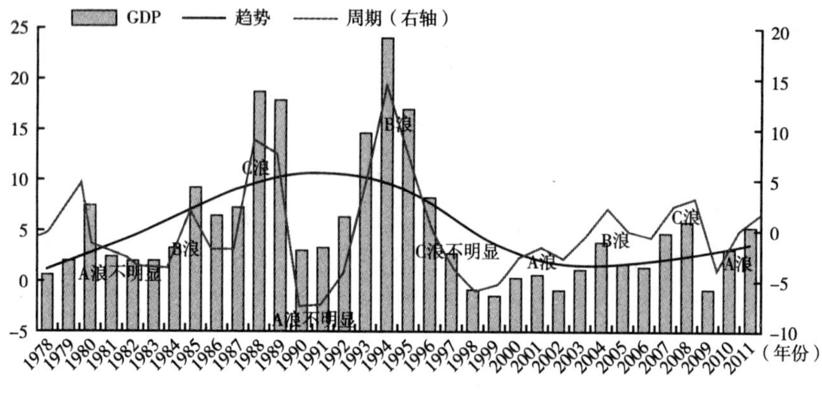

图 24 通胀周期

资料来源：国家统计局。

由熊转牛，而 B 浪的上升期则恰恰相反，随着通胀的回升，政策将重新趋紧，而股债也将重回“双熊”局面。所以，投资时钟决定明年债市收益率将是“V”形走势。相应的，债市行情将是“倒 V 形”走势（见图 25）。

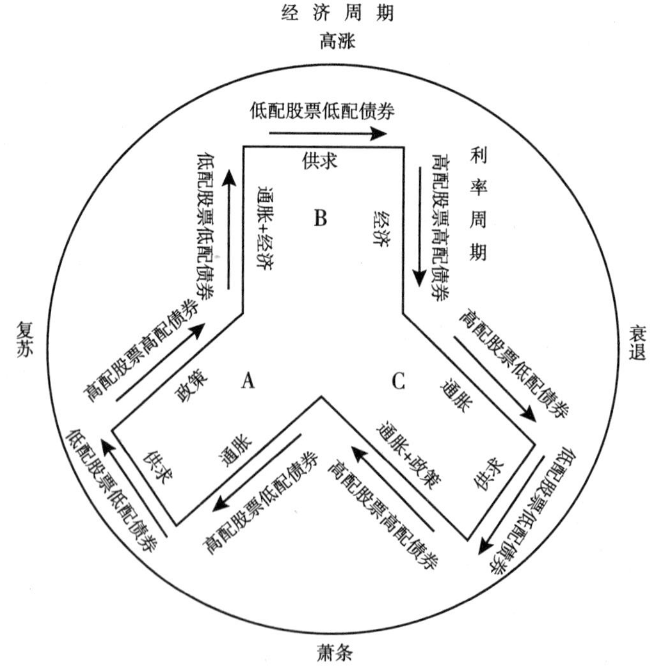

图 25 投资时钟

资料来源：宏源证券。

（三）2012 年银行间利率市场走势展望

1. 利率品种收益率未来走势

第一，短端收益率有回落预期。短端收益率以 1 年期国债收益率为代表，其走势随 7 天回购利率变动。而 7 天回购利率在银行资金成本附近波动。目前企业存款活期占比 45% 左右，住户存款活期占比 38% 左右，综合活期占比 41% 左右，按照活期存款利率 0.5%，定存利率 3.8%（一年占 80%，三年占 20%）推算，银行资金成本 2.45% 左右。因为受利率市场化影响，银行实际资金成本将高于推算值，同时，在不降息的背景之下，2013 年资金成本下降的可能性较小，所以预计 7 天回购利率中轴将在 3% 附近。7 天回购利率的预期回落将使 2013 年 1 年期国债收益率走低，目前 1 年期国债收益率为 2.7%，维持在 7 天回购利率的中轴附近，这正是反映出了对回购利率回落的预期（见图 26）。

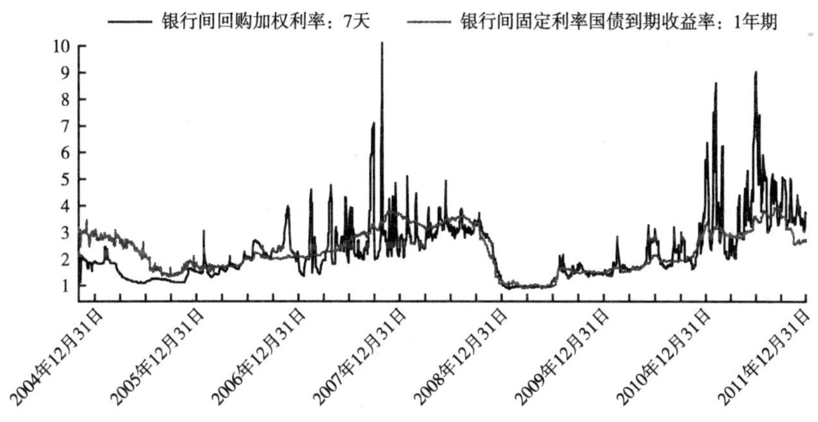

图 26　7 天回购利率和 1 年期国债收益率

资料来源：WIND 资讯。

第二，长端收益率有下行可能。一般来说，长期国债收益率与通胀水平密切相关。2012 年经济将出现通胀回落，历史上经济运行出现相同情形的分别是 2004 年下半年至 2005 年中和 2008 年至 2009 年初，这两段时间相对应的十年期国债利率都快速下行，且前者行情持续时间较长，后者持续时间较短。相比较而言，2004 ~ 2005 年的行情与本轮经济走势更为相似，因此预计本轮利率下行趋势持续时间较 2008 ~ 2009 年应该更为持久。目前 10 年期国债收益率一直在 3.4% 左右徘徊，而之前两个相似阶段的10年期国债收益率低点都在3%以下，未来收益率是否会突破3.4%下限的关键在于2012年CPI走势。2004～2005年国债收益率低点间的通胀只有1%左右，1年定存为2.25%，而目前通胀在3%的上方，1年定存为3.5%，所以如果2012年CPI能回落至2%附近，则3.5%的1年定存明显偏高，因此降息的概率会增大，10年期国债的利率下限也将随之冲破（见图27、图28）。

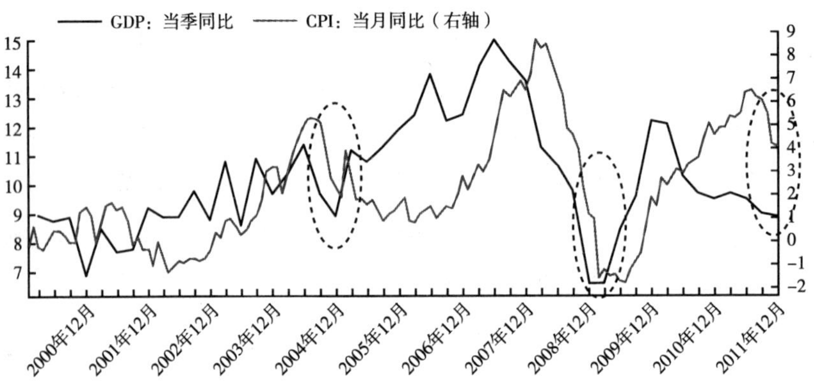

图27　GDP当季同比和CPI当月同比

资料来源：

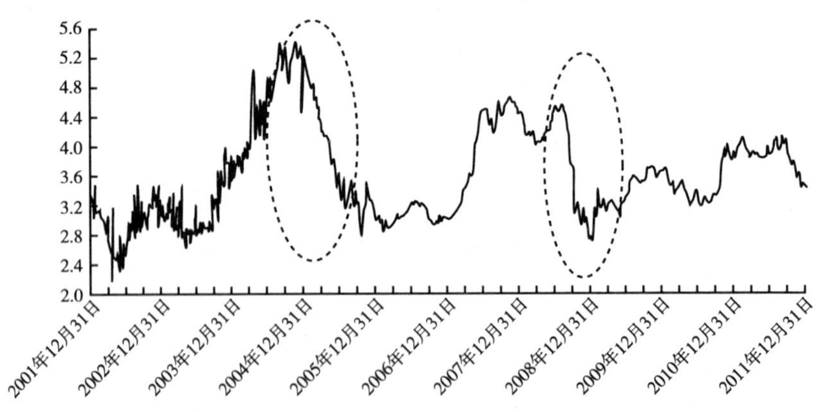

图28　10年期国债收益率走势

资料来源：WIND资讯。

2. 供给面

不考虑2007年发行的特别国债，过去三年国债的净发行在4000亿～7500亿

元之间。2012 年通胀回落，财政收入增速必然下降。再加上结构性减税、加大对“三农”和民生领域投入，收支预算会比较紧张。预计 2012 年国债净发行量将达到 6000 亿元左右，对应总发行量 1.53 万亿元。地方政府债规模不会有大的变化，还将保持 2000 亿元的净发行量，对应总发行量 4000 亿元。

2007 ~ 2010 年金融债净融资额均在 7000 亿元左右，2011 年升到 1.2 万亿元，明年金融债净融资额可能和 2011 年持平，约 1.2 万亿元，由此推算总融资为 2 万亿元左右。从机构分布来看，国家开发银行是净融资大户，占到一半略多。农业发展银行和进出口行基本平分秋色。2012 年农业发展银行到期 1998 亿元，进出口行到期 1496.5 亿元，国家开发行银到期 3877.63 亿元。预计 2012 年农业发展银行总发行额在 4600 亿元，进出口行 4400 亿元，国家开发银行 11000 亿元。综合来看，2012 年利率债的净发行量为 2 万亿元。

（四）银行间信用债市场展望

1. 信用品种收益率未来走势

第一，信用利差将缩小。2011 年 AAA 级短融和 AAA 级中票与金融债之间信用利差显著高于历史均值，其中 1 年期 AAA 短融与金融债的利差达到了 130BP 左右，而 5 年期 AAA 级中票和金融债利差在 10 月高达 150BP，2011 年年底回落至 120BP。所以，预期 2012 年信用利差回落空间较大。

第二，高低评级之间利差将回落。2011 年，受地方融资平台危机和中小企业资金链断裂的影响，信用环境恶化，高评级债券与低评级债券之间的利差也随之扩大，并且达到了历史高位。目前，1 年期 AA - 级和 AA 级短融利差超过了 100BP，5 年期 AA 级和 AA + 级中票利也在 100BP 左右徘徊，高低评级利差之高反映了市场对经济的悲观预期。2012 年，随着通胀的回落和资金面的放松，信用环境会整体转好，评级间利差也会从高位回落，低评级债券的收益率的下行空间较大。

2. 供给面

中票 2008 ~ 2011 年的净融资额分别是 1737 亿元、6913 亿元、4968 亿元、6829 亿元，2012 年在扩大直接融资的推动下，净发行量将达到 7500 亿 ~ 8000 亿元，对应总融资量为 1 万亿 ~ 1.1 万亿元。短融除 2007 年和 2009 年以外，其余年份的净发行量均在 1000 亿 ~ 2100 亿元之间。2012 年净发行量预计略有增长，

在2500亿元左右，对应总发行量1.1万亿元。2011年受地方债务危机的影响，企业债发行受阻，因此实际只发行了3400亿元左右，2012年随着债券市场行情好转，发行量将回升至4500亿~5000亿元。2011年以来公司债的发行规模明显加快，净发行量达到1200亿元。2012年发展公司债仍是中国证券监督管理委员会的重点工作之一，因此公司债的规模还将进一步扩大，预计将达到1500亿元左右。综合来看，2012年信用债的净发行量在2万亿元附近。

（五）交易所可转债市场走势展望

总体而言，2011年转债市场估值已处于相对历史底部，隐含波动率比较低，债性比较强，纯债价值对转债支撑保护功能比较强，转债再度下跌的概率比较小，风险相对比较小。

从投资时钟来看，A浪回落期是股债双牛局面，但股市的牛市空间较小，主要表现为“缓牛”、“慢牛”和“小牛”局面。整体来看，2012年上证指数向上有望挑战2800~3000点位一线，但进入B浪回升期之后，股市有可能重新进入振荡下行局面。从股市的演绎节奏来看，2012年一季度可能出现振荡小幅走牛的局面，二季度牛市行情更加明朗，指数上行幅度将大幅超过一季度。三季度虽然仍将维持振荡上行局面，但涨幅将大幅降低；四季度大盘有可能出现向下调整。转债行情受股市行情影响较大，2012年整体走牛，波段性操作机会将主要集中在二季度和三季度，四季度同样将面临较大的调整压力。

三　债券市场制度建设回顾与展望

2011年，我国债券市场的基础制度建设也取得了一定的进展。第一，在交易和结算方面，银行间市场清算所股份有限公司正式向银行间市场提供现券交易净额清算服务，银行间市场中央对手集中清算机制确立。央行和财政部就新发关键期限国债做市制度进行了规定。第二，在债券发行方式方面，央行发布了《银行间债券市场债券招标发行管理细则》就债券招标发行方式进行了规范。第三，在产品创新方面，银行间市场交易商协会发布《银行间市场非金融企业债务融资工具发行规范指引》，非金融企业可在银行间债券市场以非公开定向方式发行债务融资工具。另经国务院批准2011年上海、浙江、广东、深圳地方政府

进行了自行发债试点。广东佛山和山东潍坊两地共 11 家中小微型企业通过区域集优模式成功进行债券融资。境内企业首次获批赴港发行离岸人民币计价债券。商业银行通过发行专项金融债方式募集资金，用于发放小微型企业贷款。第四，在投资者保护和风险控制方面，上海证券交易所发布了《债券市场投资者适当性管理暂行办法》及《债券质押式回购交易风险控制指引》。随着 2011 年平台贷款风险事件频发，国家发展和改革委员会下发通知，要求加强债券存续期管理，规范企业资产重组程序，加强债券资金用途监管。总体而言，债券市场的健康发展发挥了以金融支持实体经济发展的作用，保证国家宏观经济政策实施，进一步推动了金融体制深化改革。

展望未来，随着金融脱媒化和利率市场化改革的深化，必将推动未来中国债券市场跨越式的发展。一方面，债务融资品种将更加丰富，例如，地方政府债券发行量有望上升、以中小企业私募债为代表的高收益债券市场或将出现，进而带动信用衍生工具的创设更加丰富。一方面随着投资者日益多元化及层级结构的丰富，制度建设也更加关注投资者利益保护，例如，加强有关信息披露、评级方面的监管规范，完善担保品管理机制等。另一方面，随着人民币国际化的发展，我国债券市场的对外开放程度和国际化程度必将加深，2011 年，我国开放了奥地利央行获准进入中国银行间债券市场进行投资，预计人民币境外使用的逐渐扩大，这一趋势将延续。

参考文献

1. 弗兰克·J. 法博兹：《债券市场分析和策略》，北京大学出版社，2007。
2. 中国人民银行货币政策分析小组：《中国货币政策执行报告》（2011 年第一季度至第四季度），http：//www. pbc. gov. cn。
3. 《2011 年政府工作报告》，http：//www. china. com. cn。
4. 中央结算公司：《2011 年度银行间债券市场年度统计分析报告》，http：//www. chinabond. com。
5. 王铭峰、郭沁苗、陈强兵：《2012 年债券市场守正出奇》，《银行家》2012 年第 1 期。
6. 吴方芳：《2011 年 7 月份债券市场回顾与后期展望》，《国际金融》2011 年第 8 期。
7. 何一峰、彭献辉：《欧洲债务危机的制度根源及理论分析》，《中国债券》2010 年第

6 期。
8. 黄觉波：《加息周期下 2011 年债券市场系统性风险分析》，《区域金融研究》2011 年第 3 期。
9. 何一峰、彭献辉：《大道至简的债券投资策略》，《中国债券》2011 年第 8 期。
10. 何一峰、谢海玉：《当前经济运行周期下的投资时钟》，《中国债券》2012 年第 1 期。

The Bond Market Reviews in 2011 and Prospects for 2012

Li Sheng　Liu Yuan　He Yifeng

Abstract: There were tremendous ups and downs in the bond market in 2011. The first three quarters have seen economic growth slowing down and inflation picking up due to the restrictive monetary policies, which resulted in limited liquidity and higher credit risks. In the fourth quarter, the economy growth and inflation were both contained, and the expectation of policy change led to positive credit supplies. Accordingly, the bond market rebounded and ended as the third bull year after 2005 and 2008. Looking ahead into 2012, the overall economy is in the phase of slow recovery. Taking into consideration of macro-economy and monetary policies, we believe that the bond yield will be trending in "V" shape, and accordingly, the bond market will be trending in the reverse "V" shape.

Key Words: Bond market; Review and outlook; Bond market system construction

B.8

2011年我国房地产投资市场回顾与2012年展望

高文志　熊鸿儒

摘　要： 2011年我国宏观经济增长放缓；房地产市场受严厉政策调控，成交量萎缩，成交价格下跌；商业地产短期结构性需求旺盛，长期发展平稳。房地产市场整体景气程度下降，土地交易冷清；开发投资增速放缓，开发资金依赖自筹；房屋新开工面积增速回落，商品房销售减速；二手房成交量萎缩；办公楼销售加速、租金再创新高。办公楼市场具有明显区域特征，一线城市普遍快速上涨。2012年房地产总体下行趋势将延续，商业地产短期上升可期，长期增长平稳。投资商业地产的过程中应关注四类风险。

关键词： 房地产　投资　回顾与展望

一　2011年宏观经济和政策背景

（一）2011年经济增长逐季下降，企业景气下挫

宏观经济保持增长，但增速回落。2011年全年国内生产总值471564亿元，按可比价格计算，同比增长9.2%，比2011年下降1.1个百分点。分季度看，1~4季度增长率逐季下降，分别为9.7%、9.5%、9.1%、8.9%。结合目前各种变动要素，未来两年增长率下行的趋势已经确立。

第三产业继续增长，增速缓慢回落。2011年全年第三产业增加值为203260亿元，增长8.9%，仅回落0.7个百分点。第三产业的平稳发展为以办公楼为代表的商业地产市场需求提供了稳定支撑。

企业景气指数大幅下挫。由于欧债危机蔓延和全球经济复苏不确定性，2011

年企业景气和企业家信心指数均比 2010 年同期有所回落。其中房地产业这两项指数环比均连续大幅下降，2011 年三季度企业家信心指数为 99.9，首次跌入临界值以下；企业景气指数为 119.4，比二季度下降 3.2 点。与办公楼需求密切相关行业的景气指数也出现了不同程度的下降。

（二）房地产宏观调控从紧

货币增速快速回落，货币政策偏紧。2011 年全年 M2 余额为 85.16 万亿元，同比增长 13.6%；M1 余额为 28.98 万亿元，同比增长 7.9%，二者增速差值持续放大，存款定期化明显，经济活力减弱。同时，央行 2011 年～12 月连续 3 次加息、6 次上调存款准备金率，货币政策总体偏紧。2011 年全年人民币新增贷款 7.47 万亿元，同比少增 3901 亿元，连续两年回落。

以“新国八条”为主的房地产调控从严，多个城市限购。2011 年 1 月 26 日，国务院要求进一步调控房地产市场，在原“国八条”的基础上又增添了新砝码。包括确定新建住房价格控制目标并向社会公布；新房不足五年转手交易的，差额征税改为全额征税；二套房首付比例增至六成；多个城市实行全面限购等。严厉的调控政策打压了房地产价格继续上升的空间。

（三）宏观经济及房地产调控政策对房地产市场的影响

宏观经济与政策形势对房地产业的市场运行作用比较复杂，对住宅地产和商业地产的影响机制存在明显差异。

1. 商业地产市场主要受宏观经济环境的影响

商业地产市场主要受商业周期的影响，与宏观经济环境的变化紧密相关。当宏观经济进入景气周期，经济活动日趋活跃时，对商业地产的需求将不断增加；当宏观经济进入下降周期，经济活跃度下降时，对商业地产的需求将下降。另外，经济结构也影响商业地产市场。服务业对商业地产的需求更大。当服务业快速发展，在经济中占比不断上升时，商业地产的发展也将加速。考虑到短期内外围因素恶化和国内经济结构转型的压力，国民经济总体下行，支持商业地产快速繁荣的基本面因素存在压力。但考虑到第三产业稳步增速、消费拉动 GDP 比重上升（包括居民可支配收入提升以及物价水平的逐步理性等对消费的刺激）等积极因素，结构性成长机会（如成熟商铺及商业街、高级写字楼等）持续看好。

基于货币政策定向宽松和信贷投放趋于改善，加上央行还将多次降低存款准备金，将有利于缓解开发信贷紧张和行业整体资金紧张的局面。

2. 住宅市场主要受房地产调控政策影响

住宅需求主要受居民收入水平的制约。因此，在正常情况下，随着我国人均 GDP 水平及人均可支配收入水平的不断上升，对于住宅的需求将不断上升。但目前我国住宅需求中大量的投资性需求和投机性需求引起了房价的过快上涨，不仅造成了房地产市场的过热、房地产投资的过快增长，还对居民的正常住宅消费产生了抑制作用，引发各种社会问题。因此，为了抑制房价的过快上涨，2010 年以来我国政府出台房地产调控政策数量之多、力度之大，超过任何一个行业，也超过以往任何时候。包括土地、税收、金融等各种措施在内以及一些非市场化的手段（如限贷、限购等政策），抑制了房地产市场的投资性需求，在一定程度上缓解了房价过快上涨的压力，也使得房地产投资增速下降。由于宏观环境的政策的叠加效应由此产生，严重抑制了住宅市场供求。虽难有进一步收紧可能性，但出现政策快速退出或转向的概率很小。随着土地交易市场持续冷清、房地产业开发投资及新开工面积持续放缓、多数住宅开发商资金链紧张等因素加剧，住宅市场量价齐跌的概率正在提升。

二　2011 年我国房地产市场总体形势

受宏观经济及房地产调控政策影响，2011 年我国房地产景气程度延续 2010 以来的下降趋势。商品房销售面积及销售额增速下降，销售价格涨幅受到抑制；房地产企业资金紧张状况加剧，融资成本增加；房地产开发投资增速下降，新屋开工面积则大幅下跌。

（一）行业景气程度下降

房地产行业已处于确定的下降通道中。与 2009 年的“国房景气指数”呈现先抑后扬、积极向好的乐观态势有所不同，2011 年国房景气指数延续了 2010 年一路走低的惯性，从高位持续回落；虽然 2011 年 4 月份出现环比 0.21 的回升，但在严厉调控政策之下，终未改变国房景气指数一路下探的趋势。2011 年 12 月份国房景气指数创下 29 个月新低 98.89，低于景气临界点（见图 1）。

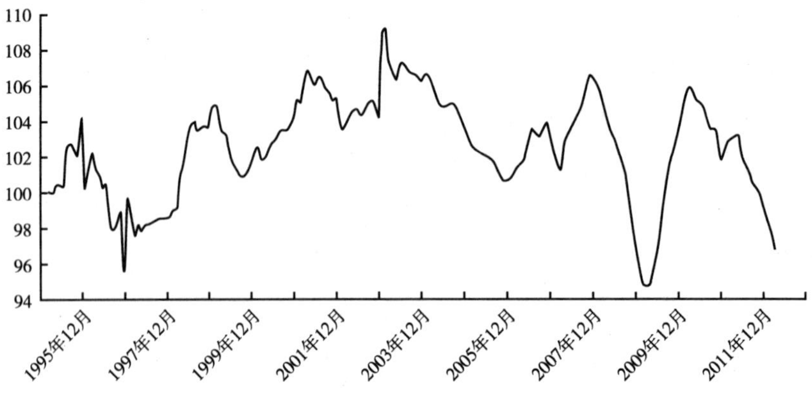

图 1　国房景气指数

资料来源：WIND　资讯。

（二）商品房销售趋缓，价格增速下降

1. 销售面积和销售额增速放缓

我国商品房销售面积在经历了 2009 年 43% 的大幅增长后，2010 年增速回落至 10.1%。2011 年增速继续回落，全年商品房总销售面积为 10.99 亿平方米，仅比 2010 年增长 4.9%，增速回落了 5.2 个百分点。始于 2010 年的房地产严厉调控政策效果开始显现。2011 年全年商品房累计销售额 5.91 万亿元，同比增长 12.1%，比 2010 年增速下降 6.2 个百分点。住宅销售约占商品房总销售量的 80% 以上。由于房地产的调控政策主要针对住宅市场，造成 2011 年住宅销售增长速度的下降。2011 年全年住宅销售总面积为 9.7 亿平方米，同比仅增长 3.9%，比 2010 年增速下降 4.1 个百分点（见表 1）。

商品房销竣比下降，市场去库存压力仍存。2011 年销竣比数据为 1.23，较 11 月的 1.51 继续下调，全年先升后降，低于 2010 年的 1.37。

2. 商品房销售价格指数下跌

商品房销售价格方面，从国房景气指数中的商品房价格分类指数可以看出，商品房销售价格指数逐月走低，并于 2011 年 10 月跌破了 100 的景气分界线，整个四季度都位于不景气空间。从 70 个大中城市住宅价格同比上涨数来看，多数城市的商品住宅价格仍在上升通道中，但涨幅有所趋缓。大城市中北京表现得最为明显，新建商品住宅价格指数同比从 2011 年年初的 9.2 一路下跌至年底的 1.3（见表 2）。

表 1 2010 年、2011 年商品房及住宅销售面积

月份	商品房销售面积(万平方米)	同比增长(%)	住宅销售面积(万平方米)	同比增长(%)
2010 年 2 月	7155.18	38.20	6432.65	36.60
2010 年 3 月	15360.92	35.80	13861.89	34.20
2010 年 4 月	23412.16	32.80	21110.54	30.30
2010 年 5 月	30189.43	22.50	27223.13	19.90
2010 年 6 月	39352.53	15.40	35496.62	12.70
2010 年 7 月	45818.61	9.70	41223.02	7.10
2010 年 8 月	52704.47	6.70	47352.96	4.10
2010 年 9 月	63150.23	8.20	56759.35	5.80
2010 年 10 月	72428.55	9.10	65095.59	6.80
2010 年 11 月	82541.27	9.80	74056.52	7.40
2010 年 12 月	104764.65	10.10	93376.60	8.00
2011 年 2 月	8142.95	13.80	7281.83	13.20
2011 年 3 月	17642.79	14.90	15849.46	14.30
2011 年 4 月	24897.92	6.30	22344.95	5.80
2011 年 5 月	32931.64	9.10	29542.04	8.50
2011 年 6 月	44419.33	12.90	39804.58	12.10
2011 年 7 月	52037.12	13.60	46558.84	12.90
2011 年 8 月	59854.18	13.60	53540.27	13.10
2011 年 9 月	71288.75	12.90	63603.55	12.10
2011 年 10 月	79653.12	10.00	70970.99	9.00
2011 年 11 月	89593.88	8.50	79639.15	7.50
2011 年 12 月	109945.56	4.90	97030.26	3.90

资料来源：国家统计局，WIND 资讯。

表 2 2011 年商品房价格走势

月份	国房景气指数：商品房销售价格分类指数	70 个大中城市新建商品住宅价格：当月同比：上涨城市数	北京：新建商品住宅价格指数：当月同比	上海：新建商品住宅价格指数：当月同比	广州：新建商品住宅价格指数：当月同比
2011 年 1 月		68.00	9.20	2.00	0.10
2011 年 2 月	104.70	69.00	8.70	2.90	0.60
2011 年 3 月	104.50	68.00	6.30	2.00	2.70
2011 年 4 月	103.02	67.00	3.40	1.70	3.80
2011 年 5 月	103.22	67.00	2.60	1.60	5.10
2011 年 6 月	102.12	67.00	2.70	2.60	5.40
2011 年 7 月	101.71	68.00	2.40	2.90	6.40
2011 年 8 月	101.61	70.00	2.40	3.20	7.10
2011 年 9 月	100.04	69.00	2.30	3.70	6.40
2011 年 10 月	99.43	68.00	2.20	3.40	6.20
2011 年 11 月	98.82	66.00	1.60	2.80	6.10
2011 年 12 月	98.51	61.00	1.30	2.00	3.10

资料来源：WIND 资讯。

3. 租金价格上涨

住宅和商业地产销售价格指数持续下跌，租金上升（尤其以写字楼为代表）。特别是写字楼销售市场成交快速增长，价格上升明显；写字楼租赁市场入住率持续提升，写字楼租金刷新历史新高。2011 年 1 ~ 10 月一线城市甲级写字楼价格达 20% 的平均涨幅。入住率较高的一线城市租金平均上涨 20%（见图 2）。

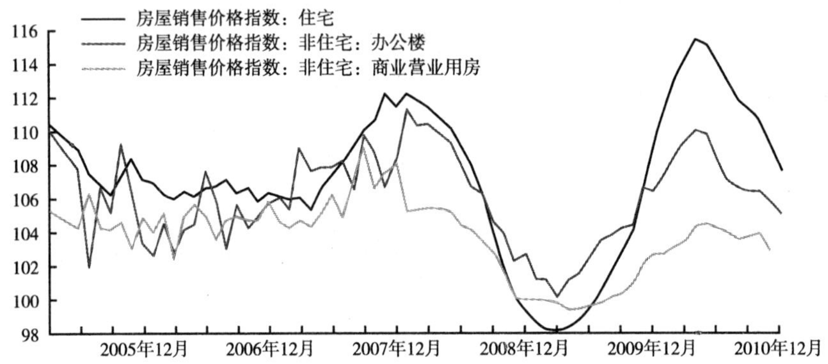

图 2　住宅与商业地产房屋销售价格指数对比

资料来源：WIND 资讯。

住宅与商业地产租售比出现差异。多数城市住宅租售比连续 5 年呈下降态势（目前约为 3.3%），住宅市场存在较明显的泡沫，风险进一步加剧；而写字楼租售比平均在 6% 左右，相比之下仍存在较高的投资价值（见图 3）。

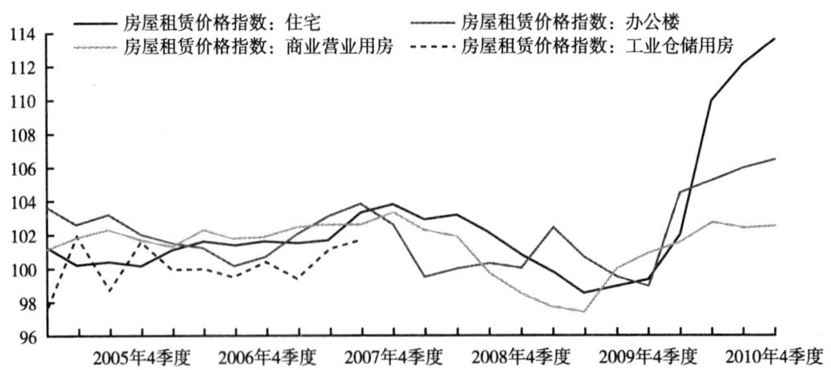

图 3　住宅与商业地产房屋租赁价格指数对比

资料来源：WIND 资讯。

（三）房地产开发投资增速放缓，新开工面积下降

1. 房地产开发投资增速下降

房地产开发投资面临很高的基数效应，将制约新投资规模。2011 年房地产投资 6.17 万亿元，增速达 27.9%（扣除价格因素实际增长 20%），其中一季度高达 34.1%。由于前期项目的续建投资以及开发投资数据本身的滞后性，加上过去两年保障房建设的大力推进，尽管整体增速有所回落，但仍处于高位运行，对新增投资空间产生抑制（见图 4）。

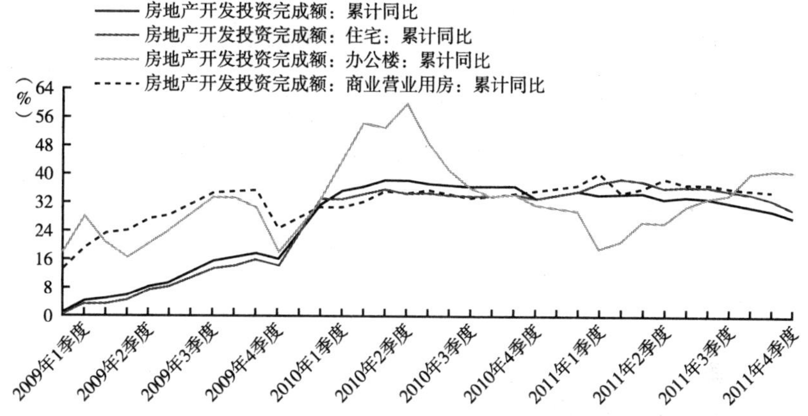

图 4　房地产开发投资及分类同比增速变化

资料来源：WIND 资讯。

2. 房地产新屋开工面积大幅下降

全国新屋开工及住宅新屋开工均在近两年出现了大幅减速。2011 年 1～12 月，全国房屋新开工面积 19 亿平方米，同比增长 16.2%，增速大幅回落；如果扣除保障房开工面积，商品房的新开工面积大幅萎缩 52%。此外，2011 年 1～12 月房屋竣工面积 8.92 亿平方米，同比增长 13.3%（见图 5）。

3. 土地市场冷清

土地市场持续冷清，流拍现象频发，溢价率降低。2011 年土地购置面积单月同比增幅持续下降，待开发土地面积缓慢下滑，但总体维持高位，土地供给基本充足；土地成交价款同比增幅则持续大幅收窄。住宅用地出让尤其困难。2011 年前 11 个月，全国 130 个主要城市土地出让金收入为 1.18 万亿元，减幅达 30.6%（见图 6）。

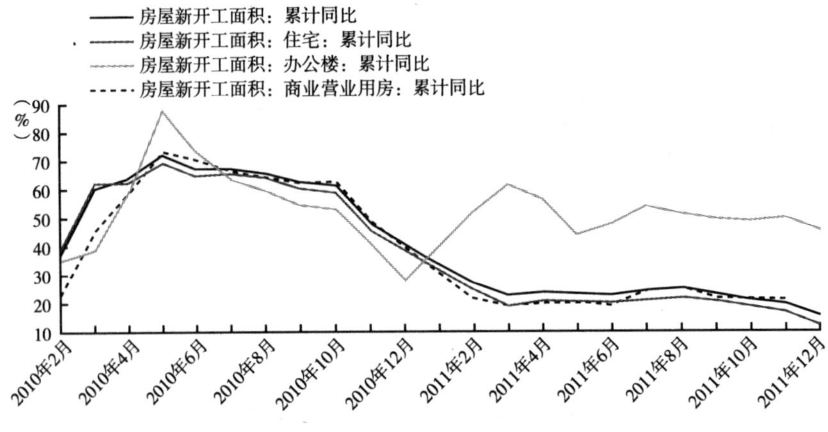

图 5　新屋开工面积及分类同比增速变化

资料来源：WIND 资讯。

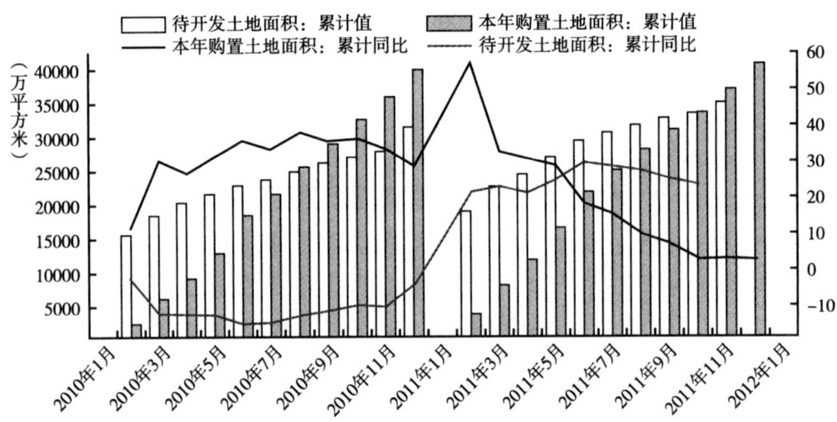

图 6　购置土地面积与待开发土地面积对比

资料来源：WIND 资讯。

（四）房地产企业融资成本增加，资金链趋紧

房地产企业资金主要依靠自筹，融资成本大增。2011 年 1 ~ 12 月全国房地产资金来源总量达到 8. 32 万亿元，较 2010 年同期增长 14. 1%，增速比 2010 年年回落 12. 1 个百分点。其中，国内贷款 12564 亿元，同比出现零增长，成为 2006 年以来的历史最低水平；利用外资 814 亿元，增长 2. 9%；自筹资金 34093 亿元，增长 28. 0%，在贷款不畅的情况下，自筹资金的压力增加；其他资金

35775 亿元，增长 8.6%。由于加息、银行信贷持续收紧以及信托融资资金成本剧增使得开发商的融资成本普遍大增（见图 7、图 8）。

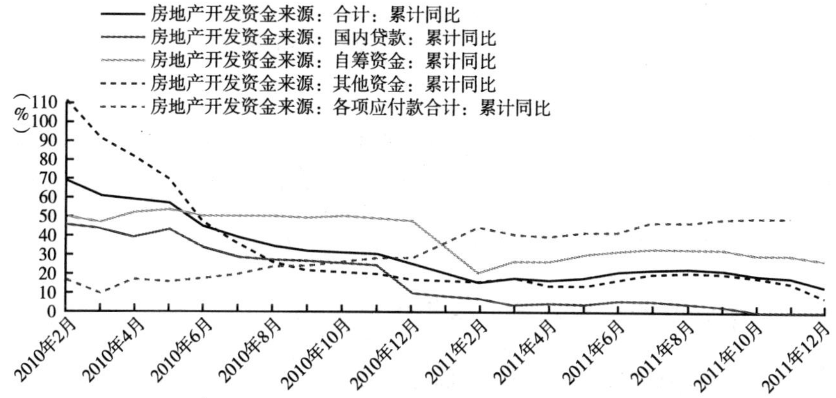

图 7　房地产开发资金来源及分类同比增速变化

资料来源：WIND 资讯。

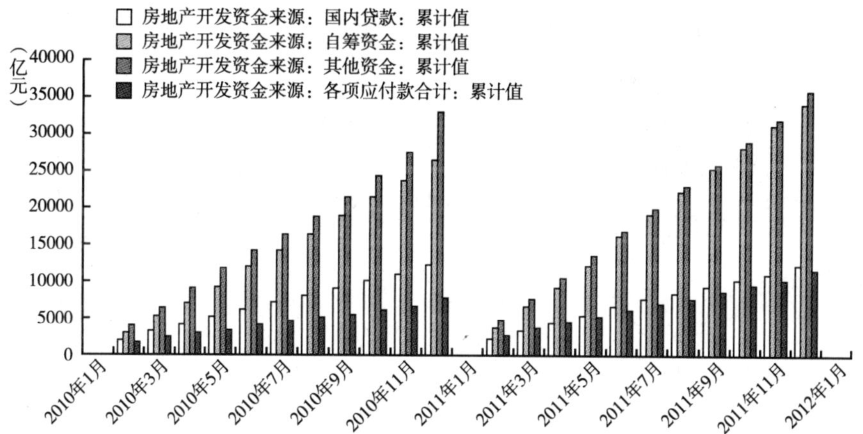

图 8　房地产开发资金来源分类情况累计值

资料来源：WIND 资讯。

房地产企业资金链紧张加剧。2012 年房地产企业资金缺口量约 1.35 万亿元，产生如此大的缺口的原因主要包括以下几个方面：首先，受房地产调控的影响，商品房住宅成交量下降，企业回款能力趋弱。其次，前几年大量资金涌向房地产，目前商品房库存走高，沉淀大量资金，导致企业资金储备不足。其三，在房地

产政策的引导下，银行对房地产企业的贷款越发谨慎，资金渠道不畅导致到期债务上升，挤压企业资金链。最后，开发投资惯性导致开发资金需求量仍会持续增加。

三　2011 年商业地产市场形势

房地产市场的政策调控引起了住宅市场的调整，但商业地产市场反而因此受益。由于商业地产不在政策调控之列，在住宅市场投资空间受压制的背景下，商业地产的销售额及销售价格都出现了加速上升的势头。

（一）商业地产销售加速，租售价格上涨

1. 商业地产销售量增加，但增速有所放缓

以办公楼为代表的商业地产销售继续上升，但受宏观环境的影响，增速有所放缓。2011 年办公楼总销售面积 2007.9 万平方米，同比上涨了 16.1%，增速较上年同期下降 15.1 个百分点。其中现房同比上涨 2.7%，期房 7.7%。从各季度的情况看，二者所占比重基本稳定（2∶5）（见表 3）。

表 3　2011 年办公楼销售量走势

指标名称 / 月份	商品房销售面积:办公楼:现房:累计值	商品房销售面积:办公楼:期房:累计值	商品房销售面积:办公楼:现房:累计同比	商品房销售面积:办公楼:期房:累计同比
2 月	54.16	137.78	25.20	26.90
3 月	94.88	252.57	6.00	19.70
4 月	135.87	348.90	-0.30	6.30
5 月	180.77	437.40	7.30	2.00
6 月	235.98	559.03	14.00	6.90
7 月	265.31	668.42	10.20	9.80
8 月	314.22	775.81	17.10	10.10
9 月	354.53	970.98	14.70	17.90
10 月	407.12	1065.72	16.70	13.50
11 月	456.15	1175.74	11.50	9.60
12 月	581.49	1426.41	2.70	7.70

资料来源：WIND 资讯。

2. 商业地产销售额增速放缓，价格走低

2011 年办公楼销售额 2501.74 亿元，同比增长 16.42%。虽然全年仍处于上

涨的态势，但增速却逐月走低，甚至在 2012 年年初出现负增长。虽然销售额和销售面积同时出现下跌，但我们用二者的比值大致可以看出，办公楼单价也在 2011 年末出现下滑，且这种态势仍在延续（见表 4）。

表 4　2011 年办公楼销售价格走势

单位：万平方米，亿元

	办公楼累计销售面积	办公楼累计销售额	商品房销售额/销售面积
2011 年 2 月	191.94	244.20	1.27
2011 年 3 月	347.45	447.42	1.29
2011 年 4 月	484.76	630.99	1.30
2011 年 5 月	618.18	845.43	1.37
2011 年 6 月	795.01	1050.51	1.32
2011 年 7 月	933.72	1246.63	1.34
2011 年 8 月	1090.03	1510.52	1.39
2011 年 9 月	1325.51	1780.71	1.34
2011 年 10 月	1472.84	1957.83	1.33
2011 年 11 月	1631.89	2150.40	1.32
2011 年 12 月	2007.90	2501.74	1.25
2012 年 2 月	175.41	186.88	1.07
2012 年 3 月	387.00	402.00	1.04

资料来源：WIND 资讯。

3. 租金维持高位，一线城市尤为明显

随着近几年房价不断走高，商业地产的租金也是水涨船高。特别是一线城市由于核心商圈的稀缺性，租金一直居高不下。以商业地产最具代表性的甲级写字楼为例，2011 年北京甲级写字楼新增项目屈指可数，写字楼供不应求。根据统计，2011 年，北京可租赁优质写字楼面积供应紧张，租金水平保持高速增长，达每月 278.2 元/平方米，同比攀升 44.2%。与此同时，上海、广州等一线城市也出现了甲级写字楼供不应求的局面，空置率不断降低（见图 9）。

（二）商业地产开发投资增速稳步提高

1. 办公楼开发增速保持高位

办公楼开发投资增速稳步提高，与住宅投资连续下跌形成对比。2011 年

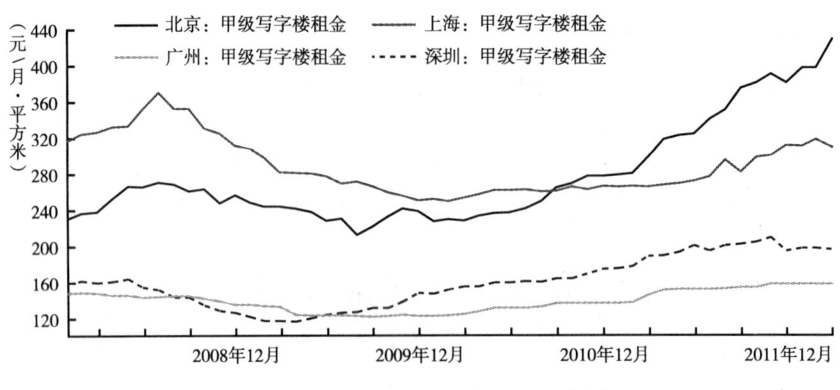

图9　一线城市甲级写字楼租金走势

资料来源：WIND资讯。

1～12月办公楼开发投资额为2543.53亿元，同比增幅40.7%，单月同比增幅持续增加。

办公楼新屋开工保持高位增速。2011年办公楼新开工面积5361.00万平方米，同比提高46.2%，延续了2010年下半年以来的高速增长和高新屋开工率（见图10）。

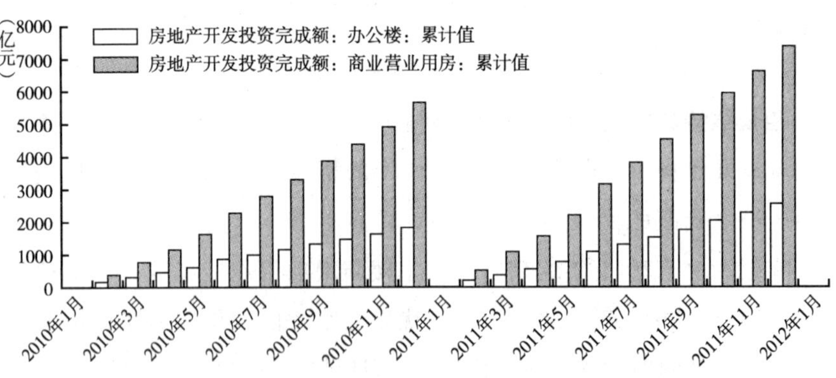

图10　商业地产开发投资规模（办公楼、商业营业用房）

资料来源：WIND资讯。

2. 商办用地出让增多

商办市场买卖火热。2011年，在商业地产市场火热的背景下，地方政府顺势而为地出让了大量的商办用地。2011年1～11月，13个重点城市商办用地土地出让金同比增长63%，占比从2010年的17%上升到31%。

（三）一线城市商业地产火爆

2011 年尽管住宅市场调控不断，北京、上海、广州等一线城市房价都出现实质松动，但写字楼市场却“风景这边独好”，租金均逆市大幅上涨，空置率持续降低（这既是结构转型的表现，也是城市化进程的缩影）。多家研究机构表示，2012 年这一趋势将延续。

1. 北京地区

2011 年甲级写字楼累计“净吸纳量”达到 86 万平方米，其中 40% 的市场净吸纳量来源于自用需求，市场需求总量延续了 2010 年的高位活跃。尤其是第四季度，相比之下，可租赁面积供应紧张，新增项目屈指可数，多个优质项目被整栋买断，市场整体仍供不应求。有限供应及持续强劲的需求推动“空置率”环比下跌 2.1 个百分点，至 4.2%，系近十年来历史最低值。由此也带来北京甲级写字楼市场“平均租金”强劲上涨，环比增幅 7.5%，达每月 278.2 元/平方米，同比攀升 44.2%。考虑到 2012 年供应短缺仍将延续，平均租金将持续上升。

依靠地方经济的持续性发展，跨国企业及一些国企和本土企业在北京积极扩张业务，催生强大的写字楼物业的需求。多家机构预测：2012 年写字楼市场的整体基调依旧将有利于持有方，供应短缺将造成租金的进一步上涨。与此同时，北京绝大多数甲级写字楼的资本值也就是购买成本也将继续上升。

2. 上海地区

2011 年，跨国企业和国内公司租户（尤其是金融业等高端服务业）扩张以及升级的需求持续强劲，一方面持续推高市场净吸纳量，另一方面又使得上海办公楼租金延续上升趋势。首先，甲级写字楼市场全年累计“净吸纳量”达 96 万平方米，为近十年来最优表现。其次，全市甲级写字楼“空置率”再创新低，环比下降 1.9 个百分点，至 6.9%（其中三季度 7.0%，四季度 4.8%）。其三，全市甲级办公楼“平均租金”达每月 266 元/平方米，环比增长 2.5%，全年累计上涨 17.4%。未来 12 个月内，上海核心商务区内的新增供应量将十分有限，2012 年业主们仍将保有议价能力并继续推动租金适度增长。

3. 广州地区

尽管广州甲级写字楼市场虽在外围因素影响下需求有所下降，但全市“净吸纳量”仍创历年新高，达55万平方米，比2010年全年上升32%。首先，尽管总存量远低于国内其他一线城市，但从净吸纳量差距收窄上来看，足以证明广州写字楼升级以及扩充需求强劲，对抗外围因素力量比预期中强。其次，租金及资本值呈放缓趋势，新增供应仍以天河商圈及珠江新城一带为主，多个项目出租率逾七成以上。2011年甲级写字楼“平均租金”同比上升11.7%，为每月147.9元/平方米；整体资本值平稳，全年达15.3%升幅。其三，由于需求旺盛，“空置率”为9.2%，同比下降6.1%。多数机构预计2012年租金将持续上升，但由于供给加大，空置率也会相应上升。

结合近两年来办公楼新开工面积的大幅上升，并将在2012年之后陆续进入市场，并且商业地产需求与国民经济增长速度、第三产业发展速度息息相关，在经济转型、金融危机阴云仍然持续的大背景下，经济和第三产业增速存在不确定性，对长期需求影响较大。不过，驱动商业地产需求增长的多项因素对一线城市仍保持持续利好，因此对于一线城市（北上广深）的商业地产市场也相应保持中长期乐观。

（四）供求双旺催生商业地产的高速增长

2011年是商业地产高速增长的一年，市场从供需两个方面都不同程度地得到了支撑：

首先，住宅限购政策下资金的挤出效应增加了商业地产的供给。在住宅调控影响下，投资住宅市场的风险不断增大，部分投资资金转向商办物业市场。无论是国内外基金还是企业都积极购入写字楼物业，写字楼大单与2011年相比出现了明显上升，写字楼供应量增加。

其次，经济快速发展和转型下对商业地产需求的快速增加。四个一线城市第三产业占GDP的比重均高于50%，已处于快速发展期，对写字楼需求将持续增加；反观二线城市，第三产业占GDP比重除重庆外，均接近50%，处于转型前期，经济仍然以第二产业为主，对写字楼的需求将稳步增加。

其三，商业地产相对合理且稳定的租金回报率吸引部分长期投资者进入。2011年全国主要8个城市的平均租金回报率达到5.17%，远高于住宅市场的2%~3%的水平，处于相对合理的水平，这对写字楼的投资刺激明显。

四 2012 年房地产市场展望

2012 年，政府的调控政策仍将左右房地产市场的形势。2012 年初以来，地方政府在经济增长放缓压力下，放松房地产调控的冲动很强烈，先后出现了佛山"一日游"和芜湖"三日游"的现象，但都被中央叫停。温家宝总理在人代会再次强调房地产调控政策不放松，表明了中央的态度。在严厉的调控政策下，2012 年的房地产市场将陷入低谷。

（一）商品房销售量价齐跌，行业景气程度将进一步下降

根据国家统计局公布的数据，2012 年 1～4 月，我国商品房销售面积 21562 万平方米，同比下降 13.4%；其中，住宅销售面积下降 14.9%，办公楼销售面积增长 1.5%，商业营业用房销售面积增长 2.4%。商品房销售额 12421 亿元，下降 11.8%；其中，住宅销售额下降 13.5%，办公楼销售额下降 14.0%，商业营业用房销售额增长 4.2%。

从房价来看，根据国家统计局公布的 70 个大中城市数据，进入 2012 年以来，新建商品住宅价格指数同比上涨的城市数量呈现逐月下降趋势，1 月为 53 个，2 月为 37 个，3 月为 29 个；上涨城市的平均涨幅也逐渐缩小，1 月为 1.33%，2 月为 1.22%，3 月则为 0.85%；价格指数同比下跌的城市数量则逐月上升，1 月至 3 月分别是 15 个、27 个和 38 个。同样，70 个大中城市中，二手房价格指数同比上涨的城市数量也呈现逐月下降趋势，1 月至 3 月分别是 30 个、24 个和 30 个；涨幅也逐渐缩小，1 月至 3 月分别为 1.66%、1.33% 和 1.15%；二手房价格指数同比下跌的城市数量逐月上升，1 月至 3 月分别是 37 个、44 个和 49 个。

因此，进入 2012 年以来，我国房地产市场出现了量价齐跌现象。由于房地产调控政策还没有松动的迹象，预计 2012 年商品房销售面积累计同比增速将振荡走低。销售放缓引发 2012 年房价呈持续回落态势，幅度可能加大，一二线城市降幅更大。

（二）房地产开发投资增速将进一步下降，新开工将大幅下降

2012 年 1～4 月，全国房地产开发投资 15835 亿元，同比增长 18.7%，增速比

2011 年 1 ~4 月大幅回落 15. 6 个百分点。房地产开发企业房屋施工面积 427187 万平方米，同比增长 21. 2% 。房屋新开工面积 54468 万平方米，下降 4. 2% ；其中，住宅新开工面积 40606 万平方米，下降 7. 9% 。房屋竣工面积 22296 万平方米，增长 30. 2% ；其中，住宅竣工面积 17809 万平方米，增长 30. 1% 。

由于商品房销售急剧萎缩，房地产企业资金紧张，房企拿地的热情骤减。2012 年 1 ~ 4 月，房地产开发企业土地购置面积 9657 万平方米，同比下降 19. 3% ；而在 2011 年同期，土地购置面积则是同比增长 30. 4% ；土地成交价款 1826 亿元，同比下降 13. 7% 。

在严厉的房地产调控政策持续作用下，房屋新开工面积将继续萎缩。在续建项目以及保障房项目开工的影响下，2012 年房地产开发投资可能还能维持增长，但增幅相对 2011 年将大幅下降。

（三）房地产企业资金链更加紧张，行业内可能出现兼并重组

2012 年房地产企业资金压力更加突出。根据国家统计局公布的数据，2012 年 1 ~4 月，房地产开发企业本年资金来源 26667 亿元，同比增长 5. 1% ，增速比 2011 年 1 ~4 月回落 12. 3 个百分点（见图 11）。其中自筹资金 11144 亿元，占比达到 41. 79% ，成为房企资金主要来源；国内贷款 5221 亿元，利用外资 127 亿元，其他资金 10176 亿元。在其他资金中，来源于销售的定金及预收款 6042 亿元，个人按揭贷款 2607 亿元。

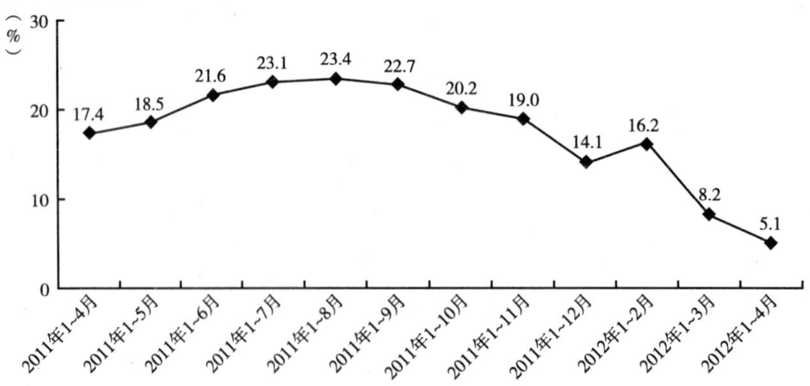

图 11　2011 年以来全国房地产开发企业资金来源增速

资料来源：国家统计局：《2012 年 1 ~4 月份全国房地产开发和销售情况》，2012 年 5 月，http：//www. stats. gov. cn/。

在房地产调控依然严厉的背景下，房地产企业的资金紧张状况将持续下去。部分现金流出现困难的房企将不得不依靠降价促销，甚至甩卖项目的手段暂渡难关。现金流严重不足的企业可能会破产，从而引发兼并重组。

（四）商业地产短期仍会强势，中长期存在一定风险

2012 年 1 ~4 月，尽管住宅销售面积萎缩，但办公楼销售面积增长 1.5%，商业营业用房销售面积增长 2.4%。从销售额来看，办公楼销售额下降 14.0%，商业营业用房销售额增长 4.2%。综合来看，短期中由于两个衡量市场健康情况的指标“入住率”和“租金回报率”依然比较合理，因此短期商业地产市场仍将保持稳定的上升。

长期来看，我国商业地产仍存在较大的提升空间。目前住宅投资与商业物业投资比例严重失调，国内商业物业存量价值与住宅存量价值比为 0.18，而在欧美等成熟国家这个比值接近 1 左右，从这方面来看长期提升的空间很大，驱动因素主要包括以下几个方面：

首先，经济增长是驱动商业地产发展的最主要因素。与住宅相比，写字楼的需求比较刚性，只要经济增长，写字楼就会有需求。我国目前正处在经济转型期，内需潜力正逐步释放，转型过后不但将会迎来新一轮经济的高速增长，内需消费也会催生国内商业地产的新需求。

其次，城市化及人口迁移。城市人口规模的快速膨胀以及城市化推进中大量农村人口向城市人口的迁移，对传统商业地产布局提出了巨大挑战，目前的商业状况已不能适应需求。此外，城市群的发展极大推动二、三线城市的经济增速和消费观念的升级，从而带动商业物业的繁荣。除此之外，城市化进程中对交通系统建设和城市规划的完善也是商业地产发展的重要支持和吸引力来源。

其三，商业地产市场的业态创新。传统的商业地产按照功能和业态划分一般包括办公楼（写字楼）和商业营业市场（购物中心、商铺等），但以城市综合体为代表的创新业态能直接拉动周边商业繁荣，带来强大的人流和商机，促进区域楼市的发展。相比于单一功能的商业项目，城市综合体可以在共生、互利的前提下，集中不同的商业行为，彼此增加潜在顾客，实现多项功能的综合，形成互赢效应，并支持产业持续性成长。

综合来看未来的商业地产投资，机会和风险并存：

机会方面，由于住宅调控是个较长期趋势，偏好房地产的投资型资金将转向商业地产领域，驱动商业地产整体向上增长也是个较长期的趋势，配合消费升级，商业地产的中长期投资价值愈加突显。作为中长期投资，商业地产赢利取决于项目的变现能力，以及高额的转让契税，并且需要一定的专业度和管理成本。

风险方面，首先是供给风险，未来写字楼的供应将进入快速增长期，可能引发高空置率和租金增速下降。其次是需求风险，在国际经济形势动荡、国内经济回落的影响下，未来对商业地产的需求将有所放缓。第三是竞争风险，现今大量资本进入商业地产，加上经验缺乏和商业模式单一等因素可能产生潜在泡沫。最后是政策风险，目前的政策仍仅针对住宅市场，但是对商业地产也有逐步收紧的可能，政策变化也是决定商业地产走向的重要因素。

The Real Estate Market Reviews in 2011 and Prospects for 2012

Gao Wenzhi　Xiong Hongru

Abstract: In 2011 China's economic growth slowed down, and the risk of the economic operation increased. The real estate market was subject to stringent regulation and control policies, resulting in the fall of both volume and prices. Strong demands for commercial real estate will continue in the short term. Judging from current situation, commercial real estate will maintain long-term development. The real estate market became less active, and land turnover rate decreased. The base of real estate investment is high, so the room for growth is limited. Financing relied on the enterprise itself. The growth of new housing construction declined, and the growth of sales fell. The volume of second-hand housing reduced. Office sales accelerated, and rent increased, especially in first-tier cities. The downward trend of real estate industry will continue in 2012, and investment opportunities exist in commercial real estate area. Yet it is suggested to pay attention to four types of risks.

Key Words: Real estate; Investment; Retrospect and prospect

B.9

2011年我国不良资产投资市场回顾与展望

王 进

摘 要： 企业不良资产使企业赢利能力下降，引发企业财务危机，并最终使银行产生不良贷款。GDP增速下降与银行业不良率的上升存在显著相关关系。中国经济步入增长率下降的阶段，危机企业数量将增多，银行不良贷款将可能大幅增加。大批的不良资产将通过专业机构进行处置、重组，重新配置资源，恢复资本的流动性。预计不良资产主要产生于地方融资平台、房地产和部分产业。投资机构可投资于多种形态的不良资产，通过不同方式挖掘与提升其价值。投资机构可以较低的成本收购资产，为危机企业提供专业化服务，设立重组基金，促进产业兼并重组。

关键词： 不良资产 市场 投资

一 不良资产、危机企业与不良贷款综述

（一）不良资产、危机企业与不良贷款

一般而言，不良资产是指企业的投资经营活动中不能实现其预期收益的资产。对金融企业而言，主要包括银行不良贷款、其他金融机构的问题资产、有问题的长期投资、闲置及毁损的固定资产；对非金融企业而言，包括企业的不良应收账款、有问题的长期投资、闲置及毁损的固定资产等。危机企业指的是因偿付能力不足而陷入财务困境的企业。不良贷款是指借款人未能按原定的贷款协议按时偿还商业银行的贷款本息，或者已有迹象表明借款人无法偿还的贷款，当前主

要指商业银行的次级、可疑和损失类贷款。目前我国不良资产市场交易的标的主要是银行不良贷款。

（二）微观透视：不良资产、危机企业、不良贷款的产生

从微观层面看，企业不良资产的生成、企业财务危机的爆发以及银行不良贷款的出现三者之间具有紧密的内在关联。银行不良贷款是企业不良资产引发财务危机后的最后结果。企业不良资产的存在损害了企业资产的赢利能力，企业运营受不良资产问题影响积累到一定程度，会引发企业的财务危机，而企业财务危机又反过来加剧了企业资产不良化的趋势。财务危机使企业的偿付能力受损，难以清偿到期的银行贷款，这时银行的不良贷款是作为企业财务危机的结果出现的。银行的信用风险其实是企业财务危机的转移，当大批企业产生财务危机时，银行信用风险急剧升高，将产生大量的不良贷款。

（三）宏观分析：经济波动与不良资产、危机企业、不良贷款的关系

1. 定性：经济下行与不良资产的增长显著相关

经济下行银行不良贷款率会上升。从理论上来看，GDP 增速下降与银行业不良率的上升存在很强的相关性。当经济发展处于紧缩时期，经济增速放慢甚至负增长，大多数企业经营状况不佳，赢利水平下降，无法及时偿还债务，银行逾期贷款增多，不良贷款率上升；当经济处于扩张时期，经济增长速度加快，企业赢利能力提高，偿债能力增强，银行不良贷款率下降。

表 1 的数据表明，经历经济金融危机并伴随低经济增长的经济体，在爆发危机之前普遍经历了经济的繁荣和高速增长。不良贷款的暴露需要一定的时滞，这往往与低增长的周期阶段相伴随。在经济下行阶段，银行业不良率大幅上升。

2. 定量：银行不良贷款率与 GDP 的关系

国外学者曾建立模型，考察 GDP 变化与银行不良贷款率之间的数量关系。根据美国 JP 摩根、花旗银行、美国银行三家银行的不良贷款率与 GDP 的相关关系，得到的结论是 GDP 每变化 1%，不良贷款率反向变化 0.125%。按照这个模型，如果 GDP 增幅下降 1%，不良贷款率将提高 0.125%。下文中笔者将根据这个模型，对国内不良资产规模的增长进行简单推算。

表 1　各国经济增长与银行不良贷款率的关系

单位：%

国　　家	年　　度	不良贷款比例	当期 GDP 增长率	前 5 年 GDP 年均增长率
日　　本	1992～1998	13	1.23	5.15
韩　　国	1997～1999	30～40	3.43	7.70
芬　　兰	1991～1993	9	－2.54	3.36
挪　　威	1988～1992	9	2.53	4.41
智　　利	1981～1983	9	－7.12	8.25
哥伦比亚	1982～1987	25	3.84	5.03
马来西亚	1985～1988	33	5.43	6.72

资料来源：根据媒体及网络公开资料整理。

二　国内不良资产市场的主要特点

1999 年至今，中国不良资产市场从无到有、从小到大、从简单到复杂，不断深化。中国不良资产市场是在中国金融深化的大背景下发生的，以四大资产管理公司成立为标志，市场规模不断扩大，市场作用日益突出，市场业务不断细分，市场基础仍待完善。

（一）规模不断扩大

1999 年开始，中国银行、中国农业银行、中国工商银行、中国建设银行四大国有商业银行共剥离不良贷款 1.4 万亿元，由信达、华融、长城、东方四大资产管理公司承接。此后，四大资产管理公司又陆续接收、收购及受托管理了一批不良贷款。2004 年、2005 年，资产管理公司又以市场化的方式承接了中国银行、中国建设银行总计 2787 亿元不良资产、中国工商银行 4950 亿元不良资产和交通银行 641 亿元不良资产，为有关银行股改上市发挥了至关重要的作用。2008 年 11 月，中国农业银行再次剥离 7327 亿元不良贷款至资产管理公司。截至 2010 年 9 月末，四大资产管理公司共接收、收购及受托不良资产约 3.75 万亿元，其中：政策性资产（包括政策性不良债权和债转股）约 1.43 万亿元，商业化资产约 1.27 万亿元（含信达买断资产），受托资产（不含托管）约 1.04 万亿元。从表 2 中可以看到，自 2006 年开始，正是因为不良贷款都被转让给资产管理公司，银行业不良贷款余额和不良贷款率持续“双降”，市场上可交易的不良贷款规模不断扩大。

表 2　银行业历年不良贷款余额及比例

单位：亿元，%

年度	2006	2007	2008	2009	2010
不良贷款余额	12549. 2	12864. 2	5602. 5	4973. 3	4293
占全部贷款比率	7. 09	6. 17	2. 42	1. 58	1. 14

资料来源：银监会网站。

（二）作用日益突出

一个高效的不良资产市场，有助于金融体系长期健康的发展。通过国内不良资产市场运转，原本沉淀的资本获得了重新流动的机会，从而提高了单位资本的周转率，增强了资本的获利能力；原本受到破坏的信用体系得到修复，降低了社会交易成本。主要体现为以下几个方面：

1. 吸收和消化金融风险

不良资产市场的参与者在多市场层面的投资和交易活动，促进经济结构调整，推动资金流动和有效配置，维护社会金融体系的稳健运行。不良资产市场的多方参与者在产权市场、资本市场、租赁市场、外汇市场和信托市场上，开展不良资产的转移、投资和交易，体现了多层面的市场对不良资产的吸收和消化功能；同时，与不良资产相关的生产、资本、管理和技术等资源要素产生流动，并进行新的配置，促进了行业和投资结构的调整，化解了社会资源低效和不当配置的风险，有利于经济金融体系的稳健发展。

2. 权利人在不良资产市场进行直接的推动，促进了不良资产流动，实现了不良资产的价值

如在银行不良贷款市场上，无论是商业银行自身作为不良资产的原始权益人，还是专业的资产管理机构，通过收购不良贷款而承继了原债权人的各项权利，具备不良资产处置的主动权和有利条件，通过对不良债务人的控制、推动和监督，向不良债务人施加直接的影响，直接推动这部分资产价值转化。

3. 专业资产管理机构在不良资产市场上运用专业技术手段，挖掘和提升不良资产价值，推动不良资产价值的实现，并促进资本市场的完善和发展

专业资产管理机构是不良资产市场的核心，接受被剥离或转让的不良资产，

发现不良资产的价值，转让给其他方，或运用重组、重组、置换等投资银行的资产管理手段，提升不良资产的价值，并通过公开、公正、透明的交易和投资活动来实现不良资产价值，促使相关资源配置到合适的行业或者投资者。不良资产领域专业机构的有效运作是决定不良资产处置效率和效益的重要条件，同时，专业机构运作过程中开发和运用的不良资产交易和投资工具，也促进了金融资产转移和交易技术的发展，丰富了资本市场的投资工具和渠道。

（三）市场不断细分

不良资产的品种不再单一是银行不良贷款，已经扩展到证券、信托和保险在内的金融不良资产，以及非金融企业不良资产，甚至扩展到危机企业。

当企业财务危机发展到一定程度，企业的后续行为将直接影响到债权人利益。危机企业管理层可能的恶意逃债、道德风险、投资项目选择等行为都将损害债权人的利益。因此，当企业出现财务危机后，债权人意欲维护自身利益则不得不将相关工作深入到企业管理的层面，要将危机企业与不良资产统筹考虑，确保不良资产处置收益最大化。实践证明，有效的债务重组和不良资产处置往往是那些能够获得企业管理层支持的方案，因此，要从企业管理层面出发探索不良资产运作的新方式。另外，有效地化解企业财务危机、推进危机企业重组，重整的重点应放在迅速缓解企业面临的财务压力，尽快恢复企业偿付能力和资产赢利能力等方面，具体方式包括从恢复资产赢利能力、优化融资结构的角度探索运用财务重组、资产重组等。

正因为如此，从国外市场的历史与经验以及中国市场的实践和发展中可以看出——以不良资产和危机企业所组成的细分市场已经形成了一个专门的业务领域，市场经济的发展内生地要求一批金融机构在这一领域有所作为。在美国，这类金融机构包括了 20 世纪早期的所谓破产投资者、20 世纪中后期的所谓兀鹫投资者（The Vulture Investors）以及如今的企业重组基金。在中国，资产管理公司从处置不良贷款开始的专业化金融服务，已逐渐向不良贷款的载体——危机企业延伸，市场细分程度日益增强。越来越多的投资机构也开始涉足这一领域。

国内市场上，对风险券商的托管、对德隆系企业的托管正是这一趋势的表现。近些年来，资产管理公司不仅主导了对德隆系、汉唐证券、辽宁证券、闽发证券、华夏证券、北京证券的托管工作，还承接了京华信托、金新信托、中科信托、南京国投、西部金融租赁公司的清算和整顿任务。信达公司还接受有关地方政府和监管部门委托，组织了辽宁“蚁力神”违规经营和湖南湘西非法集资案件的风险处置工作，依靠多年处置不良资产的经验和处理复杂债权债务关系的专业技能，有效化解了问题金融机构的风险，维护了社会稳定（见表3）。

表3　资产管理公司的企业托管业务概览

编号	托管人	时间	被托管人	(实际)委托人
1	华融	2004年8月	德隆系实业资产	国务院德隆系危机处置领导小组
2		2004年8月	德隆系金融机构	国务院德隆系危机处置领导小组
3		2002年	中国新技术创业投资公司	中国人民银行
4	东方	1999年	港澳信托投资公司(包括港澳证券)	中国人民银行
5		2004年10月	闽发证券公司	中国证监会
6	信达	2004年9月	汉唐证券	中国证监会
7		2004年10月	辽宁证券	中国证监会
8	中国建投	2006年2月	金信信托	中国银监会

资料来源：根据媒体及网络公开资料整理。

（四）基础有待完善

不良资产市场是特定性质的资产流动和交易的场所，需要依托相关的政策、市场和法律。目前国内不良资产市场的基础仍存在一些问题。一是市场竞争尚不充分，尚未形成统一的不良资产批发与交易市场。一级市场由四家资产管理公司垄断，二级市场信息流通不畅，交易手段和品种匮乏，降低了不良资产处置的速度和效益。需要政府制定政策，扩大不良资产市场的供给。二是不良资产处置重价值止损、轻价值提升，需要发展多种处置方式和手段。目前，对不良资产的处置主要采取实物资产出售、及时止损的方式，而难以运用国外投行采取的债权人主导企业重组的处置方式，需要发展与不良资产交易和价值转换相关的金融债券市场、招投标市场、房地产二级市场、拍卖市场和抵押品市场，促进拍卖、评估和评级行业的发展，为不良资产的转让、重组、并购的运作提供有利的市场条件。三是完善不良资产市场运行和发展的法律环境。在不良资产流动和专业化运

作中需要建立完善的法律框架来激励债权人和强化债权人的控制力，需要在企业破产、抵押资产处置、不良资产证券化等方面补充专门立法，保障专业资产管理机构在开展资产保全、诉讼追偿和债务重组运作时的权益，支持在股权转让、破产退出以及与不良资产处置相关的投资、融资方面的新模式和新工具的运用。另外，资产处置涉及不同类型的资产，处理程序复杂，地方政府、企业、不良资产投资者之间的利益冲突很难避免。目前我国是地方庭审、二审终结制，地方保护或地方政府干预司法问题较为突出。

三　国内不良资产市场发展预测

（一）预计危机企业数量、不良贷款规模将有较大幅度的增长

经济模式转变、经济周期将导致危机企业数量、不良贷款规模大幅增长。当前，我国加快转变经济发展模式，主要着眼点是构建扩大内需长效机制，促进经济增长向依靠消费、投资、出口协调拉动转变。以科技进步和创新为支撑，推动发展向主要依靠科技进步、劳动者素质提高、管理创新转变。提升制造业核心竞争力，发展战略性新兴产业，加快发展服务业，使一、二、三产业协同转变。统筹城乡发展，推进城镇化建设，促进区域良性互动、协调发展。

在转变经济发展模式过程中，产业结构调整不可避免将带来一批企业陷入危机。外需的减弱使一大批出口导向型企业难以为继，陷入危机；劳动成本的升高将使低人力成本的企业向工资水平较低的中西部转移；资源和环境的约束也使一些企业成本升高，竞争能力下降。

除了产业升级造成的危机企业外，经济周期也造成了经济增长放缓时危机企业数量大幅增加。经济增长率降低时，需求减少，企业赢利能力下降，同时银根紧缩，融资困难，很容易引发财务危机。危机企业最后的表现结果就是银行不良贷款规模将大幅增加。有研究指出，受到经济减速、紧缩政策和企业偿债能力下降的影响，我国银行业不良贷款正处于周期性底部，预计未来将进入上行周期，经济外向型地区和中小金融机构更易受不良贷款的冲击。

中国 2011 年国内经济增长率为 9.2%，而 2010 年是 10.3%，已步入经济增长率下降的经济周期下行区间。在经济不会过度恶化情况（如 GDP 在 8% 以上）下，

按照前文所述的不良资产率与GDP的相关关系模型（GDP每变化1%，不良率反向变化0.125%），我们对不良资产贷款规模的增长进行简单推算。2011年年末我国银行贷款余额为54.79万亿元，不良贷款率为1%，2011年不良贷款余额为4279亿元。按照2012年货币政策“稳中求进”的思路，根据专家预计，2012年新增人民币贷款规模将在8万亿元左右，M2增速在14%左右，而2011年新增信贷规模在7.5万亿元左右，M2增长目标为16%①。2011年中国经济增长率为9.2%，假设2012年经济增长率为7.5%②，预计2012年末不良率为1.2125%，不良贷款余额为7613亿元，不良贷款余额比2011年增加3334亿元。而且，由于不良贷款的暴露有一定的时滞，预计未来1~3年内不良贷款规模将急剧增加。

2011年银行业不良贷款快速上升已经开始显露出苗头。截至2011年年末，我国银行业金融机构不良贷款率为1.0%，较2010年末下降0.1%；不良贷款余额为4279亿元，较2010年末减少57亿元。但分季度数据显示（见表4），持续三年的不良贷款“双降”趋势已发生改变。国内银行2011年末的不良贷款余额由第3季度末的4078亿元上升4.9%，至4279亿元，不良贷款余额季度环比涨幅达201亿元，不良贷款率环比涨幅为0.1%。如果考虑到每年第4季度一般是银行传统上核销不良贷款最多的季度，2011年末不良贷款实际上升幅度大于4.9%。

表4 近两年银行业不良资产余额及环比变动情况表

单位：亿元，%

时间	不良贷款余额环比变动	不良资产占比环比变动
2010年1季度	-272.1	-0.18
2010年2季度	-152.1	-0.1
2010年3季度	-194.9	-0.1
2010年4季度	-18.2	-0.1
2011年1季度	-3	0
2011年2季度	-104	-0.1
2011年3季度	-151	-0.1
2011年4季度	+201	0.1

资料来源：根据银监会网站数据整理。

① 李心平：《2012年信贷“稳中求进”人民币新增8万亿元成共识》，2012年2月18日《第一财经日报》，网络版。

② 温家宝：《2012年政府工作报告》，2012年3月16日。

根据上市商业银行的年报数据，除不良率上升外，不良房贷初现。据建设银行年报数据显示，其房地产相关公司类贷款不良余额在 2011 年下半年环比上升 16.9 亿元。民生银行房地产业贷款占比从 2010 年末的 12.23% 降至 2011 年末的 10.76%。但不良率上升至 1.72%，远高于 0.63% 的全行业平均值。同时，平台债悬念仍存。3 月中旬，监管层下发了《关于加强 2012 年地方政府融资平台贷款风险监管的指导意见》，对此前"三不准"，即"不得新增、不得展期、不得借新还旧"的政策进行了微调，部分现金流覆盖良好且符合国家产业政策的项目可能获得贷款展期甚至新增贷款。但这种风险缓释措施被市场认为是给换届政府留下调整时间，短期内会减少银行不良率攀升的压力，但将带来长期的负面影响。

（二）预计产生不良资产的主要领域

一是地方融资平台。根据媒体公开披露的数据显示，商业银行截至 2010 年 6 月末的地方融资平台贷款达 7.66 万亿元。其中，第一类为融资平台中项目现金流能够覆盖偿还本息的贷款约有 2 万亿元，占比 27%，可作为正常项目贷款；第二类为第一还款来源不足，必须依靠第二还款来源覆盖本息的贷款，有 4 万亿元左右，约占 50%；第三类为项目借款主体不合规，财政担保不合规，或本期偿还有严重风险（贷款挪用和贷款做资本金）的贷款，占比 23%，约 1.7 万亿元。然而即使有第二还款来源作担保，这些贷款仍面临着很大的风险。仅债务余额本金一项就占全国财政收入的 133.73%，占地方政府财政收入的 273.58%。加之房地产市场正经历的史上最严厉调控导致土地出让金大幅下降，进而会导致依赖"土地财政"的地方政府财政困难，届时地方政府融资平台还款高峰期也将到来。因而未来 2～3 年最有可能成为地方政府债务危机爆发的时间段，尽管有第二还款来源作担保，这些贷款仍面临着巨大风险。

二是房地产领域。2010 年 4 月开始的本轮房地产调控通过"限购"的方式，冻结了市场交易，极大地减少了市场成交量。房地产开发企业经营性现金流量大幅减少，部分房企开始降价套现。房地产开发企业资金日趋紧张，在借款成本大幅升高、融资渠道受限的情况下，将无力偿还银行借款。上市公司年报显示，48 家 A 股上市房企 2011 年末的存货合计高达 5906.74 亿元，同比增长 45.8%，以 2011 年的开发和销售进度计算，48 家房企目前存货的消化周期达 4.6 年。而在

2010年末，这些房企整体存货的消化周期为3.84年。这意味着，2011年末A股房企的存货周转天数同比足足延长了9个多月。在库存巨大压力下，一季度以来，包括中国海外、碧桂园、招商地产、雅居乐、合景泰富、华远地产等多家上市公司宣布了自己在A股和H股的融资计划，以及在房地产信托市场筹措资金。在房企到处“找钱”的同时，越来越高的负债率也成为房企资金链面临的新压力。根据链家地产市场研究部统计，2011年万科、招商、首开、世茂四家标杆房企的总负债，较2010年同比上涨41.8%、43.2%、53.5%和27.4%。已经背负了较高负债的房企，未来偿债负担加重的风险无疑进一步增加。即便进入2012年，情况仍在恶化。一季度末，北京等十大城市库存积压已经达到了58.9万套，同比上涨45%。

表5摘录了部分房地产开发企业2009~2011年的经营性现金净流量、筹资性现金净流量，可以看到，房地产企业筹资性现金净流量普遍下降，说明资金链较为紧张。

表5 部分房地产开发企业的现金流量情况

单位：亿元，%

		2009年报		2010年报		2011年报	
企业	百分位数	经营活动现金净流量	筹资活动现金净流量	经营活动现金净流量	筹资活动现金净流量	经营活动现金净流量	筹资活动现金净流量
万科地产	100	92.53	-30.29	22.37	130.25	33.89	8.07
信达地产	75	15.07	-10.15	-8.36	7.18	-1.76	6.66
凤凰股份	50	9.03	-9.06	-3.2	16.24	2.16	4.61
重庆实业	25	-1.1	2.7	-3.26	1.85	-1.14	0.47

资料来源：WIND资讯。以2011年国内房地产板块上市公司总资产为对象，剔除总资产在亿元以下的企业，计算第100、75、50、25百分位数所对应的总资产额，并选取与之相对应的公司。

三是部分产业因经济结构调整、产业升级而发生危机。出口导向型企业，在外需严重削弱情况下，订单下降将导致财务困难；廉价劳动力密集型企业，因人工成本的抬升，将会经受考验；技术落后的企业，因生产效率低，会陷入困境，因为那些技术领先的企业拥有更低的成本优势；资源消耗高、环境污染重的企业，因面临着节能环保政策的压力，不得不投入更多资金进行生产改造，导致成本的上升。这些企业在本轮经济结构调整中容易陷入危机。

（三）预计投行工具将成为不良资产处置的重要手段

对危机企业而言，它们或者需要专业机构的救助以恢复正常的赢利能力，或者需要在专业机构的协助下以最小的成本实现市场退出。对资产管理公司而言，既可以为这些身处困境的客户们提供专业化金融服务，也可以在企业陷入危机之时觅得投资的良机，以较低的价格获得资产，进入新一轮的发展周期。这意味着在不良资产市场上，今后将更多地以企业为载体，以债务重组、资产重组和企业重组为工具，类似于投资银行业务将进一步在不良资产处置市场上获得重要地位。

综上，预计未来 2～3 年内，国内不良资产处置业务、危机企业重组业务将大幅增长。地方融资平台、房地产以及部分产业将成为危机企业与不良贷款多发的领域。以危机企业为载体，涉及企业重组的投资银行业务将有更多的用武之地。

四　不良资产市场投资机遇分析

（一）国内经济调整使不良资产投资的发展成为必然

无论是投资不良资产，还是重组危机企业，其本质都具有高度的一致性，那就是协助资本恢复赢利能力或完成市场退出，提高资本的流动性。协助资本从业已无效的配置方式中退出，保持金融体系的健康和稳定，对转轨经济体系而言，这是一种内生的、新兴的市场需求。尤其中国经济步入经济结构调整阶段，资源配置发生重大变化，产业整合成为常态，需要由专门的投资机构收购不良资产，化解金融风险，促进产业发展，从国家宏观政策方面，也将会出台不良资产投资的制度安排，促进资源的重新配置，降低金融风险。不良资产又有着较高的赢利空间，国外不良资产投资收益率一般均能达到 30% 以上。除四大资产管理公司外的专门投资机构也必将增多，分享不良资产市场发展带来的成果。

（二）投资机构可投资于多种形态的不良资产，通过不同方式挖掘与提升其价值

不良资产的交易标的种类，既有银行的不良贷款债权，又有危机企业的股

权，还有不动产的物权，呈现出多种形态。投资机构可投资于企业债权，通过债务重组、资产置换、诉讼追偿等方式，获取有价值的资产后再转售。对于有潜力的危机企业，投资机构也可收购后进行财务重组，物色更能干的管理层，完善危机企业治理结构，提升危机企业管理水平，实现良性运转，然后伺机退出。例如，美国新桥资本成功投资于深发展银行，在其出现巨额不良资产后介入，提升其管理水平后转售给平安集团。投资机构还可乘房地产行业进行调整之机，收购抵押给银行的不动产债权，待经济重新进入上行周期、房价上涨时，售出获利。

（三）资产较低的估值将降低投资机构的投资成本。

当经济步入下行周期时，资产估值将比经济快速增长时有较大幅度的下降。一是经济增长率下降，期望收益率降低，使资产估值降低。二是陷入危机的企业，处于财务困境而不得不出售资产偿债时，只能以较低的价格转让资产。三是经济处于低谷时，投资需求下降，资产的成交价格相对经济处于增长高峰时偏低。四大资产管理公司平均的回收率约为20%，资产质量较好的信达回收率也仅为24%，意味着不良贷款债权的处置价格仅为其账面原值的二成左右。投资机构可以较低的价格购入，对不良资产进行价值提升后卖出，获取较高的溢价。2001年11月，华融向由摩根士丹利、雷曼兄弟、花旗集团旗下的所罗门美邦、KTH基金和中金丰德公司组成的投标团打包出售了4个资产包，账面价值共计108亿元人民币。收购价格是不计息资产面值的8.125%（计息后不到5%），而2003年摩根士丹利处置这笔不良资产时，现金回收率19%，回收费用占回收金额的8.5%，摩根士丹利赚得了超过100%的利润。2012年4月，一些房地产私募基金与信托公司洽谈，欲以半价收购到期的部分二线、三线城市的楼盘。

（四）投资机构可为危机企业提供专业化服务

投资机构也可凭借自身的专业优势，为危机企业提供包括企业托管、企业重组甚至破产清算在内的金融中介服务，化解危机企业带来的系统性金融风险。在危机企业托管中，充当财务顾问，负责设计和完成交易，包括定价、谈判和安排融资。在经济转轨、产业升级和商业周期三种因素的共同作用下，国内的危机企业将大量出现。今后将有部分投资机构，以债务重组、资产重组和企业重组为工具，或是帮助危机企业恢复赢利能力，或是帮助危机企业以最小的成本实现市场

退出。这些投资机构，凭借其专业的服务，将在国内金融体系中开辟出一块细分市场。

（五）重组基金迎来发展的良机

进入经济调整期后，很多行业内的企业将进行整合。在房地产行业内，一批中小型房地产企业面临生存危机，大型房地产企业将开展行业内的兼并重组；技术落后的企业被行业内领先的企业兼并，也将成为业内常态。这些重组兼并都将产生巨额资金需求，这为重组基金的发展提供了空间。近年来，我国钢铁、航空、电信、煤炭、医药等行业进行了大规模的整合，重组所需的资金，动辄几十亿甚至上百亿元。

当产业进入成熟期和衰退期时，重组基金通过对原有生产要素的重新配置，实现一个行业甚至一个产业的持续发展。像 KKR 等著名的 PE 基金，会寻找那些在资本市场被低估、或者本身运营状况不佳但具备潜力的公司，首先将其收购和私有化，接下来进行一番整合后再重新上市或者卖给其他战略投资者，以实现赢利退出。而另一些从事重组业务的基金，会与产业资本结成同盟，共同完成一些耗资巨大的重组交易。

投资机构可与产业内具有领先地位的企业合作，设立重组基金，促进产业兼并重组，提升产业技术水平，为产业发展提供金融资本支持。与行业内龙头企业合作，根据其并购目标，筹集相应资金，共同合作完成对目标企业的收购，例如弘毅投资与中联重科联手，收购意大利 CIFA 集团。通过重组基金的投资，为行业龙头企业提供财务顾问、资本运作、管理增值等服务，扩大其协同优势。主要通过挖掘被重组企业自身的潜力来获取收益，将重组主体与被重组企业整合，产生协同效应。重组基金投资退出渠道多样化，有 IPO、转让、标的公司管理层回购等等。

参考文献

1. 王柯敬：《资产管理公司：运营状况和未来发展方向》，中国财政经济出版社，2007。

2. 胡海峰、曲和磊：《中国不良资产处置与金融资产管理公司发展研究》，中国市场出版社，2009。
3. 2005～2010 年中国统计年鉴。
4. 盛立军、郑海滨、夏祥芳：《中小民营企业私募融资》，机械工业出版社，2004。

China's NPA Market Research and Investment Opportunities

Wang Jin

Abstract: Corporate's non-performing assets ruin the industrial sector's profitability, trigger financial crisis, and, ultimately, the banks will be dragged by the bad loans. The decreasing of GDP growth is significantly correlated with the rising of non-performing rate of the banking sector. As the Chinese economy is entering a downturn stage of growth, the number of firms in crisis will increase, and banks' bad loans will also increase. A large number of non-performing assets will be disposed, restructured, re-allocated by the professional institutions in order to restore the liquidity of capital. Non-performing assets is estimated to come from provincial or local financing platforms, real estates, and some other industries. Investment institutions may invest in varieties of non-performing assets and increase their values in different ways. Investment institutions can lower the cost of acquisition, provide professional services to enterprises in crisis, and establish the Restructuring Fund to promote industrial mergers and restructuring.

Key Words: NPA (Non-Performing Assets); Market; Investment

行业发展篇

Industry

B.10 金融及相关服务业投资分析报告

高文志　高彦如

摘　要： 我国金融服务业在国民经济中的地位越来越重要，对实体经济的影响日益增强；同时，金融服务业的范围越来越广，金融业态日益丰富。随着我国由工业化的中后期逐步向后工业化发展，金融服务业占 GDP 的比重将不断上升，发展前景广阔。我国金融服务业发展趋势：金融服务业的边界不断扩大，金融机构大型化，金融业务综合化以及金融服务专业化。广阔的发展前景必然催生有价值的投资机会：银行业、保险业等传统金融业态；第三方财富管理、第三方支付等金融延伸服务业；为金融业提供服务的金融服务外包行业。

关键词： 金融服务业　金融延伸服务业　金融服务外包

现代金融的核心功能是资源配置和风险管理，是国民经济运行的枢纽，其地位和作用日益重要。根据发达国家的经验，随着经济发展阶段的提升，金融服务业在 GDP 中的比重将越来越高。美国 2011 年金融服务业增加值占 GDP 的

比重达到8.3%，其他发达国家金融服务业增加值占GDP的比重基本在6%~7%之间。相比而言，我国金融业增加值占GDP比重在20世纪80年代出现了快速的上升，从1978年的1.87%上升到1989年的5.69%，而后近20年的时间均在4%~5%波动，与欧美等金融强国相比差距较大。随着我国由工业化的中后期逐步向后工业化发展，金融服务业占GDP的比重将不断上升，发展前景广阔。

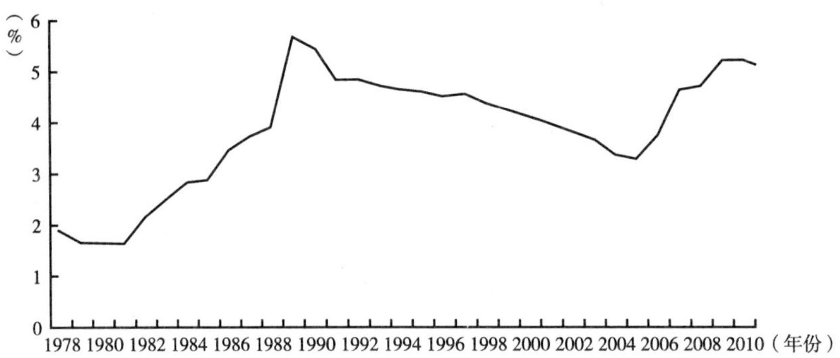

图1　1978~2010年中国金融业占GDP比重

资料来源：国家统计局。

一　金融服务业2011年发展状况回顾

金融服务，指从事有关金融交易或财务管理有关的服务或商业活动的行业。我国金融服务业主要包括银行、证券、保险、基金、信托等行业。金融机构运用货币交易手段，融通有价物品，向金融活动参与者和顾客提供服务。

（一）银行业规模及赢利增长稳定

截至2011年底，我国银行业金融机构包括2家政策性银行及国家开发银行，5家大型商业银行，12家股份制商业银行，144家城市商业银行，212家农村商业银行，190家农村合作银行，2265家农村信用社，1家邮政储蓄银行，4家金融资产管理公司，40家外资法人金融机构，66家信托公司，127家企业集团财务公司，18家金融租赁公司，4家货币经纪公司，14家汽车金融公司，4家消费

金融公司，635 家村镇银行，10 家贷款公司以及 46 家农村资金互助社。我国银行业金融机构共有法人机构 3800 家，从业人员 319.8 万人。

2011 年，我国银行业整体增长速度稳定，赢利大幅提高，资产负债规模继续扩大。截至 2011 年底，银行业金融机构资产总额达 113.28 万亿元，比上年增加 17.98 万亿元，同比增长 18.9%。

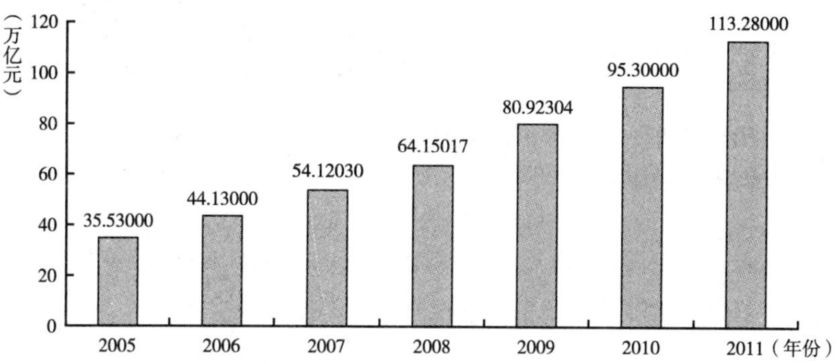

图 2　2005～2011 年中国银行业总资产规模

资料来源：WIND 资讯，银监会。

截至 2011 年末，全部银行业金融机构本外币各项存款余额 82.7 万亿元，比年初增加 9.9 万亿元，其中人民币各项存款余额 80.9 万亿元，增加 9.6 万亿元。银行业金融机构本外币各项贷款余额 58.2 万亿元，增加 7.9 万亿元，其中人民币各项贷款余额 54.8 万亿元，增加 7.5 万亿元。

银行业金融机构人民币消费贷款余额 88717 亿元，增加 14803 亿元。其中，个人短期消费贷款余额 13555 亿元，增加 3965 亿元；个人中长期消费贷款余额 75162 亿元，增加 10838 亿元。

2011 年，银行业金融机构实现税后利润 1.25 万亿元，同比增长 39.3%；资产利润率 1.2%，同比提高 0.17 个百分点。其中，商业银行实现税后利润 1.04 万亿元，同比增长 36.3%；资产利润率 1.28%，同比提高 0.16 个百分点。

从结构看，净利息收入、投资收益和手续费及佣金净收入是收入构成的 3 个主要部分。2007 年至今，银行业金融机构收入结构中，60% 以上来源于净利息收入，并且占比呈现缓慢增加趋势。手续费收入逐年增加，投资收益逐年减少。银行业利润增长主要源于以信贷为主的生息资产规模的增长，以及银行经营效率

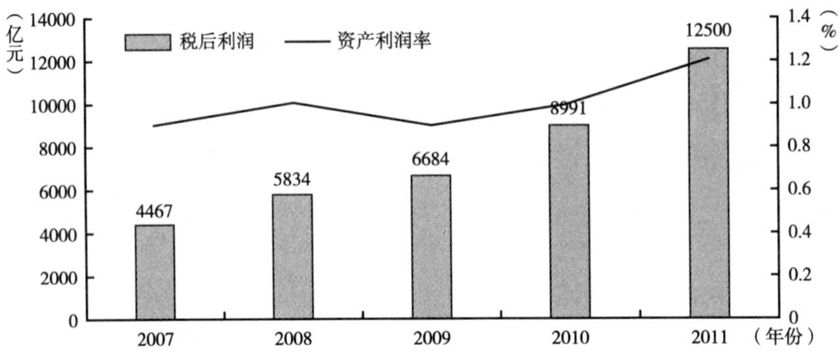

图3　2007～2011年中国银行业金融机构税后利润与资产利润率

资料来源：银监会。

提高（成本收入比下降），信用风险控制较好（不良水平较低）。另外，央行加息导致的利差收入增加，手续费收入也有较大幅度增长。

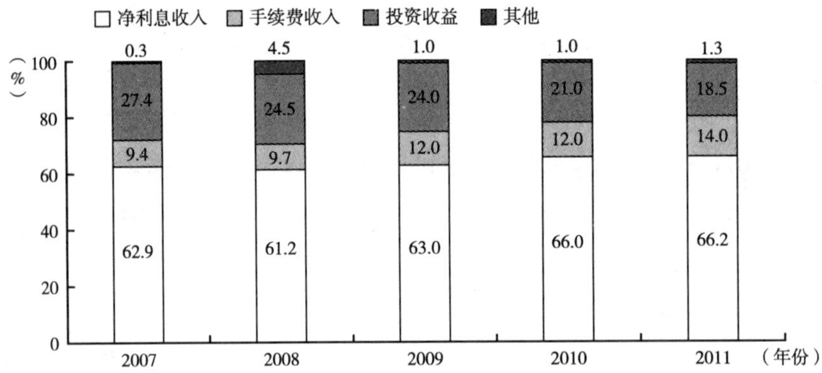

图4　2007～2011年中国银行业金融机构收入组成比例

资料来源：银监会。

银行业垄断现象明显，2011年中国工商银行、中国建设银行、中国银行、中国农业银行分别实现净利润2084亿元、1694.39亿元、1303.19亿元和1219.56亿元，共计6301.14亿元，占全部商业银行净利润的60.5%。接近2010年16家上市银行6774亿元的净利润总和。四大银行平均增幅达24.9%，除中国银行净利润增长不足20%外，其他三大银行净利润增长都在25%以上。外资银行占中国银行业总资产的1.93%，而其税后利润只占中国银行业的1%左右。

在全部 A 股上市公司中，银行类上市公司总资产占比维持在 73% 左右，利润率占比在 40% 左右浮动。2011 年赢利能力有所提升，上市银行利润占全部 A 股市场上市公司的比例由 2010 年的 38.7% 上升到 43.7%。

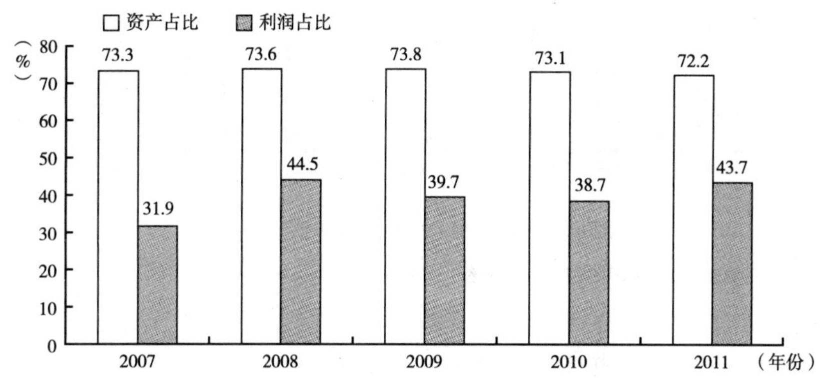

图 5　2007～2011 年中国银行业上市收入组成比例

资料来源：银监会。

（二）保险业利润大幅下滑

全年保险公司原保险保费收入 1.43 万亿元，比上年增长 10.5%①，其中寿险业务原保险保费收入 8696 亿元；健康险和意外伤害险业务原保险保费收入 1025 亿元；财产险业务原保险保费收入 4618 亿元。支付各类赔款及给付 3929 亿元，其中寿险业务给付 1301 亿元；健康险和意外伤害险赔款及给付 441 亿元；财产险业务赔款 2187 亿元。

截至 2011 年末，保险行业总资产 6.01 万亿元。全国共有保险集团公司 10 家，人身险类保险公司 100 家，财产险类保险公司 85 家，保险资产管理公司 11 家。

2011 年新单业务负增长、股债双杀引致投资下滑和巨额浮亏，2011 年保险业利润出现较大幅度下滑，保险投资年化收益率仅为 3.6%。保险业上市公司年报显示，上市保险公司利润总额由 2010 年的 762.8 亿元下降到 2011 年的 642.1

① 该保险保费收入同比增速是按照行业 2011 年全面实施《企业会计准则解释第 2 号》后的口径测算。

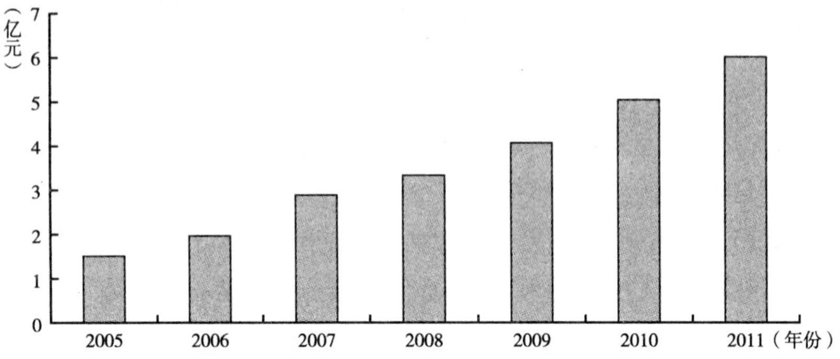

图6　2005～2011年保险业总资产规模

资料来源：WIND资讯，保险业统计年鉴。

亿元，总资产收益率也由2010年的2.27%下降到1.33%。

另外，2011年险资投资渠道不断开放，产品创新能力增强。2010年8月，保监会发布《保险资金运用管理暂行办法》，放宽险资投资范围，允许在一定条件下投资不动产、未上市股权等新投资领域。2011年，不动产投资和股权投资领域创新和增长显著。

（三）证券规模下降，赢利能力较弱

2011年证券公司总资产1.57万亿元，仅及银行业的1.4%、保险业的26%。2009年以来，银行、保险、信托行业的资产规模年复合增长率均在20%以上，证券行业资产规模却出现连续三年负增长。

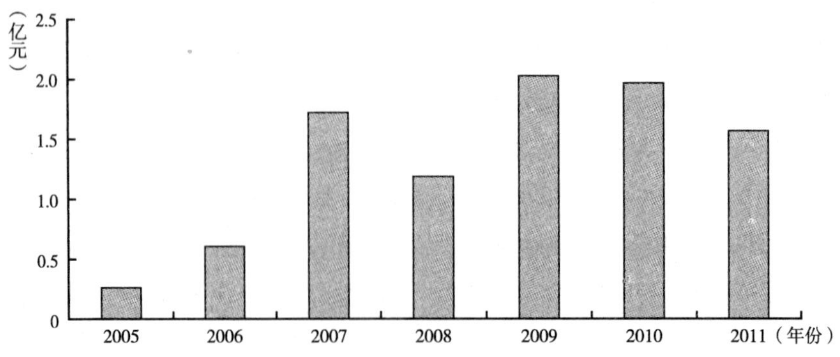

图7　2005～2011年证券公司总资产规模

资料来源：证监会，WIND资讯中国证券业协会。

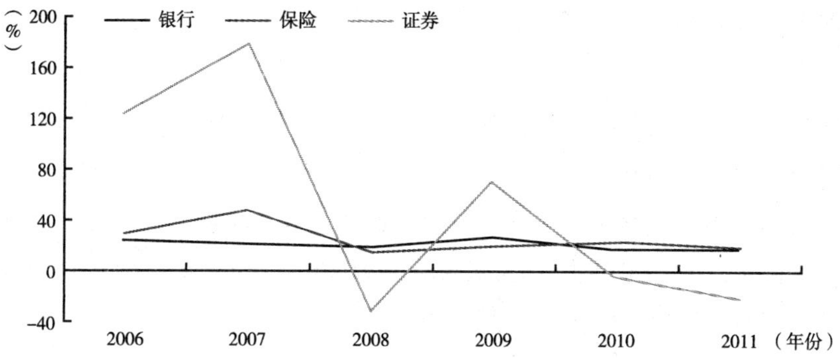

图 8　2006～2011 年银行、保险、证券总资产规模增长率

资料来源：由 WIND 资讯，银监会、保监会、证监会数据整理。

2011 年股市低迷，交易量萎缩，IPO 数量下降，受二级市场影响，证券行业整体赢利能力较弱。2011 年，证券业 109 家券商共实现营业收入 1634 亿元，同比下降 25.8%；共实现净利润 461.7 亿元，同比下降 43.8%，不及 2007 年的 30%。与银行业的净利润规模比也从 2007 年的 1∶3 缩小到 2011 年的 1∶26 左右。

从各项主营业务收入来看，自营和经纪业务是利润下降的主要因素。2011 年证券公司代理买卖证券业务净收入 688.87 亿元，同比下滑 36.50%；证券承销与保荐及财务顾问业务净收入 241.38 亿元，同比下滑 11.36%；受托客户资产管理业务净收入 21.13 亿元，同比略降 3.21%；证券投资收益（含公允价值变动）49.77 亿元，同比下滑 75.93%。

此外，银行、保险、信托行业迅速占领理财市场。2011 年，银行理财产品发行规模高达 17 万亿元，同比增长 141%，而同期券商集合理财产品发行规模仅为 642.87 亿元。

发行上市审批制导致证券公司创新业务发展受到限制。证券公司主动创新动力不足，股票、债券等融资性金融产品规模相对较小、衍生产品种类单一。

（四）基金亏损严重，可分配利润大幅下降

2011 年，64 家基金公司旗下的 873 只基金亏损 5004 亿元，成为中国基金业历史上仅次于 2008 年的第二大亏损年度。除货币市场基金和保本型基金外的其他各类型基金 2011 年均出现亏损，股票型和混合型基金亏损最为严重。

基金年报数据显示，开放式股票型基金 2011 年合计亏损 3146.6 亿元，平均

单只基金亏损7.53亿元；开放式混合型基金合计亏损1522.6亿元，平均单只基金亏损9.17亿元。

2011年基金公司管理费收入、托管费支付额和佣金费用均同比下降。其中，管理费收入合计288.64亿元，较2010年减少了13.54亿元，降幅为4.48%。2011年度股市低迷，基金公司的交易量和换手率大幅下降，支付给券商的佣金为46.78亿元，比2010年的62.4亿元减少25.03%。由于基金发行和销售困难，基金公司向销售机构支付的客户维护费不降反升。

在2011年基金销售困难和渠道拥挤的背景下，基金尾随佣金①及尾随佣金率呈现增长。尾随佣金同比增加1.01亿元，尾随佣金率同比增加1.18个百分点。

受2011年基金业整体亏损的影响，基金的可分配利润大幅下降。2010年末，基金业的期末基金可供分配净收益为988亿元，而2011年末，基金业的期末基金可供分配净收益已成为-2128.5亿元。

（五）信托规模增长较快，管理能力提升

2007~2011年，我国信托业信托资产规模的平均增速为50%。在货币政策偏紧、“金融脱媒”的背景下，信托行业从供需两方得到支撑，资产规模持续快速增长。2011年，信托资产总规模从2010年的3.04万亿元扩大至2011年的4.81万亿元，增长了58.2%。而信托公司的固有资产，也由2010年的1483.44亿元增长至2011年的1825.08亿元。整个行业赢利能力大幅提升，利润总额由2010年的158.76亿元上升到2011年的298.57亿元，增长88.1%，而人均利润也由2010年的212万元上升至2011年的250万元。信托行业的增长，对我国的信贷市场、房地产市场、证券市场以及产业投资产生重要影响。

根据信托业协会公布的数据测算，单一类信托在新增信托中的占比2008年时高达93%，集合类仅占7%；而截至2011年底新增集合信托的占比已经上涨至30.23%，达9596亿元，余额更是超过13590亿元，集合信托产品发展速度较快，反映了信托公司管理能力的提升。截至2011年底，我国共有66家信托公司。全年共发行信托产品2399只，整体收益率表现较为平稳，总体年平均收益率约为9%。

---

① 尾随佣金，也称托管服务费，是基金公司为保持基金总量而支付给销售机构的费用，其金额是按基金份额或市值的持有时间进行计算。

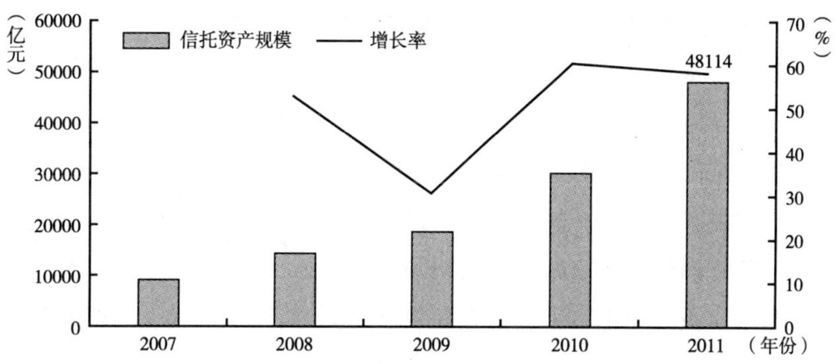

图 9　2006～2011 年银行、保险、证券总资产规模增长率

资料来源：中国信托业协会。

我国信托资产的投向主要包括基础产业、房地产、股票、基金、债券、金融机构、工商企业等。2011 年底，信托投向基础产业的资金余额为 1.02 万亿元，居首位，但随着信贷类信托规模缩水，份额由 2010 年的 37% 大幅滑落至 22%。投向房地产的资金余额为 6882.31 亿元，占比由 2010 年的 13% 增长至 15%。2011 年前三季度房地产信托资金量上升较快，而国家房地产的调控压力导致银监会对信托的房地产类投资进行了严格的控制，第四季度出现较大回落。2012 年三季度将迎来兑付高峰，兑付风险隐现。由于货币政策偏紧，金融机构资金出现短缺，投向金融机构的份额呈现较大增长，由 2010 年末的 5.2% 增长至 12.7%。另外，2011 年矿产资源类信托以及基金、艺术品、酒类甚至拆迁等的“另类信托”发行数量激增，反映了信托公司主动管理能力的提升。

另外，银信合作一直是监管治理的重点。截至 2011 年末，信托公司银信合作业务余额达到了 1.67 万亿元，在全部信托资产中占比 34.73%，与 2010 年末信托公司银信合作业务余额 1.66 万亿元基本持平，规模受到一定控制。预计 2012 年发行量将下降。

二　金融服务业发展趋势

（一）金融服务业边界不断扩大

传统的金融业主要指银行、证券、保险、基金、信托等业态。随着企业和居

民需求的多样化，金融及与金融相关的服务以各种形式出现。一方面，随着中小企业的发展，特别是科技创新类企业的发展，其从传统的银行等渠道获得融资比较困难，催生其对其他融资方式和渠道的需求（如 VC/PE 等）；另一方面，人均收入水平的提高、居民财富的增加使居民对于理财的需求增加。在间接融资比重下降、直接融资比重上升的情况下，传统金融机构已难以满足居民多样化的金融需求，一些新的金融业态如第三方财富管理、第三方支付等“类金融”业务迅速发展起来，极大地丰富了金融服务领域，扩大了金融服务业的边界。

（二）金融机构大型化

第一，一般来讲，金融机构规模越大、资本实力越雄厚，其抵抗金融风险的能力就越强，金融机构本身有着“做大”的内在动机。第二，金融机构越大，其在社会经济运行中所占地位越重要，遇到危机时受到政府救助的可能性越大，相应倒闭的可能性越小，如 AIG 保险公司在 2008 年金融危机时面临倒闭的风险，美联储及时提供了 850 亿美元的贷款援助。第三，金融业的竞争非常激烈，“马太效应”明显。大规模的并购时有发生，“优质”公司规模越来越大。历史上曾发生过花旗收购所罗门兄弟、摩根与大通银行合并、瑞士信贷收购第一波士顿等大机构并购案例，金融机构大型化已成必然。

（三）金融业务综合化

为抵御业务风险等非系统性风险的发生，金融机构越来越倾向于“混业经营”。1996 年底，日本政府推出名为“大爆炸”的金融改革计划，除准许部分银行从事投资银行业务外，还鼓励银行实施全能银行体制。欧盟已要求成员国实施全能银行制度，并积极地推动金融服务业的混业经营。其他发达国家混业经营的发展和金融服务业竞争力的提高，对美国金融服务业发展构成了强大的压力，推动了其金融服务业的改革。美国于 1999 年通过《金融服务现代化法案》，废除了《格拉斯—斯蒂格尔法》，重新走上了混业经营的道路。特别是金融危机以来，美国著名的投资银行转型及被收购，如高盛、摩根士丹利转型为银行控股公司，美国银行收购美林证券，金融混业经营的格局正在逐渐形成。

目前，国内金融机构也越来越向综合化发展，如商业银行设立基金公司、保险公司、信托公司、租赁公司等都已经成为现实，而保险公司也在积极收购商业银行。

（四）金融服务专业化

在金融业务综合化的同时，金融服务业领域还出现了专业化的趋势。金融企业出于提高经营效率、降低经营成本、转移风险、提升核心竞争力等原因，将原来自身承担的部分非核心业务转交外包服务商完成。金融服务外包是金融业向专业化、高端化发展的必然要求，是金融企业降低经营成本、提高运营效率、提升核心竞争力、转移风险的必然要求，是金融业发展的必然趋势。

三　金融服务业的投资机会

在全球金融业深入发展的背景下，我国金融服务业也处于深化和广化的发展过程，传统金融业规模将日益扩大，新生业态也将迅速成长，金融服务业的投资价值仍然巨大，投资机会众多。

（一）传统金融业态发展较为成熟

1. 业务较为成熟，商业银行仍处核心

传统金融业态（银行、证券、保险、基金、信托等）在国民经济中的地位非常重要，对企业、居民等的影响很大，其发展也相对成熟。主要表现在业务种类、赢利模式基本定型。如商业银行主要是资产业务、负债业务和中间业务，赢利以存贷差为主，手续费收入为辅；证券公司主要是经纪业务、投行业务和自营业务，赢利以手续费收入为主等。从目前状况看，我国传统金融机构在赢利模式上发生根本性变化的可能性不大。

需要关注的是金融业综合经营趋势可能带来的变化，主要是商业银行逐步控股其他金融机构，向其他金融业务延伸，金融资源有进一步集中的倾向。

在传统金融业态中，处于核心地位是商业银行。商业银行承担货币创造功能和支付结算功能，与中央银行一起构成了整个金融体系的核心和枢纽。由于商业银行能够动员大量的资金为企业的日常经营与投资服务，也为居民提供了大量可供投资的稳健的金融产品，所以商业银行积累了大量的渠道与客户资源，成为利用价值最高的金融机构，保险产品、基金产品、信托产品等几乎都是以商业银行为销售主渠道进行销售。

2. 竞争格局相对稳定，保险业仍存变数

传统金融业态目前竞争格局相对稳定。其中，商业银行最为稳定，其次是证券业和信托业，尚未稳定的是保险业。

银行业中，五大国有大型银行处于绝对主导地位，无可撼动，未来也很难变化；12 家股份制商业银行经过多年的发展，根基日渐牢固，虽无力冲击五大行，但也不易受到其他竞争者的威胁；国家开发银行中国邮政储蓄银行等政策性商业银行改制之路比较漫长，对现有格局影响不大；外资银行未对本土银行形成威胁。目前存在变数的是城市商业银行、农村商业银行、农村信用社等机构，在地方政府的主导和影响下，随着业务规模的扩张，并购重组及上市等案例屡有发生，其发展还未进入稳定状态。

表 1　2011 年中国银行业发展情况

银行类型	机构数量	资产规模(亿元)	资产比例(%)	发展特点
国有商业银行①	5	536336	47.3	行业主导
股份制银行②	12	183794	16.2	发展迅速
城市商业银行	144	99845	8.8	经营改善
其他类③	—	312899	27.6	商业化改革

注：①国有商业银行包括中国工商银行、中国农业银行、中国银行、中国建设银行和交通银行。

②股份制商业银行包括中信银行、光大银行、华夏银行、广东发展银行、深圳发展银行、招商银行、上海浦东发展银行、兴业银行、民生银行、恒丰银行、浙商银行、渤海银行。

③其他类包括政策性银行、农村商业银行、农村合作银行、外资金融机构、城市信用社、农村信用社、企业集团财务公司、信托投资公司、金融租赁公司、汽车金融公司、货币经纪公司和邮政储蓄银行。

资料来源：中国银行业监督管理委员会网站。

证券行业经过 2005～2006 年的综合治理及重组，行业重新洗牌，2011 年以中信证券、国泰君安、平安证券、国信证券等为代表的 10 家证券在同行业中占比仍占 4 成以上。加之我国证券公司以手续费收入为主，营业部数量以及投行实力决定了证券公司的竞争实力，这些因素在短时间内不易发生质的变化，因此目前的竞争格局已不易打破。

信托业与证券业类似，经历了几轮全行业的清理整顿后，形成了中信信托、中诚信托等在固有资产规模、受托资产规模等方面居于前列的信托公司，其市场信誉较好，地位比较稳固，竞争格局相对稳定。

与其他传统金融行业不同，我国保险业尚处于成长期，竞争格局尚不稳定，新生力量不断成长，存在比较大的变数。作为第一集团的中国人民保险公司（分拆为中国人保、中国人寿和中国再保险）、平安保险和太平洋保险市场份额逐步下降；泰康、新华等中型保险公司组成第二集团，市场份额稳步上升；处于第三集团的主要是小公司，由于成立时间普遍较短，市场份额尚小，但不排除以后出现新生力量的可能。

表 2　2004 年全面开放后保险行业竞争增强

时间	1996	2004	2005	2006	2007	2008	2009	2010	2011
保险机构(家)	8	63	93	98	110	112	121	126	185
保费收入(亿元)	777.1	4318.1	4927.3	5641.4	7035.8	9784.1	11137.3	14528.0	14339.3

资料来源：《保险统计年鉴》，保监会。

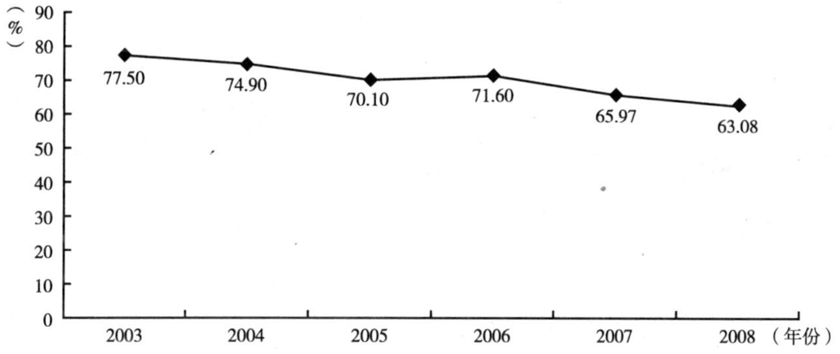

图 10　2003 年以来第一集团总体保费收入的市场占比

资料来源：保监会。

3. 投资价值较大，投资机会仍存

（1）商业银行。

商业银行在金融体系中的核心地位很难受到冲击，在我国金融加速发展的过程中，商业银行的发展前景仍然可观。鉴于商业银行较高的赢利水平，其投资价值很高。

尽管我国商业银行竞争格局比较稳定，但股东也时有变动，对于投资者仍然存在机会。首先是全国性股份制商业银行，这些银行已经具备比较稳固的市场地位，发展前景良好；其次是城市商业银行等中小银行，目前正在扩张之中，地方政府主导下的兼并重组以及上市融资频频发生。据银监会统计，2011 年全国有 144 家城市商业银行，其中北京银行、上海银行、江苏银行总资产规模排名前三，超过 4000 亿元；宁波银行、南京银行、杭州银行、徽商银行、天津银行、盛京银行等紧随其后，资产规模已超 2000 亿元。未来城市商业银行或许将出现分化，有的将发展成为全国性银行，有的仅为区域性银行或社区零售银行，有的则将被用全称兼并甚至破产，在这个过程中蕴藏着投资机会。

（2）保险公司。

保险业在我国仍属于快速成长的行业，发展空间很大，市场格局也并不稳定，老牌保险公司（主要是第一集团中的中国人寿、中国人保、平安保险、太平洋保险等）的市场份额正在被新生力量蚕食。第一集团虽然市场份额在降低，但在保险市场的影响依然很大，目前正在谋求向金融控股的方向发展，典型的企业如中国人寿、平安保险等将成为国有大型商业银行以及中信、光大等金融控股集团之外的另外一支生力军；第二集团包括新华、泰康等公司发展迅速，存在向第一集团发起冲击的可能，如有投资入股的可能将成为颇有价值的投资机会；在第三集团中可以关注银行系保险公司，银保业务是保险营销的三大支柱之一，在我国增长速度最快，而银行系保险公司占据渠道优势，其后发制人的潜力很大，将成为保险业不可忽视的一股力量。重点可以关注第二、第三集团中的投资机会。

（二）新生金融服务业态发展潜力大

由于人们多样化的金融需求，在传统的金融业态之外发展出了许多新生业态，如第三方财富管理、第三方支付以及信息咨询等行业。这些业态尚处于成长期，发展潜力巨大，有很好的投资机会。但也正是由于行业发展还未成熟，商业模式存在缺陷，行业监管缺失，因此同样存在比较大的风险。

1. 新生业态市场前景广阔

新生业态的市场需求主要来自三个方面：

一是财富管理需求急剧增加，尤其是高端个人客户和机构客户。随着我国人均收入水平超过 3000 美元，居民的可投资资产总量日益增加。据贝恩公司调查，2010 年我国个人可投资资产达人民币 62 万亿元，其中个人可投资资产在 1000 万元以上的高净值人士达到 50 万人，共持有可投资资产 15 万亿元，中国高净值人

群日益壮大。在金融需求方面，中国高净值人群投资理念日趋成熟，风险偏好更加稳健，财富目标更加多元化，资产配置和服务需求也随之呈现多元化趋势；高净值人群的财富管理渠道向专业财富管理机构转变，如私人银行、第三方财富管理机构等，品牌成为最重要的标准，其次是专业性和客户经理服务；当前中国高净值人士会同时使用多家专业财富管理机构，未来倾向于一家为主、多家为辅的模式。

另外，随着我国经济发展及货币化程度加深，非金融企业及各类机构积累了大量财富，也迫切需要进行财富的管理、资产的配置等高端且专业的金融服务。

二是企业生产活动的金融服务需求呈现多样化，特别是对于融资服务、物流金融服务以及咨询服务的需求将会大幅增加。在融资服务方面，中小企业对于贷款的需求比较迫切，民间借贷活跃，从事贷款服务的各类中介机构应运而生，发展迅速，除了担保公司、典当行、小额贷款公司等，还有各种投资咨询公司也从事类似服务，虽然鱼龙混杂，但也说明客观上市场需求很大。物流金融服务是指金融机构与第三方物流企业合作提供物流与金融集成式的融资、结算等服务，包括代收货款、垫付货款、承兑汇票、仓单质押等。“十二五”期间，我国要大力发展现代物流业，提高物流效率，降低物流成本，必然带动物流金融服务的发展。目前国内一些实力雄厚的物流企业，如中外运、中储、中远等的物流金融业务已经迅速成长为重要的利润增长点。在咨询服务方面，随着企业的不断成长，企业在战略规划、经营管理、对外投资等方面越来越需要借助外脑，这就催生了对于各类专业咨询服务的需求。

三是居民日常生活的金融服务需求倾向于方便快捷。这方面比较有代表性的是第三方支付行业的兴起。第三方支付是指基于互联网，提供线上（互联网）和线下（电话及手机）支付渠道，完成从用户到商户的在线货币支付、资金清算、查询统计等系列过程的一种支付交易方式。我国第三方支付行业从 1998 年发展至今，在经历了发展起步阶段、快速成长阶段后，目前进入高速增长期。2010 年交易额突破人民币 1 万亿元，与 2005 年相比，五年间交易规模上升了近 52 倍，年复合增长率达到 121%，未来的发展前景仍然可期。

2. 新生业态发展存在较大的不确定性

新生业态的不确定性表现为三个方面：

一是业务模式不成熟。由于新生业态生长于金融业的边缘，许多业务通过打擦边球的形式进行，政策风险较大。如第三方财富管理机构以向高净值客户销售金融产品，并向金融产品提供商收取费用为主要赢利模式。这种赢利模式如果操作不慎，容易造成非法集资的嫌疑。再如 PE 产品、信托产品等，监管部门明确不允许进行公开的推介销售，第三方财富管理机构在销售时或多或少会有擦边行为，有可能招致监管部门的处罚。另外，在这种赢利模式下，第三方机构成为金融产品的销售渠道之一，很难保证其第三方的独立立场，对客户的利益可能会形成损害。

二是市场秩序混乱。由于客观上存在市场需求，又缺乏相应的准入门槛限制，造成各类机构涌入新生金融服务领域。2004 年开始出现的第三方财富管理行业，目前已有上千家机构；第三方支付行业从 1998 年起步，目前已获得支付牌照的企业已有 196 家。至于从事贷款服务的各类机构更是不可胜数。大量机构的涌入造成了市场秩序混乱。由于机构过多，竞争激烈，缺乏监管，许多机构为了利润不惜铤而走险，如许多民间借贷中介机构变相经营放贷业务，违反了相关法律规定，扰乱了金融秩序，有的机构甚至成了犯罪分子实施诈骗的工具。

三是风险承受能力不足。新生业态主要是中介服务，注册资本一般较少，抵御风险的能力欠缺。如第三方财富管理机构的主要业务是代销金融产品，在中国当前环境下，代销机构虽说不承担风险，但如果代销产品业绩不及预期，甚至发生亏损或本金损失，给客户造成重大影响的话，往往容易引起纠纷；如果第三方机构在销售中存在误导、风险揭示不充分等问题，就需要承担责任，这种情况下第三方机构的生存将会受到威胁。市场上大量的贷款服务机构由于游离于中介与非中介之间、合法与不合法之间，经营不规范，一旦发生贷款违约，服务机构如难以脱责，就需以自有资金承担损失，从而陷入困境。就第三方财富管理和贷款服务行业市场总体来说，目前市场信誉还未建立起来，大部分服务机构尚未进入良性发展状态。

3. 投资机会

尽管存在诸多不确定性，但由于市场前景广阔，新生金融业态的投资机会仍需密切关注。主要集中于第三方财富管理、第三方支付以及咨询业等领域。

（1）第三方财富管理。

第三方财富管理是由独立于银行、证券、保险等金融机构的第三方机构，向个人、家庭及企业客户提供资产配置建议、金融产品推介等投资理财服务。随着

个人和家庭财富增长、理财意识的提升，以及各种理财产品的迅速发展，我国第三方财富管理行业具有很大的发展潜力。第三方财富管理机构是金融产品发行方和投资人之间的纽带，对于客户来说是提供理财顾问服务，对于金融产品提供商来说则是重要的销售渠道。一般来说，第三方机构主要服务高端客户，是金融机构的重要补充，其地位和作用还将进一步得到加强。

目前我国第三方财富管理市场处于发展初期，机构不断涌现，诺亚财富、展恒理财、恒天财富等为代表性机构；赢利模式还未完全定型，目前以金融产品代销为主，向产品供应商收取费用，未来将向前端和后端收费并重的模式发展，丰富其服务内涵和收入来源。

未来，随着法律法规以及监管的不断完善，第三方财富管理市场规模将不断扩大、业务模式日趋成熟、经营管理逐步规范，将进入良性发展的轨道，具有很好的投资价值。

（2）第三方支付行业。

从国内外市场来看，第三方支付行业总体上发展势头强劲。目前，旺盛的市场支付需求以及电子商务在深度和广度上的推进成为第三方支付行业繁荣发展的有力支撑，行业已经步入高速发展的通道，呈现加速上扬的态势。

随着央行向第三方支付企业发放牌照，我国第三方支付行业发展呈现新的特点。第一，第三方支付得到了官方认可，而不必游走于边缘。第二，第三方支付行业将受到监管，行业风险预计将得到较为有效的控制，整体竞争力得到提升。第三，行业内部将迎来兼并整合的高潮，强者恒强的局面将得到加强。

目前在第三方支付领域发展相对成熟、竞争格局较为稳定的是 C2C 业务，B2C 业务正在迅速发展中，B2B 业务还处在萌芽状态，因此投资机会主要关注 B2C 和 B2B 业务，对于 C2C 中的兼并收购也可予以关注。

（3）咨询业。

咨询业，是对第三产业中以咨询服务为特点的各种行业的总称。咨询业的特点为智力型服务，以专门的知识、信息、经验为资源，针对不同的用户需求，提供解决某一问题的方案或决策建议。咨询业包括信息咨询、管理咨询、工程咨询、科技咨询等。

信息咨询是对信息进行搜集、加工、整理、分析，并向客户传递的活动。信息咨询作为营利性行业起源于 19 世纪 90 年代的英国，距今已有 100 多年的历史。20 世纪 50 年代以来，信息咨询业飞速发展，路透和彭博是信息咨询机构的典型代表。我国信息咨询业始于 20 世纪 80 年代，90 年代以后才得到较快的发展，但大部分是政府背景的机构，目前市场化的机构主要有万得资讯等。

管理咨询是指对企业进行调研、诊断，找出问题，分析原因，提出解决方案，指导方案的推行实施，帮助企业解决问题、达成经营目标、健康稳健发展。管理咨询的主要业务包括战略咨询、组织架构咨询、业务流程咨询、人力资源咨询、薪酬绩效咨询等。管理咨询业始于 19 世纪后期和 20 世纪早期的英美，伴随着管理思想和实践的发展，管理咨询业从最初的科学管理、目标管理、会计咨询、全面质量管理、文化变革管理、人力资源管理发展到当今的 IT 项目咨询、电子商务咨询以及知识管理等，内容越来越丰富，对企业的影响也日益增强。国际著名咨询公司如麦肯锡、毕马威、埃森哲、罗兰贝格等在咨询业占有统治地位，对政商界以及各行各业均有重要影响。我国管理咨询业起步于 20 世纪 80 年代初期，但最近几年发展迅速，数量达到上万家。目前以高校为背景的咨询公司力量相对较强，如北京大学背景的北大纵横、爱尔睿达，清华大学背景的诺亚舟、九略等。

随着我国市场经济的完善，企业对于信息以及外脑的需求将越来越强烈，咨询业仍然处在快速发展期。目前，我国咨询企业虽然众多，但还没有形成稳定的竞争格局，今后必然要经过一个优胜劣汰的过程，存在较好的投资机会。

（三）金融服务外包业前景广阔

金融服务外包是指金融企业出于提升核心竞争力、提高经营效率等原因，将原由自身承担的部分业务转交外包服务商完成。在国际上，经过 40 多年的发展，金融服务外包已发展成为包括信息技术外包（ITO）、业务流程外包（BPO）、知识服务外包（KPO）和后勤服务外包等四大类，涉及多个业务品种的庞大市场。在我国，ITO 业务也已有了较大的发展，而 BPO 等业务则刚刚起步，具有很大的发展空间。

1. 国际上金融服务外包趋向于常规化和离岸化

随着金融业务向高端化和专业化的发展，外包已经成为国际金融机构惯常的选择，在业务开展、机构布局、人员选聘等方面都会考虑与专业的外包服务机构进行合作，IT 以及业务流程的外包逐渐常规化。

在经济全球化影响下，一些主要发达国家的金融机构将数据中心、呼叫中心

等转移到成本较低的发展中国家或地区。德勤等咨询机构的研究显示，以印度、中国、菲律宾、巴西等为代表的新兴市场国家成为重要的外包承接国。

2. 我国金融服务外包业务处于初步发展阶段

我国金融服务外包始于20世纪90年代的IT外包，目前整体规模尚小，与全球市场规模相比差距仍较大。大部分金融机构外包的意愿不是很强烈，经济发达地区情况稍好一些；除IT系统的开发与维护外，外包业务主要集中于中低端的流程操作环节；服务外包提供商比较分散，规模小，以数据处理事务外包为主，能够处理复杂业务或高端服务的企业仍然凤毛麟角，整体的利润率较低。

3. 我国金融服务外包业未来具备发展潜力

未来随着思想观念的不断更新、经营压力的增加，金融机构对于降低成本、提高效率、提升核心竞争力的需求也将更为急迫，金融服务外包的发展潜力巨大。根据有关机构预测，未来5年我国金融外包行业的年均增速将达到27%以上。信息化、标准化和集成化是金融服务外包市场大力发展需要具备的条件，我国信息化的深度和广度不断提高，金融业务流程标准化的趋势越来越显著，外包服务集成化程度不断加深都将促进外包业务的迅速发展。

我国金融机构IT外包已成为近期乃至今后较长一段时期金融外包增长潜力最大的领域。根据IDC的研究，预计未来5年我国金融IT外包服务市场将以超过27%的年度复合增长率（CAGR）快速增长。IDC还认为，中国业务流程外包（BPO）市场发展潜力巨大，但市场培育仍然需要一个过程。

据我们对金融机构的访谈调查，目前金融机构对于业务流程外包以及后援中心的需求较为强烈，而市场上现有的供应商并不能满足需求，这方面蕴涵着一定的投资机会。

参考文献

1. 中华人民共和国国家统计局：《中华人民共和国2011年国民经济和社会发展统计公报》，2012年2月22日。
2. 中国银行业监督管理委员会：《中国银行业监督管理委员会2011年报》，2012年4月24日。

Investment Analysis Report on Financial Services Industry

Gao Wenzhi　Gao Yanru

Abstract: Financial service industry plays a more and more important role in the national economy and exerts a growing impact on the real economy. Meanwhile, the range of financial services becomes wider and the formats become more diversified. With China gradually proceeds to post-industrial era, the contribution of financial services sector to GDP will continue to rise, and the development potential is huge. The trends of China's financial service industry are expected as following: the expansion of the boundaries of the financial services industry, the increase of the size of financial institutions, the integration of financial business and the specilization of financial services. The broad development prospects will catalyze valuable investment opportunities, including traditional financial services like banking, insurance, extended financial services like third-party wealth management and third-party payments, as well as outsourcing financial services.

Key Words: Financial services; Financial extension services; Financial services outsourcing

B.11

我国第三方支付行业投资分析报告

易善策

摘　要： 2011年第三方支付行业继续高速增长，布局新兴应用领域的步伐加快，业务模式及支付产品的创新层出不穷。在市场的追捧下，行业投资数量及金额显著增加，企业间并购逐步展开。2012年，伴随着第三方支付渗透能力的增强，行业增长依然乐观。基于产品服务创新的推动，第三方支付的服务水平将不断提升，赢利空间不断拓展。未来，行业投资前景依然看好，投资热潮仍将延续，预计行业内并购数量也将进一步增加。

关键词： 第三方支付　互联网支付　移动支付　投资　并购

第三方支付是互联网技术所引发的支付革命向纵深方向发展过程中的一项重要创新。从国内外市场来看，第三方支付行业总体上发展势头强劲。我国的第三方支付诞生于20世纪末，经过十多年的发展，目前行业已经步入高速发展的通道。当前，旺盛的市场支付需求以及电子商务在深度和广度上的推进成为第三方支付行业繁荣发展的有力支撑。对于我国高速发展中的第三方支付行业，尽管市场前景不难预期，但是伴随着央行监管措施的颁布实施、银联所代表的“国家队”的多方发力、移动支付等新兴工具平台的谋篇布局，我国第三方支付行业的竞争格局和发展趋势势必受到影响。

一　我国第三方支付行业概述

（一）行业概况

第三方支付，是指提供支付渠道并完成从用户到商户的货币支付、资金清算等一系列过程的一种支付交易方式。从事第三方支付的非银行金融机构被称为第三方支付企业。

区别于网络银行直接支付方式下仅仅将传统的“一手交钱，一手交货”交易模式虚拟化、网络化，第三方支付特点鲜明，优势独特，大大丰富了支付服务方式，较好地满足了电子商务企业和个人的支付需求，并日益成为电子商务的基础性工具之一。一是具有支付的便捷性。第三方支付不仅负责交易结算中与银行的对接，降低了交易成本，提高了交易效率，而且依托其销售平台开展业务，方便了消费者对商品的挑选，降低了消费者的搜寻成本，提高了消费者的购物体验。二是具有交易的相对安全性。第三方支付通过记录交易行为形成交易信用，充当支付过程中的信用中介，为交易提供了一定的安全保障，增加了用户的参与度、满意度和安全感，比较符合我国消费者的消费习惯。尤其是信用担保型第三方支付平台，通过有效解决在线交易中的信任问题而促成交易，在当前中国互联网交易信用体系尚不健全的情况下具有特殊的意义。三是提供服务的多样性。第三方支付可以根据企业的需要定制个性化的结算服务和一些增值服务。同时作为一种平台，第三方支付渗透能力较强，可以发挥资源整合的功能。

根据2011年中国人民银行签发的第三方支付牌照情况，目前第三方支付企业获准的业务范围包括：货币汇兑、互联网支付、移动电话支付、固定电话支付、预付卡发行与受理、银行卡收单以及中国人民银行确定的其他支付服务。由此可见，第三方支付的业务范围不仅仅局限于互联网支付，根据央行核准的业务范围，第三方支付的业务可以拓展至移动电话支付等更加广阔的市场领域。

（二）发展历程

从1998年至今，我国第三方支付行业大致经历了三个发展阶段：

第一，发展起步阶段（1998年至2004年）。1998年，由北京市政府与中国人民银行、原信息产业部、原国家内贸局等共同发起的首都电子商务工程启动，确定首都电子商城（首信易支付的前身）为网上交易与支付中介的示范平台。1999年3月，首信易支付开始运行，国内第一家第三方支付公司由此诞生。次年，上海环迅支付宣告成立。随后，ChinaPay、支付宝、联动优势等于2003年前后分别推出相关服务，贝宝、快钱等也在2004年正式推出。第三方支付市场迅速起步并发展壮大起来。在这一阶段，第三方支付以网关模式为主，支付的技

术含量不高，进入门槛低，产品同质化问题比较严重。

第二，快速成长阶段（2005 年至 2009 年）。2005 年被业界认为是“中国电子支付元年”。一方面，就行业本身来看，以支付宝为代表的信用担保型第三方支付平台迅速成长，并取得了很大的成功。与此密切相关的就是，网络购物市场主流的 B2C 电子商务模式被后来居上的 C2C 模式赶超，C2C 电子商务成为这一阶段网购市场的绝对主流模式。另一方面，从行业发展的外部环境来看，2005 年国务院《加快发展中国电子商务市场的若干意见》文件下发，《电子签名法》正式实施，《电子支付指引（征求意见稿）》、《支付清算组织管理办法（征求意见稿）》也相继公布，为促进和提高国内电子支付顺利发展提供了政策依据和保障。这一时期，第三方支付行业市场规模迅速扩张，交易额的年增长率基本上都在 100% 以上。同时，企业蜂拥而至，“跑马圈地”现象十分严重，竞争十分激烈，企业甚至“赔钱赚吆喝”。在竞争的压力下，不少企业开始在产品创新、增值服务探索等方面加大了力度。

第三，规范发展阶段（2010 年至今）。2010 年是第三方支付发展的一道分水岭。一方面恶性的价格战成为行业发展的一大障碍，另一方面混乱的行业秩序亟待规范。对此，央行出台了《非金融机构支付服务管理办法》（以下简称《办法》），设置了行业准入门槛，使行业面临着重新洗牌。但是《办法》也较好地为第三方支付企业“正名”，使它们摆脱了多年来一直处在政策“灰色地带”的尴尬。同时，经过十多年的发展，我国第三方支付的市场环境也发生了许多变化：第三方支付长期盘踞的 C2C 市场已经经过长期开发，而 B2C、B2B 市场发展如火如荼；“超级网银”的正式上线使得第三方支付依赖的金融基础设施得到进一步完善；支付技术进一步提升，移动支付成为新兴领域；等等。这些变化或是机遇，或是挑战，形成了迫使现有企业进行战略调整转型的压力。很多企业纷纷转向差异化运营，进行行业深挖，并积极开拓新兴领域。

二　2011 年我国第三方支付行业发展回顾

（一）市场回顾

1. 在市场规模方面，行业延续高速增长，交易规模实现翻番

2011 年我国第三方支付行业的市场规模已经超过 2 万亿元。以其中的互联

网支付为例，2011 年我国互联网支付交易额已经达到 22038 亿元，相比 2010 年增长了 118.09%（见图 1）。从近几年行业增长情况来看，互联网支付交易额在 2007 年还不到 1000 亿元，2010 年则一举突破万亿元大关，而 2011 年则又实现了交易额规模翻一番。以此计算，互联网的交易规模仅四年增长超过 21 倍，年复合增长率达到 118%。

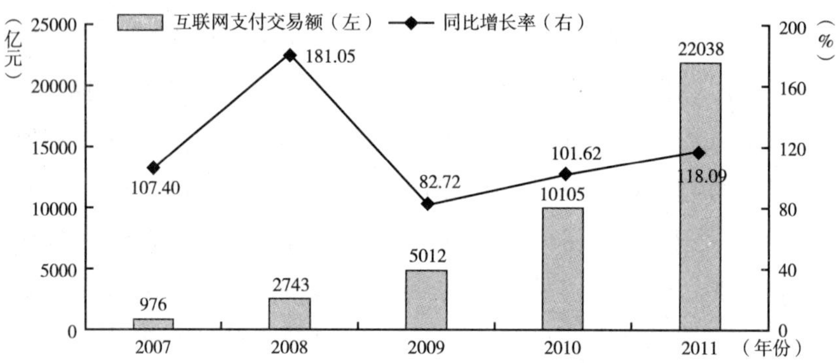

图 1 2007～2011 年我国互联网支付交易额及增长率情况

资料来源：WIND 资讯。

从季度数据来看，2011 年各季度环比增速存在一定的波动，但总体上符合往年的规律，呈现出前低后高的形态（见图 2）。一季度互联网支付交易额环比增长 3.20%，成为近五年来环比增速的最低纪录。这一方面是受到季节因素和

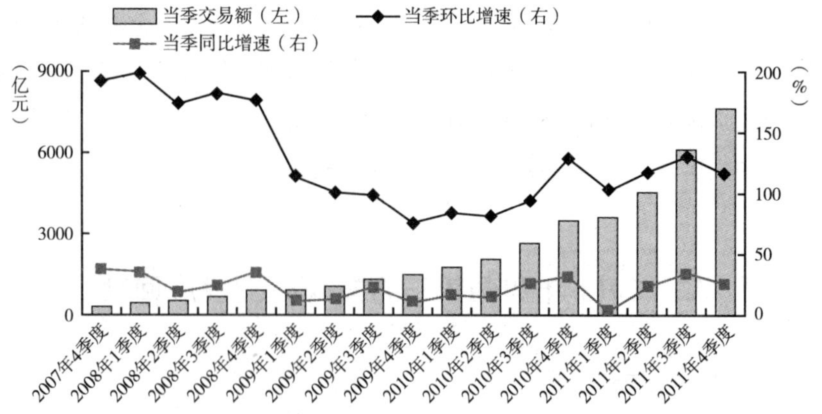

图 2 2007～2011 年各季度我国互联网支付交易额及增长率情况

资料来源：WIND 资讯。

春节长假的影响，网络购物处于淡季，另一方面，由于2010年第四季度增速较高、基数较大，致使2011年第一季度互联网支付交易额环比增速不仅低于全年水平，也低于往年水平。之后，互联网支付交易额快速增加，并在第三季度环比增长率达到近三年来的新高，达到34.80%。

我国第三方支付行业在2011年能够继续保持高速增长，这不仅得益于外部环境的有力支撑，而且源自行业自身不断开拓创新形成的内在动力。从外部环境来看，网络购物市场增速较快，第三方支付用户规模稳步增长。2011年我国网络购物市场也保持了较高的增速，进而带动第三方支付行业的繁荣。2011年中国网络购物市场交易规模达到7735.6亿元，同比增长67.80%，占社会消费品零售总额的比重为4.30%，比2010年提高1.4个百分点。① 第三方支付用户群体的不断扩大也是一个重要方面。通过第三方支付企业过去几年的市场培育，第三方支付的方式逐渐被越来越多的消费者所认知和接受，选择使用第三方支付的用户也不断增多。截至2011年12月，我国网购用户规模达到1.94亿个，网络购物渗透率提升至37.80%。与2010年相比，网络购物用户增长率为20.80%。其中，使用网上支付的用户规模达到1.67亿个，使用率提升至32.50%。与2010年相比，用户增长2957万人，增长率为21.60%。② 同时，在行业监管方面，相关政策逐步细化，牌照发放如期而至，政策的积极效应逐步发挥，进一步刺激行业沿着规范健康的方向积极发展。从行业自身来看，作为一个新兴朝阳产业，第三方支付目前的市场开拓能力和业务创新能力较强。2011年，在激烈的竞争中，第三方支付企业加快业务模式创新，积极开拓新兴领域，为行业高速增长提供动力。

2. 在市场结构方面，新兴领域大放异彩，吸引企业争相布局

2011年，互联网支付仍然是支撑第三方支付行业的主体，同时移动支付领域在加速增长，海外市场的拓展如火如荼。

就互联网支付而言，第三方支付企业进一步拓展应用领域，配合已形成规模的用户基础，带动了旺盛的支付需求。一方面，伴随着第三方支付及有关企业的正式身份得到确认，相关行业普遍提升了对第三方支付的认可和信任。另一方

---

① 丁佳琪：《2011年中国网络购物交易规模达7735.6亿元》，艾瑞网，2012年1月13日。

② 中国互联网络信息中心：《第29次中国互联网络发展状况统计报告》，2012年1月。

面，传统的网络购物、电子商务等领域竞争日益激烈，第三方支付企业纷纷积极开展与其他细分行业企业的合作，加强了对新兴领域的开拓力度。2011 年，互联网支付实现了对基金、保险、物流、教育等领域的快速渗透。相比于原有的网络购物、机票预订、生活缴费等领域，基金、保险、物流、教育等细分领域使用第三方支付的交易规模增长迅速，在互联网支付中的比重也有显著提高（见图 3），成为拉动互联网支付高速增长的重要动力之一。

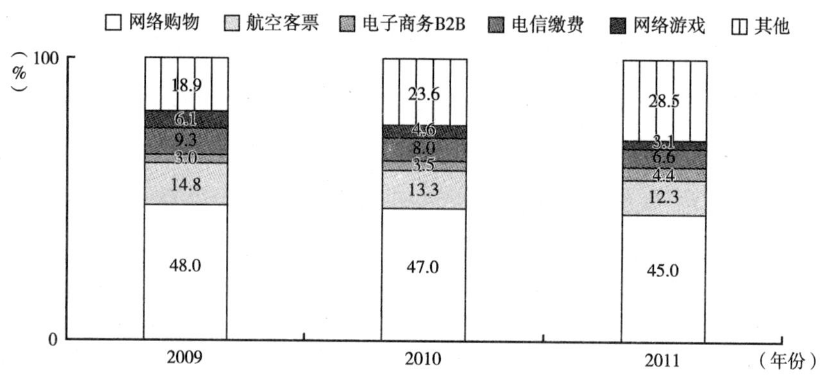

图 3　2007～2011 年我国互联网支付领域的交易规模结构

注：2011 年为预测值。
资料来源：艾瑞咨询。

受益于移动互联网的爆发式增长，移动支付领域进一步发力。目前，在第三方支付行业中，移动支付整体规模相对偏小。但是近来却出现了很高的增速，成为互联网支付之外的增长明星。近年来 3G 等移动通信技术日益成熟，智能手机加快普及，手机网民规模不断增加，移动互联网应用的外部基础不断优化，移动互联网经济进入加速发展时期。从 2010 年、2011 年各季度的数据来看，我国移动互联网市场交易规模增速显著提升，加速发展的态势十分显著（见图 4）。在移动互联网经济的带动下，2011 年手机电子商务也出现了井喷式的爆发增长，2011 年第二季度、第三季度的环比增长速度接近 100%（见图 5）。据统计数据，手机电子商务全年市场规模接近 120 亿元，同比增长超过 400%，用户规模同比增长近 140%，用户总量突破 2 亿个。① 移动互联网经济对移动支付产生了两个方面的积极带动作用。一

① 易观智库：《中国第三方支付市场趋势预测 2011～2014》，2012 年 3 月。

方面催生了移动互联网支付需求，手机在线支付用户进一步增长。截至2011年12月，手机在线支付用户达到3058万个，占手机网民的8.6%；① 另一方面，吸引了很多企业争相布局移动互联网领域。在这一过程中，支付方式不断创新，契合了消费者多样化的支付需求，对移动支付形成进一步的引导和刺激。

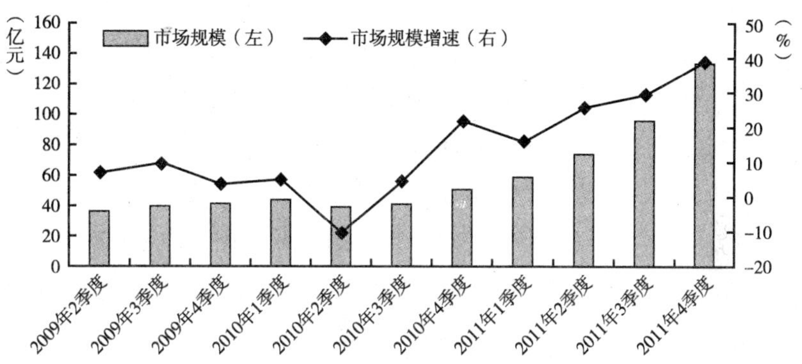

图4　2009～2011年我国移动互联网的市场规模

资料来源：WIND资讯。

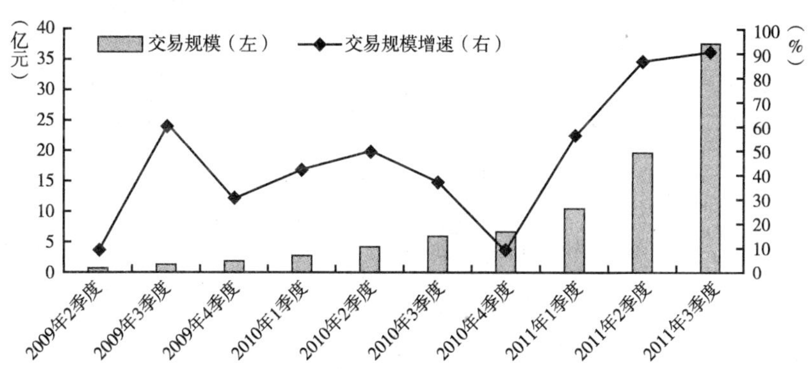

图5　2009～2011年我国手机电子商务的市场规模

资料来源：WIND资讯。

在进一步挖掘国内市场的同时，海外市场的布局也进一步加快。人民币国际化势在必行，人民币结算平台的搭建也势必为提供支付服务的第三方支付企业创造良机。2011年，越来越多的企业开始涉足跨境支付业务。例如，2011年6月1

① 中国互联网络信息中心：《第29次中国互联网络发展状况统计报告》，2012年1月。

日淘宝网“淘日本”和雅虎日本“中国商城”同时上线进而搭建跨国网购平台。

3. 在竞争格局方面，市场竞争加剧，行业格局总体稳定

（1）行业内竞争。

2011 年，互联网支付领域的基本格局保持稳定，领先企业在市场份额方面具有明显优势，第二梯队企业快速成长，集中度较高的市场格局变化不大。

互联网支付领域的企业梯次比较鲜明。目前，经过激烈竞争，企业已经形成明显的分化，行业内形成了相对鲜明的三个梯次。第一梯队为依托自身平台优势的支付宝、财付通，市场份额稳居行业前两名；第二梯队为立足于为客户提供独立的商务解决方案以及相关增值类服务、并占据一定市场份额的企业，如银联电子支付、快钱、汇付天下、易宝支付、环讯 IPS 等。第三梯队为其他众多企业，总和市场份额十分微弱。2011 年，支付宝以接近 50% 的市场份额稳居第一位，随后财付通以 20.40% 的市场份额居第二位，银联电子支付、快钱、汇付天下、易宝支付、环讯 IPS 等与之差距较大（见图 6）。从具体市场份额的变化来看，与 2010 年相比，支付宝、财付通都有微弱下降，而银联电子支付、快钱、汇付天下则有所上升。这种变化反映出：第一，行业集中度较高的基本格局维持稳定；第二，行业优势企业继续保持领先；第三，行业竞争的激烈，第二梯队企业在积极成长。

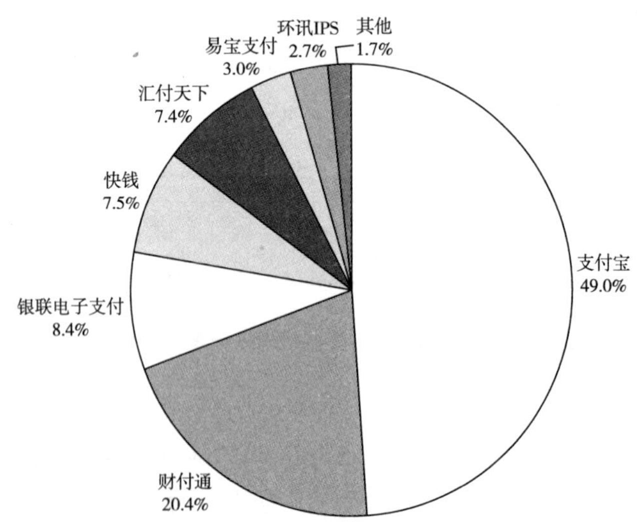

图 6　2011 年我国网络支付领域各企业的市场份额

资料来源：艾瑞咨询。

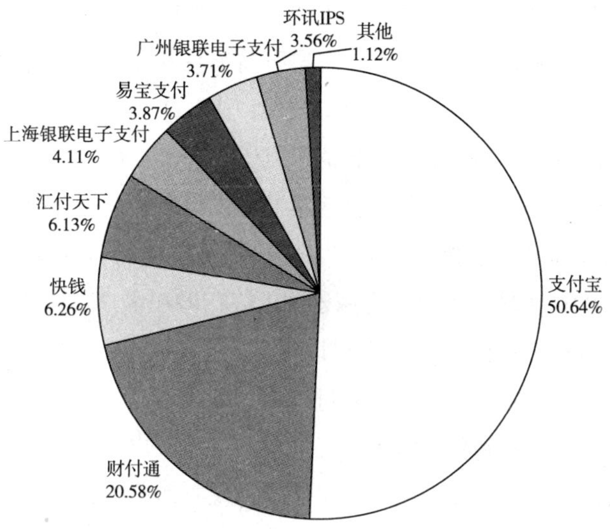

图 7　2010 年我国网络支付领域各企业的市场份额

资料来源：艾瑞咨询。

应对行业内的激烈竞争，2011 年第三方支付企业进一步采取差异化策略，争取在特定领域形成自身优势。第三方支付行业发展初期，产品服务比较单一，产品同质化程度较高，为争夺客户、占领市场，不惜降低服务费。面临激烈的竞争，不少企业走差异化竞争的道路。目前，通过对新兴领域的渗透，产品同质化状况有所改观。比如，易宝支付通过多年来与政府、教育机构等行政事业机构的合作，在电子政务、网络教育支付服务领域形成了差异化优势；环迅支付针对 B 端用户的多层次需求提供支付产品体系，形成了 B 端用户市场的差异化优势。同时，在激烈竞争中，第三方支付企业积极创新支付方式，积极提升用户的支付体验，努力增强用户的粘性。比如，支付宝先后推出“快捷支付”、“快捷登录”服务，以进一步巩固现有市场。

（2）与银行的竞合关系。

第三方支付企业与银行既竞争又合作，关系复杂。一方面，银行居于第三方支付行业的产业链上游，第三方支付企业开展业务则必然离不开与银行的合作。这种关系在第三方支付发展初期比较显著。在培育 C2C 市场过程中，第三方支付平台初期都对用户实行免费策略，迅速做大了市场。在这一过程中，资金划拨中不可避免地要使用银行的个人网银系统，从而使得个人网上银行业务也得到了发展。因而，第三方支付企业通过促进交易有效帮助银行提升其银行卡用户、网银用户的活跃程度和黏性。另一方面，银行与第三方支付企业之间存在着竞争的关系。第三方支付与银行的冲突起源于与银行业务的重叠。银行不仅希望摆脱对第三支付的依赖，直接与购物网站签约，以争夺网上支付市场，而且也希望能够分享第三方支付领域的诱人蛋糕，自建第三方支付系统。对于第三方支付企业来说，伴随着 C2C 领域日趋饱和，第三方支付平台不断将行业应用的广度进行延伸，开始进军 B2B 领域，争夺原先属于网上银行潜在客户目标的大商户。

2011 年，这种微妙的竞合关系得以继续，但竞争更加直接。在以小额交易为主的 C2C、B2C 领域，银联在线支付推出“无卡支付”，支持用户无须开通网银即可网上支付，且货到付款时无须提前向第三方账户划款，交易资金在个人银行账户内冻结，由银行完成预授权担保。这与现有的第三方支付平台产生直接的竞争。依托自身的优势，目前中国银联已与 157 家银行签署相关业务协议，并已有 60 多家银行接入无卡支付服务平台。同时，京东商城宣布终止与支付宝合作，转而选择与银联合作，成为“银联在线支付”的首批合作商户。

4. 在业务模式方面，创新层出不穷，服务层次进一步提升

在传统的简单商业模式下，赢利模式比较单一，规模化经营是关键。仅就电子支付而言，第三方支付行业的商业模式比较清晰：以收取手续费赢利，即第三方支付平台与银行确定一个基本的手续费率缴给银行，然后，第三方支付平台在这个费率上加上自己的毛利润，向客户收取费用。在这种“收取过路费”的简单赢利模式下，有人将其比喻为：谁能赢利就看“谁能搬钱”，并且“谁搬得快”。因而，规模化经营是赢利的关键。在市场培育阶段，为了尽可能占有客户资源，企业大都“跑马圈地”，免费提供服务。但是，伴随着竞争的加剧，利润来源过于单一的问题十分突出，很多企业的赢利状况不容乐观。

有平台依托的第三方支付企业在实现规模化的过程中具有优势，“网络平台 + 第三方支付”是一种重要的商业模式。网络平台在聚集人气、扩大受众群体方面能够发挥重要作用，是第三方支付企业扩大客户群体、实现规模化的重要依托。在这一方面，位居市场份额前两位的支付宝和财付通是典型案例。支付宝依托于淘宝网站、淘宝商城被网购群体迅速接纳；财付通则依托于拍拍网也能够迅速打开市场，并且其背后还有腾讯 QQ 的庞大用户群以及 2.5 亿个活跃用户的优势资源，使其具备良好的发展基础。

2011 年第三方支付企业不断提升服务的内容和层次，进一步拓展赢利空间。一方面，进一步提升增值服务，实现“支付 + 增值”双轮驱动。例如，汇付天下在 2011 年上线天天盈“现金宝”业务，提供现金管理和基金理财的双重功能；易宝支付在保险业有效整合行业资源，联合了数家保险公司和 15 家 4S 店推出了一项车险理赔的新模式，在机票代理行业，除做代理收款服务外还提供授信，代理解决商家融资问题。另一方面，依托支付业务在产业链上的渗透，开始提供解决企业资金流转效率的行业方案，进一步拓展赢利空间。第三方支付企业的优势在于依托其商家和用户的数据库可以为细分行业量身订制支付解决方案。例如，易宝支付、汇付天下、快钱等都积极为企业客户提供个性化的流动资金解决方案。

5. 在行业监管方面，许可牌照如期发放，相关政策逐步细化

继 2010 年颁布《非金融机构支付服务管理办法》后，2011 年央行分三批共发放 101 张非金融支付业务许可证。同时，有关部门着手制定了针对商业预付卡、支付机构的客户备付金的多项监管政策和细则。2011 年 5 月，国家七部委联合发布了《关于规范商业预付卡管理意见的通知》，明确了预付卡的监管主体，而且在购卡实名登记、非现金购卡、限额发行等方面形成了一系列制度。2011 年下半年，人民银行先后发布了《支付机构预付卡业务管理办法（征求意见稿）》、《支付机构客户备付金存管暂行办法（征求意见稿）》。这些管理办法的陆续出台表明了政府对行业的监管逐步细化。

总体上来讲，相关监管政策有利于行业的健康发展，其对行业的正向刺激在 2011 年下半年也逐步显现。牌照的发放正式确认了相关企业的行业身份，第三方支付企业获得了更加宽阔的市场发展空间。而监管政策的稳步推进则进一步优化了行业发展环境，增强了消费者对行业规范发展的信心。

（二）投资动态

1. 第三方支付继续受到市场追捧，VC/PE 机构投资显著增加

2011 年，第三方支付行业的高速增长继续吸引中外资本的进入。从披露的投资情况来看，2011 年电子支付、手机购物领域发生的 VC、PE 投资事件达到 10 起，投资金额超过 9000 万美元。与往年相比，第三方支付行业的投资出现了显著增加。其中，电子支付领域不论在投资事件数量还是投资金额上都远远超过

往年水平。而手机购物作为新兴领域，也打破了以往无人问津的状态，出现了4起投资（见表1、表2）。

表1　2007～2011年第三方支付企业获得VC/PE机构投资情况

单位：个，百万美元

行业	2011年		2010年		2009年		2008年		2007年	
	数量	金额	数量	金额	数量	金额	数量	金额	数量	金额
电子支付	6	83.89	2	1.46	4	5.42	3	30	3	10.25
手机购物	4	10.57	0	0	0	0	0	0	0	0

资料来源：清科研究中心。

表2　往年部分第三方支付企业融资事件统计

融资公司	业务类型	地区	事件类型	投资机构	涉及资金	时间
手付通	移动支付	上海市	VC/PE	深创投	RMB 1200万	2009.8
银商集团	银行卡收单	山东省	VC/PE	中信产业基金	RMB 16300万	2009.12
通联支付	电子支付	上海市	VC/PE	同威创投	RMB 3000万	2008.12
拉卡拉	银行卡收单	北京市	VC/PE	联想投资、富鑫国际、晨兴创投	USD2500万	2008.8
			VC/PE	联想投资、和通国际	USD 800万	2007.3
			天使投资	雷军、联想投资	RMB 1600万	2004.12
立佰趣	电子支付	上海市	VC/PE	麦顿投资、润盛基金、鼎晖创投	USD 225万	2007.5
易宝支付	互联网支付、移动支付、银行卡收单	北京市	VC/PE	嘉丰资本	USD 250万	2007.7
			VC/PE	德丰杰龙脉中国基金、嘉丰资本、德丰杰、龙脉创投、英特尔投资、W. R. Hambrecht	USD 400万	2006.8
首信易支付	互联网支付	北京市	VC/PE	中经合	USD 1450万	2006.11
快钱	互联网支付、移动支付、银行卡收单	上海市	VC/PE	光速创投、Peninsula、DCM	—	2006.4
			VC/PE	DCM、半岛资本	—	

资料来源：徐锟：《第三方支付渐受资本青睐行业将迎并购上市浪潮》，赛迪投资顾问，2011年12月。

在披露的10起投资事件中（见表3），从被投企业来看，既包括汇付天下等市场地位靠前的公司，也包括布丁等一批初创公司。总体上，这些企业在第三方

支付领域都有自己的专长。比如，租房宝定位于租房支付服务，友付针对活动、团体提供收款服务，立佰趣则是亚洲唯一运营指纹支付业务的企业，布丁主要业务为O2O服务，等等。从投资类型来看，有3起投资为扩张期的投资，其余7起均为初创期投资。这表明，第三方支付行业的市场前景已经获得各方机构的认可，在公司的初创期投资机构便纷纷追逐进入。从区域分布来看，2011年的投资主要集中在北京、上海等一线城市。

表3 2011年VC/PE机构投资第三方支付行业事件

被投企业	行业	投资类型	城市	投资机构	事件介绍
租房宝	电子支付	初创期	杭州市	华瓯创投	2011年11月，浙江华瓯创业投资有限公司投资杭州租房宝千万元人民币。此轮资金将主要用于技术研发、市场推广、品牌打造。租房宝是一款能让用户实现“月付”的金融服务产品。目前已与银联商务、支付宝、财付通、汇付天下、快钱五大第三方支付平台开展合作，目标是要让租客通过租房宝付房租实现安全、快捷、方便
汇付天下	电子支付	扩张期	上海市	富达亚洲 凯旋创投 华登国际	2011年9月，华登国际、凯旋创投和富达亚洲完成对汇付天下有限公司的投资，其中，华登国际出资670万美元
银达润和	电子支付	初创期	北京市	信中利	2011年8月，北京信中利投资有限公司投资北京银达润和科技发展有限公司
友付	电子支付	初创期	北京市	原点创投	2011年6月，中国首家活动收款平台yoopay.cn近日上线，相对于其他第三方支付平台，友付为活动收款、团体收款、朋友转款提供收款方式的整合服务。友付获得了由原点资本领投的首轮风险投资，并向中国、美国、欧盟等国家和地区提出了专利技术的申请
手付通	电子支付	扩张期	上海市	中发君盛	2011年3月，君盛投资旗下中小企业(天津)创业投资基金日前正式完成了对上海瀚银信息技术有限公司的投资。上海瀚银成立于2006年，是一家移动支付和移动电子商务专业服务公司，主要向金融机构、行业客户和大众手机用户提供可靠便捷的第三方支付平台的专业化公司

续表

被投企业	行业	投资类型	城市	投资机构	事件介绍
立佰趣	电子支付	扩张期	上海市	中金 君联资本 鼎晖创投	2011年1月，立佰趣与中金、联想、鼎晖等财团签订协议，立佰趣将获得5亿元人民币的注资，公司计划与花旗集团在海外设立合资公司，共同开拓海外市场。立佰趣是亚洲唯一运营指纹支付业务的企业，以生物识别技术为核心的支付业务“指付通”已经拥有上万家合作商户，日均增长数万用户
布丁	手机购物	初创期	北京市	清科创投 创新工场	2011年10月，创新工场首个O2O(Online to Offline)项目布丁融资近千万美元，此次获得清科创投与创新发展基金的融资，将主要用于产品研发与市场开拓。布丁成立于2010年11月，2011年4月加入创新工场加速计划，主要业务为O2O服务，包括布丁优惠券、布丁外卖、布丁爱生活等系列移动客户端
				创新工场	2011年3月，北京步鼎方舟科技有限公司获得创新工场发展美元基金首轮投资
爱购网	手机购物	初创期	广州市	IDG资本 清科创投	2011年4月，清科创投和IDG资本完成对广州爱购网络科技有限公司(爱购网)的投资。爱购网是一个目前主要面向国内三线、四线城市的移动购物网站
立购网	手机购物	初创期	北京市	富汇投资	2011年2月，富汇投资完成对北京立购网络技术有限公司的投资

资料来源：清科研究中心。

2011年对第三方支付行业的机构投资之所以出现显著增长，一是互联网概念近年来一直是市场投资的热点。2009年～2011年互联网领域的投资数量不断增加，占全部投资事件的比重从12.03%上升至15.89%。① 在互联网概念受热捧的情况下，互联网支付和移动支付作为其细分领域自然受到关注。二是，第三方支付行业的商业模式不断完善，赢利能力不断提升，伴随着相关技术日益成熟、政策导向逐渐清晰，第三方支付的投资价值得到更多认可。

2. 企业间并购暗流涌动，并购浪潮初露端倪

从市场公开数据来看，2011年第三方支付行业发生了2起并购事件。一是，

① 资料来源：清科统计数据。

2011年8月“佰通卡”公司的控股方与上海富友金融网络技术有限公司进行的战略并购。二是，2011年9月支付宝宣布收购安卡支付。

2011年市场平静的表面下实际上并购的暗流涌动。这两起仅有的并购事件颇具有代表性，表明了两种并购的动向：①支付宝收购安卡支付是大企业基于拓展市场的需要而对细分市场上的企业进行的并购。安卡支付官方网站的公开资料显示，它们的典型客户包括港龙航空、国泰航空、长荣航空、亚洲航空、春秋航空、中国票务在线等。通过收购安卡支付，支付宝一方面进一步巩固了其在航空客票支付领域的地位，另一方面进一步提升了自己在跨境支付方面的能力。②“佰通卡”公司的控股方与上海富友金融网络技术有限公司的并购是未获支付牌照企业对已获牌照企业的收购。上海富友金融网络技术有限公司2011年8月29日获得央行颁发的牌照，业务类型为预付卡发行与受理，业务覆盖福建省、江苏省、上海市、浙江省。根据“佰通卡”公司在其官方网站上的公告，双方将共同发行受理“佰通卡”的业务，确保“佰通卡”正常运营。

三　2012年我国第三方支付行业投资展望

（一）投资前景展望

1. 行业发展仍有潜力，增长前景依然乐观

从行业自身特点来看，第三方支付行业属于增长型行业，目前处于高速阶段，2012年行业的相对高速增长仍然可以预期。第三方支付行业在我国总体上还属于一个新兴行业，行业的创新能力较强。伴随着第三方支付行业服务能力的提升，应用领域将进一步拓展。多行业渗透、多领域应用将推动行业的进一步增长。

从行业发展环境来看，外部条件总体上积极有利，第三方支付仍具有发展空间。第一，在政策环境方面，刺激消费的宏观政策奠定行业长期远景。国家“十二五”规划明确提出要“坚持把经济结构战略性调整作为加快转变经济发展方式的主攻方向”，并提出要“建立扩大消费需求的长效机制，把扩大消费需求作为扩大内需的战略重点”。第三方支付相关领域也成为政策鼓励的对象。国家“十二五”规划在“加快发展生产性服务业”部分提出要“发展网上交易等新型

服务业态，创新金融产品和服务模式”。2011 年 10 月商务部、财政部、中国人民银行联合发布《关于“十二五”时期做好扩大消费工作的意见》，文件提出要“培育新型消费模式。促进网络购物、电话购物、手机购物、电视购物、自动售货机等无店铺销售形式规范发展。鼓励传统流通企业建立网上销售平台，构建‘线上线下’营销网络”。在政策鼓励的同时，相关监管政策也逐步细化，对行业的长期健康发展有利。第二，在经济环境方面，多元化的行业个性需求旺盛。不同的行业对电子支付都存在个性化独特的需求。伴随着传统行业支付的电子化，安全、可靠的定制化产品需求十分旺盛，多元化的行业个性需求将为第三方支付平台提供广阔的发展空间。第三，在社会环境方面，网民规模数量继续增长，网络购物渗透率提升空间较大。我国网民数量保持持续增长态势，尽管近年增长速度有所回落，但是网购网民可供挖掘的潜力仍然很大。这主要是因为我国目前的网络购物渗透率相对较低。伴随着对网络购物的认识和接受，网络购物渗透率将进一步提升，使用第三方支付的用户基础依然具有增长的潜力。同时，消费者反欺诈、防盗窃意识增强，更加注重网络支付安全。第四，在技术环境方面，国家在多个文件中提到加快建设信息网络基础设施，推动新一代移动通信、下一代互联网核心设备和智能终端的研发及产业化，并加强网络与信息安全保障。不论在应用领域拓展方面还是支付安全技术方面，第三方支付借此将获得强大的技术支撑。

2. 行业渗透进一步加快，移动支付、跨境支付、线下市场等领域将成为各方争夺的重点领域

2012 年，第三方支付行业的竞争将进一步加剧。目前，总体上第三方支付的产品同质化现象仍然比较严重。尤其在网络购物等传统领域，各企业之间的差异化并不十分显著。而且，第三方网上支付接口标准相似，转换成本不高。商户网站可以轻易更换或者增加第三方网上支付平台。比如，从京东商城宣布终止与支付宝合作并选择与银联合作的事件就可以看出，商户转换第三方支付的直接成本并不高。因而，在缺乏定价权的情况下，行业内的竞争必将十分激烈。

在现有的市场格局下，第三方支付的传统领域开拓市场空间的难度较大，而一些新兴领域还尚未形成稳定的市场格局。目前，在互联网支付方面，基金、保险、物流等细分领域是各个企业相互拼杀争夺的地带。例如，在基金销售方面，汇付天下、通联支付和银联支付进入较早并获得基金第三方支付牌照，目前易宝

支付也刚刚获得该牌照，而支付宝、财付通等企业也在积极进入这一领域。同样，在保险代销等领域也引来多家企业切分市场蛋糕。

除了这些互联网支付的细分领域外，第三方支付企业将更加关注移动支付、跨境支付、线下市场等蓝海领域。在移动支付领域，中国移动、中国联通、中国电信三大运营商分别成立子公司开展移动支付业务，并于2011年底获得了移动支付的牌照，而第三方支付企业也加快布局，快钱及汇付天下已经先后分别发布“快+”移动支付平台、“Asi@”的移动支付战略。在跨境支付领域，快钱发布了专为外贸电商企业量身打造的国际收汇解决方案，继支付宝、财付通之后也宣布进军跨境支付市场。在线下市场方面，支付宝推出手机条码支付进军线下便民支付市场，而与此相对，银联商务则迅速推出“全民付”作为其线下支付品牌。总之，2012年强势介入新的领域是各个第三方支付企业的共同策略，对移动支付、跨境支付、线下市场的占有情况将决定未来第三方支付行业的格局。

3. 产品服务创新将更加活跃，第三方支付的整合功能将日益凸显

不断创新产品和服务，是第三方支付行业作为一个新兴产业处于高速成长阶段的重要特征。一方面，第三方支付企业需要不断改进现有支付产品，提高消费者支付的便捷性和安全性，以巩固现有市场份额；另一方面，第三方支付企业在开辟新兴领域的过程中要针对具体行业的特点设计相应的支付方案。因而，2012年第三方支付企业在抢占市场的过程中必然要加大业务模式、支付方式的创新力度。

在2011年，第三方支付企业已经通过提升增值服务、提供行业解决方案的方式打开了赢利的空间。未来沿着这一思路，第三方支付将进一步利用自身在资金流、信息流等方面的优势，发挥资源整合平台的功能，进而为其他企业提供除支付之外的更多服务。因而，未来产品服务创新能力强、资源整合能力突出的第三方支付企业将成为市场上的引领者。

4. 投资第三方支付的热潮仍将延续，行业内并购将逐步展开

目前，第三方支付企业普遍仍处于“微赢利”状况。但是伴随着行业赢利模式的创新，企业进一步拓展赢利空间，市场对第三方支付企业的赢利预期大大增强。这将吸引更多的资本投资第三方支付行业。

在并购方面，2011年市场并购行为有限。这主要是由于很多企业还在备战牌照申请，央行也并未明确牌照发放的数量和申请的截止日期，给未获牌照企业

留下了想象的空间。这一因素将在2012年继续产生作用。但是，2011年的两起并购事件表明了行业并购的两种基本需求，已使行业的并购浪潮初露端倪。2012年，结合行业发展，行业内的并购很有可能提速，而且已获取牌照的大企业为了扩展业务范围将实施更大范围的并购。

（二）投资风险关注

1. 支付安全是行业的一大风险隐患

第三方支付的核心在于安全、便捷。PayPal是国际第三方支付行业的标杆，而奠定其行业地位的正是它的先进安全保障体系。PayPal的创始人之一麦克斯·列夫琴（Max Levchin）曾这样描述PayPal："一家披着金融服务公司外衣的安全技术公司。"PayPal的服务建立在现有的银行和信用卡的金融基础设施之上，并采用世界上最先进的、专有的防欺诈技术和模型，创建了一个安全的、全球性的、实时支付解决方案。PayPal的价值观就是："在您使用PayPal时，我们不会将您的个人信息和财务信息透露给他人。我们永远都不会将您的信用卡号透露给商业企业。"

安全性是第三方支付企业的安身立命之本。《非金融机构支付服务管理办法》中就明确规定："支付机构应当具备必要的技术手段，确保支付指令的完整性、一致性和不可抵赖性，支付业务处理的及时性、准确性和支付业务的安全性。"但是，伴随着网上交易数量和规模的增加，通过钓鱼网站、木马等方式进行的网络欺诈盗窃威胁越来越严峻，资金安全、信息安全等问题成为日益突出的问题。2011年末的CSDN数据泄密事件已经给互联网信息安全敲响了警钟。截至2011年11月底，中国反钓鱼网站联盟已累计处理钓鱼网站72322个，2011年1～11月共处理36674个，较2010年同期增长78%。① 网络支付的安全隐患时刻存在，并且单笔交易金额越大，网络交易的风险也越大，对安全性的要求也就越高。有关机构调研数据显示，用户在网络支付使用过程中由于账户密码被盗带来的资金损失、交易中木马钓鱼网站导致的资金损失以及隐私信息被截取三类问题所占比例最高，分别为33.9%、24%、21.4%。② 因而，总体来说，安全系统仍

---

① 中国反钓鱼网站联盟：《2011年中国反钓鱼网站联盟工作报告》，2011年12月。

② 易观国际：《中国第三方网络支付安全调研报告》，2011年11月。

然是第三方网上支付业务中的一大隐患。

2. 企业的风险管理能力需要充分关注

目前，第三方支付企业的风险管理能力需要进行充分关注。一是，第三方支付行业扩张迅速。与之相适应，企业的风险管控必须同步跟进，否则，企业的快速增长有可能昙花一现。二是，与支付安全相关，对支付风险的判断、评估、防范、应对能力也是第三方支付企业的核心竞争力之一。在当前的网络环境下，如何防范支付风险也是第三方支付企业的重大命题。三是，第三方支付企业都拥有巨大规模的备付金。利用这些备付金，一些企业存在违规经营的问题，给第三方支付企业自身带来风险。目前，央行已经针对备付金问题出台管理办法的征求意见稿，客观上要求第三方支付企业依法存管备付金。但是，作为企业自身而言，提高风险管理能力也是重要方面。

参考文献

1. 中国电子商务协会编《第三方电子支付探索与实践》，中国标准出版社，2008。
2. 马玉洪编《网络支付》，北京师范大学出版社，2010。
3. 马桂琴：《我国第三方支付发展新问题探讨》，《电子商务》2012 年第 2 期。
4. 刘佳：《支付混战》，《互联网周刊》，2011 年第 2 期。
5. 国研网金融研究部：《评议第三方支付政策》，《金融中国》2010 年 7 月。
6. 王殿尧：《刍议第三方支付服务模式创新》，《商业时代》2009 年第 27 期。
7. 王菲菲：《第三方支付产业价值链探析》，《电子商务》2009 年第 1 期。
8. 王乐鹏：《第三方支付竞争格局和策略研究》，《电子商务》2011 年第 11 期。
9. 尹娜：《后牌照时代第三方支付与网银竞合关系分析》，《中国商贸》2012 年第 4 期。
10. 尹潞玫：《电子商务中第三方支付模式及问题研究》，《时代金融》2011 年第 29 期。
11. 郑秋霞：《第三方支付发展模式研究》，《经济研究导刊》2011 年第 35 期。
12. 张劲松：《第三方电子支付赢利模式创新研究》，《中国信息界》2012 年第 1 期。
13. 中国互联网络信息中心：《第 29 次中国互联网络发展状况统计报告》，2012 年 1 月。
14. 中国互联网络信息中心：《第 28 次中国互联网络发展状况统计报告》，2011 年 1 月。

Investment Analysis Report on China Third-party Payment Industry

Yi Shance

Abstract: Third-party payment industry continued its rapid growth and kept expanding to new areas of application in 2011. The innovation of business models and products increases. As sought after by the market, the total investment in third-party payment industry increased significantly in 2011. At the same time, mergers and acquisitions become active. The growth of third-party payment industry will still be optimistic in 2012. Promoted by innovations in product and service, payment services will constantly improve and the profitability will be enhanced. Meanwhile, third-party payment industry with its bright future will attract more investments, and the cases of mergers and acquisitions will continue to increase.

Key Words: Third-party Payment; Internet Payment; Mobile Payment; Investment; Merge & Acquisition

B.12

养老行业投资分析报告

课题组*

摘　要： 养老产业是一个概念性的产业，是养老服务和相关产业的结合，包括养老金融、老年休闲文娱、老年医疗保健、老年护理、老年食品、老年地产、养老设施和机构等多个方面，产业链较长。目前，养老模式基本上分为家庭养老、社区养老和机构养老三种。通过对发达国家和地区养老社区运作架构的分析，发现多数养老项目为基金运作模式，且相当数量的养老社区为上市公司。基于国内有关法律政策相对不够完善，目前国内主要机构采取"项目公司"运作模式，还没有过渡到标准的房地产信托基金的管理架构。

关键词： 养老地产　基金　模式

一　概述

（一）基本概念

老年服务是指向老年阶层提供的关怀、护理服务。根据世界卫生组织对老年人的划分标准，并结合我国人口结构、老年人保护条例和心理特征，老年服务应该是泛指向60周岁以上人群提供的各类服务，并不仅限于护理范畴。老年服务的统筹与管理主要由政府部门承担，辅以社会必要的资助和有偿服务，分为公益性和非公益性两类。老年服务主要是指养老服务。

养老服务业是为老年人提供生活照顾和护理服务，满足老年人特殊生活需求的服务性行业。老年人是最值得尊敬和爱戴，也是最需要关心和帮助的群体。中

* 课题组成员：靳磊、滕召学、李达、王姿婷。

华民族素有敬老、尊老的传统，随着经济社会的发展，人民生活水平的提高，以及社会生活方式的转变，老年群体在日常生活照顾、精神慰藉、心理支持、康复、护理、临终关怀、紧急救助等方面呈现出日益增长的需求。

养老服务是家庭事务和社会事业的一部分。20 世纪 70 年代以后，随着人口老龄化的加速，面对不断扩大的老年群体和不断增多的老年人需求，传统的单纯依靠家庭养老或依靠国家养老的方式已日益难以应对，于是社会化、市场化、产业化的养老服务模式便开始产生。我国是世界上老龄人口大国，老年人口不仅基数大，而且增长速度快，因此，加快养老服务业发展显得尤为紧迫而重要。

（二）基本养老模式

目前，养老模式基本上分为家庭养老、社区养老和机构养老三种。

第一，家庭养老。家庭养老是老年人居住在家中，由具有血缘关系的家庭成员对老人提供赡养服务。日本、新加坡等亚洲国家，家庭养老占主体地位。

第二，社区居家养老。所谓社区居家养老，就是在城市各个社区建立养老护理服务中心，老人仍然居住在自己家里，享受服务中心提供的营养和医疗护理以及心理咨询，并由服务中心派出养老护理员按约定定时到老人家中提供服务。社区居家养老相当于无围墙的养老院。目前欧美等发达国家接受居家养老服务的老年人比例在 80% 以上，这是西方国家最主要的养老模式。

第三，机构养老。机构养老是指由专门的养老机构（包括福利院、养老院、托老所、老年公寓、临终关怀医院等）将老人集中起来，进行全方位的照顾。对入住养老机构的老年人多采取分级管理。根据身体健康状态、生活自理程度和社会交往能力，老年人可以分为自理型、半自理型和完全不能自理型三级。不同级别的老人住不同类型的养老机构。目前，西方发达国家有 5% ~15% 的老年人选择机构养老。

二　国内外养老产业发展情况

（一）总体情况

1986 年，国际慈善机构（HTA）制定了老年人居住建筑的分类标准，按照

老年人所需要社会服务支援的程度，将老年住宅的建筑模式划分为 7 种类型。各国在此基础上规定了本国的老年住宅建筑模式，结合各国不同的老年问题的政策、制度和文化，形成了不同的老年养老机构市场，大致可以分为以下几种类型：

表 1　世界上养老社区的主要类型

居住环境、生活方式	社区类型	针对客户	提供服务特点	物业租售方式
居家生活型	连续照料退休社区	身体健康，可以独立生活，但需要应急照料的客户	发展的概念，必要时提供辅助和护理服务	租赁或出售
	活跃老年社区	年龄有限制，喜欢参加身体和社会活动的客户	环境优美，成熟服务体系，多种娱乐交流场所，社区活动丰富	联排或别墅，出售为主
独立生活型	老年公寓	喜欢安静，结交新朋友的老年客户	不提供就餐、交通、不组织社会活动	租赁或出售
	老年聚集区	和外界保持良好的联系，参加一些社会活动的客户	除租赁房屋外，还提供就餐、清扫房间、交通、社会活动等服务	租赁为主
辅助生活型	辅助生活社区	生活不能全部自理，需要专门的辅助和帮助	根据客户自身条件，提供服务包括：就餐、洗衣、清理房间、医药管理、日常生活活动帮助等	出租
	家庭照料社区	各种年龄段，包括老人、孩子、刚出院的人、长期病号等	提供短工服务，专业的护士照料	出租
辅助医疗型	护理院	需要 24 小时照料，患有长期或慢性病，需要治疗和恢复	提供 24 小时护理照料设施，提供常规的医药监督和康复治疗，需要注册护士和有执照的护工	出租
	老年痴呆症养老院	老年痴呆初期，需要护理恢复	完全无障碍设计，需要完好的设施和专业人员照料	出租

从不同国家和地区的特点来看，美洲、亚洲的老年住宅主要是政府扶持 + 发展商赢利型，而欧洲则主要是政府福利型。

（二）美国养老业发展情况

相对其他发达国家来说，美国在养老服务方面是一个高度市场化、产业化的

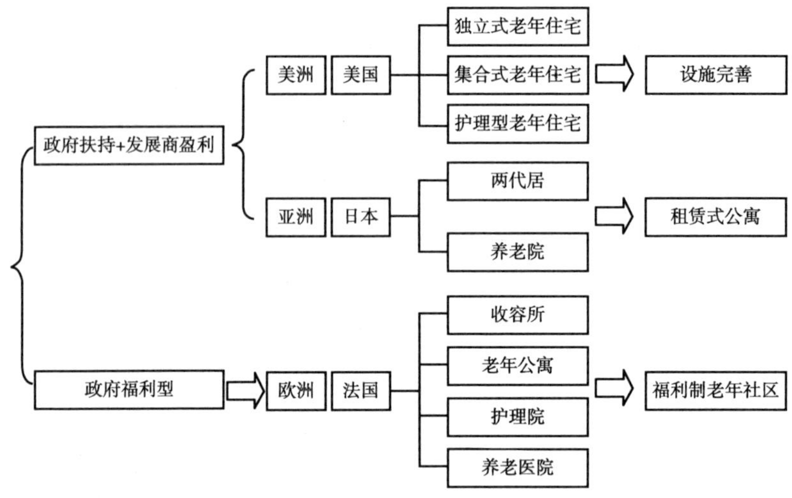

图1　养老住宅的主要发展模式

国家。美国既是一个经济高度发达的国家，也是社会服务高度完善的国家。高度发达的经济，老年群体的广泛需求，为美国养老服务产业的发展提供了有利的条件。自20世纪70年代政府加快社会服务的私有化以来，美国养老服务产业有了快速的发展。不仅私有养老机构数量多，而且服务内容、方式多样化，形成了比较完善的社会养老服务体系。

1. 发展历史

美国养老地产的发展从20世纪60年代开始。1970年美国60岁以上老年人口比例达到14.1%，当时人均GDP为5067美元。70年代美国老年住宅快速发展，同期社会保障投入和GDP都增长迅速，1976年社会保障投入达到国内生产总值的20.9%，老人的退休收入基本达到退休前的70%。从80年代开始，老年地产逐渐进入成熟阶段。

2. 美国老龄人群特点

第一，美国老人普遍比青壮年富有。1980年美国人口统计资料表明，美国历史上首次出现65岁以上的老年人口数量超过30岁以下的青少年人口，同时，仅65岁至75岁的老年人就拥有全国私有财产的40%，美国老年人消费额在1986年就达到8000亿美元，占当年美国GDP的18%。因此，美国的老年市场能吸引较多的商业投资。

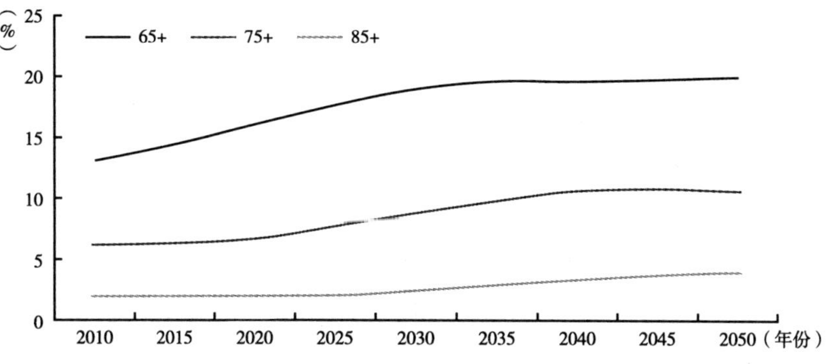

图2　美国老年人口占总人口比例

资料来源：US Census Bureau。

第二，美国老人独立性强。美国老人比较独立，一般选择自己居住、居家养老、集中养老或旅游养老等方式，美国老年人与子女同住者很少，85%是纯老户，75%老年人拥有自己的住宅。

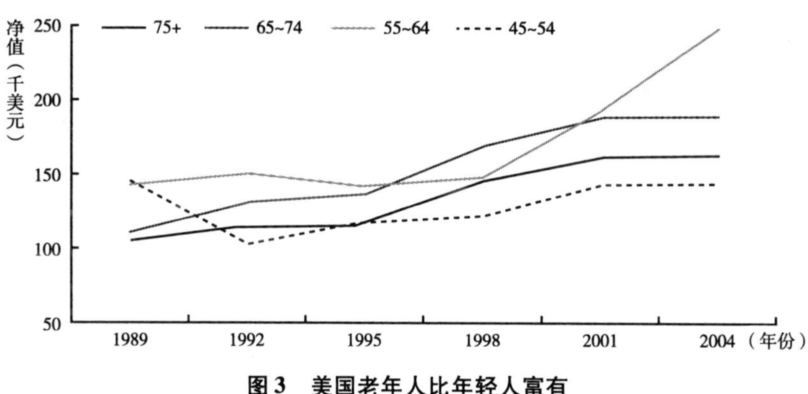

图3　美国老年人比年轻人富有

资料来源：Survey of Consumer Finance，Moody's Economy. com。

第三，"倒按揭"等金融配套较发达，为老人消费提供资金。所谓"倒按揭"，是20世纪80年代中期美国新泽西一家银行创立的放贷方式，分为有期和无期两种。62岁以上有自主住房的老人可以把住房抵押给银行，银行定期给老人一笔生活费。如果是有期的，老人到期时可以出售房屋或以其他资产还贷；如果是无期的，则银行通过机构评估房屋价值和估测老人的预期寿命，每月支付老人一定的生活费直到其去世，该公寓归银行处置。

第四，国家在医疗、福利方面支持力度较大，促进了养老消费。

3. 美国的养老服务模式

在养老服务模式上，美国目前主要有居家养老服务和机构养老服务两种。

（1）居家养老服务。

居家养老是美国老年人最普遍的居住方式。美国等西方发达国家的居家养老不同于我国的家庭养老，它主要不是依靠家庭成员提供养老服务，而是主要依托社区的养老服务设施和组织。从老年人的心理来说，绝大多数老年人都不希望去养老机构养老，而愿意居住在家里。美国的老年人同样也不例外，大约90%以上的老年人都是选择居家养老服务。由于这一老年群体数量比较大，也是老年需求的主体，所以美国的社会养老服务机构为这一群体提供的社会服务内容、方式都比较多，可以说是十分全面。具体来说，大致可分为如下几类：一是针对居家体弱老人和高龄老人的服务，主要有家务服务、家庭保健、送饭上门、定期探望、电话确认、紧急响应系统等。二是为健康老人的服务和计划，包括交通和陪伴服务、老年食堂、法律服务、就业服务等。三是专门服务，包括老人日托中心、咨询服务和保护服务等。

（2）机构养老服务。

美国老人独立性很强，退休后一般不依靠儿女，所以各种形式的养老机构应运而生。美国养老机构根据不同功能将其分为三类：第一类为技术护理照顾型养老机构，主要收养需要24小时精心医疗照顾但又不需要医院所提供的经常性医疗服务的老人。第二类为中级护理照顾型养老机构，主要收养没有严重疾病，需要24小时监护和护理但又不需要技术护理照顾的老人。第三类为一般照顾型养老机构，主要收养需要提供膳食和个人帮助但不需要医疗服务及24小时生活护理服务的人。

按等级划分，主要可分为五种类型，根据老人身体情况提供不同的服务。这五种类型分别是：老年公寓（senior apartment）、独立生活住宅（Independent Living）、陪助型住宅（Assisted Living）、护理院（Nursing Homes）、一站式退休养老社区（continuing care retirement community，CCRC）。

美国已经形成了较为全面的养老居住建筑和服务设施类型，全面覆盖身体状况从健康到虚弱，生活自理程度从独立居家到需要辅助生活的各阶段老人。

表 2　美国养老社区的不同分类

项目	老年公寓（Senior Apartment）	独立生活住宅（Independent Living）	陪助型住宅（Assisted Living）	护理院（Nursing Homes）	一站式退休养老社区（CCRCs）
州牌照	不需要	不需要	需要	需要	需要
建设批准	不需要	不需要	大部分州不需要，但是有些州需要	大部分州需要批准或者申请医疗基金	大部分州需要某些服务的批准
居民资助	私人支付或者低收入房屋税收信贷	私人支付	主要是私人支付，有些医疗减免	主要得到医疗保险和医疗资助	基本是私人支付，一些支持和护理型服务得到医疗保险和医疗资助
支付类型	月租金形式	75% 为月租金形式，25% 为入门费	月租金和很小比例的入门费	每天租金，几乎没有入门费	大部分对独立型要求入门费，有些对陪助型的也要求入门费
典型规模	60 ~ 250 个床位（加减 200 个床位）	平均 80 ~ 200 个床位（加减 125 个床位）	40 ~ 100 个床位（加减 75 个床位）	平均 100 ~ 200 个床位（加减 120 个床位）	200 个床位以上，大部分为 300 ~ 500 个
餐饮服务	有限的服务	租金中包括 1 ~ 3 餐	租金中包括一日三餐	租金中包括一日三餐	因看护类型不同
提供服务	交通和组织活动	除了老年公寓提供的服务加上餐饮、房间打扫和 24 小时的监护	独立型提供的所有服务加上洗衣服和每天协助服务部分	陪助型服务加上 24 小时护理	社区内因类型提供不同服务

资料来源：*Seniors Industry Outlook 2010*，NIC.

4. 美国养老机构的市场主体

美国养老社区市场主体包括运营商（Operator）、持有商（Owner）、金融机构（投资者）、抵押银行、评估机构和顾问等。

根据美国养老社区协会（ASHA）统计，2009 年美国排名前 50 的养老社区持有商包括上市公司、非营利机构和私有公司三类，共拥有 44 万个床位。排名第一的 Holiday Retirement 公司 1971 年成立，共拥有超过 300 个社区，提供约 3.5 万个床位，主要是独立型社区。

表 3　2009 年美国前 10 名老年社区持有商

排名	公司名称	总部	CEO	社区数量	床位数量
1	Holiday Retirement	Salem, OR	Jack Callison	296	34657
2	HCP, Inc.	Long Beach, CA	James Flaherty	264	31419
3	Boston Capital	Boston, MA	Jack Manning	595	30249
4	Sunrise Senior Living, Inc.	Mclean VA	Mark Ordan	244	26782
5	Nationwide Health Properties, Inc.	Newport Beach, CA	Douglas Pasquale	285	23368
6	Ventas Healthcare Properties, Inc.	Chicago, IL	Debra Cafaro	243	23204
7	Erickson Retirement Communities, LLC	Brentwood, TN	Bruce Grindrod	20	20985
8	Brookdale Senior living, Inc.	Newton, MA	W. E. Sheriff	181	20861
9	Senior Housing Properties Trust	Toledo, OH	David Hegarty	163	19996
10	Health Care REIT, Inc.	Seattle, WA	George Chapman	206	16853

资料来源：A Stable Source in A Sea of Change. ASHA's。

表 4　2009 年美国前 10 名老年社区运营商

排名	公司名称	总部	CEO	社区数量	床位数量
1	Brookdale Senior Living, Inc.	Brentwood, TN	W. E. Sheriff	547	51888
2	Sunrise Senior Living, Inc.	McLean, VA	Mark Ordan	371	40160
3	Holiday Retirement	Salem, OR	Jack Callison	313	36706
4	Professional Community Management	Lake Forest, CA	Donny Disbro	30	31215
5	Emeritus Senior Living	Seattle, WA	Daniel Baty/Granger Cobb	309	27234
6	Life Care Services, LLC	Des Moines, IA	Edward Kenny	80	22746
7	Erickson Retirement Communities	Baltimore, MD	Bruce Grindrod	20	20985
8	Five Star Quality Care, Inc.	Newton, MA	Bruce Macky, Jr.	161	17846
9	Atria Senior Living Group	Louisville, KY	John Moore	129	14915
10	Horizon Bay Retirement Living	Tampa, FL	Thilo Best	72	13054

资料来源：A Stable Source in A Sea of Change. ASHA's。

2009 年美国排名前 50 的养老社区运营商包括上市公司、非营利机构和私有公司三类，共运营约 46 万个床位。排名第一的 Brookdale Senior Living 公司，管理 547 处养老社区，共 5.2 万个床位。

从运营角度看，大部分运营商同时运营多个社区。运营超过 10 个社区的运营商占所有运营商的 44%，约 33% 运营商运营社区个数在 2 ~9 个，约 23% 的运营商只运营一个社区。

5. 美国养老市场竞争状况

美国在老年社区的服务水平和舒适性水平方面的竞争非常激烈。养老社区的运

营必须面对两个问题，第一是费用太高可能导致大多数老年人负担不起，在舒适性和租金回报之间必须有所权衡，第二是美国85岁以上的老年人一般都经历过大萧条和失业的时代，难以接受高消费，而“二战”时期出生的新一代则能接受高消费，很多老年人甚至要到75岁才考虑居住在老年公寓里。经营者必须吸引不同需求的客户。

不同的老年社区采取了多样的经营策略。比如，太平洋海湾物业公司（一家房地产信托公司）经营对入住者进行严格年龄限制的自住型老年公寓，并且集中开发在人口密集，开发成本高的地区。而Bee Hive Homes这家从事小型陪助型公寓的公司远离大城市，选择居住人口仅仅5000人的小镇，其公寓一般只能容纳12人左右。

总体而言，由于90年代美国陪助型老年公寓的大量建设，使得目前陪助型老年公寓供给相对过剩。比如1999年有591个老年公寓项目在建，其中有大约400个是陪助型的。由于陪助型老年公寓需要为用户提供额外的医疗和护理，开发商获利的同时也伴随着风险，因此陪助型老年公寓的投资回报率通常比自助型老年公寓高1%。

6. 美国养老社区市场供需情况

（1）每年增加的需求超过供给。

根据美国养老社区协会（ASHA）统计，2009年美国养老住宅的供应量总计约315万个床位。根据老龄人口的测算，到2020年之前，每年65岁以上的人口增长2.9%，大概1700万人，而每年老年公寓的建设速度远达不到这个水平。

表5 老年住宅和护理市场估计（截至2010年7月）

类型	社区个数	单位/床位个数
独立型(IL)	3840	812500
陪助型(AL)	6315	475500
护理型(NC)	10975	1491000
总　计	21130	2779000

注：统计口径包括超过25个床位的社区。
资料来源：NIC MAP。

（2）入住率触底上升。

由于受到2007年的金融危机影响，美国养老住宅的入住率有所下降。下降最大的独立型养老社区入住率从2007年第一季度的92.3%降为2009年第二季度的88%。2009年第三季度以来，入住率显示出恢复向上的趋势。

（3）养老社区的融资情况良好。

美国养老社区的资金来源包括债券、股权和REITs。投资在养老社区的REITs基金总资产规模超过了过去5年，2008年9个REITs中的6个资产规模都增加了，特别是Senior Housing Properties Trust（SNH）①，资产增加了47%。

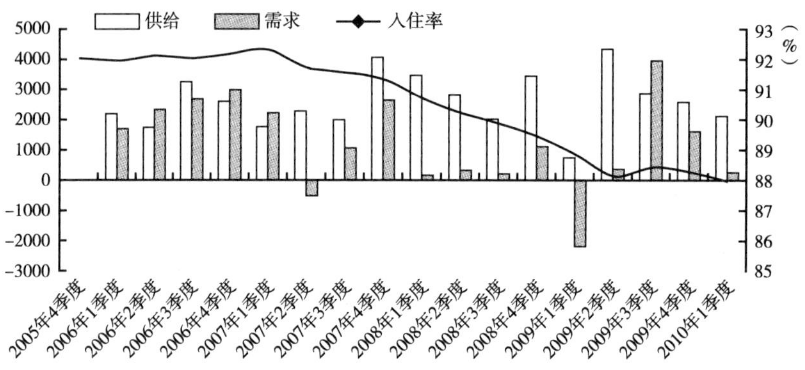

图4　美国养老社区的供需和入住率情况

资料来源：NIC MAP。

由于资金回报稳定，并且在金融危机期间甚至超过了商业地产，养老社区吸引了许多机构投资者。比如，2004年，凯雷投资集团在纽约皇后区以每套18.8万美元价格购买了总价值2600万美元的老年公寓地产。

7. 美国养老社区的赢利情况

与商业地产相比，美国的养老社区赢利更稳定，在金融危机中展现出较强的抗风险能力。在金融危机期间，虽然入住率下降，但养老社区的租金一直处于增长当中，而住宅和写字楼租金下降最多达到10%。

此外，养老社区收益水平呈现前低后高的特征，独立型和陪助型的养老社区租金和营业利润率水平与酒店比较类似。

① REIT，1998年成立，主要投资于美国的各个类型的养老社区，2005年9月，拥有184处社区，包括85个陪助型、61个护理型、36个独立性社区和2个医院。

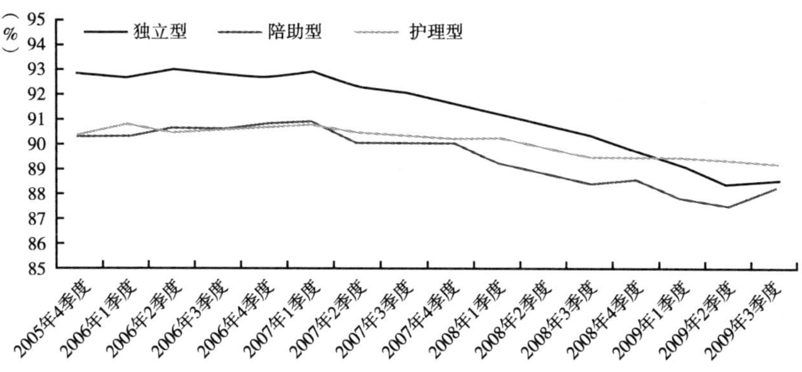

图 5　入住率水平（美国 31 个最大城市统计）

资料来源：NIC MAP。

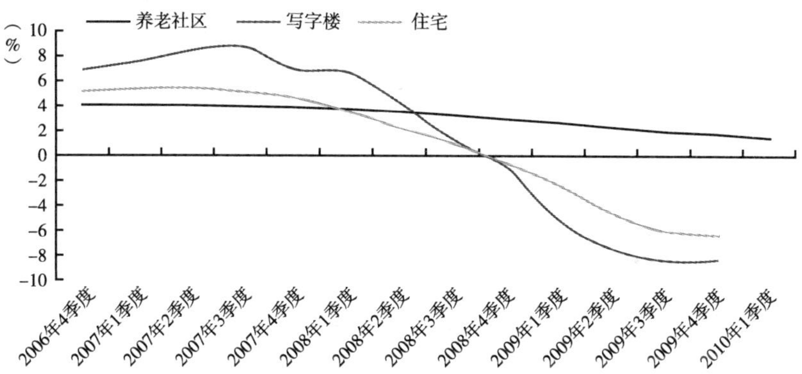

图 6　养老社区租金增长率一直为正

资料来源：MBA 季度数据，PPR，NIC MAP。

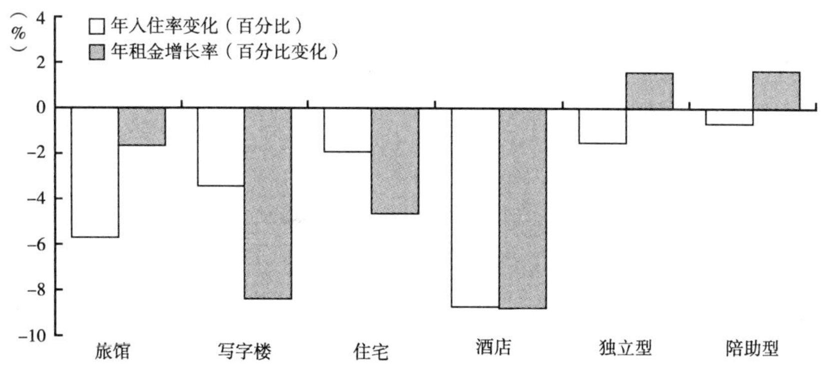

图 7　2008 年底至 2009 年底租金增长率和入住率的变化

资料来源：MBA，STR，PPR，NIC MAP。

表 6　2009 年养老社区的内部收益率

类型	收益率范围(%)	平均收益率(%)	与 2007 年差异(基点)
限年龄老年公寓	8～20	12.7	+300
独立型	8～20	13.1	+160
陪助型	10～22	14.2	+210
持续照护型	9～26	147	+180
护理型	9～20	15.1	+220

注：根据 284 份问卷调查。

资料来源：Senior Living Valuation Services，INC，Volume15，2009。

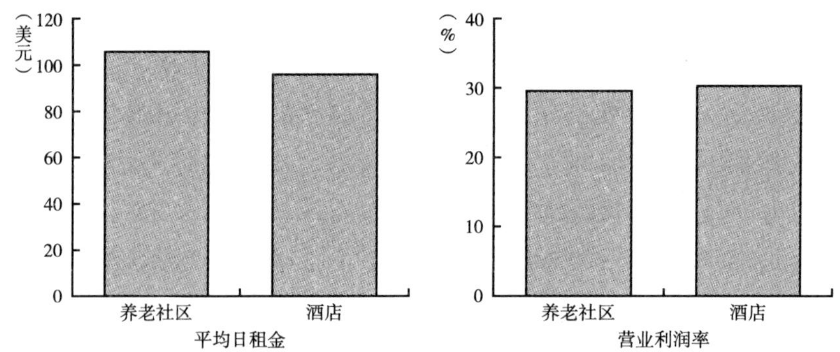

图 8　养老社区、酒店的租金及营业利润率比较

资料来源：STR，NIC MAP，State of Seniors Housing，2010。

（三）中国台湾地区养老业发展情况

1. 中国台湾地区老龄人口状况

1993 年，中国台湾地区的老人有 149 万人，占总人口 7.1%，进入老龄化社会。2010 年 3 月，统计数字显示中国台湾地区老人达 246 万，占总人口的 10.68%，估计到 2018 年老人人口比例将达到 14.36%，2026 年老人人口比例达到 20%。

中国台湾地区的妇女生育率是 0.9，达到了计划生育的水平。由于社会变迁，妇女就业人口提升，家庭的照顾功能在减弱。2007 年，中国台湾地区制定政策，中国台湾地区的养老方向是居家式照顾、社区式照顾为主，机构式照顾为辅。

2. 老年社区的发展现状

根据经营主体不同，中国台湾地区的养老设施形成了公办民营、公办公营和私立民营等多元化的经营形式，面向老人市场提供敬老院、高档老年公寓、养生文化村、安养中心等多种居住建筑类型。养老机构在中国台湾地区主要由社会福利承担。

中国台湾地区养老市场逐渐向产业化的方向发展，其建设有三种模式。第一种，是民营办理的养老社区，为老人提供多方面的生活娱乐，如长庚养生村。第二种，财团法人安养护机构，以 400 ~ 500 个床位为主。这样的机构强调多层级照顾，和社区、居家连接，形成多层级的服务体系。第三种是公益设施转为养老社区，又分为两种类型：政府建设，招标经营；或者是政府提供土地，民间建设经营。

3. 运作成功的社区案例

由于中国台湾地区土地资源紧缺，常见的形式是城区综合体形式的老年公寓，主要面向中高收入的老年群体，多为高层建筑，在一栋建筑中，既有独立、半独立的老人居住单间或套房，又配套有全面的公共服务，如门诊、健康咨询、会客、棋牌、表演、餐饮、娱乐、美发等内容。运营方式采用了租赁、产权或产权带租等多种形式。

在中国台湾地区多个养老社区中，位于淡水的民营机构的润福生活新象馆是第一座五星级银发贵族专享住宅，已经运营 10 年，规划的多为 30 ~ 80 平方米的套间，提供 75 项服务，可供 300 多位老人入住养老，目前达到满租，入住甚至需要排队。

从润福的入住情况来看，目前 312 位住户，平均年龄 80 多岁，自愿入住的老人约 60%，约 20% 的老人子女定居海外。入住性别分布男 40%，女 60%。住户背景多为退休的国大代表、立委、教授、律师、作家、医师和三军将领等。

（四）其他国家或地区概况

1. 英国的老年住宅

英国 65 岁以上的老年人口中，有 92% 还是居住在普通住宅内，老人在习惯的居住环境中可以得到基本的社区服务；有 5% 居住在老年社区内，以自立自理为主，同时享受较多的社区服务和社区活动；另有 3% 居住在养老院（老人之家）内，接受日常生活和医疗服务。

表 7　中国台湾地区著名养老社区经营比较

	润福生活	长庚养生文化村	康宁生活	永越健康管理中心
服务宗旨	中国台湾地区第一座规划为中高龄专享之五星级银发族饭店式住宅，提供中高龄者一个安全、安心、愉快舒适的模范社区	养生文化村的规划是要提供一个使年长者在身体活动、心智认知、生产力和生活满意方面，都能享受健康乐趣的生活环境	康宁生活会馆为一个结合安居、休闲、医护为一体的银发会馆	提供全方位整合医疗服务，协助贵宾（及早）养成健康习惯，在 75 岁之后还能享有快乐与尊严的黄金岁月
经营单位	润泰集团	台塑集团	康宁生活事业	西园医院
对象	锁定年满 50 岁以上且日常生活能自理的长者	年满 60 岁，通过长庚医院身体检查合格者，日常生活能自理	45 岁以上，日常生活能自理者	40 岁以上短期保健养生者；65 岁以上轻微医疗依赖者，长期慢性疾病者
价格	1. 保证金:500 万~1000 万元 2. 管理费 单人:17000 元 双人:29000 元	1. 保证金: 单人:21 万~31 万元 双人:27 万~37 万元 2. 管理费: 单人:18 万~26 万元 双人:23 万~31 万元	1. 保证金:560 万~1490 万元 2. 管理费 单人:9000 元 双人:15000 元	1. 保证金: 单人:888 万元 双人:1500 万元 2. 生活费: 单人:12000 元 双人:20000 元
规模	套房及双人房共 300 间	近 4000 户	共有 165 户	75 间;90 床
地点	淡水镇的润福生活新象及新店市的润福大台北华城	桃园县龟山乡旧路村 4 邻长青路 2 号	台北市内湖区成功路五段 420 巷 28 号	台北市 108 万华区西园路二段 189 号
推广	电视广告、杂志期刊等平面广告、录制 VCD、DM 及口耳相传	通过杂志、期刊、网际网路以及媒体报导	以口耳相传的方式为主，无较大型的宣传活动	通过杂志、报纸等平面媒体报导为主

资料来源：曾诗婷、陈靖怡：《润福养生村之关键成功因素探讨》。

老年住宅比较重视营造家庭氛围，以小型的居多。老年住宅的分类，比照美国老年住宅的称谓，按服务内容可分为以下四类：独立生活住宅、集中生活住宅、生活辅助住宅和养老院。

2. 瑞典的老年住宅

瑞典 65 岁以上的老年人口中，约有 91.4% 居住在普通住宅内，可以得到基本的社区服务；有 5.6% 居住在服务型住宅内，以自立自理为主，同时享受较多的社

区服务和社区活动；另有3%居住在养老院内，接受日常生活照料和医疗服务。

各级政府针对老年人在养老金发放、住房补贴、免费医疗、提供社会服务等方面建立了较完备的养老保障制度。其住房政策以扶助老年人独立生活为目标，同时最大限度满足老年人长期居住在一个他们熟悉的地方和环境中的意愿。

老年住宅模式主要有：普通住宅、老年专用公寓、服务住宅、家庭式旅馆和老人之家。

3. 法国的老年住宅

法国是世界上最早进入老年型社会的国家。居住在养老设施里的老人约占老年人口的6%，在欧洲国家中收养率最高。

养老设施大体上可以划分为以下四种：生活辅助住宅、老年公寓、护理院和疗养院。

在法国，住在普通住宅的老年人达94.5%，且绝大多数与子女分居，其中仅有5%为三代同堂。他们的生活照料由社区的家庭服务员提供从生活料理到医疗保健的多种上门服务。同时，社区的老年俱乐部丰富了老人的业余生活。

4. 德国的老年住宅

德国是世界上最早由国家设立养老保障的国家。德国的老年住宅模式大致分作社会住宅体系和养老院体系两种，入住养老院体系的老年人约占60岁以上老年人口的5%。上述两种体系通常毗邻建设，以共享服务设施和医疗设施。

老年人的居住模式根据其身体健康状况大致作如下划分：社会住宅、老年公寓、养老院、护理院和将老年公寓、养老院和护理院的功能组成一体综合运作的机构，能够使老年人随年龄的增长、身体状况的弱化，仍得到连贯的生活照料服务。这种模式得到政府的大力倡导。

5. 日本的老年住宅和高龄者设施

日本不仅是亚洲最早进入老龄化社会的国家，而且是世界上人均寿命最长的国家，自1970年开始步入老龄化社会，30多年来针对老龄问题以及老年人的居住问题，参考上述欧美等发达国家的实例及经验教训，作了各项尝试、借鉴、探索和不懈的努力。

日本提倡老年人和家人住在一起，居住在普通住宅的老人占94.6%，该国的养老模式在参照西方发达国家的同时，又注重本国孝敬老人的传统，在实践中逐渐形成以社会保险、社会救济、社会福利和医疗保健为主要内容的养老保障体系。

日本把老龄设施统称为高龄者设施，大致分为如下八大类：即护理老人福利设施（特别养护老人之家）、介护老人保健设施、介护疗养型医疗设施、护理院（Care House）、养护老人之家、生活援助小规模老人之家、全自费老人之家和面向高龄者的优良租赁住宅。

根据高龄者设施的定位情况，日本把生活服务机能与医疗机能、民营与国有设施加以区别。同时，根据高龄者的身体状况，明确了各设施中需要援助及治疗护理的程度。

（五）国内养老业发展情况

1. 我国养老市场特点

自1999年开始，我国经历着规模大、速度快的人口老龄化发展过程①。

第一，人口规模大。目前，我国60岁以上的老年人口占全球老年人口的21.4%，居世界首位，相当于整个欧洲60岁以上老年人口的总和。

第二，老龄人群占人口比例增加快。截至2009年底，我国60岁以上老年人口达到1.67亿，占总人口的12.5%，并以每年800万的速度增长，到2050年，60岁和65岁以上的老龄人口总数将分别达到4.4亿和3.3亿，这意味着每3个人中就有1个老人。2050年，老年人口规模将达到峰值，老龄化水平基本稳定在31%左右。

表8　中国老年人口年龄分布

单位：亿，%

年份	总人口	60岁以上		65岁以上		80岁以上	
		人口	占总人口比例	人口	占总人口比例	人口	占总人口比例
2010	13.76	1.73	12.57	1.15	8.36	0.21	1.53
2020	14.72	2.45	16.64	1.74	11.82	0.3	2.04
2030	15.24	3.55	23.29	2.44	16.01	0.43	2.82
2040	15.43	4.09	26.51	3.24	21	0.64	4.15
2050	15.21	4.38	28.8	3.32	21.83	1	6.57

资料来源：《养老服务与产业发展》，湖南人民出版社。

---

① 联合国认为，如果一个国家60岁以上老年人口达到总人口数的10%，或者65岁以上老年人口占人口总数的7%以上，那么这个国家就已届于人口老龄化国家。根据这一指标，我国1999年开始就已经进入老龄化社会。

和发达国家相比，中国养老市场的独特性在于：

第一，未富先老是中国老年消费市场的最大“瓶颈”。现在进入老龄的人群普遍经历了物质不发达的时期，养成了勤俭节约的消费习惯，并且从收入上来说未富先老，使得目前养老市场消费水平较低。未来随着收入提高、消费意识的改变和消费能力的升级，老龄人群的消费水平将相应提高。

第二，居家养老能力弱。中国计划生育政策带来“4+2+1”的家庭结构，意味着2个年轻人赡养4位老人，从精力上难以顾及，许多老人将不得不选择机构养老。

第三，市场还处于开拓时期。市场化的养老产业在中国还处于起步阶段，养老产业的各个子行业还没有形成稳定的竞争格局和市场知名的品牌。

2. 我国的养老模式

2006年，国家提出基本的养老方针，以家庭养老为基础，以社区养老为依托，机构养老为补充，比例为90∶7∶3，也就是90%的老人在社会化服务协助中通过家庭照顾养老，7%的老年人通过社区照顾养老，3%的老人进入养老机构集中养老。

目前国内养老机构分为三类：国家创办的国营养老机构；乡镇、社区、村、街道办的集体所有养老机构；以及企事业单位或个人所创办的民办养老机构，也就是公办公营、公办民营和民办民营，分别对应国内的福利院、敬老院和老年公寓等机构类型。其中，真正市场化的老年住宅市场个案有限。

3. 我国机构养老市场潜力

从发达国家老年住宅市场的发展经验看，当人均GDP达到2000美元以上，社会保障投入达到国内生产总值的10%时，养老住宅发展较为适宜。从我国来看，一部分城市（尤其是北京、上海、广州、深圳）人均GDP均超过4000美元，具备了老年住宅进入快速发展时期的条件。未来20年国内老年住宅市场有效需求将会出现明显增长，老年住宅市场发展空间较大。

据民政部统计，目前全国60岁以上的老人达1.67亿人，养老床位250万张，仅占老年人口的1.5%，而发达国家该比例是7%的水平，按照国家提出的3%老年人需要进入机构养老为标准，我国至少需要500多万张床位。缺口达250多万张，以每张床位平均6万元的建设成本计算，就有1500亿元的市场空间。

4. 国内主要老年住宅类型

（1）老年公寓。

强制性行业标准《老年人建筑设计规范》JGJ122－99第2.0.6条，将老年公寓定义为专供老年人集中居住，符合老年体能心态特征的公寓式老年住宅，具备餐饮、清洁卫生、文化娱乐、医疗保健服务体系，是综合管理的住宅类型。

一般情况下，在住宅小区内，专门规划出一两栋楼，按照老年人居住要求进行设计和建设，称为老年公寓。主要按照老两口来设计，一室一厅和二室一厅占主要比例，这种公寓可以出租也可以出售，保证老年人的私密性和独立性，在老年人的生活服务、医疗服务和娱乐交往等各方面，都有妥善的安排。北京的澳洲康都小区，就建设了一栋这种老年公寓，定名为乐龄公寓。

（2）老年社区（老年住区）。

以老年人为主要居住对象，符合老年人生理和心理特征，成片开发、建设的老年住宅楼栋的集合体，配置有老年人辅助设施，并具备一定城市功能或配套机能。

与一般小区不同的是，老年社区主要入住的是老年人，并允许老年人带亲人一起居住。空间环境上强调综合考虑居住与生活、工作、购物、文化、教育休闲等多种要求。并且，专门的老年社区往往有2～3栋以租赁形式经营的老年公寓。

我国北京太阳城是较大的老年社区，总建筑面积18万平方米。

（3）普通型养老院。

国内的养老院总的说来，数量少，水平低。许多养老院是三四个老人合住一个房间，其他软条件包括生活服务和医疗服务等，水平也较低。

（4）医护型养老院。

西方国家的医护型养老院和医院比较类似。老人生活不能自理时，就申请住进医护型养老院。在我国，还没有专门的医护型养老院，但有在养老院中拿出房间照顾生活不能自理的老人，使得养老院也有医护型养老的职能。

5. 我国养老产业发展中的主要问题

（1）投入不足制约养老产业发展。

养老产业具有公益和公共产品的特性，需要公共财政支撑。国外老年社会服务开支都在财政预算中占有一定的比例，比如日本占国民总支出的10%左右，我国香港地区占6%左右。目前，我国在各级财政预算中，还没有刚性的财力保障，因而养老产业的财力投入不足，严重制约着养老产业快速持续发展。

（2）养老设施难以满足老年人剧增的服务需求。

据老龄委组织的社会调查，有5%的老年人明确提出要进养老机构，但养老服务设施严重不足。发达国家每千名老年人中拥有的养老床位是50张到70张，而我国目前拥有的养老床位仅250万多张，缺口约550多万张，难以满足老年人剧增的服务需求。

（3）观念滞后和资源分散影响养老产业化进程。

现有养老机构规模小，分属民政、卫生等部门以及社会民办单位，缺乏统一管理，无序竞争，成本过高，部分资源闲置。由于缺乏有效整合，规模档次、管理水平、服务质量参差不齐，社会效益和经济效益不高，影响了养老产业化进程。养老机构经营观念、管理理念与市场发展和服务需求不相适应，无法满足多样化养老服务需求，一些养老机构竞争和服务意识不强，缺乏统一的护理服务标准，各类责任事故时有发生，出现了侵害老年人正当权益等现象。养老服务队伍人才短缺、普遍缺乏专业培训，服务水准较低，难以为老年人提供满意的服务。

（4）扶持政策措施配套与落实不到位。

国家为了支持加快发展老龄事业和养老产业，先后颁布了扶持政策和措施。由于各地认识上的差异、经济发展水平的差距、支持养老产业发展的力度不同，因而配套政策少，有些政策缺乏可操作性，亟须补充、修订和完善。现有政策在落实上也不到位，出资者在财税、金融、信贷等方面很难得到相应支持。水电供应、环保、建设用地等具体规定，在实施过程中由于受到部门及企业利益等不同因素的影响难以得到真正落实。

三　国内外养老项目运作模式比较研究

我们通过对发达国家和地区养老社区运作架构的分析发现，多数养老项目为基金运作模式，且相当数量的养老社区为上市公司。基于国内有关法律政策相对不够完善，目前国内主要机构采取“项目公司”运作模式，还没有过渡到标准的房地产信托基金的管理架构。

（一）发达国家养老社区的运作模式

1. 养老社区普通上市模式

发达国家典型的养老社区运作中，在上市前一般由发起人发起设立私募基金，并由发起人成立管理公司管理该基金。管理公司根据行业特点、区域优势、管理经验等引进运营伙伴作为战略投资者，由基金成立项目公司负责养老项目的投资、开发、运营和管理。美国 Brookdale 综合养老社区是比较典型的代表，公司主要投资方 Foretress Investment Group 是以私募股权基金、对冲基金为主要业务的投资公司。截至 2010 年 6 月 30 日，Foretress Investment Group 托管的四项核心业务资产总量达到 417 亿美元。

从行业配置来看，在养老（Senior Living）和老年健康护理（Health Care）行业内，Foretress Investment Group 分别投资了 Brookdale 和 Holiday Retirement，投资额分别为 15.5 亿美元和 68 亿美元。

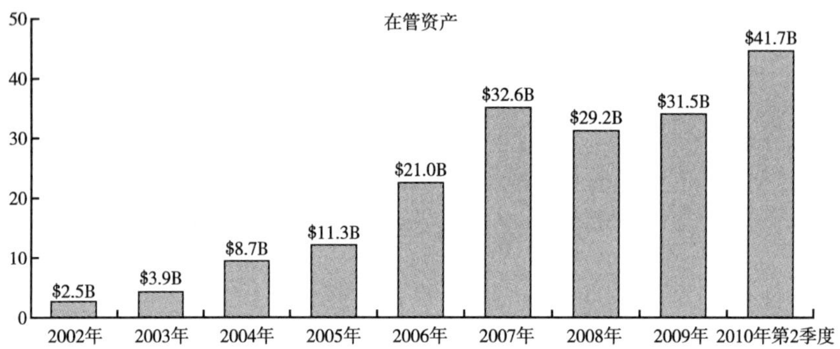

图 9　Foretress Investment Group 资产管理规模

资料来源：上市公司年报。

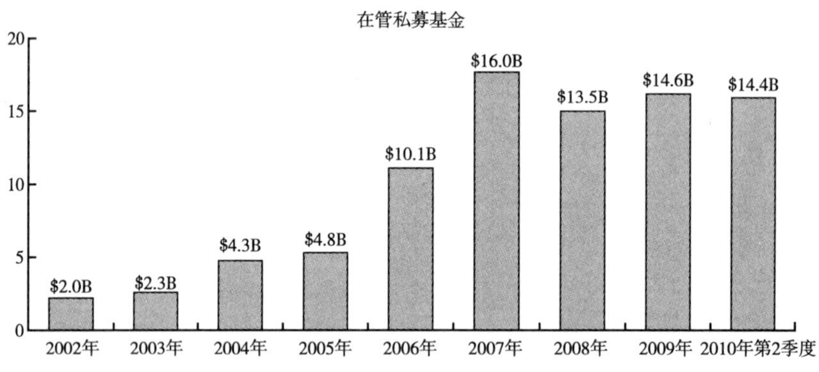

图 10　Foretress Investment Group 私募基金管理规模

资料来源：上市公司年报。

Foretress Investment Group 在项目运作初期，通过旗下不同的养老社区私募投资基金分别与健康、医疗等机构合资成立运营公司，对不同类型的养老社区项目进行控股收购，打造综合养老服务的集团公司，并最终通过整合养老社区项目，进行整体上市，实现退出。

2. REITs 运营模式

以 REITs 模式进行管理的养老机构，在美国上市的23 家养老社区中占 8 家，其典型代表为美国的 Health Care Property（HCP），是美国资产体量最大的综合养老社区基金公司，截至 2010 年 9 月，其资产总额高达 142 亿美元。表 9 为该基金的托管项目分类，其中养老住宅占到了 37%，生命科学项目占 23%，医疗办公室占 20%，资深护理占 13%，医院占 7%。

表 9　HCP 的资产组合构成情况

单位：个，亿美元

HCP INVESTMENT PORTFOLIO	数　量
养老住宅	258
生命科学	100
医疗办公室	250
医院	21
资深护理	48
合　计	677
资产总额	142

资料来源：上市公司年报。

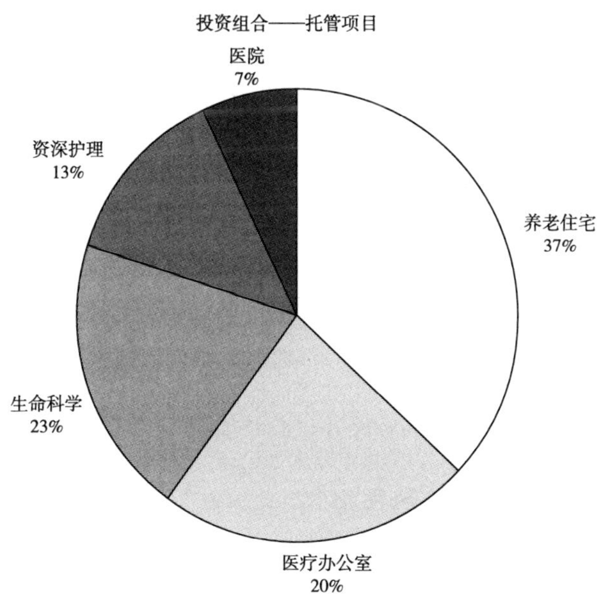

图 11　HCP 托管项目分类

资料来源：上市公司年报。

该公司将旗下的经营性养老社区资产打包，以此资产包为主要标的资产销售给投资者。这些资产包由新组建的上市房地产投资信托通过旗下的基金管理同时对资产进行持有和运营。投资者通过持有基金公司的股份和权益，定期接受收益（每年的租金和经营所得）所带来的红利。图 12 为该 REITs 的资产包情况，可发现该 REITs 的资产包中包含了全美主要的养老企业运营商和房屋中介商。

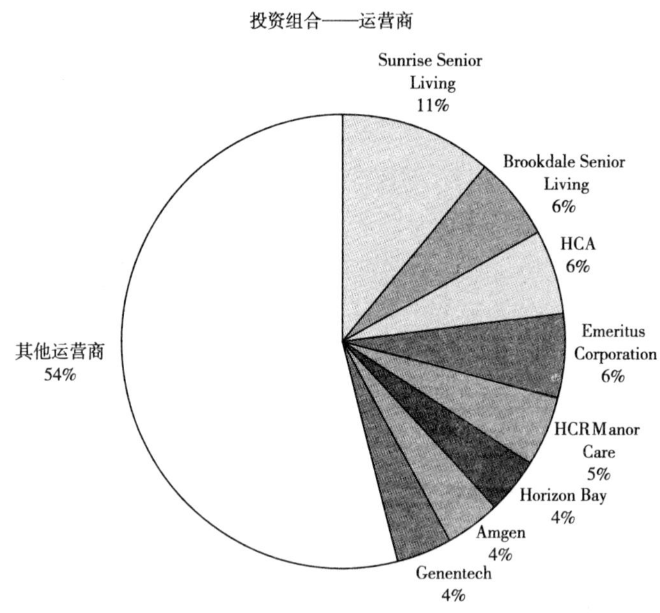

图 12　HCP REITs 主要运营商构成

资料来源：上市公司年报。

在美国，REITs 运作模式在税收上有较大程度的优惠，但对 REITs 旗下投资项目和收益分配有着比较严格的要求。

综上所述，国外养老社区运营路径，总结如图 13 和图 14 所示。

（二）国内养老社区的运作模式

国内的养老社区运作，通过我们的调研，大致可分为两种模式：一是房地产模式，二是寿险公司模式。两种模式本质一样，最终目的都是将现金以“会费”或“保费”的形式留在集团体内循环，产生协同效应，但寿险模式加入了保险

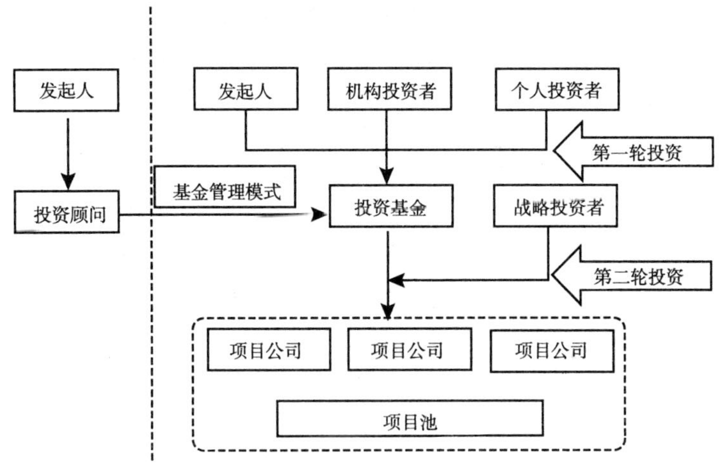

图 13 国外养老社区上市前运作路径

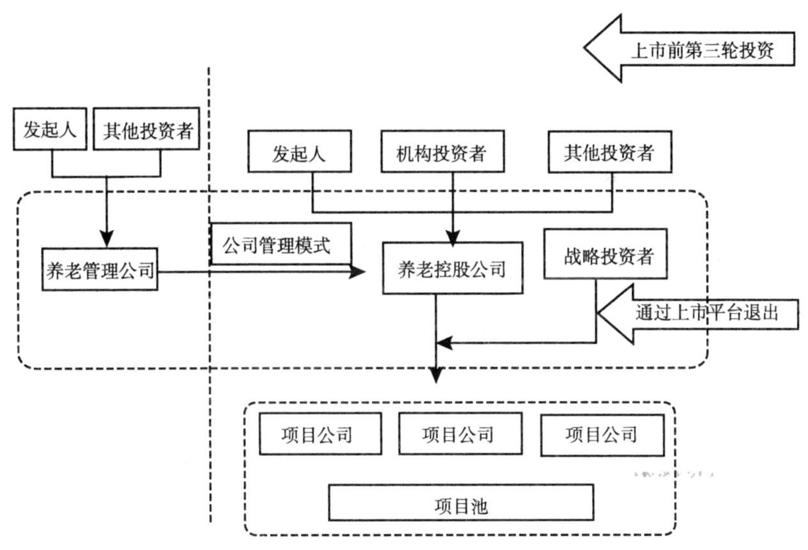

图 14　国外养老社区上市后运作路径

金融工具的运用，技术难度高于房地产“会费”模式。

1. 以房地产公司为代表的运作模式

目前国内养老社区基本以传统房地产开发运作模式为主，采取项目公司的形式，为单个养老社区项目成立独立的项目公司进行独立核算。

在建设过程中，部分养老公司通过收取会员费方式融资，以利息收入抵扣租金，其实质是类似集资投资的方式。其简单流程是：首先由国内房地产公司单独出资与其他投资人共同出资成立一家养老社区项目公司，进行项目开发。在开发建设过程中，通过销售会员卡的方式进行融资。

开发结束后，投资人通过出售或出租养老社区项目获取赢利。购买会员卡的老人按照会员卡的等级，通过会员卡会费的利息抵付养老社区的租金，高等级的会员在居住一定期限后，还可获得会费返还。

具体运作结构如图 15 所示。采用这种模式的典型代表是上海亲和源股份有限公司，我们已完成对该公司的初步调研，拟下一步通过签署保密协议，对其商业模式、财务状况、赢利能力进行深入分析。

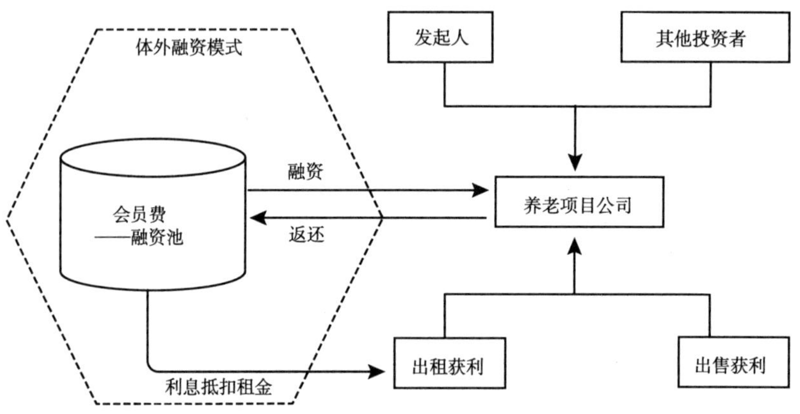

图 15　国内养老社区的房地产开发运作模式

2. 寿险公司运作模式

养老金、健康保险与养老社区服务结合，具有以下优势：

（1）协同效应。

养老金、健康保险与养老社区服务结合产生协同效应，大幅度降低服务成本，创造人人买得起、住得起的养老服务模式。

保险的大多数法则原理使得客户可以降低风险管理的成本，专业化的投资能提高客户资产的增值水平，客户在年轻时及早进行退休理财规划，积累养老资金，以更低的成本解决未来养老居住和保健医疗支出的问题来源。

在医疗系统改革没有到位的情况下，创办养老社区可以在社区内形成管理医疗的模式，降低养老保险和健康保险经营中的道德风险和医疗成本，对冲支付风险。

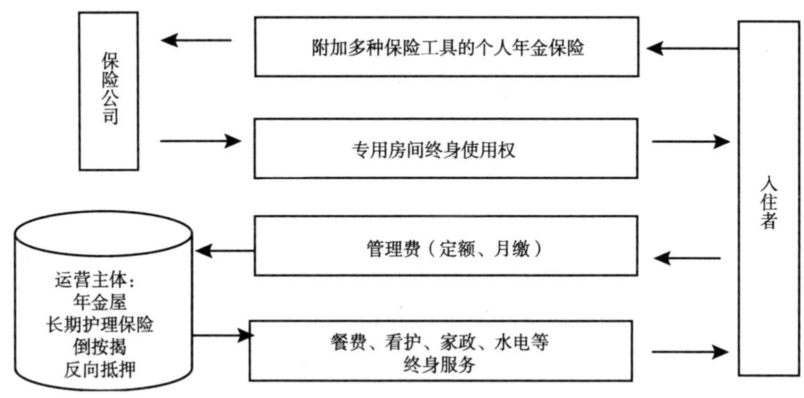

图 16　国内养老社区的寿险公司运作模式

2. 改善现金流结构

养老保险、健康保险与养老社区服务结合极大地改善寿险公司的现金流结构。

调查表明，85%的美国人在退休以前就通过商业保险和其他投资为养老储备资金。但是在中国，只有37%的人在工作阶段用保险等方式准备退休收入，75%的国内在职人士对退休后的收入充满信心。这说明了中国人对养老保险的重视程度和对退休后的生活风险认识不够。寿险公司拟通过养老社区品牌的塑造和关联产品的开发，鼓励人们更多购买养老保险和护理保险，降低对社会保障系统的依赖，突出发展自身主业。

随着人口平均寿命的延长和人口老龄化，寿险公司养老金业务将不可避免地面对现金流给付情况。在这一背景下，把养老保险和健康保险的保险金用于支付自己投资的养老社区租金和服务，可以在更大程度上将现金留在企业内部。

出售使用权、保留产权和房屋增值权利的商业模式使得寿险公司可以获得一种既有当期稳定现金流，又能享有未来房屋增值的长期投资资产。

3. 连锁经营模式

创造连锁经营养老社区新模式，形成独特竞争优势。传统观点认为，由于地域差异，房地产市场是一个区域分割比较严重的市场，很难通过连锁经营取得规模基金效应。在房地产市场中，只有像万科这样少数专注于特定客户群，且市场化拿地、工厂化生产的企业在一定程度上能实现真正的连锁扩张。

但是，由于养老社区面向特定的老年客户群体，并且长期持有经营，产品及服务更容易标准化，因此具备像酒店那样连锁经营的条件。美国最大养老社区投资商 ERICKSON 等公司的实践也证明了这一点。这家公司仅用了 20 年的时间，就在全美建设了 20 多处连锁养老社区，每个社区平均规模达到 1500 ~ 2000 户。他们不仅在住房的生产方面实现了标准化模式，而且实现了健康管理的连锁经营。

寿险公司拥有大量的长期资金，可以作为持有养老社区的资金来源，降低财务风险。同时，寿险公司可以通过提供年金屋、护理保险等产品获得稳定的客户来源并且降低客户的支付风险，从而提高养老社区日常经营的现金流的稳定性。长期持有、保留产权的完整性，对于持续改善社区的服务和硬件设施非常关键。如果房屋产权被散卖，社区很难提供统一标准的优良服务。因此，寿险公司投资养老社区，不仅能够形成稳定收益、服务品质持续改善和获得物业长期增值之间的良性循环，还能彻底改变传统房地产开发商高风险、高收益、区域化的特点，从而形成全新的连锁经营模式。

四　行业影响因素分析

我们将影响养老服务行业的因素分为个性化因素和共性化因素。

（一）个性化因素

一般而言，不同投资主体、不同保障定位、不同服务项目、不同选址分布、不同经营规模、不同创办时期、不同管理理念等因素均会影响到养老服务机构最终的经营状况。

相对来讲，民办养老服务企业比公办养老服务企业效益更优；定位于高收入的保障对象比定位于中低收入的保障对象的养老服务机构效益更优；主要服务于高龄、生活难以自理者的康复医疗项目比主要服务于较年轻健康者的生活基本项目更能赢利；选择在交通便利、人气旺盛、公用设施完善、环境优美的地方比在边远乡村、人员稀少、基础设施缺乏、嘈杂喧闹的地方兴办的养老服务企业效益更优；床位较多、面积较大、投资较多的大规模养老服务机构比小规模养老服务企业效益更优；创办期较长、市场经验较丰富、顾客资源较稳定的养老服务企业比创办期短、缺乏经验、服务资源流动性大的养老服务企业效益更优；善于边干边学、人性化、规范化公司式管理的养老服务企业比盲目上马、文本化、混乱化家族式管理的养老服务企业效益更优。

（二）共性化因素

从养老服务行业或产业的层面分析，影响养老服务机构的共性化因素包括：

1. 产业意识是否到位

以往养老服务方式主要以国有福利性养老机构对五保户的养老方式和居家养老方式为主，在集体养老及机构运营方面缺少适应市场化运作的实践经验总结。但自2000年国务院办公厅转发民政部等部门关于加快实现社会福利社会化意见的通知传达后，自主经营、自负盈亏的产业化精神已慢慢在养老服务工作中得到贯彻。如果养老服务行业能全面实现产业化，真正顺利地完成各企业作为市场经济独立主体的转化工作，就初步具备了提高经济效益的基础条件。

2. 目标定位是否准确

在具体创办养老服务企业时，要深入研究不同地区、不同收入、不同职业、不同性别、不同家庭结构、不同生活经历、不同入住原因、不同服务需求等具体因素对于养老服务业的要求。在对市场的需求情况进行充分全面了解的基础上，选择以该产业具有比较优势的资源和具有相对竞争优势的方向确定细分的目标市场。初期进入时，切忌盲目收养老人，应适当地设置具体条款、规范服务标准，办出自身特色。一旦在某方面形成了专业化分工，就可以继续扩大规模或延展范围，尽量提高在该目标市场中的市场份额。只要有准确的目标市场定位，就具备了企业提高经济效益的生存条件。

3. 规模经济是否明显

在保证入住者的居住条件不恶化的情况下，如果适当地扩大规模并达到一定的入住率，就可以降低人均基础设施使用成本，改善伙食状况，并形成集聚效应，增进对相关产业的辐射作用，减少对外宣传开支等项目所需的人均成本。在规模过小、分布零散的养老服务企业中，伙食标准与住宿条件已相对较低。在总成本无法再下降的情况下，若依赖提高收费水平为增收手段必将减少入住率，进而抬高人均成本，从而难以维持企业的长期持续快速发展。所以要积极发挥规模经济的作用，增加赢利的可能，使之具备提高经济效益的发展条件。

4. 服务项目是否多元

如果服务人员不专业或对于养老服务的需求项目估计不足，则养老服务内容会比较单一，容易形成养老服务业的服务结构严重雷同的格局。这种服务同质化的状况最终可能导致一方面大量老年人入住养老服务企业的良好愿望难以落实，另一方面部分养老服务企业服务资源大量闲置的现象。尤其要注意的是，单一无特色的服务项目不能形成养老服务企业蓬勃发展的特色，反而对于增加其收入形成瓶颈效应，极大地制约了企业效益的提升能力。因此，实现服务项目的多元化也就具备了提高经济效益的后续条件。

5. 风险评估是否全面

养老服务产业本身有投资额大、回收期长、市场潜力大、不确定性强等特点。如果缺乏对养老行业的正确认识，忽略风险评价，往往可能导致企业破产的不良后果。在发展该产业需经历的不同阶段中，存在与其他产业相似或更突出的风险因素。

从发展前期看，养老服务企业必须对当地或选址区域的经济水平、主流观念等状况有充分了解，并对自身的财务状况、资金运作有全面估算，量力而为，选择合适的投资方案，并把握好有利的宏观政策，灵活运用营销网络，做好宣传工作，降低入住率不足和资金不到位的风险。就发展中期而言，养老服务企业要对具体经营过程中出现的问题建立快捷全面的反馈机制，从而及时改善服务质量，提高服务效率，稳定目标客户。尤其要提高对老年人医疗事故、意外伤害事件可能引发的法律、财产风险及缴费人经济能力下降引发的续费风险等加大防范力度。企业在发展后期则要加强对特色服务项目的推广与创新工作，并增加筹资渠道，避免资金流的中断。同时要强化竞争意识，减少企业管理中可能出现的服务老化、观念落后的惯性思维倾向，并避免产生盲目扩张急功近利倾向。

如果没有正确评价风险状况，合理估计风险概算就仓促上马，可能使企业日后出现决策失误、经营失误、财务失误等危险，不利于企业赢利。进行全面完善的风险评估是提高经济效益的保障条件。

Investment Analysis Report on Pension Industry

Research Group

Abstract: Pension industry is a concept. It is the combination of pension service and other related industries such as pension finance, pension entertainment, agedness medical care, pension tenement, pension establishment and organization, etc. This industry has a long supply chain. The current business models include family, community and organization models. We found that in developed countries many pension projects are operated by PE fund and public firms in the market. Because the legal system and policies in pension area are not mature enough, the business model of pension industry in china is mainly "project company" model, and has not changed to the model of Real Estate Investment Trust (REITs).

Key Words: Pension industry; REITs; model

B.13
内贸集装箱航运业投资分析报告

王 申

摘 要： 我国内贸集装箱航运主要集中在沿海、长江流域和珠江流域，已成为我国内贸货物运输的主要方式之一。目前，内贸航运的集装箱化率不到30%，未来发展前景广阔。过去几年，内贸集装箱行业快速发展，年平均增长率超过40%，远高于外贸，因此，内贸集装箱占港口吞吐量的比重持续上升。2011 年，在内需增长、产业转移、中西部发展等因素推动下，内贸集装箱航运货运量继续呈现快速发展态势，预计2012 年以后行业增速在20%左右。从私募股权投资角度而言，目前的行业估值水平下降，是一个较好的投资时机，具有核心竞争力的内贸集装箱航运企业应是投资的首选。

关键词： 内贸 集装箱航运 投资价值分析

一 行业概述

（一）基本情况

内贸集装箱航运是国内物流业的重要细分行业，专指水上货物运输中的沿海货物的集装箱运输与内河货物的集装箱运输。

我国内贸集装箱航运主要集中在水路运输较发达的沿海、长江流域和珠江流域，已成为我国内贸货物运输的主要方式之一。

我国内贸集装箱航运市场起步较晚，20 世纪 90 年代中期才开始有 2 吨、5 吨和 10 吨的非标准集装箱在沿海地区运输，但还没有形成规模。1996 年，有些小公司开始用标准集装箱在沿海地区进行尝试性货物运输。1997 年，上海海运

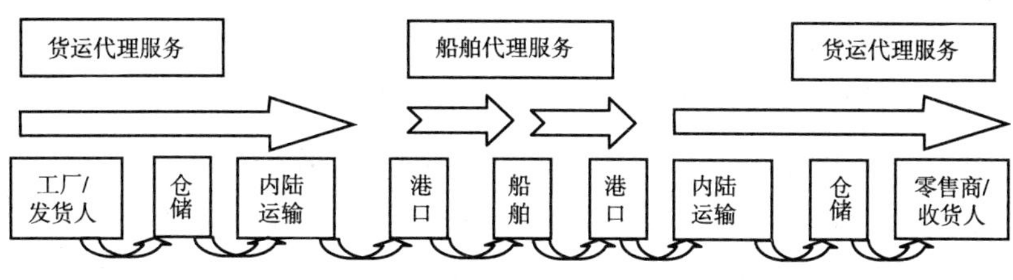

图 1　内贸航运物流服务流程

局所属上海海兴集装箱运输有限公司投入了 2 艘 614 国际标准箱（TEU）的全集装箱船，率先开通了国内水路集装箱班轮快运航线，采用国际通用的标准集装，标志着国内水路集装箱运输与国际接轨。

虽然我国内贸集装箱航线开通时间比外贸集装箱晚了近 20 年，但此后发展十分迅猛，箱量年均增长速度超过 40%，远超外贸集装箱。即使在 2008 年金融危机时，虽然作为经济晴雨表的港口外贸集装箱吞吐量大幅下滑，但内贸集装箱运输市场却出现了一枝独秀的繁荣景象，我国内贸集装箱航运已经成为一个前景广阔的朝阳产业。

（二）内贸集装箱运输方式的比较

内贸集装箱航运之所以能够独领风骚取得快速发展，是因为内贸集装箱运输有货运量大、运价低、占地少、油耗低且安全环保等一系列优点。

（1）占地少。内河水运利用现有河道，基本不占或较少占用土地，只有港口占用少量土地。

（2）运能大。水运每马力运量是火车的 4 倍、汽车的 50 倍，航运的平均运输量也大于火车和汽车。

（3）成本低。内河水运在长距离、大运量的条件下具有规模经济优势。以集装箱从重庆运输到上海的运价比较为例，长江公路、铁路和水运费用之比为 6∶2∶1。

（4）节能环保。水运的单位能耗均低于铁路、公路、美国的公路、铁路和水运的单位能耗比为 8.7∶2.5∶1。2011 年，我国公路集装箱车辆的单耗为 4.8 千克标准煤/百吨公里，而水运集装箱船的单耗为 9.0 千克标准煤/千吨海里，公路集装箱运输单耗是航运的 9.88 倍，航运的节能环保效果突出。

（5）安全可靠。集装箱具有很好的密封性，不怕风吹雨打，不易盗抢，卫生安全，也保证了货物的保密性。这种特点在危险品运输方面的优势尤其突出。

从表1中可以看出，水路内贸集装箱货运方式在载重量、运价、经济运距、环境压力、对空箱调运容易程度等方面，均比公路、铁路集装箱货运方式具有明显的优势，而货运速度和气候影响因素，可以通过加强集装箱船舶性能、加大集装箱船舶载箱量能力、增加船舶航速、增加航线密度等技术措施得到弥补。综合比较来看，内贸集装箱运输中，水路是最经济的，因此在我国未来运输结构调整中，发展方向是集装箱船舶运输。

表1　内贸集装箱综合指标比较表

货运方式	载重	运价	货运速度	经济运距	环境压力	气候影响	空箱调运
水运集装箱	大	中	中	最长	小	大	容易
杂货船运	中	低	慢	长	中	最大	—
铁路集装箱	中	高	快	中	大	小	难
公路集装箱	小	最高	快	短	最大	中	较难

正是由于航运的综合经济性，各种运输方式中，内贸水运货运量的增速是最高的。2001～2010年间，在各种运输方式的货运量中，内贸水运增长最快，年度增速高达11.97%，其次是航空11.09%，远洋水运再次之，为9.73%，最后是公路，为8.95%，铁路为7.39%。作为货运量增长最快的一种运输方式，内贸水运占所有运输方式的比重从过去的不到8%增长到了11%。

表2　我国各种运输方式货运量增速

单位：%

	铁路	公路	内贸水运	远洋水运	航空
2001～2010年增速	7.39	8.95	11.97	9.73	11.09

资料来源：WIND资讯。

作为内贸水运中主要运输方式之一的集装箱运输，其在集装箱水运中的占比也不断提高。以大连港为例，2005年以来内贸集装箱吞吐量占比快速提高，2011年，内贸集装箱吞吐量达到了271.2万吨，占比从2005年的8.31%上升到了36.55%。

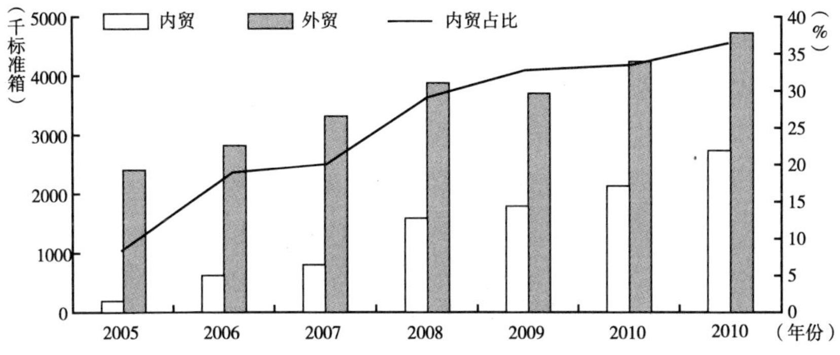

图 2　大连港内外贸集装箱吞吐量

资料来源：WIND 资讯。

（三）行业特点

1. 竞争性

物流行业的进入门槛较低，导致了行业呈现充分竞争的状态，内贸集装箱航运物流行业也是如此。

内贸航运业参与者众多，绝大部分企业规模都很小，基本属于完全竞争市场，国内航运业的竞争还处于初级阶段，竞争手段以价格为主，内贸集装箱的运价远低于外贸集装箱运价。由于市场竞争激烈，处于产业链中游的物流企业受到来自客户端（生产方或消费方）的价格挤压，利润率普遍不高。

从上市公司内贸航运毛利率的变化情况，可见国内航运市场的竞争激烈程度。2007 年，繁荣的经济带动上市公司内贸航运业毛利高企，高达 16.07%。但是到了 2009 年，受金融危机影响，内贸航运的毛利率下滑到负数，到了 2010 年，虽然毛利率转为正数，但是也不到 5%。2011 年，内贸航运的毛利率依仍然只有 4.63%。

表 3　上市公司航运内贸业务毛利率变化

单位：%

	2007 年	2008 年	2009 年	2010 年	2011 年
中远航运	14.68	4.43	0.71	3.71	10.86
中海集运	—	10.55	-0.80	3.76	7.32
长航凤凰	16.25	16.45	-6.69	6.32	-3.99
加权平均	16.07	11.99	-2.37	4.44	4.63

资料来源：WIND 资讯。

因此，内贸集装箱航运企业若想在充分竞争环境中求得生存，就需要不断提高业务规模、运营网络和服务能力，建立核心竞争力，确立行业地位，进而获得高于行业平均利润率水平的利润。

2. 周期性

作为物流之一的内贸集装箱航运，主要服务于实体经济，受经济增长和发展的影响较大，其行业周期紧跟经济周期，属于强周期性行业。因此，集装箱租船价格也伴随着经济呈现周期性波动态势。

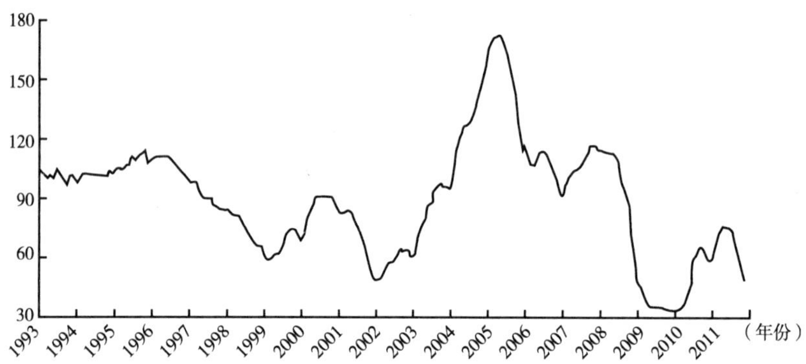

图 3　Clarkson 集装箱租船指数

通过比较我国的航运指数和 GDP 同比的联动性，我们可以发现，中国出口集装箱运价指数（CCFI）和中国沿海散货运价指数（CCBFI）紧跟经济周期波动，每次航运价格的波动，都伴随着 GDP 增速的变化。

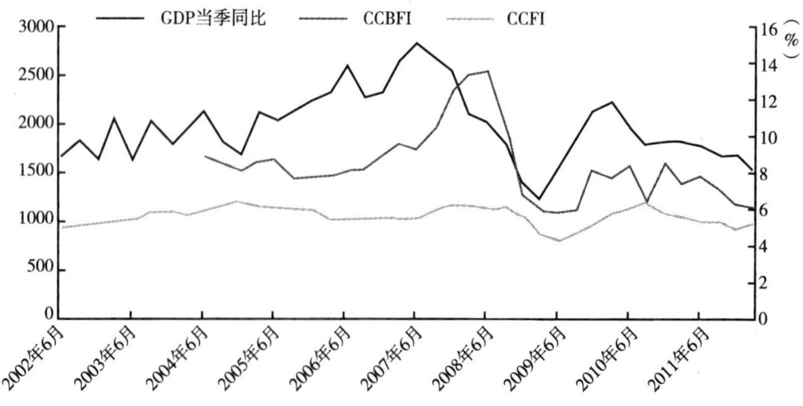

图 4　我国航运价格周期性波动

资料来源：WIND 资讯。

3. 季节性

内贸航运业的季节性特征较强，一般春节前、三季度是淡季，四季度、春节后是旺季，货运量和运价均呈现季节性波动。

季节性波动的原因是货源的运量起伏较大，这给航线和船期的布局带来困难。例如，南方的基础货源是建材，主要发往东北、华北地区，每年冬季由于建筑工地开工不足，建材类货物出运量大幅减少，致使北上与南下货源极不平衡，增加了船舶的空载率。三季度淡季主要是台风因素，船期受到影响很大，码头集装箱积压现象严重，空箱周转困难。

此外，在内河航运中，还会受到枯水期的影响，尤其是长江中上游干流航段枯水期，驳船通过率只有 50% ~60%，未来有望通过航道建设来减少断航风险。

二 2011 年行业发展情况

（一）货量箱量分析

1. 内贸货运总量及其结构

从内贸的运输结构来看，货物运输主要还是靠公路为主的陆路运输，公路货运量是内贸水运（沿海与内河）货运量的 8 倍，货物周转量公路是内贸水运的 2 倍。但是由于水路每公里的运输成本远低于陆路，所以，公路运输以短途为主，2011 年平均运距只有 182.17 公里，远低于内贸水路运输（沿海 1281.44 公里、内河 312.17 公里）。

表 4 2011 年我国货物周转情况

运输方式		货运量(亿吨)	货物周转量(亿吨公里)	平均运距(公里)
公路		282.01	51374.74	182.17
水 水路	整体	42.60	75423.84	1770.65
	其中:远洋	6.35	49355.40	7772.50
	沿海	15.22	19503.56	1281.44
	内河	21.03	6564.88	312.17

资料来源：交通运输部。

2. 内贸航运总量及结构

从内贸航运发展情况来看，总体增长较快。以吞吐量为计量标准，2001～2010年，全国规模以上港口内贸比重从66.05%上升到了69.39%，其中，沿海规模以上港口内贸复合增长率16.29%，内河规模以上港口内贸复合增长率为20.81%。

表5 全国规模以上港口内贸吞吐量

单位：万吨，%

年度	沿海规模以上港口			内河规模以上港口			总体内贸占比	总体内贸同比
	总吞吐量	内贸占比	内贸同比	总吞吐量	内贸占比	内贸同比		
2001	142634	57.95		49002	89.62		66.05	
2002	166628	57.34	15.59	57092	89.57	16.45	65.56	15.89
2003	201126	56.39	18.71	66224	89.03	15.29	64.47	17.51
2004	246074	57.45	24.65	86414	90.21	32.22	65.96	27.24
2005	292777	57.59	19.27	101418	90.08	17.19	65.95	18.53
2006	342191	57.38	16.46	117510	89.74	15.43	65.65	16.10
2007	388200	57.33	13.35	138208	89.86	17.78	65.87	14.89
2008	429599	58.50	12.92	159481	91.04	16.90	67.31	14.35
2009	475481	58.37	10.44	221678	91.75	40.08	68.99	21.29
2010	548358	58.61	15.80	261822	91.97	18.40	69.39	16.90
平均	—	57.69	16.29	—	90.29	20.81	66.52	18.02

资料来源：《中国航运发展报告2010》。

2011年，内贸航运业继续快速增长，货运量增长12.96%，货物周转量增长16.23%。其中，内河运输完成货运量21.03亿吨、货物周转量6564.88亿吨公里，比上年分别增长11.51%和18.59%；沿海运输完成货运量15.22亿吨、货物周转量19503.56亿吨公里，分别增长15.04%和15.46%。

2011年，沿海主要港口内贸货物吞吐量35.96亿吨，同比增长14.45%，高于外贸货物吞吐量。

全国港口完成集装箱吞吐量1.64亿标准箱，比上年增长12.00%。其中，沿海港口完成1.46亿标准箱，内河港口完成1736万标准箱，比上年分别增长11.31%和18.26%。

表 6　沿海主要港口内贸货物吞吐量

单位：亿吨，%

月份	沿海港口内贸吞吐量	同比	月份	沿海港口内贸吞吐量	同比
2011 年 1 月	2.94	17.13	2011 年 9 月	3.10	17.42
2011 年 2 月	2.58	18.89	2011 年 10 月	3.03	12.22
2011 年 3 月	3.06	21.43	2011 年 11 月	2.90	4.69
2011 年 4 月	3.06	15.91	2011 年 12 月	2.89	10.73
2011 年 5 月	3.17	14.03	2012 年 1 月	2.94	0.00
2011 年 6 月	3.08	12.41	2012 年 2 月	2.92	13.18
2011 年 7 月	3.06	16.35	2012 年 3 月	3.25	6.21
2011 年 8 月	3.09	14.02			

资料来源：WIND 资讯。

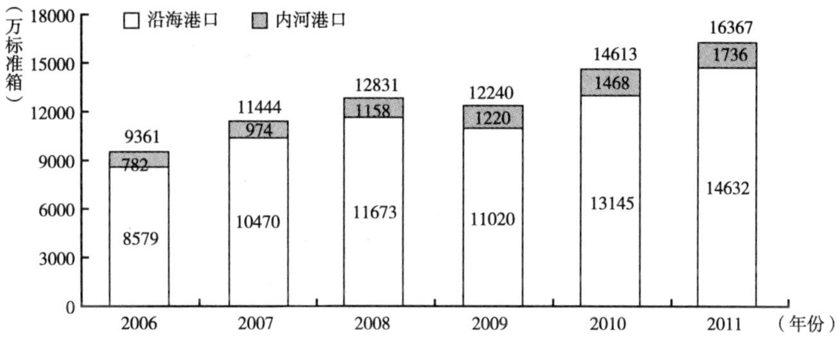

图 5　2006～2011 年全国港口集装箱吞吐量

资料来源：《2011 年公路水路交通运输行业发展统计公报》。

2011 年，全国港口集装箱吞吐量（按重量计算）17.75 亿吨，比 2010 年增长 15.86%，继续呈现快速发展态势。

3. 内贸航运集装箱总量及结构

2010 年，我国规模以上港口内贸集装箱吞吐量为 4300.08 万标准箱，比 2009 年增长 20.7%，继续呈现快速增长势头。

2001～2010 年，我国内贸集装箱占港口集装箱吞吐总量的比重，从不到 10% 提高到将近 30%。

2011 年，我国内贸集装箱航运业继续呈现快速发展势头。需求方面继续呈

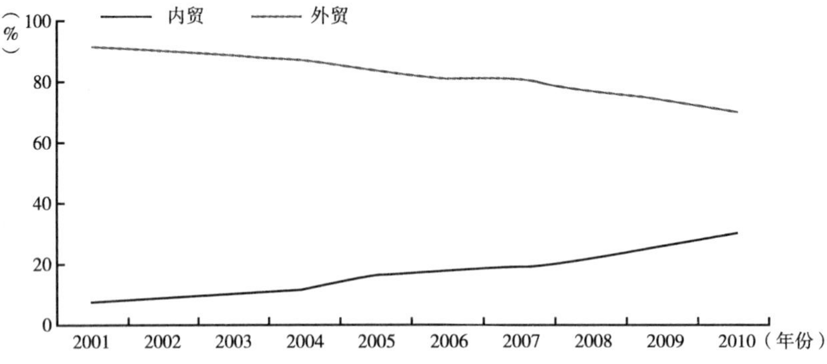

图6　港口内外贸集装箱吞吐量比例

资料来源：《2010 中国航运发展报告》。

现快速发展态势，比如，珠三角地区2011年主要内贸集装箱码头的内贸集装箱吞吐总量比2010年增长14.87%，远超同期该地区主要外贸集装箱码头的外贸集装箱吞吐总量2.70%的增速。集装箱船舶运力方面，2011年内河集装箱箱位是16.07万TEU，同比增长25.5%，沿海集装箱箱位是20.32万TEU，同比增长9.4%。

整个2011年，我国内贸集装箱航运市场呈现出如下特点：

（1）内贸集装箱吞吐量增速高于外贸，占比进一步扩大。

（2）中西部地区经济发展加快，产业不断向中西部转移，这带动了以长江为代表的内河航运集装箱化率水平的不断提高，内河集装箱运输增速远高于沿海。

（3）沿海内贸集装箱运输服务提升，国内班轮公司更加重视内贸集装箱运输市场，采取了开辟新航线、加大航班密度、调整航线运力结构、促进海铁联运发展等一系列举措。

（二）货源结构分析

集装箱货源结构与各地区的经济发展水平和产业结构密切相关，同时也与目前内贸集装箱发展的阶段有关，由于起步时间不长，内贸水路集装箱运输方式还未得到货主的普遍认可，占内贸集装箱航运的比重不到30%，而且海运运输时间较长，运量大、运价低的经济特性也对货源结构产生了重要影响。

内贸集装箱经过几年的发展，适箱的货物从以前的单一货源，逐步发展到目

前以粮食、化工品、建筑材料、纸浆、钢材等低值重货为基础货源，以及如汽车、日用品、家用电气、食品、饮料、白糖、橡胶、反季节瓜果蔬菜等为辅的其他类型的货源结构。

受地区经济发展不平衡的影响，南方经济发展速度快于北方，东部高于西部，水路集装箱的发展也出现了“南先北后”的情况，但是随着货源不断开发，北方港口的货量明显超过了南方，内陆地区的货源也正呈现快速增长态势。

北方地区南下采用集装箱运输的主要货种是粮食、食品和原材料。北上的货源主要来自华南、华东港口，货源的种类主要是建材和轻工类产品等，特别是建材比重相当高。北上的货源不仅满足输入港地区的需要，而且有相当一部分通过海铁联运方式转入东北和华北广阔的腹地，因此北方地区的海铁联运发展相对较快，目前已具有一定的规模。

华东地区的货源市场主要以上海为中心，包括浙江、江苏和福建等几个省份，上海港是枢纽港。华东地区是我国内贸集装箱运输开发较早的地区，该地区的货种丰富，货源市场正进一步向长江内深入。目前该地区向华南和华北地区出运的主要货种是各种工业成品。

华南地区运至华东和华北的货物主要是建材为主的基础货源，还有部分家具、白糖、橡胶、日用百货、家用电器、海产品、反季节瓜果蔬菜、木材、淀粉等货物。广州港是沿海内贸集装箱吞吐量最大的港口。

表7　三大内贸航运区域货源分析

	枢纽港	货源	货物需求	辐射区域
北方地区	天津港、大连港、青岛港	粮食类、化工类、矿类、建材类、纸浆、酒类、食品等	高级建材、家具、轻工类产品、反季节瓜果蔬菜等	东北和华北地区
华东地区	上海港、宁波港	成品纸、机电产品、化工品、家电产品以及高级建材、汽车、钢材等	粮食、煤炭、矿石、食品、建材装饰品、化工原料等	长江流域
华南地区	广州港	建材、电子产品、家具、白糖、橡胶、日用百货、家用电器、海产品、反季节瓜果蔬菜、木材、淀粉等货物	粮食、煤炭、矿石、食品、化工原料等	珠江流域

内贸集装箱箱量的迅速增长需要依赖经济的持续发展。如华南地区，经济发达、交通设施完善、信息网络健全、工业加工能力强，所以需要大量的工业原料

和半成品，在珠三角地区加工后，装集装箱返销到各大沿海港口中转销售，所以在珠江地区形成了内贸集装箱物流的聚集地。

（三）基础设施建设分析

全年内河及沿海建设完成投资1404.88亿元，比上年增长19.9%。其中，内河建设完成投资397.89亿元，增长18.9%。内河港口新建及改（扩）建码头泊位209个，新增吞吐能力8418万吨，其中万吨级及以上泊位新增吞吐能力3986万吨。全年新增及改善内河航道里程843公里。沿海建设完成投资1006.99亿元，增长20.3%。沿海港口新建及改（扩）建码头泊位440个，新增吞吐能力24585万吨，其中万吨级及以上泊位新增吞吐能力22714万吨。

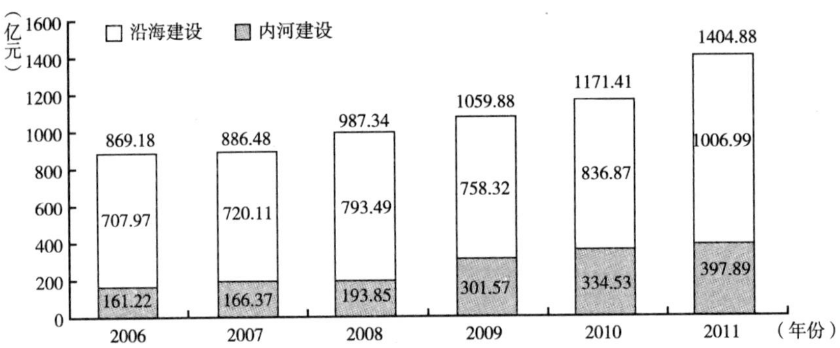

图7　2011年水运建设投资额

（四）航线分析

1. 航运网络结构

内贸集装箱货源流动的区域差不多遍布了沿海的所有港口，同时还向内陆延伸，已构建成贯通南北、深入长江流域和珠江地区的“π”字形网络。

三大主要流向是：北方—华南流向，北方—华东流向，华南—华东流向。北以大连、营口、天津、青岛为中心的环渤海湾地区；中以上海、宁波为中心的华东地区；南以广州、深圳为中心的珠江三角洲地区，这些地区共同构成了我国内贸集装箱运输货源生成和货流进出的三大区域。

内河港口则以长江流域和珠江流域沿岸港口为主，如南京、南通、苏州、重

庆、中山等。

近年来，随着成都、呼和浩特、哈尔滨、昆明等一批内陆干港的建成，内贸集装箱可通过海铁联运运至四川、内蒙古、东北、云南等内陆地区，形成了覆盖全国的运输网络。

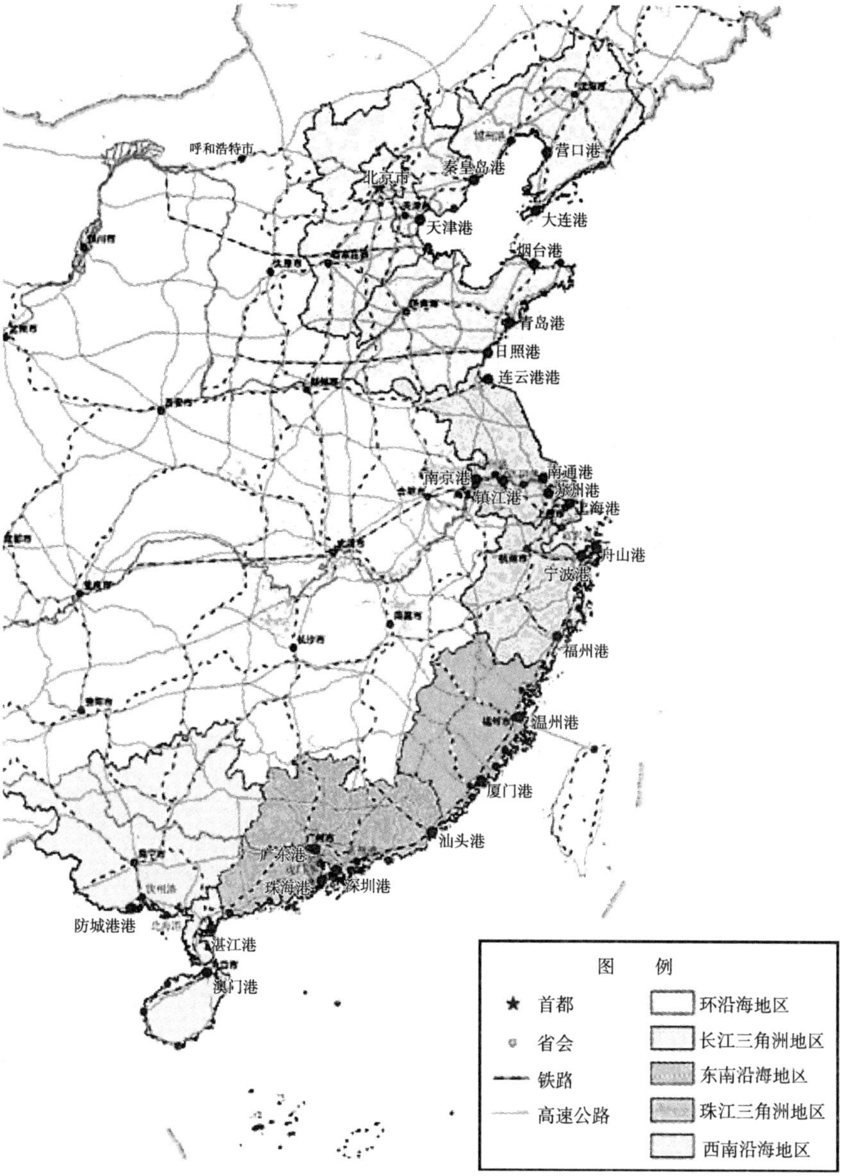

图 8　全国主要港口布局

2. 内贸航运运营方式

内贸航运主要分为南北干线运营和支线运营两个不同的细分市场。

（1）南北干线。

内贸干线主要为沿海各港口的直达班轮，运输距离在1000公里以上，运送的货物主要包括煤炭、纸张、建筑材料、食品、汽车零配件、化工产品等。干线船舶有部分是从外贸航线转过来的，整体而言船舶吨位很大，适合长途运输大宗货物。

中远集运、中海集运是南北线的主要运营商，他们的船舶数量最多、单船箱量高、市场占有率最大。

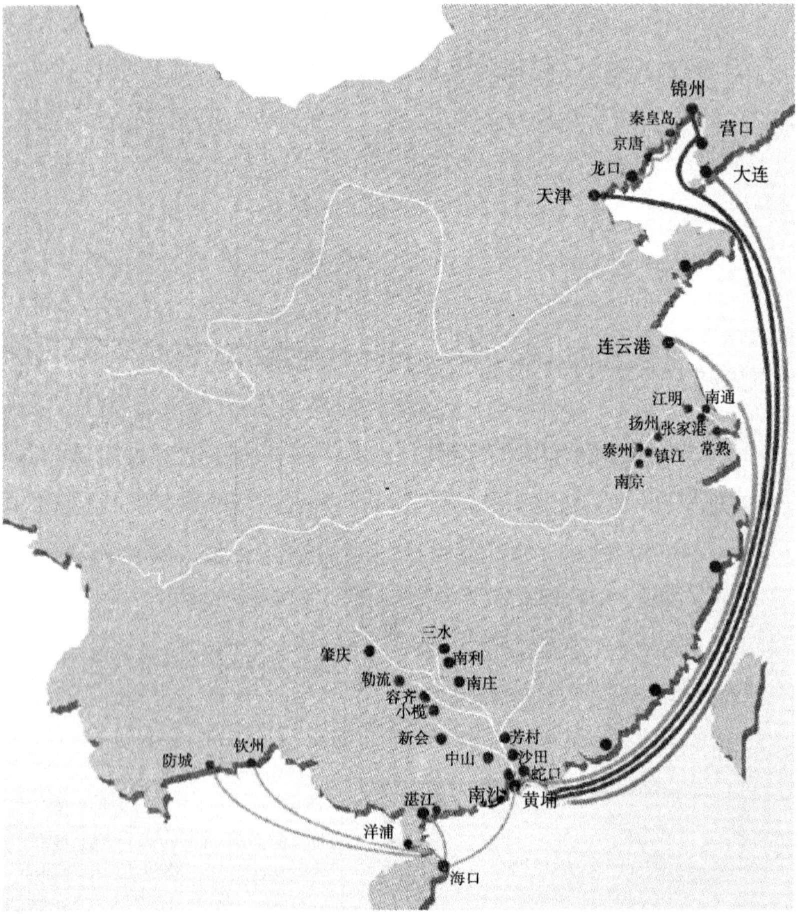

图9　内贸航线布局

资料来源：中海集运招股说明书。

（2）支线。

支线主要是辅助内外贸航线经营：超短途运输与接驳，中小型船舶为主，运输距离一般不超过 1000 公里。

这部分支线的运营商众多，以民营力量为主。包括中谷新良、海口南青、烟台海运等。

内河航运支线近年来发展较快。以长江水系为例，长江内支线已覆盖 30 多个港口，最远达到上游 200 公里的泸州港，主流船型为 26 标准箱。

3. 航线运营方式

航线运作形式大致分为以下三类：①大循环——例如从江阴到泉州再到广州，再由广州到泉州到江阴；②树杈分驳——例如干线船从上海到广州后，再起/落泊到各支线船，分别转往蛇口、湛江、中山、海口等；③点对点分驳——例如广州到中山。

（五）企业分析

目前，经营水路内贸集装箱运输的较大航运公司包括：中远集运、中海集运、长航集团、海口南海青年实业公司、山东航运集团有限公司、中外运集运公司、扬子江航运公司、中谷新良海运公司、大连三峰船务、青岛正和航务公司、宁波远洋运输公司等。

在上述企业中，有些企业主营业务非内贸集装箱运输，只是部分介入该领域，比如，长航集团主要为内河干散货运输，中外运集运、山东航运为国际集装箱运输。

按照集装箱运输箱量，内贸集装箱航运企业可划分为三个层次：第一层次，中海集装箱、中远集装箱、中谷新良、海口南青、烟台海运占了沿海市场份额的 70% 左右，民生轮船、太平洋航运、长航集团、集海航运几乎垄断了长江市场；第二层次，海丰润丰航运，宁波福海航运等；其他无固定航班的为第三层次。

1. 中海集装箱运输有限公司

中海集运于 1997 年 3 月开辟了首条国内沿海内贸集装箱航线，途经沿海 30 余个大小港口。以集装箱吞吐量计算，中海集运部分内贸航线在国内多个主要港口的市场占有率达 50%，部分港口的占有率更高达 80% ~90%。

沿海内贸干支结合、各地海铁联运相互配套，形成了覆盖全国大部分的运输网络，是国内投入船舶数量最多、箱位最大、航速最快、网络布局最广，运输市场上整体实力最强的承运人。

（1）内贸干线。

天津—南沙—天津

营口—南沙—营口

锦州—大连—南沙—锦州

连云港—青岛—日照—南沙—宁波—连云港

天津—江阴—泉州—天津

营口—大连—江阴—漳州—泉州—营口

上海—烟台—营口—烟台—上海

上海—烟台—天津—太仓—上海

上海—南沙—上海

上海—厦门—泉州—上海

青岛—连云港—漳州—泉州—青岛

（2）内贸支线。

海南支线、湛江支线、钦州支线、北海支线 、珠江支线、福建支线、长江支线 、渤海湾支线

（3）长江内贸航线。

长江内贸航线目前主要挂靠南京、扬州、镇江、泰州、张家港、南通、常熟、太仓，共投入 11 艘驳船，总箱位 900 多标准箱。基本达到天天班，有货就有船。

2. 海口南海青年实业公司

海口南海青年实业公司以上海为枢纽，构筑中国沿海、长江下游 T 字形水路运输网络，用市场的方式组织各种生产要素，以散装的价格切入市场，大规模拓展国内集装箱水路运输业务，率先开展了用国际标准集装箱承接国内水路运输项目，填补了国内水运市场的一大空白。十多年来，船队规模及年运输总箱量年年攀升。2008 年，公司共承运计费重箱 64.6 万标准箱（TEU），实现运费收入 15.90 亿元，位居行业前列。

3. 中远集运运输有限公司

上海泛亚航运有限公司是中远集运运输有限公司的全资公司，注册资本

6.688亿元人民币，主要专业化经营包括中日航线内贸航线及公共支线在内的中国近洋集装箱运输业务。根据中远集运加快中国国内支线网络步伐，做强、做大支线运输业务的发展战略，长江流域内支线经营主体也转移至泛亚公司，以提升核心竞争力。

（1）内贸干线。

厦门—漳州—泉州—天津—营口

蛇口—黄埔—上海

上海—营口

南沙—锦州（大连）—营口

南沙—天津

蛇口—黄埔—汕头—日照—青岛—连云港—蛇口

福清—汕头—营口—天津

黄埔—唐山—烟台（秦皇岛）—黄埔

（2）内贸支线。

长江支线、沿海支线、珠江支线

4. 上海中谷新良海运有限公司

中谷新良海运前身为央企中谷粮油集团下属的洋浦中谷新良海运公司，是国内最早专业经营国内沿海及长江各港间散货及集装箱货物运输的公司之一。2003年改制为有限责任公司，注册资金3000万元。上海中谷新良实业有限公司为其投资的一家全资子公司，以国内沿海及长江各港间散货及集装箱货物运输为主营业务。

8年来，公司逐步形成了以东北—华东、山东—东南、山东—华南、华东—东南和华东—华南等主干航线为核心，环渤海、黄三角、长三角、海西、珠三角及长江沿线等区域内部支线为基础的运输网络，航线布局涵盖我国18000多公里海岸线，经营网点近50个，航线20余条。运输货物类型主要以粮食、化工品、建筑材料、纸浆、钢材等为主，以日用品、家用电器、食品、饮料等为辅，业务规模居行业前三甲。

公司拥有一支强大的船舶管理队伍，包括多名船长、轮机长、大副，以及众多有过专业航行经验的管理人员，其中50%以上为高级船员，船员总数近200人；一套完整的安全管理体系，经过国家海事局的评估和论证，并取得了海事局颁发的 DOC 和 SMC 证书。

(1) 北方主要航线。

上海—天津—大连—上海

上海—锦州—龙口—上海

上海—营口—宁波—上海

日照—广州—温州—日照

日照—厦门—上海—日照

青岛—厦门—上海—青岛

营口—厦门—上海—营口

天津—广州—上海—天津

(2) 南方主要航线。

上海—广州—上海

上海—汕头—厦门—上海

上海—深圳—厦门—上海

江阴—广州—江阴

江阴—汕头—厦门—江阴

江阴—深圳—厦门—江阴

宁波—广州—宁波

温州—广州—温州

厦门—深圳—广州—厦门

5. 上海集海航运有限公司

集海航运是由上海国际港务集团、上海海华轮船有限公司、中国上海外轮代理有限公司共同投资的、具有一定规模的国内合资航运企业。公司于 2001 年 9 月 21 日成立，主要从事长江、沿海国际集装箱内支线班轮运输。公司注册资本 2.5 亿元人民币。

公司以上海为中心，构筑了密集的经营航线与稠密的运输航班，现有国际集装箱内支线近 30 条，每月进出上海港的航班达 650 余班。

目前公司经营航线直达太仓、常熟、南通、张家港、江阴、常州、泰州、镇江、扬州、南京、马鞍山、芜湖、铜陵、安庆、九江、南昌、黄石、武汉、岳阳、长沙、湘潭、株洲、荆州、宜昌、重庆、万州、宁波北仑港、大榭岛、乍

浦、温州、福州、厦门、连云港、青岛、京唐、大连等港口，经营地域覆盖上海、江苏、浙江、安徽、江西、湖北、湖南、重庆、四川、天津、山东、辽宁、福建等10省3直辖市30多个港口。

6. 民生轮船股份有限公司

民生轮船由民生实业（集团）有限公司和上海国际港务（集团）股份有限公司合资成立于2009年，其前身是1984年成立的民生轮船公司。

公司年集装箱运输能力达24万吨。公司经营的集装箱班轮运输航线主要有重庆—上海、泸州—上海、宜宾—上海，挂靠宜宾、泸州、重庆、涪陵、万州、宜昌、荆州、城陵矶、武汉、九江、芜湖、南京、扬州、常州、张家港、南通、太仓、上海等港。

7. 山东海丰国际航运集团

海丰国际航运是一家多元化、现代化、国际化的综合性航运集团，经营范围涉及集装箱班轮运输、沿海内贸内支运输。物流服务网络覆盖青岛、大连、上海、天津、北京、南京、广州、深圳、宁波、厦门、连云港、烟台、威海、日照、重庆、西安、成都等城市。

8. 宁波福海海运有限公司

福海海运成立于2002年12月，是交通部批准经营国内运输的水路运输企业。公司注册资本1000万元人民币。公司拥有货船98艘，载重吨117034吨。

（六）运力分析

内贸集装箱航运起步较晚，大部分集装箱船是从国际航线转入的。目前，国内集装箱航运的运力呈现以下特点：①船的载重吨位小，海船为3000～10000吨，江船为3000～5000吨；②集散两用船占一定比例，但目前的发展趋势是向专业集装箱船发展；③船龄都比较长，新船少。

随着内贸集装箱航运的发展，各运营企业纷纷加大了运力的投入。目前，各主要公司宣称的运力情况为：

中海集运总运力3万标准箱，自有船舶6艘，箱位总数为2714标准箱，载重48701吨，租用在线营运集装箱船共30艘以上，在建1800标准箱/30000吨集散两用船舶共6艘，未来还计划建造1300标准箱/20000吨集散两用船舶共12艘。

中远内贸集装箱总运力为3.04万标准箱，目前拥有船舶24艘，租用船舶9艘。

中谷新良海运总运力为3万标准箱，经营船舶40多条，总载重为50万吨。

南海青年实业公司总运力近2万标准箱，主要为租赁船舶60余条，租入及自有集装箱4.66万TEU，年集装箱运量均在60万标准箱以上。

集海航运总运力1.25万标准箱，公司拥有各类船舶73艘，单船最大载箱量为720TEU。

民生轮船公司总运力1.49万标准箱，公司现拥有300标准箱船型为主的标准集装箱船舶45艘；拥有700TEU集装箱海轮2艘。

（七）运价分析

长江航线价格与沿海航线相比，价格变动较小。沿海航线价格分布情况：以上海为界，上海到北方诸港的价格普遍低于南下的运价，其主要原因是北上货物的量远小于南下货量，为此，即使无北上货源也会有大量空箱由南向北调运；上海南下和北上到上海的运费基本持平；上海以南到北方诸港的价格特点和上海到北方的一样。

影响价格的因素：①货源因素：货源旺季一般在每年的10月到次年的3月左右，价格一直高位运行，为淡季价格的1倍以上。②天气因素：在台风季节因为船舶停航避风的影响，航次数量骤减，空箱调运困难，造成价格疯狂上涨，为淡季的1.5倍左右。③其他货物运输的因素：由于各船公司一般运营的船舶多为租赁性质，在国内煤炭及钢材运输景气度高的时候，往往无船可租，船东也因运价问题而情愿运输价格更高的煤炭和钢材。

（八）存在的问题

我国沿海内贸集装箱运输发展十几年来，一直保持着强劲的增长趋势，前景十分广阔。但是，与外贸集装箱运输相比，其发展还相对滞后，其发展中存在的问题主要体现在：

（1）内贸集装箱航运业的规范程度有待提高。

相对外贸集装箱运输来说，从事长江内贸集装箱运输的水运企业进入门槛偏低，一些没有实力的船运公司甚至船代和货代公司都可从事长江内贸集装箱运输，导致内贸集装箱运输市场竞争激烈且无序。主要体现在：①超重。内贸集装

箱装载货物品种主要是粮食、建材、矿砂及煤炭等大宗散货，这些货种比重相对较大，对装卸又没有特殊要求，容易出现多装问题。另外这些货种价值比较低，对运费承受能力低，通过多装才能降低运费成本，否则选择集装箱这种运输方式经济上不划算。②各船公司使用的运输单证及业务流程尚没有统一的格式和标准，信息化程度低，造成了港口与船运公司、货代公司之间效率低下和责任难以划分。这些都成为内贸集装箱运输市场发展的制约因素。

（2）南北航线货物流量和品类存在差异。

我国地域经济总量以及结构存在差别。国内沿海运输南下货源相对充足，北上货源整体偏少。尤其是北上至渤海湾以及山东的货流，部分航线北上货量不及南下货量的1/3。

内贸集装箱运输季节性较强，运量波动较大。我国南方地区的基础货源是建材类货物，主要发往东北、华北等地区。冬季由于建筑工地开工不足，南方地区建材类货物的出运量大幅减少，致使北上与南下的货流不平衡，导致船舶“重去轻回”。

国内集装箱运输普遍南下货重，南下货以资源性偏多，由于现在国内港口航路对超重箱治理力度不大，很多货主与货代的结费以散货价格计费，于是出现装至35吨或者更重的情况，平均箱重在30吨左右，这样就出现了满载不满舱现象。而北上货物以成品、日用品、食品等较多，平均箱重25吨左右。一条载重1万吨的集装箱船在满载的情况下，会相差近70自然箱。

此外，货物使用箱型不匹配。基础类货源、高密度货种主要装箱使用小箱，成品、轻泡货使用大箱和高箱偏多。这造成了不同箱型之间的大量对调。缺乏有效的信息管理系统支持，又会造成集装箱箱量周转调运不及时。

（3）班轮不准点导致船期过于集中。

集装箱班轮通常要求准班准点，外贸班轮绝大部分能做到。然而内贸班轮准班问题却非常突出，经常集中到港造成配备的集装箱短期内难以满足使用，如果通过提前调运满足了使用，船期稳定后又显富裕。造成船期集中有诸多原因：内贸船舶由于本身性能较差，使之具有抗风性差、储备动力不足、故障率高等特点；内贸航线航行时间短，并易受在港时间影响；内贸航运近期爆发式发展，船员短缺直接导致了船员素质的整体下降也间接影响了船舶准班；此外，码头服务能力和意识不够等，也是不容忽视的问题。

（4）运力短期起伏较大。

内贸航运相对于外贸航线，航线的设与撤、运力的增与减更显频繁，于是集装箱的大量调进调出也随之产生。船运公司往往开设航线前调研不足以及准备工作不充分，航线设定后一段时间发现不能达到预期效果，又不愿或难以承受亏损，于是匆匆撤离。同时，又普遍存在短期逐利的行为，见某港价格稍有起色，大量船舶迅速集中过去，很快价格打压下来后，又陆续撤离，运力短期内起伏很大。

（5）船公司航班服务不规范。

内贸集装箱运输虽然是班轮运输，但是经常由于各种人为因素更改船期及挂靠港，这种现象屡见不鲜，引起客户的投诉。各船运公司应在班期的准时性、航线设置的合理性多做努力。同时提高员工素质，增强货物意识，把客户的利益作为最高利益，切实为客户着想，让客户真正认同集装箱运输方式。

三　2012 发展前景展望

（一）经济发展与转型推动行业增长

根据“2012 中国物流发展报告会”的资料估算，2011 年，在经济较快增长和一系列政策措施的推动下，我国物流业发展取得新进展，物流专业化、社会化进程在结构调整中明显加快。预计 2011 全年社会物流总额可达 160 万亿元，物流业增加值约为 3 万亿元，同比分别增长 12% 和 14%。预计社会物流总费用同比增幅为 18.3%，与 GDP 的比率可能升至 18%。

经济发展对物流的依赖越来越大，物流行业的增速超过了 GDP 增速。2011 年，中国社会物流总额与 GDP 总量相比的物流需求系数约为 3.4，即每 1 个单位的 GDP 需要大约 3.4 个单位的物流量来支撑，而“八五”时期平均只有 1.6，“九五”为 1.7，“十五”为 2.2，“十一五”为 3.0。

我国经济处于转型期，产业向中西部转移并延长全球加工贸易在国内的增值链，发展内需会导致国内物流服务需求增长。所以，未来物流环节、运输距离和复杂程度将显著上升，物流成本占比大幅提升，企业需要通过降低物流成本来要利润，这将促进物流服务的专业化，有利于具有网络规模和服务意识的第三方物流企业的成长。

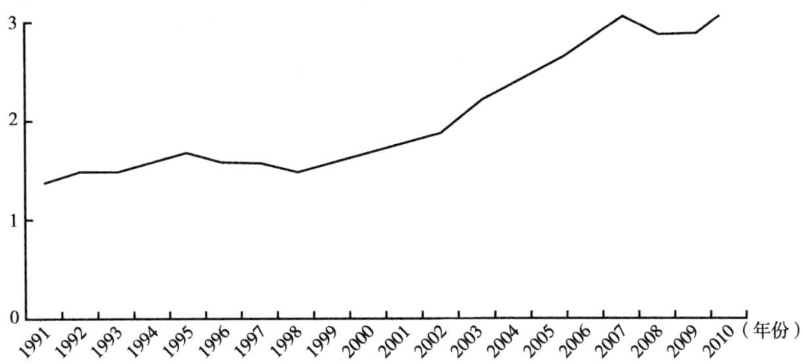

图 10　我国物流需求系数

资料来源：WIND 资讯。

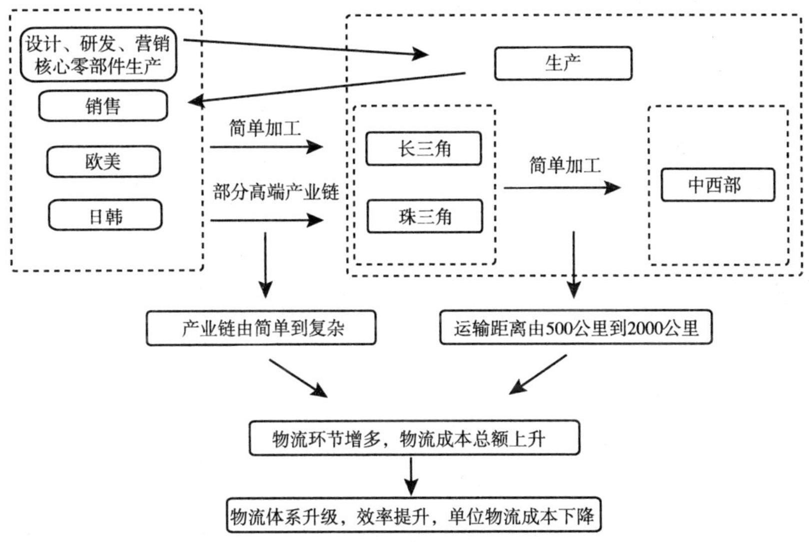

图 11　我国未来物流体系变化趋势情况

产业振兴规划和促进内需政策有效地对冲经济下行风险，为内贸集装箱运输发展创造良好条件。随着我国产业结构调整、产品升级换代和社会需求不断提高，企业将生产出大量高附加值产品，从而为集装箱运输提供充足货源。

随着我国经济结构日趋合理和产业结构的调整，地区间的合理分工和协作得到加强，高新技术含量产品和高附加值产品所占的比重不断提高，机械电器和大量制成品沿海运量迅速发展，适箱货所占沿海运量的比重呈明显上升趋势。

2009 年至今，国家先后批准多个区域振兴规划，这些区域大都位于内陆地区，中央和地方政府将在投资、财税、金融、土地、对外开放等政策方面给予这些地区大力支持。区域振兴规划的逐步实施将大大改善当地的基础建设条件，推动经济增长，为内贸集装箱运输提供充沛货源。

（二）产业政策支持企业发展

近年来，我国政府陆续出台了促进物流发展的政策，特别是2009 年物流振兴规划的出台，极大地肯定了我国物流行业在国民经济中的重要性，也进一步肯定了物流行业朝第三方物流发展的方向。对于航运公司而言，营业税改革后，分包出去的船运和集装箱卡车等业务的营业税可以抵扣，能够降低企业税负；作为龙头企业，航运公司将来的业务区域拓展能够得到政策上的税收支持，更有能力去并购其他企业；业务拓展到农产品的冷链运输等方面能够得到更多的政策支持。

构建综合交通运输体系、提高多种运输方式的协同效率、支持物流行业的发展成为2011 年交通运输部的政策支点。2011 年 5 月 10 日，交通运输部长李盛与铁道部长盛光祖联合签署了《关于共同推进铁水联运发展合作协议》，两部门共同推进铁水联运发展。

未来如果能够完善水铁联运的基础设施和信息服务，就可以实现提高通达性，降低运输和中转成本，为货主提供快速、经济、安全和可靠的运输服务，鼓励综合物流运输企业的发展有利于水运龙头企业的业务扩张和更好地与铁路部门合作。所以，会有更多的内贸货物选择水铁联运的方式，这将有利于水运行业的成长。

商务部编制送审的《国内贸易发展规划（2011～2015 年）》，计划在“十二五”期间将国内贸易额提高 1 倍，年复合增长在 15% 左右。这带来了物流行业的相应增长。预计未来几年，内贸港口吞吐量增速能够保持在 15% 左右。

（三）货物流通量将保持一定的增长

从图 12 可以看出，近几年以来，中国内贸航运货物运输行业运输量及周转量持续增长，除了 2009 年受国际金融危机影响而增速下滑，其他各年的增长率都在 10% 以上。内贸航运货物运输在 2012 年将继续伴随着经济增长而快速增长。

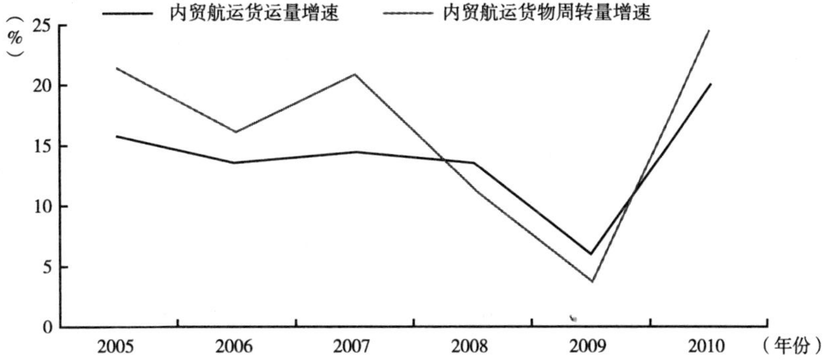

图 12　我国内贸航运货物物流情况

资料来源：WIND 资讯。

目前，我国内贸航运港口吞吐量保持在较高的增速，集装箱化的趋势在不断发展。2011 年，全国港口集装箱吞吐量（按重量计算）17.75 亿吨，占 17.7%，比 2005 年提高了 3.4 个百分点。

在具体货物品种上，除了煤炭、原油、天然气、矿石等品种外，其他品种均可采用集装箱运输，2011 年这些适用集装箱的货物吞吐量有 30 亿吨以上，而目前实际使用集装箱的比重不到 30%，未来集装箱化发展空间广阔。

表 8　2011 年规模以上港口内贸吞吐量

单位：亿吨，%

	吞吐量	同比		吞吐量	同比
煤炭及制品	17.30	18.8	盐	0.09	-14.5
原油、天然气及制品	4.32	3.7	粮食	1.08	3.3
金属矿石	5.66	8.9	机械设备、电器	0.62	-9.0
钢铁	3.52	5.3	化工原料及制品	1.02	12.4
矿建材料	13.29	12.7	有色金属	0.01	-44.1
水泥	2.12	22.3	轻工、医药产品	0.43	0.5
木材	0.16	-9.1	农林牧渔业产品	0.17	-34.6
非金属矿石	1.62	13.0	其他	11.94	17.3
化肥及农药	0.19	3.6	总　计	63.55	13.0

资料来源：《2011 年公路水路交通运输行业发展统计公报》。

建材和消费品是内贸航运集装箱装载货品中的主要货源，分析这两种产品的需求变化可以从侧面了解内贸航运集装箱的需求变化。

建材的需求主要来源于房地产和基础设施为首的固定资产投资。我国过去几年的全社会固定资产投资完成额年均增速在20%以上。2011年以来经济形势不明朗导致固定资产投资增速下滑，不过伴随着国家财政和货币政策的放松，固定资产投资将走出低谷，预计2012年将保持15%左右，从而带动建材的物流需求。

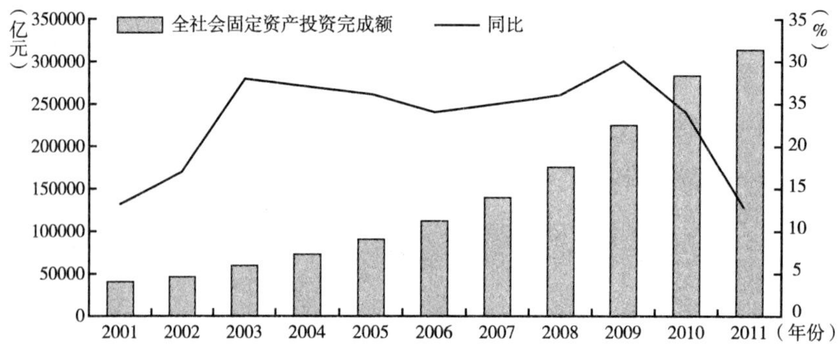

图13　全社会固定资产投资完成额

资料来源：WIND资讯。

而我国的内需持续增长，呈现一种快速增长态势，2007～2011年，每年我国社会消费品零售总额增速都超过15%，这带动了消费品物流的快速增长。

2012年前3个月，社会消费品零售总额同比增长14.8%，预计全年增速仍将超过15%，从而带动物流增长。

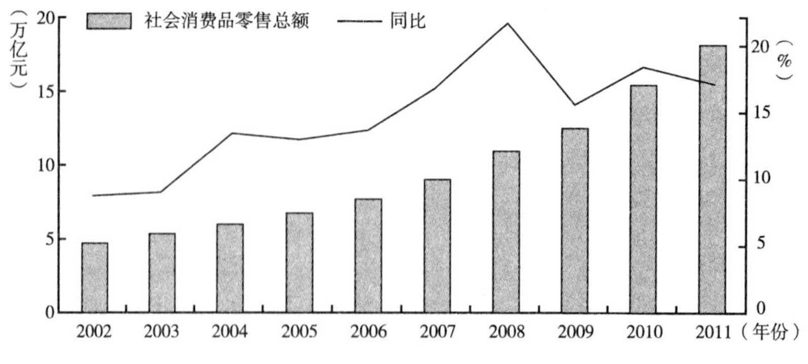

图14　我国消费品零售增长情况

资料来源：WIND资讯。

过去几年，建材、钢材、化工原料、粮食、农林牧渔产品等适箱货物在港口的吞吐量年均增速在20%左右，未来几年这些适箱货物物流需求将伴随国内投资和消费的增长而继续快速发展，年均增速在15%以上。再加上集装箱率提高的促进作用（如果未来10年内贸航运集装箱率提高1倍，则相应的集装箱年需求增速为7.2%），所以，预计未来几年内贸航运集装箱的年均增速将超过20%。

（四）行业向运输网络化方向发展

国内水路集装箱运输的网络规模迅速扩大。目前国内水路集装箱运输已基本形成了以上海为枢纽港，配以渤海湾区域的大连、天津、青岛为中心，以及华南区域的广州、深圳为中心，同时开发长江流域和珠江地区的大网络，“π”字形的运输格局愈加明朗。同时，航线运输网络由沿海逐步向内河推进。

（五）多式联运将成为内贸运输的亮点

集装箱运输的优势就在于能减少运输环节，减少货损货差，降低运输成本，实现一票到底、全程服务的“门到门”运输，这是吸引广大国内货主积极采用集装箱运输的主要原因。我国公路集装箱运输主要集中在东部沿海一带。铁路集装箱运输方面，中西部后来居上，超过东部的趋势已经明显。要在增加腹地货源的同时不增加物流成本，最好的方法就是开展水铁联运，开辟港口到大型内陆城市或中心城市的集装箱班列。

我国已开展了集装箱水铁联运、水公联运、公铁联运和水水联运等联运方式。由于我国内陆腹地广阔、港口至内地运输距离长，因此，内陆腹地集装箱运输仍以水铁联运为主，短距离集装箱运输以公路汽车水公联运为主。随着我国内贸集装箱运输发展，多式联运经营人、船运公司和主要港口经营人，开始以现代物流理念对整个运输全程进行运作，可以为客户提供快速、方便和优质“门到门”运输和综合物流服务。

（六）集装箱化将成为内贸运输趋势

我国内贸运输货物的集装箱化率仍然较低。目前，发达国家的内贸集装箱率在80%以上，我国外贸货物的集装箱化率也已达到70%，而我国的内贸货物集装箱率仅为30%左右，尚存在着很大的发展空间。

港口内贸集装箱增速快于外贸的趋势明显，2001～2011 年，我国港口内贸集装箱吞吐量年均增长率 40%，远高于同期外贸增长率。预计 2012 年的内贸集装箱吞吐量占比继续上升。

（七）行业将加速重组和洗牌

行业洗牌重组，鼓励航运巨头进入内贸集装箱运输市场，将有益于促进内贸集装箱航运的发展。实力雄厚、资金充裕的大型航运企业加速实施并购重组战略，进入内贸集装箱运输市场，带动内贸集装箱运输发展，稳定行业格局，规范行业发展。

（八）投资建议

目前，欧洲债务问题拖累全球经济复苏，外贸不景气，未来外贸增速将大大降低，而内贸集装箱增速平稳快速增长，从而吸引国内大型航运企业纷纷进入或加大投入内贸集装箱领域投资，把外贸集装箱船舶转为做内贸。大量船舶的投放，带来了内贸集装箱航运业竞争程度的加剧。所以，2012 年整个行业仍将面临运价下滑和油价成本高企的双重挤压。

此时，作为内贸集装箱航运企业，要开源节流，一方面，应该适当减少租船量和租箱量，降低运营成本，另一方面，要向管理要效益，通过寻找新货源、合理规划布局运营网络、制定合适的班期表等措施来增加收入和利润率。

作为私募股权投资者，要善于进行逆周期投资。目前经济周期见底，内贸集装箱航运业也处于景气底部，遇到了暂时的经营困难，但是相应的企业估值较低，降低了投资成本，未来随着企业经营管理提升、伴随行业成长、企业估值顺应经济周期回升，私募股权投资选择合适的时机退出，就能获得良好的投资回报。内贸集装箱航运业市场前景广阔，企业需要资金去拓展市场、兼并重组，投资者应该关注那些具有核心竞争力的航运企业：①管理团队经验丰富，管理能力强，公司运营效率高；②网点布局合理，具有网络化、规模化经济效益；③有能力负责成功复制运营模式，人才储备丰富。

参考文献

1. 熊保林：《我国内贸集装箱航运市场浅析》，《中国港口》2009 年第 1 期。

2. 中华人民共和国交通运输部:《2010 中国航运发展报告》，人民交通出版社，2011。
3. 刘丽耀:《珠三角地区港口内贸集装箱运输竞争与合作》，《集装箱化》2012 年第 3 期。
4. 程芝琳:《中国水路内贸集装箱运输发展战略研究》，上海交通大学硕士论文，2007 年。
5. 尹瑶:《我国内贸集装箱运输市场及船型经济性分析》，大连海事大学硕士论文，2008 年。
6. 中华人民共和国交通运输部:《2011 年公路水路交通运输行业发展统计公报》，2012 年。

Investment Analysis Report on Domestic Trade Container Shipping Industry

Wang Shen

Abstract: China's domestic container shipping mainly concentrates in the coastal area, Yangtze River Basin and Pearl River Basin. It has become one of the major methods of domestic freight. At present, the container rate in domestic shipping is less than 30%, so it will have a bright prospect of development. Over the past few years, domestic container industry developed rapidly, and the average annual growth rate is more than 40%, far higher than that of foreign trade. Therefore, the percentage of Domestic trade container in total port throughput was increasing continuously. In 2011, driven by the growth of domestic demand, industrial transformation, the development of central and western China and other factors, domestic container shipping freight continued to grow in a rapid pace. It is expected that after 2012 the industry growth rate will reach about 20%. From a private equity investor's perspective, the valuation of this industry is in a lower level, and therefore it is the right time to get in. The investors should choose the domestic container shipping companies with core competitiveness.

Key Words: Domestic Trade Container Shipping; Analysis of Investment Value

B.14

液晶面板行业投资分析报告

陈长玲　王　申　安　帅

摘　要：全球液晶面板行业在2011年仍旧处于衰退期，价格深跌。2011年11月大尺寸面板价格较金融危机前最高点下跌了50%以上，而2011年就下跌了约20%。价格不振导致行业亏损严重。另一方面，中小尺寸面板由于需求旺盛，价格相对平稳，成为各大厂商争夺的热点。我们深入剖析了造成目前行业困境的原因，认为液晶周期、经济周期以及国内液晶行业的生态加剧了本行业的亏损。我们对行业前景进行了预判，认为大尺寸面板反弹乏力，但中小尺寸面板有望一枝独秀。

关键词：液晶面板　TFT-LCD　OLED

一　2011年液晶行业状况

（一）价格走势分析

2009年全球金融危机发生后，液晶面板价格大幅度下跌。截至2011年11月，面板价格比2011年初下跌20~30%左右，比金融危机前的最高点更是下跌了50%以上。

分品种来看，大尺寸液晶电视面板价格一直处于下降通道，2011年以来下跌了20%以上。以46寸全高清电视面板为例，2011年初的价格为339美元，年底的价格为283美元，下跌了16.52%（见图1）。

中小尺寸的液晶显示器和笔记本面板价格相对稳定，2011年以来走势较为平稳，年底和年初的价格相差较小（见图2、图3）。

小尺寸的手机面板价格2011年以来略有下滑，幅度在5%左右（见图4）。

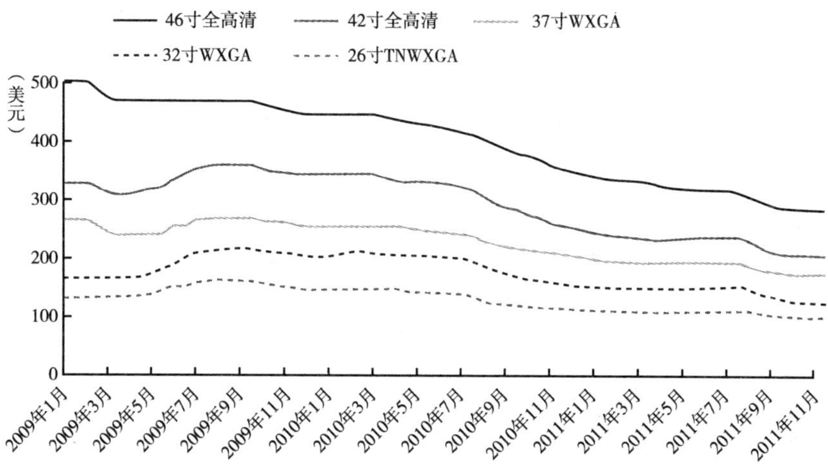

图1　液晶电视面板价格

资料来源：WIND 资讯。

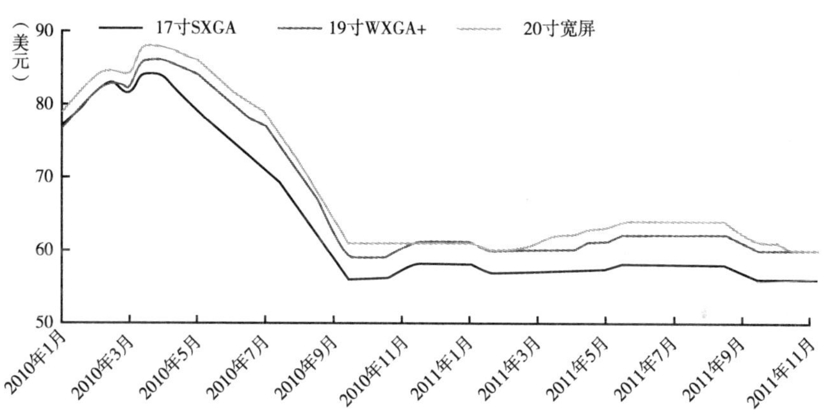

图2　液晶显示器面板价格

资料来源：WIND 资讯。

（二）销售额与出货量分析

受产品价格下跌影响，全球液晶面板产品销售额在振荡中有所下滑，2011年10月全球当月销售额为73亿美元，同比持平，环比则下滑2.22%。2011年1~10月的累计销售额则下滑约8%（见图5）。

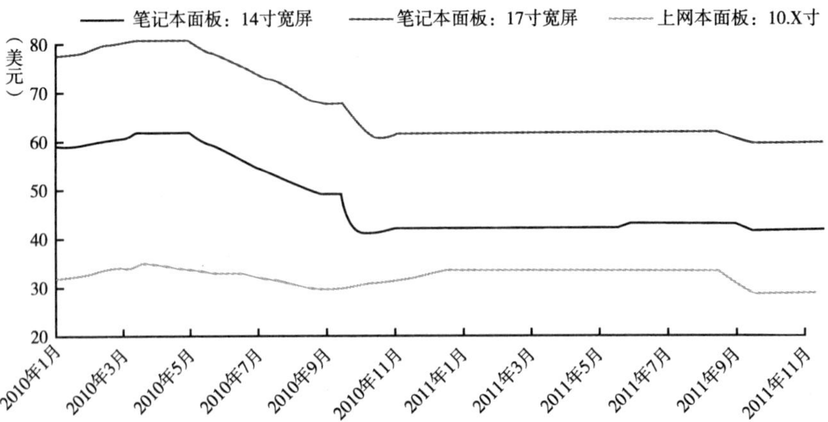

图3　笔记本面板价格

资料来源：WIND资讯。

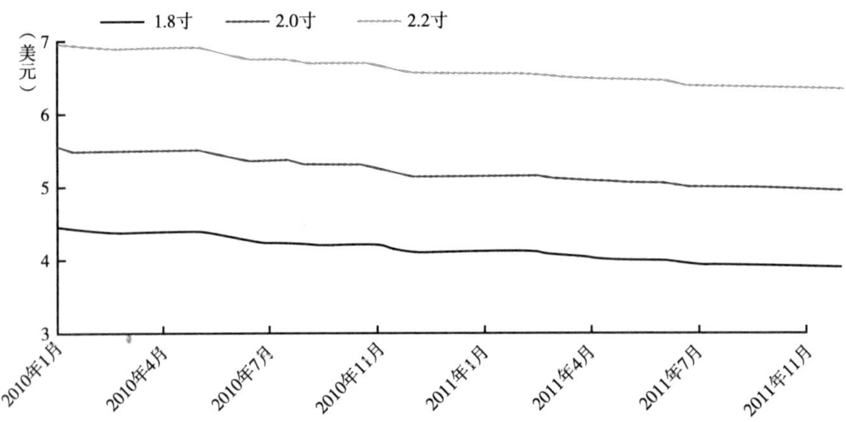

图4　手机面板价格

资料来源：WIND资讯。

液晶面板下游三大需求是电视、笔记本电脑和台式电脑，2011年以来，行业整体出货量略有增长。其中，液晶电视面板1～10月出货量累计约1.759亿片，与2010年同期持平；笔记本电脑面板1～10月出货量累计约2.386亿片，比2010年同期增长25%；液晶显示器面板1～10月出货量累计1.646亿片，比2010年同期下滑3.74%（见图6）。

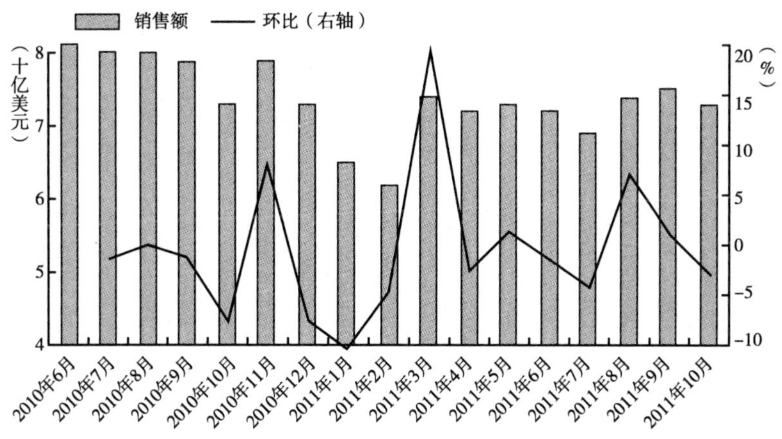

图5　全球液晶面板销售额

资料来源：WIND资讯。

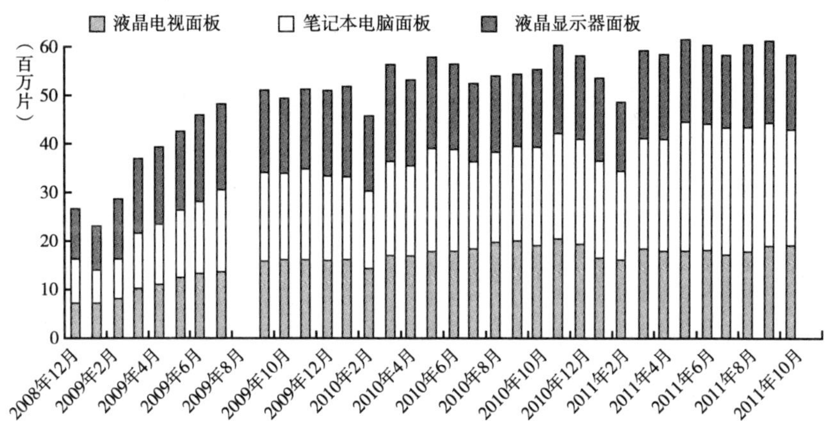

图6　液晶面板下游三大需求的出货量

资料来源：WIND资讯。

下游分产品出货量（面板片数）占比：液晶电视面板30%，基本保持不变，笔记本电脑面板占比有所上升，2011年1～10月比2010年同期约上升了5个比分点；液晶显示器面板的占比则有所下降，比2008年的时候下滑了10个百分点（见图7）。

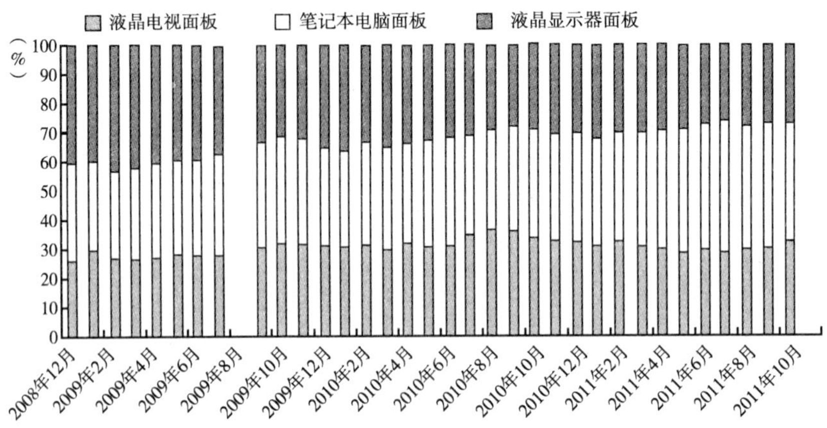

图 7　液晶面板下游三大需求的出货量占比

资料来源：WIND 资讯。

二　原因分析

2011 年全球液晶面板行业出现需求不振、价格持续下跌、全行业亏损的现象有其深刻的原因。我们分析主要原因如下：

（一）经济周期与产能扩张的叠加影响

液晶面板行业经历了 2007 年繁荣后，全球性的金融危机将经济推入低谷。虽然 2010 年行业曾有短暂的复苏，但 2011 年全球液晶面板行业再次跌入谷底。这轮行业危机是经济周期与产能扩张双重因素叠加造成的结果。

1. 产能扩张带来供过于求

液晶行业存在着明显的周期性波动特征，被称之为液晶循环。这是由于产能扩张存在时滞所致，通常面板厂商看到面板供不应求、价格上涨时，会积极投入扩张产能，但由于建新面板厂从用地及产线规划、生产设备下单、厂房基础建设、机器搬入以至产品良率调整直至达到量产，需要 1.5 ~ 2 年时间，一旦新增产能在同一时期释放，则供给迅速增加，市场又因供给过多而进入供过于求阶段，面板价格随之下跌。

2009 年以来，主要面板制造商受到我国人力成本优势和我国政府对高世代

液晶面板行业扶持政策的吸引，基于对国内液晶电视需求迅猛增长和我国进一步提高大尺寸液晶面板关税税率的预期，在国内投入巨资扩大高世代液晶面板产能。京东方、华星光电等本土厂商及三星、LG Display 等国际巨头纷纷设厂，一时间开工建设了七条高世代生产线（截至 2010 年末），总投资额近 1500 亿元人民币，规划产能合计约 66 万片玻璃基板/月，假设每块玻璃基板经济切割为 8 片液晶面板（6 ~8 代的经济切割普遍为 8 片左右），则新增液晶面板产能约 520 万片/月（见表 1）。

表 1　我国液晶面板高世代生产线规划

企业名称	投资方	世代	投资总资(元)	开工时间	量产时间	产能
华星光电	TCL、深圳政府	8.5 代	245 亿	2010 年 1 月	2012 年 3 月	10 万片/月
乐显中国	LG Display、广州凯德、创维	8.5 代	约 270 亿	2010 年	2012 年	10 万片/月
京东方 8.5 代线	京东方、北京政府	8.5 代	280.3 亿	2009 年 10 月	2011 年 9 月	9 万片/月
京东方合肥 6 代线	京东方	6 代	175 亿	2009 年 4 月	2011 年	9 万片/月
龙飞光电(昆山)	台湾友达发电、昆山政府	8.5 代	约 200 亿	2009 年 9 月	2012 年	9 万片/月
三星苏州	三星、苏州政府	7.5 代	151 亿		2012 年	9 万片/月
中电熊猫(南京)	夏普、中电熊猫	6 代	138 亿	2009 年 11 月	2011 年 3 月	8 万片/月

资料来源：根据相关资料整理。

随着 2009 年、2010 年开工建设的高世代线逐渐投入量产，我国在全球大尺寸液晶面板市场上的地位不断提升。2011 年二季度，我国大尺寸液晶面板平均月产量达到 340 万片，首次超过日本（230 万片），成为世界第三大液晶面板生产国。大尺寸液晶面板市场逐渐从 21 世纪初的卖方市场转变为买方市场，同时快速的产能扩张造成产能过剩。2011 年四季度，三星、LG 的产能利用率将在 80 ~85%，奇美、友达在 70 ~75%，国内厂商则更低，产能利用率远低于设计的 90%。

2. “经济周期”——终端消费疲软导致需求不振

2009 年的美国次贷危机和 2011 年的欧元区主权债务危机先后重创美欧两大发达经济体，全球消费信心下滑、消费疲软、需求不振。

以消耗液晶面板产能最多的电视市场为例，2010 年北美市场电视出货量增长率为4%，但2012年预计增长率仅为2%。而西欧市场也将较2011年减少1.5%。日本政府在2009年和2010年实施鼓励政策，使市场得到很高增长，但随着鼓励政策结束，2011年日本电视市场大幅缩水。

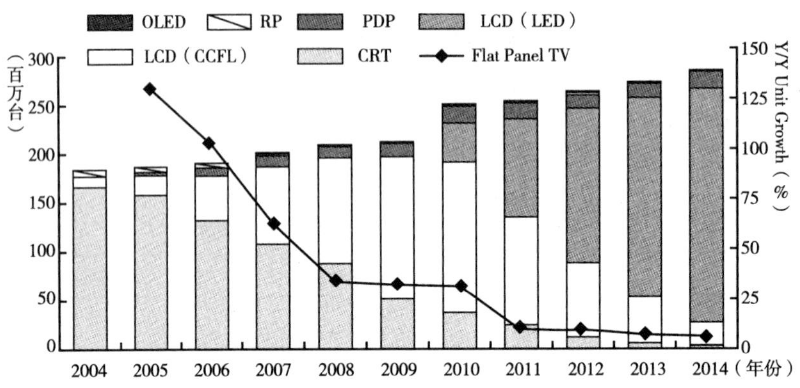

图8 2004～2014年全球彩电出货情况

资料来源：Display Search Quarterly Report。

受“家电下乡”、“以旧换新”等消费刺激政策影响，国内液晶电视市场始终保持较快增长，并于2011年取代北美成为全球最大液晶电视市场，出货量将超过4600万台。

虽然新兴经济体对液晶电视的需求一定程度上对冲了发达经济体的需求不振，但总体而言，2011年全球液晶电视市场终结了过去三年年均30%～40%的增长率，预计仅增长8%，达2.6亿台。

终端销售增长不振连累大尺寸液晶面板出货量回落。2011年液晶电视面板出货量约为2.09亿片，较2011年的2.208亿片减少5%。这将导致2011年成为液晶电视面板出货量首次出现下降的一年（见图8）。

（二）我国厂商的困境

液晶面板产业全行业亏损，我国厂商的日子比日韩更难过，产能利用率更低，亏损也更严重。究其原因，我们认为主要有三点：

1. 国内政策对面板产业保护不足

国内液晶面板生产厂商从出生就暴露于激烈的全球竞争环境中，国内第一条

5代线于2006年量产，当时一线面板厂三星、LG、友达和奇美的5代线已有3年的运营历史，当龙腾光电的5代线在2009年实现全部量产时，一线面板厂的5代线已计提完全部折旧。

随着我国面板产能的扩张，面板价格一路走低，价格的下降使全体消费者受益，享受到价廉物美的实惠。但尚处幼小期的国内面板产业则出现连续亏损。2005年到2011年上半年的6年半中，京东方累计亏损逾60亿元，上市以来累计亏损近43亿元。面板行业是一个技术密集和资本密集型的行业，也是国家重点支持的行业之一，但仅靠国内厂商之力与羽翼已丰的韩日等一线厂商抗衡是不现实的。事实上，回顾各国发展面板产业的历史，我们发现，政府在产业发展中的支持是至关重要的。

20世纪70年代初，日本从美国RCA公司获得液晶技术专利后，数年内即完成商业化量产，占据全球市场的半壁江山。韩国从1985年开始发展液晶产业，到1997年仅占全球市场出货量的8%。转机出现在1998年席卷全球的金融危机。金融危机中日本财团遭到重创，无力发展下一世代液晶面板。危机后，韩国快速扩充产能，在1998~2003年的五年期间，韩国投资多条生产线，市场占有率也快速跃升。同时，韩国政府确立液晶面板产业为国家的核心产业，大力给予扶持，奠定其在全球液晶产业的主导地位。2002年，我国台湾地区“政府”提出“两兆双星”计划，推出税收、资本等优惠政策，引导民间资本，重点扶持半导体和面板产业。台湾的液晶面板产业飞速发展，现综合实力居全球第二。韩国政府针对台湾地区的“两兆双星”计划又推出了“次世代成长动力计划”，继续对液晶面板产业给予支持。强力的政策支持为两地厂商在短时间内爆发式增长起到了关键作用。

近期，全球液晶面板产业进入隆冬，日本及我国台湾地区都着力促进行业整合，一方面抵御寒冬，另一方面增强与韩国的竞争实力。日本政府通过日本产业革新机构（Innovation Network Corporation of Japan）出资2000亿日圆，与索尼、日立、东芝联合组建日本显示器公司（Japan Display），并计划收购松下面板业务，整合日本国内中小尺寸面板行业；台湾地区的奇美电子与友达也有意合并。

我国发展液晶面板产业的困难比韩国等地要大得多。面对该行业激烈的竞争，韩国、日本，以及我国台湾地区厂商财力雄厚，能承受巨额亏损，发动价格战争。而国内面板厂商都不是握有雄厚资源的财团，财力基础不厚，前期发展更

离不开政府的支持。

作为“十一五”重点发展行业，液晶产业得到国家一定的政策扶持，如2009年，我国将大尺寸面板的进口关税从3%提高到5%；一些地方政府对面板厂商给予融资支持等，但与韩国以及我国台湾地区相比，这些政策的力度还远远不够。而且始终缺乏一个国家层面的力量。

2. 国内厂商规模小、产业链配套差

（1）国内厂商缺乏上下游配套产业支持

国内液晶面板产业的关键原材料如玻璃基板、彩色滤光片、液晶等基本依靠进口，核心技术仍掌握在日本、美国等厂商手中，上游的寡头垄断格局造成原材料的降价幅度远小于液晶面板的降价幅度。

除上游配套产业不发达外，国内液晶面板厂商也缺乏下游的稳定出海口。韩国、日本液晶面板生产厂商都是本国的电子、半导体、传媒行业巨头，拥有非常完备的产业链，可以做到在不同产业链环节的利润转移。更重要的是，下游终端制造业务可以保证液晶面板业务的产能利用率。三星、LG的中小尺寸面板多用于自己的手机业务，大尺寸面板除出口外也大量应用于自有品牌的平板电视、显示器等。日本夏普、索尼、日立、松下也莫不如此。

反观国内，除华星光电、中电熊猫是各自集团公司液晶电视产业链的一部分外，京东方、龙腾等都是独立厂商，不但下游需求不稳定，而且无法进行产业链上的利润调整，造成产能利用率低、亏损严重。

（2）国内厂商生产线单一，不能发挥规模经济效应

国内面板生产厂商普遍规模偏小，一方面难以发挥规模效应、降低原材料采购成本；另一方面产品结构调整的难度较大，产品切换成本较高。

京东方经过几年的努力，建成了4～8代生产线体系，产品基本囊括了从中小尺寸到大尺寸的面板系列，是国内生产规模最大、产品线最齐全、竞争力较高的厂商。其他厂商普遍只有一两条生产线，规模较小，如华星光电只有一条8.5代线，中电熊猫只有一条6代线，龙腾只有一条5代线。规模小导致原料采购成本偏高，产品单一导致经营状况波动较大（见表2）。

而日韩等竞争对手大都拥有两条或两条以上高世代线，规模效应不但有利于降低原材料采购成本，而且可以减少在一条线上生产多种尺寸产品带来的管理成本和切换损失（见表3）。

表2 国内液晶面板生产厂商产能一览

国内企业(投资方)	地点	投资时间	量产时间	尺寸(mm)	产能(万片/月)				
					4.5G	5G	6G	7/7.5G	8/8.5G
京东方	北京	2009年	2011年9月	2220×2500					9
		2003年	2004年	1100×1300		8.5			
	合肥		2010年10月	1500×1800			6		
	成都	2008年	2009年	730×920	4.5				
华星光电(TCL、深超科技)	深圳	2009年	2011年10月	2200×2500					8
天马	上海			3					
	成都			3					
	武汉			3					
中电熊猫(CEC、熊猫电子)	南京		2010年				6		
龙飞光电(友达、昆山政府)	昆山	2010年	2012年	2200×2500					9
龙腾光电	昆山		2009年			11			
广州LGD(LGD、创维)	广州	2011年	2013年	2200×2500					8
苏州三星(三星、创维)	苏州	2011年	2013年	1950×2250				8	
广新光电(广新集团、奇美)	佛山	2011年	2013年	2200×2500					9

资料来源：根据相关资料整理。

表3 全球现有高世代线及产能

厂商	世代	条数	尺寸	产能(万片/月)
奇美电子	7.5	1	1950×2250	10
奇美电子	8.5	1	2200×2500	2.4
奇美电子	6	1	1500×1850	12
友达光电	6	2	1500×1850	24
友达光电	7.5	2	1950×2250	7.5
友达光电	8.5	1	2200×2500	4
夏普	6	1	1500×2800	6
夏普	8	1	2160×2460	9
夏普	10	1	2800×3130	7.2
松下	8	1	2160×2460	4.5
松下	6	1	1500×1800	7.5
三星索尼	8	2	2200×2500	11
三星索尼	7	2	1950×2250	10
LGD	6	1	1500×1800	6
LGD	8	1	2200×2500	12
京东方	6	1	1500×1800	9
中电熊猫	6	1	1500×1800	6

资料来源：根据相关资料整理。

三　行业趋势展望

我们针对液晶面板行业近年来发展轨迹，结合涌现的新技术及市场走向，对其未来发展进行了综合研判。

（一）产能向我国转移

2009 年以来，由于成本压力、国内市场繁荣以及关税提高等因素，全球液晶面板行业版图大变，高世代大尺寸液晶面板产能逐渐向我国转移。2009 年，我国政府大力发展液晶面板行业，着重扶持高世代生产线建设，投巨资开工建设了一批设计产能超 9 万片玻璃基板/月的生产线。2011 年，这批生产线陆续开始量产。同时，由于我国 2009 年提高了大尺寸液晶面板关税，三星、LG 等韩国厂商也加大向大陆转移产能的力度。我国台湾地区，也放宽政策限制，允许当地液晶面板制造商并购我国大陆厂商，并且放行当地厂商在我国大陆投资同世代生产线。友达等厂商纷纷计划在我国大陆建厂。

在大规模产能转移的背景下，2011 年第二季度，国内大尺寸液晶面板出货量已超过日本，达到 340 万片/月。

（二）高世代退烧、中小尺寸获宠

2011 年全球大尺寸液晶面板市场表现疲软，而中小尺寸液晶面板受益于智能手机和平板电脑的需求增长，表现良好。

苹果公司带来的 iPhone 和 iPad 启动了全球智能手机与平板电脑市场。2010～2011 年，中小尺寸面板的需求不降反升，众多厂家纷纷调整产能，抢夺中小尺寸面板蛋糕。2011 年初，日本夏普（Sharp）宣布重启 2009 年关闭的两家中小尺寸液晶面板工厂并调整产能，集中生产中小尺寸面板；日本政府注资 2000 亿日圆与索尼（Sony）、日立（Hitachi）和东芝（Toshiba）联合组建的 Japan Display 也主要生产中小尺寸面板。但实际上，日本已远远落后，我国台湾地区与韩国才是全球中小尺寸液晶面板的主要生产地。据我国台湾地区光电协进会（PIDA）统计，2010 年全球中小尺寸面板出货量达 25 亿片，其中台湾地区厂商占 56%，韩国占 18%，其次是中国大陆和日本。

2011 年一季度，由于夏普赢得苹果公司合同，出货量大增，在中小尺寸市场的占有率上升到全球第一，份额达 14.8%，其次是奇美电子占 13.5%，韩国三星 11.5%。

从全球地区市场看，智能手机市场潜力巨大。北美和欧洲市场智能手机渗透率是最高的，分别为63%和51%。相比而言，亚太地区、非洲和中东地区，以及拉美地区，渗透率则要低得多，依次分别为 19%、18%和 17%。

新兴经济体对中小尺寸液晶面板的需求仍将在整体低迷的液晶面板市场中留下一线希望。

（三）行业可能出现整合浪潮

液晶面板行业经过 20 余年发展，已进入成熟期，市场竞争激烈。最近一年的行业低迷，各大厂商亏损严重，估值剧烈下跌，行业托宾 Q 值（Tobin's Q）已跌至 1 以下。我们估计，国外各大厂商新建生产线的动力不足，更青睐通过并购扩充产能，扩大规模以增强抵御行业低潮的能力（见表 4）。

表 4　全球液晶面板行业主要上市公司市净率*

	市净率(PB)				市净率(PB)		
	2010A	2011E	2012E		2010A	2011E	2012E
Samsung Elec	1.17X	1.25X	1.09X	AUO	1.10X	0.55X	0.68
LG Displqy	1.28X	0.87X	0.87X	CMI	1.15	0.47X	0.59X
Sarp	0.98X	0.82	0.80				

* 市净率的定义为市值/账面价值，可以看做托宾 Q 值的一个估计（通常情况下偏大）。
资料来源：根据相关资料整理。

最先行动的是日本厂商。如前所述，2011 年日本索尼欲退出其与三星的合资公司，转而与日立（Hitachi）、东芝（Toshiba）联合，整合各家旗下中小尺寸面板业务。此次整合得到日本政府的大力支持，政府旗下基金 Innovation Network Corporation of Japan 将向新设立公司注资 2000 亿日元助其发展。新成立的公司，日本显示器公司（Japan Display），还将收购松下（Panasonic）的一个液晶面板厂，预计将占全球中小尺寸面板市场的 21.5%，超过夏普、三星，成为该细分市场的全球首强。

我国台湾地区的奇美电子（CMI）和友达光电（AUO）也传出合并的意向。当地政府亦表示“乐见”两家厂商合并。

此番产业并购整合浪潮，与整个行业持续一年多的低迷有关。各大厂商希望通过并购，快速提升市场占有率，增强市场竞争力，挺过寒冬期，以期市场回暖后迅速实现赢利。

我国液晶面板产业在2006年市场低迷时也有过并购的传闻，但后来由于市场回暖而终止，近期亦有中电集团欲收购京东方的消息。我们分析，国内液晶面板行业虽属起步阶段，但内外严峻的形势逼迫行业内的资本属性早熟，各大厂商的融资手段、对资本市场的运用都十分熟练，不排除会有大手笔并购整合的可能。

（四）OLED技术的进步

平面显示技术除液晶显示外，还有等离子与OLED技术。等离子在与液晶显示的竞争中已经败北，对液晶显示具有较大威胁的是OLED技术。OLED与液晶显示相比，具有响应速度快、高亮度、高对比度、超轻超薄、低功耗、无视角限制、工作温度范围宽、抗震性能好、可实现柔软显示等优点，能解决液晶显示画面拖尾、耐低温性能差等问题，被业界认为是最有发展前景的新型显示技术之一，也是国际上高技术领域的一个竞争热点。

据DisplaySearch估计，AM-OLED是手机面板增长最快速的显示技术，预计2011年将大幅成长191%，达到1.28亿片，而2012年则成长66%，达到2.12亿片。AM-OLED手机面板2011年和2012年的出货营收预估将分别达到40亿美元和64亿美元。

由于在技术上具有很强的传承性，全球液晶面板大厂已纷纷布局OLED领域，目前OLED技术已在高端智能手机、数码相机等小尺寸面板实现商业应用。其中，三星发展OLED技术的力度最大、步伐最快，其5.5代线已实现量产，并宣布第8代AM-OLED面板试验线将于明年5月投入使用，可以切割46英寸、55英寸等大尺寸OLED面板；LG Display紧随其后，表示将最快于2013年投资28.3亿美元建设OLED面板8代线，预计2014年下半年实现量产，月产能可达6万片；我国台湾地区两大面板巨头友达光电和奇美电子，则开始大幅度调整和提高现有OLED面板生产线的占比——友达规划对既有产线进行整

改，如龟山的3.5代线、新加坡的4.5代线等；奇美则逐步增加3.5代OLED线产能。

国内厂商亦积极布局，试图弯道超车，在OLED技术上改变我国在光电显示领域长期落后的局面。京东方计划在内蒙古鄂尔多斯斥资220亿元建设OLED5代线；其他厂商中，唯信诺在小尺寸PM-OLED市场占据优势，2011年第一季度出货量居全球第三；天马收购日本NEC液晶业务，将上马AM-OLED生产线；四川虹视也计划2013年底建成一条4.5代以上AM-OLED生产线。

当前，OLED在中小尺寸面板技术上已逐渐成熟，但高世代大尺寸OLED面板量产尚有很多技术瓶颈——良品率低、基板制程过于昂贵、使用寿命还有待提高等。目前，高世代OLED良品率还不到50%。其高昂的成本将使得大尺寸OLED电视的价格比同级别液晶电视高出2~3倍。所以在大尺寸平板电视市场，OLED的竞争性还不强。

综上，我们认为，OLED技术在中小尺寸市场上与液晶技术将展开激烈竞争。一旦AM-OLED成本与价格下降到足以启动平板电脑市场的程度，AM-OLED很可能以其在性能上的优越性替代液晶面板。但我们预期，在未来5~10年，液晶面板仍将是平板显示技术的主流。

（五）2012年液晶面板市场供需预测

预估2012年上半年依然是供给过剩局面。即便三星、LGD、奇美电子、友达光电在国内规划投建的4条高世代（7.5代及8.5代）面板产线直到2012年都不投产，并且终端需求能逐步复苏，液晶面板最快也要到2012年下半年才有可能渐渐恢复到供需平衡、价格企稳。

从下游需求来看，预计2012年仍将维持2011年的状况：在电视方面，液晶电视需求仍维持约8%的增速，国内大尺寸液晶面板产能继续释出，在全球产能的占比将从2011年的4%提高到10%，大尺寸面板供过于求，跌价趋势至少会持续到2012年下半年。LED背光液晶电视将在中国等新兴经济体遇宠，预计第一季度LED背光出货量将首次占液晶电视总出货量的一半以上。

在中小尺寸面板方面，由于iPad等多媒体平板装置及手机对中小面板需求高涨，我们预测，2.5~4.9寸的触控面板（主要用于手机）将继续保持较快增长，平均销售价格也有望提高。

Investment Analysis Report on TFT-LCD Panel Industry

Chen Changling Wang Shen An Shuai

Abstract: The global LCD panel industry still suffered from recession throughout 2011, with product prices plummeting significantly. The price of large-size panel declined by over 50% compared to the highest point before the Financial Crisis in Nov. , 2011. The plummeting price widened the industry loss. On the other hand, mid- and small-size panel market was fairly stable and drew fierce competition, thanks to the strong demands. We analyze the reasons and believe that the crystal cycle, business cycle, along with the ecosystem of domestic LCD industry, made the situations even worse. We expect that large-size panel market will remain stagnant while mid- and small-size panel market will hopefully improve.

Key Words: LCD Panel; TFT-LCD; OLED

投资实践篇

Practices

B.15 私募股权基金组织模式比较研究

杨光琰

摘　要： 目前国内私募股权基金的主要组织模式为公司制和有限合伙制。本文从八个方面对两种基金组织模式进行了系统的比较研究，充分揭示了两种组织模式的优点和缺点，并澄清了实践中的一些关于基金组织模式的错误认识。

关键词： 私募股权基金　公司制　有限合伙制　组织模式　比较研究

目前国内私募股权投资基金的组织形式主要有三种类型：一是公司制；二是有限合伙制；三是信托制。其中：公司制私募股权基金（以下简称公司制基金）是按照《公司法》设立，以有限责任公司或股份有限公司形式运作的私募股权基金；有限合伙制私募股权基金（以下简称有限合伙制基金）是指依据《合伙企业法》设立，主要以有限合伙企业形式运作的私募股权基金；信托制私募股权基金（以下简称信托制基金）是指依据《信托法》和《信托公司集合资金信托计划管理办法》等相关法规设立的私人股权投资计划。

在上述三种组织模式中，信托制基金并非实体，只是一种金融产品。在目前国内的信托体制下，信托制基金只能通过信托公司设立，并受到中国银行业监督委员会的严格监管；另外，中国证券监督委员会目前尚不支持信托持股的公司上市，使信托制基金在投资退出通道方面存在严重的缺陷。上述诸因素造成信托制基金在私募股权投资领域的发展空间受到极大的限制。因此，目前国内私募股权基金的主要组织模式为公司制和有限合伙制。在国家发展和改革委员会和各地政府出台的相关法规中，也将股权投资企业的组织模式确定为公司制和有限合伙制两种模式。

对于拟参与设立私募股权基金的投资者来说，到底应选择公司制基金还是有限合伙制基金？两种模式究竟存在一些什么差异？这些差异是否构成了本质的不同？结合中国目前的市场基础和法律基础，是否存在最优化的选择？现实中对这些问题一直存在较大的争议。本文从法律角度对两种基金组织模式进行全方位的比较研究，试图在回答上述问题的同时，澄清一些关于私募股权基金组织模式的模糊认识。

一　投资人数及身份限制比较

（一）公司制基金的投资人数及身份限制

根据《公司法》的规定，有限责任公司形式的私募股权基金的股东人数不得超过 50 人；股份有限公司形式的私募股权基金应当有 5 人以上 200 人以下为发起人。

法律对于有限责任公司形式的私募股权基金的投资人身份未作任何限制。而对于发起设立股份公司形式的私募股权基金，法律规定须有过半数的发起人在中国境内有住所。

实践中有些私募股权基金采用以集合资金信托、合伙企业等非法人机构为股东或发起人的方法来规避上述关于投资人数的法定限制，为了彻底杜绝这种规避行为，国家发展和改革委员会办公厅于 2011 年 11 月 23 日发出《关于促进股权投资企业规范发展的通知》（发改办财金〔2011〕2864 号）以下简称 2864 号

文），其中第四条明确规定："股权投资企业的投资者人数应当符合《中华人民共和国公司法》和《中华人民共和国合伙企业法》的规定。投资者为集合资金信托、合伙企业等非法人机构的，应打通核查最终的自然人和法人机构是否为合格投资者，并打通计算投资者总数，但投资者为股权投资母基金的除外"。另据公开媒体报道，国家发展和改革委员会官员在公开场合表示，能被视为单个投资者的股权投资母基金必须是在国家发展和改革委员会备案的基金，否则仍需要打通计算投资者的总数。

另外，虽然《公司法》规定股份公司的设立方式有两种：发起设立和募集设立。但是，发展和改革委员会的2864号文明确规定股权投资企业的资本只能以私募方式，向特定的具有风险识别能力和风险承受能力的合格投资者募集。禁止股权投资基金通过媒体（包括各类网站）发布广告、向社区张贴布告、向社会散发传单、向公众发送手机短信或通过举办研讨会、讲座及其他公开或变相公开方式（包括直接在商业银行、证券公司、信托投资公司等机构的柜台投放招募说明书等），直接或间接向不特定或非合格投资者进行推介。

（二）有限合伙制基金的投资人数和资格限制

根据《合伙企业法》的规定，设立有限合伙制基金，合伙人人数应为2人以上50人以下。

另外，发展和改革委员会的2864号文同样也适用于有限合伙制基金。随着2864号文的发布执行，有限合伙基金通过以集合资金信托、合伙企业等非法人机构为合伙人的方法规避人数限制的做法很难再行得通。

另外，《合伙企业法》对于普通合伙人的人数和身份均作了特别规定：首先，普通合伙人的人数不能少于一人。有限合伙企业仅剩有限合伙人的，应当解散；有限合伙企业仅剩普通合伙人的，转为普通合伙企业。另外还特别规定："国有独资公司、国有企业、上市公司以及公益性的事业单位，社会团队不得成为普通合伙人。"

实践中对于上述法律规定中的"国有企业"的范围一直存在争议，流行的观点是将其作狭义的理解，仅限于未改制成公司的全民所有制企业。按照这一理解，国有控股公司做普通合伙人则应不受禁止。实践中也出现了一些以国有控股公司做普通合伙人的私募股权基金，并得到了监管部门的认可。但是，根据发展和改革委员会财政金融司最新发布的《股权投资企业合伙协议指引》和《股权投资管理企业合伙协议指引》，发展和改革委员会认为“国有企业，系指国有股权合计达到或超过50%的企业”。这一定义显然收紧了国有企业投资有限合伙的范围。如这一最新要求得到严格执行，国有控股公司以后将不能再担任有限合伙基金的普通合伙人。

（三）比较分析

从上述比较可以看出，在投资人人数和身份限制方面，有限合伙制基金所受的法律和政策限制相比公司制基金要稍多一些。

在投资人数方面，有限合伙制基金的投资人数的上限为50人，而股份公司制基金的最高人数可以达到200人；

在投资人身份方面，法律对于部分主体（国有独资公司、国有企业、上市公司以及公益性的事业单位，社会团队）担任有限合伙基金普通合伙人作了禁止性的规定，监管部门对国有控股公司担任有限合伙制基金的普通合伙人也作了禁止性的要求，而这部分主体作为公司制基金的股东则不受任何限制。

二　出资制度之比较

（一）公司制基金的出资

1. 出资形式

根据《公司法》的规定，股东可以用货币出资，也可以用实物、知识产权、土地使用权等可以用货币并可以依法转让的非货币财产作价出资。但根据发展和改革委员会联合科技部等十部委于2005年11月15日发布的《创业投资企业管理暂行办法》（以下简称《暂行办法》）规定，创业投资企业的“所有投资者应当以货币形式出资”。发展和改革委员会的2864号文也明确规定：股权投资企业的所有投资者只能以合法的自由货币资金认缴出资。因此，根据目前的监管要求，公司制基金的股东只能选择以货币形式出资。而且，根据发展和改革委员会财政金融司出台的《股权投资企业备案指引》的相关要求，公司制基金在备案的时候还必须出具每个股东的书面承诺，确认“认缴本股权投资企业的权

益之资金为本公司/本人自有资金且来源合法”。

2. 出资缴付期限

按照《公司法》的规定，全体股东（或发起人）的首次出资额不得低于注册资本的20%，其余部分由股东（或发起人）自公司成立之日起5年内缴足。有些地方性的监管法规还对股东首次出资额的具体金额作了明确要求，例如：天津市发展和改革委员会2011年《天津市股权投资企业和股权投资管理机构管理办法》规定，公司制股权投资企业首期实际缴付出资金额不得低于2000万元。

3. 出资手续

根据《公司登记管理条例》的有关规定，公司制基金变更实收资本的，应当提交依法设立的验资机构出具的验资证明，并应当按照公司章程载明的出资时间、出资方式缴纳出资。公司应当自足额缴纳出资或者股款之日起30日内申请变更登记。同时还应该修改章程并办理相应的章程变更登记手续。

（二）有限合伙制基金的出资

1. 出资形式

《合伙企业法》第十六条规定：“合伙人可以用货币、实物、知识产权、土地使用权或者其他财产权利出资，也可以用劳务出资。”第六十四条规定“有限合伙人不得用劳务出资”。根据前述规定可以得出结论：法律允许有限合伙制基金的普通合伙人用劳务出资。这种规定充分尊重了普通合伙人的智力价值，符合国际惯例。但是，和公司制基金相同，根据《暂行办法》和发展和改革委员会的2864号文的规定，在当前阶段，有限合伙制基金的全体合伙人（包括普通合伙人）都必须用自有的货币资金出资，而且同样要在基金备案时对资金来源的合法性作出书面承诺。

2. 出资缴付期限

《合伙企业法》对有限合伙基金的出资期限并未作明确的要求，仅规定全体合伙人应当按照合伙协议约定的缴付期限缴付出资。实践中，有限合伙制基金的资本缴付一般都采取承诺制，即投资者在资本募集阶段签署认缴承诺书，在投资运作实施阶段再陆续缴纳出资。但是，为了加强管理，防止虚假承诺出资带来的风险以及打击非法集资，各地还对有限合伙制基金首期实际缴付资本作了规定，如《天津股权投资企业和股权投资管理机构管理办法》就规定，合伙制股权投资企业首期缴付资本不少于1000万元。

3. 出资手续

根据《合伙企业登记管理办法》的规定，各合伙人认缴或者实际缴付的出资数额、缴付期限、出资方式都属于登记事项，但登记和变更登记的程序比较简单，一般只需要全体合伙人签署的变更决定书，或者合伙协议约定的人员签署的变更决定书以及执行事务合伙人或者委派代表签署的变更登记申请书，工商登记机关在受理材料后20个工作日内可以办理完毕。

（三）比较分析

从上述比较可以看出：根据法律规定和监管要求，公司制基金可以分期出资，但存有出资期限和出资程序的限制，不够灵活和简便。有限合伙制基金采用承诺出资的模式，基金管理人可以根据投资项目进展安排缴付出资，在没有确定投资项目之前，基金可以不要求有限合伙人缴付出资，这样可以最大限度地避免资金闲置，提高资金使用效率，减少有限合伙人的资金成本。

但是，在实践中，由于大多数基金的投资期都在5年以内，因此公司制基金也可以通过在章程中约定的方式达到与有限合伙制基金相似的效果，因此，除了在出资程序方面稍显灵活以外，有限合伙制基金在出资方面并不占有明显优势。

三　治理结构之比较

（一）公司制基金的治理结构

公司制基金应按照《公司法》的规定设计内部治理结构。即股东会为最高权力机关。董事会对股东会负责，为公司经营决策机关，同时设立监事会作为监督机关。为了规范公司治理，《公司法》明确规定股东会拥有的十一项职权。同时，还规定了董事会的十项职权和监事会的七项职权。

公司制基金的治理结构虽然成熟而且规范，但也遭到诟病。一个比较普遍的观点是公司制基金由于其治理结构而造成决策效率低下。持这种观点的理由是：公司制基金在作出投资决策时往往需要经过股东会、董事会的同意，而股东和董事往往并非专业的投资管理者，在这种决策机制下，必然会影响基金投资决策的

效率和质量。

为了克服上述缺点，实践中的公司制基金很少组建内部管理团队实行自我管理，而是采取委托管理的方式将资产委托其他股权投资企业或股权投资管理企业管理。在这种委托管理模式下，基金的日常投资决策由受委托的专业管理机构来管理。公司董事会只负责制定基金的投资方针和对重大投资进行决策。这种委托管理的模式限制了投资者对基金日常投资业务的干预，同时又保持了投资者对公司重大事务的决策权，使公司制基金在公司治理上的优势更加明显。

（二）有限合伙制基金的治理结构

在有限合伙制企业中，普通合伙人对有限合伙企业的债务承担无限连带责任，而有限合伙人只以其认缴的出资额为限对合伙企业债务承担责任。因此，按照权利与义务相一致的原则，《合伙企业法》明确规定：有限合伙企业由普通合伙人执行合伙事务，有限合伙人不执行合伙事务。国家发展和改革委员会最新发布的《股权投资企业合伙协议指引》也明确指出："为了避免因违背《合伙企业法》有关规定而导致有限合伙人承担法律责任，同时也为了更好地发挥普通合伙人的专业管理职能，建议《合伙协议》中不要作出有限合伙人以任何直接或间接方式，参与或变相参与投资企业管理与投资决策的约定。"

尽管法律规定有限合伙人不执行合伙事务，但并不意味着有限合伙人可以被完全排除在合伙事务之外。《合伙企业法》明确规定了有限合伙人的八种行为可以不被视为执行合伙事务。另外，实践中有些有限合伙制基金为了体现对有限合伙人权益的保护，设立了由全体合伙人组成的合伙人会议，决定基金的重大事务（包括合伙人入伙、退伙、身份转换、转让权益和合伙企业清算等）。有的基金还成立了由主要有限合伙人组成的顾问委员会或咨询委员会，决定基金投资过程中发生的关联交易、利益冲突和对外投资超限额等问题，并就基金管理和执行中的主要问题向普通合伙人提出建议。

有限合伙制基金的治理结构明显具有灵活高效的特质，但是其存在着明显的信息不对称的缺陷。由于法律对于合伙企业的治理结构并未做任何规范要求，有限合伙制基金只能通过有限合伙协议来设立内部治理结构。在实际运作中，如何最大限度地减少由于信息不对称而造成的道德风险，是有限合伙人和普通合伙人在具体协议的安排上谈判博弈的焦点。由于实践中有限合伙制基金的有限合伙人数众多，而有限合伙协议的内容又日益复杂，这直接导致了有限合伙协议的谈判和签约成本过高。

（三）比较分析

从上述比较可以看出，公司制基金的治理结构比较规范，但是，投资者的过多参与有可能对基金的投资效率和质量产生不利影响。委托管理方式使公司制基金较好地克服了这一缺点。

有限合伙制基金无疑可以保证最有效的投资决策，但这种模式下有限合伙人很少能够参与合伙事务，因此存在着有限合伙人与普通合伙人信息高度不对称的缺点。如何获得有限合伙人的持续信任是设计内部治理的关键，这在一定程度上也会增加基金内部治理的成本。

四　利润分配制度之比较

（一）公司制基金的利润分配制度

1. 利润分配原则

按照《公司法》的规定，公司制基金的股东一般应当按照实缴的出资比例分取红利。很多人因此认为公司制基金的分配制度难以有效地激励专业投资管理人士。其实这种说法是错误的，理由有两点：第一，按出资比例分取红利并不是公司绝对的分配原则。《公司法》第三十五条规定，经全体股东约定，公司可以不按照出资比例分取红利；《公司法》第二百零五条规定，公司章程可以对利润分配的方法作出特别的规定。因此，只要经公司全体股东协商一致并写入公司章程，公司制基金也可以采取特别的分配制度对专业投资管理人士进行激励。第二，实践中，一些公司制基金通过实施股权激励实现了对投资管理人的充分激励，大量的公司制基金则通过委托专门的投资管理机构管理的方式，在管理顾问协议中约定符合行业惯例的分配条款，这同样可以实现对专业投资管理人士的充分激励。

2. 利润分配顺序

按照《公司法》的规定，公司在分配当年税后利润时，应当提取利润的10%作为法定公积金；公司法定公积金累计额为公司注册资本的50%以上的，

可以不再提取；公司的法定公积金不足以弥补以前年度亏损的，在提取法定公积金之前，应当先用当年利润弥补亏损；公司的法定公积金可以转为资本，但所留存的法定公积金不得少于转增前公司注册资本的25%。公司制基金必须严格遵守上述关于利润分配的规定，《公司法》还明确规定："股东会、股东大会或者董事会违反前款规定，在公司弥补亏损和提取法定公积金之前向股东分配利润的，必须将违反规定分配的利润退还公司。"

3. 利润留存

根据上述规定，公司制基金在存续期间，不能将全部投资收益随时分配给投资人，在分配的时候还必须首先弥补以前年度的亏损并提取法定公积金，这在很大程度上制约了公司制基金的分红能力和实施业绩激励的能力。

（二）有限合伙基金的利润分配制度

1. 利润分配原则

根据《合伙企业法》的规定，有限合伙制基金的利润分配和亏损分担，完全可以按照有限合伙协议的约定执行。法律充分保障合伙企业的人合性，充分尊重合伙人的意思自治。基金获得投资收益以后，怎样分配，什么时间分配，是否提留，等等，完全由基金在合伙协议中自行约定。《合伙企业法》对合伙协议关于利润分配和亏损承担的唯一强制性要求是："合伙协议不得约定将全部利润分配给部分合伙人或者由部分合伙人承担全部亏损。"

2. 利润分配的顺序

实践中，有限合伙基金的利润分配方式大同小异，基本参照行业的惯例，首先返还各合伙人的投资成本，然后实现有限合伙人的优先回报，剩余收益由普通合伙人和有限合伙人按照"二八分成"原则分配。这样分配的结果是普通合伙人通过1%的出资就能支配100%的资本，并享有20%的投资收益。美英等风险投资发达国家的经验表明，这一激励机制为风险投资的发展提供了强大的动力，是刺激风险投资发展的利器。

3. 利润留存

有限合伙制基金不需要留存利润，其投资收益可以根据合伙协议的约定随时向投资人分配。但是，实践中越来越多的基金倾向于留存一定比例（通常为10%～20%）的投资收益用于追加投资，对于普通合伙人来说，这种做法可以轻松获得管理资金并可收取更多的管理费，对于有限合伙人来说则存在着投资收益不能及时落袋为安的风险。

（三）比较分析

根据上述比较，而公司制基金必须按照法律规定实行利润分配，而且，在利润分配之前必须弥补以前年度亏损和提取法定公积金。这种分配制度对一般公司来说无有不利，但对于以追求投资回报为单纯目的的私募股权基金来说，则造成了一部分投资收益无法实现分配，对股东的利益构成直接影响。

相对而言，有限合伙制基金在投资收益分配方面则显得比较灵活，几乎不受法律的限制。可以在合伙协议中约定投资收益的分配制度，也没有利润留存的要求。

因此在投资收益分配方面，有限合伙制基金则比公司制基金有明显优势。

五　减资程序之比较

（一）公司制基金的减资程序

对于公司私募股权基金来说，在投资退出之后除了要向投资者返还投资所获得的红利和其他投资收益以外，还应当及时返还投资本金。而由于投资本金已经被当做公司的注册资本金，因此只能通过公司减资的方式完成。

按照《公司登记管理条例》的规定，公司减少注册资本必须发布公告，并自公告发布之日起45日后申请办理变更登记。申请时应当提交依法设立的验资机构出具的验资证明，“并提交公司在报纸上登载公司减少注册资本公告的有关证明和公司债务清偿或者债务担保情况的说明”。

（二）合伙企业的减资程序

《合伙企业法》明确规定，“合伙人应当按照合伙协议的约定或者经全体合伙人决定，可以增加或减少对合伙企业的出资。”与公司制基金相同，合伙制基金的合伙人同样需要通过减资的方式来实现投资退出。

根据《合伙企业登记管理办法》的规定，合伙企业减资属于法定登记事项

发生变更的情况，应当由执行合伙企业事务的合伙人在作出变更决定或者发生变更事由之日起15日内，向原企业登记机关申请变更登记。而申请变更登记提交的主要文件就是全体合伙人签署的变更决定书，或者合伙协议约定的人员签署的变更决定书。

（三）比较分析

根据上述比较，在减资程序方面，有限合伙制基金比公司制基金要明显简单。有限合伙制基金减资无须验资，也无须公告，更无须清偿债务或者提供担保，而且申请的时间只有15天（远低于公司制基金减资的45天要求）。因此，无论在减资的费用、程序和工作时间上，有限合伙制基金都比公司制基金有明显优势。减资程序的相对简便更有利于合伙制基金在完成每一笔投资退出之后，立即将投资成本和收益返还合伙人，最大限度地降低资金闲置的成本。

六　纳税制度之比较

（一）公司制基金的纳税制度

公司制基金的纳税应按照《企业所得税法》、《企业所得税法实施条例》（以下简称《实施条例》）以及相关的行政规章和规范性文件的规定执行。

公司制基金之所以经常遭到诟病，最主要的原因之一就是很多人认为公司制基金存在双重纳税问题。但是，这种认识并不完全正确。根据《企业所得税法》第二十六条和《实施条例》第十七条的规定，“符合条件的居民企业之间的股息、红利等权益性投资收益”为企业的免税收入。因此，公司制基金无须就股权投资所获得的股息红利部分缴纳企业所得税，仅对股权转让产生的资本利得部分缴纳所得税。同样的依据，公司制基金的公司股东从基金分配获得利润，也属于免税收入，该公司股东无须就这部分收入缴纳企业所得税。但如果公司制基金的股东为自然人，该自然人股东必须按照《个人所得税法》之规定，缴纳20%的个人所得税。因此，对于公司制基金的自然人股东来说，确实存在着一定程度的双重征税问题；但是，对于公司制基金的公司股东来说，实际上并不存在双重纳税问题。

公司制基金在税收上还享有较大的优惠。为了鼓励私募股权基金投资中小高新技术企业，国家出台了《促进创投企业发展税收政策》，此后《企业所得税法》作了相应的修改，在第三十一条规定："创业投资企业从事国家需要重点扶持和鼓励的创业投资，可以按投资额的一定比例抵扣应纳税所得额"。《实施条例》第九十七条将《企业所得税法》第三十一条所称"抵扣应纳税所得额"具体解释为："是指创投企业采取股权投资方式投资于未上市的中小高新技术企业2年以上的，可以按照其投资额的70%在股权持有满2年的当年抵扣该创业投资企业的应纳税所得额"。此后国家税务总局又先后出台《关于执行企业所得税优惠政策若干问题的通知》和《关于实施创投企业所得税优惠问题的通知》，进一步扩大了税收优惠政策的适用范围，简化了申请税收优惠政策的程序。同时进一步规定：当年不足抵扣的，可以在以后纳税年度结转抵扣。

（二）有限合伙基金的纳税制度

按照《合伙企业法》第六条的规定，"合伙企业的生产经营所得和其他所得，按照国家的有关税收规定，由合伙人分别缴纳所得税。"按照此规定，合伙企业纳税的纳税原则是"先分后税"，各合伙人为纳税义务人。合伙企业合伙人是自然人的，缴纳个人所得税；合伙人是法人和其他组织的，缴纳企业所得税。

为了进一步明确合伙企业的纳税问题，2008年12月，国家财政部和国家税务总局联合签发《关于合伙企业合伙人所得税问题的通知》（财税〔2008〕159号）。该通知在贯彻好《合伙企业法》"先分后税"的精神的同时，从五个方面设计了防避税措施：第一，为防止合伙企业本身成为避税工具，规定：合伙企业需作为应纳税所得核算主体。而且，合伙企业的"所得"无论是分配还是留成，都需要计入"应纳税所得额"范畴。第二，对自然人合伙人的所得，无论其为普通合伙人还是有限合伙人，均按照2000年发布的《关于个人独资企业和合伙企业投资者征收个人所得税的规定》执行，比照个人所得税法的"个体工商户的生产经营所得"应税项目，适用5%～35%的五级超额累进税率，计算征收个人所得税。第三，合伙企业的合伙人是法人和其他组织的，机构合伙人在计算缴纳企业所得税时，不得用合伙企业的亏损递减其赢利。第四，为防止通过关联合伙人避税，规定不得约定将收益分配给部分合伙人。第五，为防止收益分到合伙

人后，合伙人通过账面亏损以税基方式避税，明确规定合伙企业的合伙人，以合伙企业生产经营所得和其他所得，确定应纳税所得额。

另外，由于《合伙企业法》将合伙企业界定为非纳税主体，因此，无法享受国家给予创投企业的各项所得税优惠待遇。

为了鼓励个人投资者成立私募股权基金，有些地方税务机关出台了一些与国家税法规范有差异的优惠措施。例如，上海市、天津市规定“执行有限合伙企业合伙事务的自然人普通合伙人，按照‘个体工商户的生产经营所得’应税项目，适用5%～35%的五级超额累进税率，计算征收个人所得税；不执行有限合伙企业合伙事务的自然人有限合伙人，其从有限合伙企业取得的股权投资收益，按照‘利息、股息、红利所得’应税项目，依20%税率计算缴纳个人所得税。”北京市的规定为：“合伙制股权基金中个人合伙人取得的收益，按照‘利息、股息、红利所得’或者‘财产转让所得’项目征收个人所得税，税率为20%。即不区分合伙人类型，均适用20%的所得税率”。有些地方政府还另外制定了免征营业税的优惠政策。这些优惠政策虽然降低了合伙人的税收负担，但是其合法性和稳定性值得质疑。因为根据现行税收管理权益的规定，中央税、共享税以及地方税的立法权限都集中在中央，各级财政部门、税务部门不得在税法明确授予的管理权限外，擅自更改、调整和变通国家税法和税收政策。据媒体报道，国务院已责成国家发展和改革委员会推动财税部门，对地方政府的优惠政策进行全面整顿。国家税务总局正在制定《合伙企业及合伙人所得税实施办法》，目前已进入征求意见阶段。

（三）比较分析

根据上述比较，对于公司制基金的自然人股东来说，既要在基金获得投资收益环节缴纳企业所得税，又要在个人从基金获得利润分配环节缴纳个人所得税，因此，存在着双重征税；但是，对于公司制基金的公司股东来说，只在基金层面缴税，实际上并不存在双重纳税问题。

而对于有限合伙基金来说，由于合伙企业是非纳税主体，则无论合伙人是自然人还是法人或其他组织，均不存在双重征税问题。

对于法人或其他组织来说，如果担任有限合伙基金的合伙人，其从基金分的收益必须单独核算纳税，在计算税基时，既不得用合伙企业的亏损抵减自身赢利，也不能用自身的亏损递减从合伙企业获得的收益。而作为公司资金的股东则不存在此种限制。另外，公司制基金还可以享受国家给予创投企业的巨额税收优惠政策，有限合伙制基金由于属于非纳税主体，不能享受该税收优惠待遇。因此，对于法人或其他组织来说，作为有限合伙基金的合伙人比作为公司制基金的股东可能要承担更多的税负。

但是，对于对社保基金、企业年金之类的免税主体而言，投资到合伙制基金，按我国现行税法，在基金和投资者环节都可避免税负。而投资公司制基金则很难做到完全避税，除非该基金是创业投资基金，而且基于中小企业投资额所申报的应纳税所得抵扣额高到可以全部抵扣应纳税所得额，以至于该基金通过抵扣后不需再缴税。

对于自然人而言，按照目前的税法规定，投资有限合伙基金比投资公司制基金承担的税负稍低，但是，考虑到公司制基金可以享受税收优惠的因素，有限合伙制基金在税收制度上的优势并不明显。而且，目前国家财税部门正在考虑如何避免对个人投资公司型企业（包括公司型创业投资基金企业）的双重征税问题。如果个人也能像法人企业一样，从其他法人企业所得的税后股息红利也可视为税后收益而不再征所得税，则必将极大地激励个人投资于公司型创业投资基金的积极性。

七　债务承担之比较

（一）公司制基金的债务承担

《公司法》明确规定：“公司以其全部财产对公司的债务承担责任。”“有限责任公司的股东以其认缴的出资额为限对公司承担责任，股份有限公司的股东以其认购的股份为限对公司承担责任。”按照上述法律规定，公司制基金的股东均应对基金的债务承担有限责任。

（二）有限合伙制基金的债务承担

按照《合伙企业法》规定：“普通合伙人对合伙企业债务承担无限连带责任，有限合伙人以其认缴的出资额为限对合伙企业债务承担责任。”

法律要求普通合伙人对合伙企业承担无限责任，这本来是一种防范普通合伙人道德风险的约束机制。但是，由于中国目前并没有建立自然人破产制度，逃废债务的情况非常普遍，让自然人承担无限责任，在实践中根本无从落实。另外，实践中很多有限合伙制基金的架构中，普通合伙人并不是由自然人承担，而是由投资管理有限公司担任。在这样的架构下，虽然普通合伙人要对合伙企业债务承担无限连带责任，但是投资管理有限公司作为独立承担民事责任的法律主体，只能在其财产范围内承担责任。因此，这种设计实际上是一种隔离风险的做法，将普通合伙人本应承担的无限连带责任实际转化成了一种有限责任。还有一些私募股权基金同时结合税务因素的考虑，设计用有限合伙企业来担任普通合伙人，实际的投资管理人担任该普通合伙人的有限合伙人，这种设计一方面为了适当减轻税负，但同时也是为了避免承担无限连带责任。

实践中还有些合伙制基金在合伙协议中打破了“有限合伙人不参与有限合伙事务”的规定，让有限合伙人对基金的投资决策拥有了一定的决定权甚至一票否决权。这种安排实际上使有限合伙人面临可能承担无限责任的法律风险。因为，根据《合伙企业法》的规定：“第三人有理由相信有限合伙人为普通合伙人并与之交易的，该有限合伙人对该笔交易承担与普通合伙人同样的责任”。另外，一些地方性的法规和政策作了更具体的规定，例如，《北京市有限合伙管理办法》、《深圳经济特区合伙条例》和《杭州市有限合伙管理暂行办法》都规定：有限合伙人如违反合伙协议约定参与经营管理的，视为普通合伙人，与普通合伙人一起对合伙债务承担无限连带责任。

（三）比较分析

从上述比较来看，公司制基金的投资人和有限合伙制基金的有限合伙人只承担有限责任，而有限合伙的普通合伙人则要对合伙的债务承担无限连带责任。

实践中，由于私募股权投资和风险投资管理人的机构化，以及修改后的《合伙企业法》允许公司等法人机构成为普通合伙人，有限合伙制基金的普通合伙人越来越多地由专门的私募股权投资和风险投资管理公司等法人机构，而不是风险投资家个人来担任。在此情况下，风险投资家通过成为承担有限责任的公司股东规避了个人的无限连带责任。

另外，由于在目前阶段，基金本身还无法对外融资，而且业务仅限于对外投资，实际对外承担债务的风险很小，因此，无论对于公司制基金还是有限合伙制基金，发生基金资不抵债的可能性更是几乎为零。换句话说，需要股东或合伙人在公司（或合伙人）财产范围之外承担偿债责任的可能性也基本没有。因此，探讨投资人承担“有限责任”和“无限责任”更多只有理论上的意义。

八　投资人权益的司法保护之比较

（一）公司制基金的投资人权益的司法保护

按照《公司法》的规定，中小股东权依法享有知情权、质询权、提案权和股东会的召集权。

为了防止大股东滥用股东权利而损害中小股东的利益，《公司法》还对大股东的权利做了限制；例如允许公司不按照出资比例行使表决权和分配利润。另外，还规定了表决权排除制度，关联董事回避制度和累计投票制度等，这些制度也都对大股东的权利形成限制。

在中小股东权益受到伤害的情况下，《公司法》还提供了充分的救济措施，中小股东可以行使回购请求权、决议撤销权、解散公司请求权。法律明确规定，当董事、高级管理人员违反法律、行政法规或者公司章程的规定，损害股东利益的，股东可以向人民法院提起诉讼。损害公司利益的，股东还可以行使代位诉讼权。

（二）有限合伙制基金的投资人权益的司法保护

在有限合伙制基金中，普通合伙人享有了独立的经营权和管理权，为了保护有限合伙人的利益，《合伙企业法》规定了有限合伙人拥有八项权利。其中包括对企业经营管理提出建议的权利、一定范围的知情权以及提起诉讼的权利等。但从法条来看，这些权利仅仅是原则性的规定，难以对有限合伙人形成有效的保护。

和公司制基金的股东相比，有限合伙人的知情权范围是相当有限的。公司制基金的股东除了通过参加股东会和委派董事监事等方式全面了解公司的经营状况以外，还有权查阅、复制公司章程、股东会会议记录、董事会会议纪要、监事会会议纪要和财务会计报告，并有权要求查阅公司会计账簿。而有限合伙人的知情

权仅限于“获取经审计的有限合伙企业财务报告”和“对涉及自身利益的情况，查阅有限合伙企业财务会计账簿等财务资料”。

虽然法律规定了有限合伙人可以在有限合伙企业中的利益受到侵害时，向有责任的合伙人主张权利或者提起诉讼，但是，法律仅仅规定“合伙人违反合伙协议的，应当依法承担违约责任”，法律所提供的救济手段也仅仅包括调解、仲裁和诉讼，这种普通的司法救济显然和对公司股东所提供的多种司法救济难以相提并论。

另外，由于实践中有限合伙协议通常都是由普通合伙人聘请专业律师起草，有限合伙人由于专业和谈判能力的限制，以及人数众多而难以形成统一意见，通常无法对协议的内容施加较大的影响，因此，有限合伙协议条款的安排通常对普通合伙人有利。在这种情况下，有限合伙人即使利益受到了侵害，也往往很难通过追究“违约责任”的方式实现权利的维护。

（三）比较分析

在投资人权益保护方面，公司制基金和有限合伙制基金相比明显具有优势。法律为了保护公司中小股东的合法利益，不仅明确规定了中小股东的权利，而且还对大股东行使权利作出了适当的限制，尤其还对小股东维护权益提供了强有力的司法救济途径。

而相比之下，在有限合伙制基金中，由于有限合伙人无法参与合伙企业的日常经营管理，其知情权相当有限，建立在知情权基础上的其他权利也相对空泛。另外，由于有限合伙协议通常对普通合伙人有利，有限合伙人往往难以通过追究普通合伙人违约责任的方式维护自己的权益。

九　研究结论

综上所述，可以得出如下比较结论：

和有限合伙制基金相比，公司制基金的最大优点是治理结构成熟并且规范，投资者可以获得较大程度的法律保障；向中小型高科技企业投资的公司制基金可以享受70%投资额抵扣的税收优惠待遇，另外，在投资人人数和身份限制方面，公司制基金所受的法律和政策限制稍少。

和有限合伙制基金相比，公司制基金存在的缺点是：出资方面受到的限制较

大，程序比较复杂；在利润分配方面，不能做到随时分配和全额分配，会影响投资人的短期收益；减资程序稍显复杂，会造成资金的闲置，另外，对于自然人投资公司制基金，目前尚存在双重征税问题。

和公司制基金相比，有限合伙制基金的优点是：在出资缴付期限和出资程序上比公司制基金更加灵活；在利润分配方面，有限合伙制基金几乎不受法律的限制，比公司制基金明显灵活；在减资方面，有限合伙制基金减资的费用较低，程序简单，工作时间上明显较短；对于社保基金和企业年金等免税主体来说，投资有限合伙制基金还可以享受免税待遇。

和公司制基金相比，有限合伙制基金最大缺点是治理结构没有公司制基金规范，存在严重的信息不对称问题，有限合伙人的权益难以得到充分的法律保障。此外，有限合伙制基金目前不能享受投资抵扣的税收优惠。在投资人人数和身份方面也受到更多的限制。

基于上述比较分析可以得出结论：对于主要看重投资收益，不愿意也没有能力过多地参与具体的投资业务的普通投资者（尤其是自然人投资者），选择有限合伙制基金更为适合；对于社保基金和企业年金等免税主体来说，投资有限合伙制基金可以享受到彻底的免税待遇从而提高投资收益；但是，对于不仅看重投资收益而且愿意积极参与投资业务的机构投资者，选择公司制基金可以在投资决策方面获得更多的话语权，并通过参与公司治理获得更多的法律保障。

参考文献

1. 陈玮：《我的 PE 观》，中信出版社，2011。
2. 朱少平：《〈中华人民共和国合伙企业法〉释义及实用指南》，中国民主法制出版社，2006。
3. 安建：《中华人民共和国公司法释义》，法律出版社，2005。
4. 刘健钧：《私人股权与创业投资基金政策法规解读与操作方略有关问题》，《清华大学国际应用金融高级研修班课程讲义》，2011 年 3 月。
5. 宋晓燕：《私募股权投资基金组织模式分析——一个治理结构的视角》，《上海财经大学学报》2008 年第 10 卷第 5 期。
6. 庞跃华、曾令华：《私募股权基金组织形式的比较及中国选择》，《财经理论与实践》2011 年第 32 卷第 170 期。

Comparative Research on Organization Modes of Private Equity Funds

Yang Guangyan

Abstract: At present, there are mainly two types of organization mode of domestic Private Equity Funds (abbreviated as PE hereinafter), namely, company and limited partnership. This article makes a systematic comparative research on these two types of organization mode from 8 aspects, fully disclosing the advantages and disadvantages respectively, and clarifying some wrong opinions in practice on the organization of PE.

Key Words: Private Equity Funds; Organization mode; company, limited partnership; comparative research

B.16
企业整体上市模式法律问题比较分析

单长亮

摘　要：2011 年是我国持续鼓励企业整体上市的重要一年。作为 2011 年国内 A 股整体上市的典型案例，上汽集团通过资产重组实现了整体上市。本文对截至 2011 年底我国推进企业整体上市的相关政策和法律法规进行了分析，对整体上市涉及的几个共性问题进行了探讨。在此基础上，结合典型案例，对整体上市不同模式的相关法律特点进行了比较和总结。我们认为，未来企业整体上市将进一步获得国资部门和监管部门的政策鼓励。从目前的整体上市法律环境和模式特点来看，在上市公司反向收购集团公司模式下，集团公司不需要符合 IPO 标准，收购方法具有广阔的选择和创新空间，因此具有更强的现实性和适应性。

关键词：整体上市　法律问题　比较分析

一　整体上市含义

（一）广义的整体上市

广义的整体上市是指一家公司将其全部资产或者主要经营资产证券化的过程。

（二）狭义的整体上市

狭义的整体上市是针对“分拆上市”而言的，指集团公司吸收合并已有的上市子公司或者把主要资产和业务注入上市子公司的行为。具体讲就是通过重组和整合集团公司内部资源，将集团的主业资产和业务实现整体上市以提高其市场

竞争力，从根本上解决先前部分资产和业务“分拆上市”后产生的关联交易和同业竞争等问题。

下文讨论的整体上市都是指狭义的整体上市。

二　推动企业整体上市的制度缘起

（一）分拆上市的制度渊源

1993 年 4 月 25 日国务院颁布《股票发行与交易管理暂行条例》，标志着股票发行审批制的确立。审批制主要体现为额度管理。额度被按条块、隶属关系分配，造成了上市公司壳资源的稀缺。急于求得壳资源进行上市融资的企业往往通过重组、剥离和分割等形式，将企业的部分优质资产包装上市，将原企业及其余资产改造成集团公司，这就形成了“分拆上市”。

（二）推动整体上市的法律动因

分拆上市带来的直接后果就是上市公司独立性无从保证，关联交易、同业竞争问题难以避免。要解决这些问题，比较彻底的办法就是实现企业的整体上市。

2000 年 3 月《中国中国证券监督委员会股票发行核准程序》颁布，核准制取代了审批制，上市壳资源稀缺的问题得到一定程度的解决。经过股权分置改革，资本市场发展的基础制度性障碍得到突破。随着资本市场的不断发展，相关部门出台了一系列鼓励企业并购重组并实现企业整体上市的政策，为企业整体上市提供了良好的法律环境。

三　推动企业整体上市的政策分析

（一）基础政策

（1）2005 年 8 月，五部委联合发布《关于上市公司股权分置改革的指导意见》明确提出，“在解决股权分置问题后，支持绩优大型企业通过其控股的上市公司定向发行股份实现整体上市”。

（2）2005 年 11 月，中国证券监督委员会发布《关于提高上市公司质量意见》明确"支持具备条件的优质大型企业实现整体上市"。各地根据《国务院批转中国证券监督委员会〈关于提高上市公司质量意见〉的通知》制定了具体实施意见。

（二）政府部门的推动措施

（1）2007 年 1 月，时任国务院国有资产监督委员会主任李荣融表示将积极推进具备条件的中央企业母公司整体改制上市或主营业务整体上市；鼓励、支持不具备整体上市条件的中央企业，把优良主营业务资产逐步注入上市公司，做优做强上市公司。

（2）2008 年 12 月，时任国务院国有资产监督委员会主任李荣融在中央企业负责人工作会议上表示，国务院国有资产监督委员会将继续推动中央企业整体上市，同时积极探索国务院国有资产监督委员会直接持有整体上市中央企业股权。

（3）2010 年 12 月，时任中国证券监督委员会主席尚福林在第九届中国公司治理论坛上表示中国证券监督委员会将进一步完善公司并购的制度安排，减少审批环节，提高并购重组的审核效率和透明度，改善并购重组综合绩效，积极鼓励上市公司通过并购重组、定向增发等方式实现整体上市，解决同业竞争、减少关联交易。

（4）2011 年 12 月，国务院国有资产监督委员会主任王勇在中央企业负责人工作会议上强调鼓励中央企业进行不留存续资产的整体上市，主业资产已经整体上市的，要通过多种途径实施集团层面的整体上市。

四　企业整体上市的法律规范分析

（一）基础法律规范

2005 年 10 月修订的《中华人民共和国公司法》和《中华人民共和国证券法》是规范我国上市公司以及证券市场的基础性法律。企业要实现整体上市，首先要满足《公司法》和《证券法》的相关规定。

（二）核心法律及其配套规定

中国证券监督委员会 2008 年 8 月修订的《上市公司收购管理办法》和 2011

年 8 月修订的《上市公司重大资产重组管理办法》及相关的修改和解释等配套规定，是企业重组实现整体上市要遵循的核心法律文件。

（三）相关重要规定

2006 年 12 月中国证券监督委员会发布的《上市公司信息披露管理办法》，2010 年 11 月国务院办公厅转发的五部委《关于依法打击和防控资本市场内幕交易意见》，2011 年 10 月 25 日中国证券监督委员会公布的《关于上市公司建立内幕信息知情人登记管理制度的规定》和 2011 年 10 月 28 日国务院国有资产监督委员会公布的《关于加强上市公司国有股东内幕信息管理有关问题的通知》是整体上市过程中信息披露要遵循的重要法律文件。

《上市公司证券发行管理办法》、《上市公司非公开发行股票实施细则》、《上海证券交易所股票上市规则》、《深圳证券交易所股票上市规则》及一些相关的落实文件也是企业并购重组实现整体上市过程需要予以遵守的法律文件。

（四）特殊规定

在引入境外投资者实现企业整体上市时，还需要遵守《关于外国投资者并购境内企业的规定》、《外国投资者对上市公司战略投资管理办法》、《中华人民共和国反垄断法》等文件的规定。

五　企业实现整体上市过程中的共性法律问题

（一）同业竞争及关联交易问题

1. 解决同业竞争及关联交易问题的重要意义

同业竞争及关联交易问题是分拆上市带来的困扰上市公司的顽疾。由于分拆上市方式的天然缺陷，很多上市公司与集团公司之间存在严重的同业竞争。在上市公司的关联交易中，由于控股股东可以利用控制与从属关系进行内部安排，往往损害了上市公司的利益，给控股股东输送利益。因此，减少这类关联交易、消除集团内部的同业竞争，是保护上市公司利益的重要手段。

推动企业整体上市的主要目的之一就是要从源头上解决集团公司与上市公司

之间的同业竞争和关联交易问题。企业整体上市使集团公司与上市公司成为一个整体，可以把集团公司与上市公司之间的关联交易绝大部分转为上市公司内部的资源配置，有利于消除同业竞争，降低上市公司的交易费用。所以在企业整体上市过程中，如何彻底有效地解决同业竞争和关联交易问题是所有模式需要面对的核心法律问题。

2. 同业竞争和关联交易问题的一般解决方案

要解决好企业的同业竞争和关联交易问题，就要实现集团公司主业和重要关联业务的一体化上市，根据中国证券监督委员会对保荐代表人的相关培训内容和上市案例来看，一般在企业整体上市方案中解决同业竞争和关联交易的要点如下：

（1）同业竞争：竞争领域不能划分太细，关联业务和共用品牌、渠道、客户及供应商的业务须纳入上市公司。

（2）关联交易：经常性关联交易如影响资产的整体性需纳入上市公司，主要厂房、商标要拥有所有权，主要土地要拥有使用权，不允许存在控股股东租赁厂房等影响资产独立性的情况，办公楼等个别不影响正常经营的资产可以租赁。

一般来讲，上述方法可以有效地解决关联交易和同业竞争问题。如鞍钢收购大股东鞍钢集团所有的新钢铁公司全部股权，实现了钢铁主业一体化，解决了集团内部钢铁主业的同业竞争和关联交易问题。但是从宏观的视角看，在某些主业整体上市模式下，如果集团公司仍然单独存续，可能会再次导致关联交易的发生。因为主业资产上市后，原来的关联交易可能全部或部分暂时消失，但经过一段时期，如果集团公司发展新业务，还是可能形成新的关联交易。

（二）职工持股会及工会持股问题

1. 解决职工持股会及工会持股问题的必要性

拟整体上市的企业，如存在职工持股会及工会持股的问题，必须在上市前清理。20 世纪 90 年代，通过职工持股会和工会持股的现象很多。所谓职工持股会是指受企业持股职工委托，专门从事职工股权管理，并在持股职工授权范围内代理行使股东权利，履行股东义务，维护持股职工合法权益的组织。所谓工会持股，是指企业工会组织设立的职工持股会，专门从事职工股权管理，代表持股职工行使股东权利，履行股东义务，维护持股职工合法权益，并以工会社团法人名义承担民事责任。

中国证券监督委员会在2000年12月《关于职工持股会及工会能否作为上市公司股东的复函》和2002年11月《关于职工持股会及工会持股有关问题的法律意见》明确禁止以职工持股会或工会作为上市公司股东，对拟上市公司，受理其发行申请时，要求发行人的股东不属于职工持股会及工会，同时，要求发行人的实际控制人不属于职工持股会及工会持股。据此，要实现企业整体上市，解决职工持股会和工会持股问题是必要的环节。

2. 职工持股会及工会持股问题的一般解决方案

职工持股会和工会持股问题，在整体上市前要进行清理。根据已上市公司的相关案例，解决该类问题的方案一般包括以下法律程序：

（1）详细了解职工持股会或工会持股的形成背景和过程。

（2）由当地主管部门批复同意撤销职工持股会或工会持股。

（3）召开全体职工大会或职工代表大会就处理方案进行表决；相关决议由全体职工持股会成员或由有书面授权的职工代表签字确认。

（4）签署股权转让协议或其他处理协议。

（5）取得当地主管部门同意调整的批复。

（6）股权受让方支付股权对价然后按照持股比例分配给职工，定价依据一般为每股净资产。所有持股会会员在退股领款时均签字确认，认可退股款金额及确认已全额收到退股款，并承诺其是出自自愿退股，不会就退股及退股款等问题提出新的要求。

这一般可以有效地解决职工持股会及工会持股问题。有些企业在整体上市过程中对这个问题解决的不好，影响了整体上市的步骤。根据公开信息，2009年东软股份在寻求整体上市的过程中，曾经因职工持股问题未得到有效解决而没能通过中国中国证券监督委员会重组委的核准，直到按要求对方案进行了修订后才重新获得核准。

（三）信息披露问题

1. 做好信息披露问题的重要意义

实施集团公司整体上市，有利于对集团公司整体资产的估值，有利于减少关联方交易、节约交易费用，最终提升集团公司的整体价值。证券市场上宣告实施集团公司整体上市的上市公司，往往会受到二级市场投资者追捧。整体上市概念很容易引起上市公司股价在二级市场上的异动，从而对股东权益造成影响。

因此，在企业整体上市过程中，法律法规对集团公司、上市公司大股东和管理层等具有信息优势地位主体的保密责任要求非常严格，对上市公司等市场主体相关的信息披露要求也很高。

2. 信息披露需要遵循的相关法规

《上市公司信息披露管理办法》对整体上市过程中涉及的重组等问题作了规范。《关于依法打击和防控资本市场内幕交易意见》明确要求上市公司建立内幕信息知情人登记管理制度。2011 年 10 月 25 日，中国证券监督委员会公布了《关于上市公司建立内幕信息知情人登记管理制度的规定》。2011 年 10 月 28 日，国务院国有资产监督委员会公布了《关于加强上市公司国有股东内幕信息管理有关问题的通知》。这两个文件主要是进一步规范上市公司的内幕信息管理，要求上市公司根据内幕信息的流转做好内幕信息知情人登记管理的工作。其中，明确要求上市公司进行收购、重大资产重组、发行证券、合并、分立、回购股份等重大事项的，除建立内幕信息知情人档案外，还应当按照要求制作重大事项进程备忘录。上市公司应当在内幕信息依法公开披露后及时将内幕信息知情人档案及重大事项进程备忘录报送证券交易所。

整体上市不论采用哪种模式，交易各方都要严格遵守信息披露要求，做好内幕信息的控制工作以保证交易的顺利进行。

六　整体上市模式比较分析

从已经发生的整体上市案例来看，实践中主要体现为以下三种模式：

（一）集团换股吸收合并所属上市公司

该模式是指集团公司与所属上市子公司的流通股股东以一定比例换股，吸收合并所属上市子公司，由集团公司发行新股，实现整体上市。

1. 通常操作步骤分析

（1）一般分改制、吸收合并、首次公开发行股份三步实施，吸收合并和首次公开发行股份同时进行。

（2）集团公司换股的对象是上市子公司的流通股股东，而对于非流通股或

有限售条件的流通股，集团公司常通过受让的方式取得。

（3）控股股东为了保护流通股股东的利益，有时会设定现金选择权。

（4）换股完成以后，原上市子公司退市，注销独立法人资格，其所有权益、债务由集团公司承担，集团公司发行新股成为新的上市公司，原上市子公司成为上市后集团公司的全资子公司。

2. 典型案例

属于这种模式的典型案例有 TCL 集团吸收合并 TCL 通讯、上港集团吸收合并 G 上港等。

以 G 上港为例：

2006 年，上港集团以换股吸收合并的方式合并 G 上港，以上港集团为合并完成后的存续公司，并申请上市，G 上港在合并后即终止上市并注销。换股吸收合并完成后，上港集团在上海证券交易所实现整体上市。

（1）上港集团以 3.67 元/股的价格发行股票作为换股吸收合并对价向 G 上港除上港集团、上海起帆科技股份有限公司、上海外轮理货有限公司外的全体股东发行人民币普通股股票，用以交换该等股东所持有的全部或部分 G 上港流通股。

（2）G 上港股票的换股价格为每股 16.50 元，本次换股吸收合并的换股比例为 1:4.5，即 G 上港股东（上港集团、外轮理货、起帆科技除外）所持的每一股 G 上港股票可以换取 4.5 股上港集团股票。

（3）为充分保护中小股东的利益，吸收合并设定了现金选择权方案，G 上港股东（上港集团除外）可以以其所持有的 G 上港股票按照 16.50 元/股的价格全部或部分选择现金对价支付。该部分现金对价由第三方（该第三方可为一家或数家）支付，该第三方将承诺按照前述换股比例全部转换为上港集团的股票。

（4）交易完成后，上港集箱注销，上港集团首次公开发行上市。

（5）整体上市完成后，集团公司与上市公司的同业竞争和关联交易问题得到彻底的解决。

3. 模式特点分析

结合上述案例，可见这种模式的几个主要特点如下：

（1）该模式主要适用于处于快速发展时期的集团公司，既能满足集团公司在快速发展阶段对资金的需要，又能使集团公司的资源得到整合。

（2）需要集团公司符合公司 IPO 标准，对集团公司财务指标要求较高。

（3）可以同时向公众公开发行股票，并实现集团公司完全的整体上市。

（4）一般可以彻底解决关联交易与同业竞争问题。

（二）上市公司反向收购母公司

该模式是指根据集团公司上市的新增规模大小，由上市公司反向收购集团公司资产（或股份）进而达到集团公司整体上市的目的。

1. 通常操作步骤分析

（1）集团公司把非经营性资产剥离，把准备纳入上市公司的经营性资产打包。

（2）上市公司通过市场融资或定向增发股票等募集资金。

（3）上市公司利用募集的资金或者自有资金收购集团公司的经营性资产实现集团主业整体上市（有时直接采用换股吸收合并或者几种募集资金方式相结合来实现集团公司整体上市）。

（4）交易完成后，上市公司独立存在，资产通常会实现横向或纵向一体化，集团内部同业竞争和关联交易显著降低。

2. 细分模式与典型案例

实践中反向收购集团公司模式主要分为以下三种类型：定向增发反向收购集团公司模式；再融资反向收购集团公司模式；自有资金反向收购集团公司模式。

（1）定向增发反向收购集团公司模式。

该模式是指集团公司所控股的上市公司通过对集团大股东或机构投资者进行定向增发股票（有时结合换股吸收合并等方式），进而反向收购集团公司资产，实现集团主业的整体上市。

属于这种模式的典型案例有盘江股份、上海汽车等。

以上海汽车为例：

2011 年，上海汽车向上汽集团以及上海汽车工业有限公司非公开发行股份，以收购其持有的从事独立零部件业务、服务贸易业务、新能源汽车业务相关公司股权及其他资产。交易完成后，上汽集团基本实现汽车资产整体上市。

①上海汽车向上汽集团及其全资子公司上汽工业有限公司发行股份购买资产，其中涉及华域汽车、南汽模具、彭浦机器厂、中汽投等 22 家公司股权以及

办公用房等其他资产和负债。

②上汽集团所注入资产主要涵盖零部件、汽车服务贸易、新能源汽车三大板块业务，实现上汽集团主业一体化上市。

③2011 年 9 月 13 日，中国证券监督委员会正式核准上海汽车定向发行股份购买资产暨关联交易的相关事宜。

④通过交易，上海汽车向上汽集团和上汽工业有限公司定向发行股份，共计 1783144938 股。

⑤重组完成后，除房地产等少数资产外，上汽集团旗下控制的所有经营性资产均置入了上海汽车，基本上实现了上汽集团资产的整体上市。

（2）再融资反向收购集团公司模式。

该模式是指上市公司通过向公众增发（或与定向增发相结合），配售或发行可转债等方式融资，收购集团公司资产，实现集团主业的整体上市。

属于这种模式的典型案例有中国移动、宝钢股份等。

以宝钢股份为例：

2004 年宝钢股份通过增发股票募集资金收购宝钢集团所有钢铁资产和相关业务，实现集团公司钢铁主业整体上市。

①2004 年 8 月宝钢股份决定通过再融资收购宝钢集团的所有其他钢铁资产。

②宝钢股份增发的股份总数不超过 50 亿股，增发包括向上海宝钢集团公司定向增发国家股和向社会公众增发公众股两部分，而且定向增发部分占增发总量的比例不低于 50%，社会公众增发部分占本次增发总量的比例不超过 50%。

③增发募集资金将全部用于收购宝钢集团的资产，用以完成宝钢的整体上市。这些资产包括：宝钢集团上海第一钢铁有限公司、宝钢集团上海五钢有限公司及上海钢铁研究所等。

④收购完成后，宝钢集团基本实现钢铁资产的整体上市。

（3）自有资金反向收购集团公司模式。

该模式是指上市公司利用自有资金（或者结合承债等辅助方式）收购集团公司资产，实现集团公司主业整体上市。

属于这种模式的典型案例有中软股份、G 邯钢等。

以 G 邯钢为例：

2008 年，邯郸钢铁股份公司以自有资金收购邯钢集团公司部分钢铁资产，进而实现邯钢集团钢铁主业的整体上市。

①2006 年 9 月 8 日，G 邯钢召开股东大会，表决通过《关于收购邯钢集团公司部分资产的议案》，G 邯钢出资 20.3 亿元收购邯钢集团所属的动力厂、热力厂、运输部以及中板生产线等资产，以减少关联交易，避免同业竞争。

②截至 2006 年 6 月 30 日，G 邯钢货币资金余额为 25.48 亿元，应收票据余额为 25.64 亿元，可用流动资金总额达 51.12 亿元，有能力以自有资金完成收购。

③收购完成后，G 邯钢的中厚板生产能力增强。在 G 邯钢已拥有一条中板生产线的情况下，邯钢集团出售资产避免了与 G 邯钢的同业竞争。

④上市方案实施后，邯钢集团部分实现了钢铁主业整体上市。

3. 模式特点分析

在基本模式不变的情况下，企业可能会根据自身特点对收购方式进行选择和创新。总的来看，这种模式的主要特点是：

（1）适合集团公司资产与股权结构相对简单的情况。上市公司通过多种手段募集资金，收购集团公司资产。

（2）对集团公司财务标准要求较低，不要求集团公司符合 IPO 标准。

（3）上市公司可以用自有资金收购，也可以采用增发股票，发债等方式募集收购资金。

（4）上市公司主业实现整体上市，一般可以较好地解决关联交易与同业竞争问题。

（5）收购方法具有广阔的选择和创新空间，如可以使用增发、换股、承债、延期支付等一种或多种方式的结合来实现收购。

（三）上市公司吸收合并其他上市子公司

这种模式是指集团公司旗下的各上市公司通过换股的方式进行吸收合并。一般选择一家上市公司为主，完成集团公司主业的整体上市。

1. 通常操作步骤分析

（1）上市公司按照协议确定的换股价格与换股比例与被合并方进行换股，以购买被合并对方资产，实现集团公司主业资产整体上市。

（2）合并过程中为保障股东的利益，通常会赋予股东现金选择权。

（3）交易完成后，被合并方原所持的上市公司的股份通常会予以注销，同时被注销的还有被合并方的独立法人资格，上市公司仍独立存续。

2. 典型案例

属于这种模式的案例有潍柴动力吸收合并湘火炬、河北钢铁集团下属3家上市公司换股吸收合并等。

以河北钢铁为例：

2009年河北钢铁集团整合旗下三家上市公司，以唐钢股份为合并方，吸收合并了邯郸钢铁和承德钒钛。吸收合并完成后，唐钢股份作为存续公司成为河北钢铁集团下属唯一的钢铁主业上市公司，实现了集团公司钢铁业务的整体上市。

（1）2008年12月28日河北钢铁集团三家上市公司召开第一次董事会，审议通过换股吸收合并预案，三家上市公司的换股价格均为其首次审议本次换股吸收合并事项的董事会决议公告日前20个交易日的A股股票交易均价，并据此确定换股比例。

（2）河北钢铁集团或其管理企业向邯郸钢铁和承德钒钛的异议股东提供现金选择权，有权行使现金选择权的异议股东为在作出吸收合并决议的邯郸钢铁和承德钒钛的股东大会正式表决换股吸收合并议案时投出有效反对票，且在有关现金选择权具体实施公告发布后，在规定时间里履行申报程序的股东。

（3）合并后唐钢股份作为存续公司成为河北钢铁集团下属唯一的钢铁主业上市公司，邯郸钢铁和承德钒钛注销法人资格，其全部资产、负债、权益、业务和人员并入存续公司。

（4）吸收合并完成后，唐钢股份公司更名为河北钢铁股份有限公司，河北钢铁集团实现了钢铁主业的整体上市。

3. 模式特点分析

结合以上案例，可见这种模式的主要特点是：

（1）比较适合集团公司内部兄弟上市公司业务雷同，或者可以为上市公司提供与其主营业务互补资产的情况。

（2）不需要集团公司符合公司IPO标准。

（3）有时需要提供现金选择权以顺利实现交易。

（4）实现集团公司某部分业务的整体上市，还可能存在关联交易或同业竞争。

七　整体上市模式法律效果比较总结

几种主要整体上市模式的法律效果比较总结如表1：

法律效果＼模式	集团公司吸收合并所属上市公司	上市公司反向收购集团公司	上市公司吸收合并集团内其他上市子公司
集团公司财务指标要求	集团公司需符合公司IPO标准	集团公司不需符合IPO标准	集团公司不需符合IPO标准
现金选择权设计	有时提供现金选择权	一般不提供现金选择权	有时提供现金选择权
法律存续主体	集团公司	原上市公司	原上市公司
整体上市的实现效果	实现集团公司完全的整体上市	实现集团公司主业整体上市	实现集团公司某部分业务的整体上市
关联交易与同业竞争的规制效果	一般可以彻底解决	一般可以较好解决	一般解决得不够彻底

资料来源：根据相关资料整理。

八　结语

总的来看，在未来很长一段时间，进一步加强上市公司独立性，提高上市公司质量，解决关联交易和同业竞争仍是监管部门关注的重点。整体上市作为解决分拆上市遗留问题的一种重要手段，在2012年仍将获得国资部门和监管部门政策的支持和鼓励。

选择何种模式实现整体上市，一般要视上市公司与集团公司的具体情况而定。从目前企业整体上市的法律环境和模式特点来看，在上市公司反向收购集团公司模式下，集团公司不需要符合IPO标准，收购方法具有广阔的选择和创新空间，因此具有更强的现实性和适应性。

参考文献

1. 杨桦、蔡建春主编《全流通时代上市公司并购与重组经典案例解析》，中国和平出

版社，2011。
2. 投行小兵著《IPO 企业上市解决之道》，法律出版社，2011。
3. 张国峰编著《企业上市典型案例深度剖析》，法律出版社，2010。
4. 夏瑾：《我国整体上市模式的理论综述及典型案例》，《现代商业》2010 年第 2 期。
5. 复旦大学课题组（课题主持人：罗忠洲、刘逖、廖士光；课题组成员：郑海青、李天栋、张城钢、屈小粲、廖凌、杨乐、张蓓、周皭）：上海证券交易所《上市公司整体上市模式与效果分析》研究报告 2009。
6. 罗忠洲、屈小粲、张蓓：《上市公司整体上市的模式、问题及对策再思考》，《证券市场导报》2010 年 09 期。
7. 仲崇玉：《国有企业整体上市的金融风险及商法保障》，《中国商法年刊》2008。
8. 王源：《鞍钢股份整体上市实例分析》，对外经济贸易大学硕士论文，2007。

The Comparative Analysis on Legal Issues of Whole on-listed Patterns

Shan Changliang

Abstract: China continued to encourage enterprises to be list as a whole in 2011. SAIC Motor was one of the typical cases. This article studied the relevant laws and policies, analyzed some general legal issues among whole-listing cases, summarized the features of different whole-listing patterns on the basis of cases in the market, and gave prediction on the future selection of the whole-listing patterns.

Key Words: Whole on-listed; Legal Issues; Comparative Analysis

B.17 2011年借壳上市法律实务分析

彭 鹏

摘　要：2011年我国借壳上市法律环境发生了重大变化。中国证券监督委员会于8月发布《关于修改上市公司重大资产重组与配套融资相关规定的决定》，对借壳上市的含义与监管规则进行详细界定。本文评述了2011年借壳上市法律环境所发生的重大变化。2011年共有20多例借壳上市交易获得中国证券监督委员会审核通过。基于案例分析，本文对借壳上市常见法律问题进行了归纳。

关键词：借壳上市　法律环境　法律实务

一　2011年借壳上市法律环境发生重大变化

2011年，借壳上市法律环境发生了重大变化。中国证券监督委员会于8月发布《关于修改上市公司重大资产重组与配套融资相关规定的决定》（以下简称《决定》）。《决定》对《上市公司重大资产重组管理办法》（以下简称《重组办法》）、《上市公司非公开发行股票实施细则》等进行了多处修改。同时发布的《证券期货法律适用意见第12号》也对《重组办法》相关条文的适用问题提出意见。此外，国家工商行政管理总局、国务院国务院国有资产监督委员会、深交所也对借壳上市相关制度进行重大修改。借壳上市法律环境的主要变化包括：

（一）首次明确界定借壳上市

根据《决定》，《重组办法》对借壳上市进行了明确界定，即：自控制权发生变更之日起，上市公司向收购人购买的资产总额占上市公司最近一个会计年度经审计的合并财务会计报告期末资产总额的比例达到100%以上的交易行为。

这是中国证券监督委员会首次明确界定借壳上市的标准，为引入借壳重组标准与 IPO 趋同原则奠定了基础。

在界定借壳上市的计算方法上，中国证券监督委员会发布的《〈上市公司重大资产重组管理办法〉第十三条、第四十三条的适用意见——证券期货法律适用意见第 12 号》（以下简称《证券期货法律适用意见第 12 号》）提出如下适用意见：

（1）执行累计首次原则，即按照上市公司控制权发生变更之日起，上市公司在重大资产重组中累计向收购人购买的资产总额（含上市公司控制权变更的同时，上市公司向收购人购买资产的交易行为），占控制权发生变更的前一个会计年度经审计的合并财务会计报告期末资产总额的比例累计首次达到 100% 以上的原则。

（2）执行预期合并原则，即收购人申报重大资产重组方案时，如存在同业竞争和非正常关联交易，则对于收购人解决同业竞争和关联交易问题所制定的承诺方案，涉及未来向上市公司注入资产的，也将合并计算。

上述计算方法可有效防止化整为零规避监管，保障拟注入资产符合完整性、合规性和独立性要求。

（二）借壳重组标准与 IPO 趋同

借壳重组标准与 IPO 趋同，是指中国证券监督委员会按照《上市公司重大资产重组管理办法》审核借壳重组，同时参照《首次公开发行股票并上市管理办法》的相关规定。具体而言：

第一，按照 IPO 标准，关注持续赢利能力和规范运作。中国证券监督委员会在《〈关于修改上市公司重大资产重组与配套融资相关规定的决定〉的问题与解答》中明确指出："中国证券监督委员会在审核借壳上市方案中，将参照《首次公开发行股票并上市管理办法》，重点关注本次重组完成后上市公司是否具有持续经营能力，是否符合中国证券监督委员会有关治理与规范运作的相关规定，在业务、资产、财务、人员、机构等方面是否独立于控股股东、实际控制人及其控制的其他企业，与控股股东、实际控制人及其控制的其他企业间是否存在同业竞争或者显失公平的关联交易。"

第二，按照 IPO 标准，要求上市公司购买的资产对应的经营实体持续经营时间应当在 3 年以上。经营实体是指上市公司购买的资产。经营实体应当是依法设立且合法存续的有限责任公司或股份有限公司，持续经营时间应当在 3 年以上，但经国务院批准的除外。如涉及多个经营实体，则须在同一控制下持续经营 3 年以上。

第三，按照IPO标准，要求经营实体最近两个会计年度净利润均为正数且累计超过人民币2000万元。按照借壳重组标准与IPO趋同原则，净利润指标以扣除非经常性损益前后孰低为原则确定。

有实务人士认为，从统计数据分析，近年来借壳上市仅有极少数不符合《决定》规定的条件，《决定》规定的利润和三年经营等要求象征意义大于实质意义。但我们认为，《决定》引入的借壳重组标准与IPO趋同原则将在未来相当一段时间内对借壳上市活动持续产生重要影响。

（三）配套融资程序简化

2011年修订后的《重组办法》第四十三条规定，上市公司发行股份购买资产的，可以同时募集部分配套资金，其定价方式按照现行相关规定办理。《证券期货法律适用意见第12号》规定，上市公司发行股份购买资产同时募集的部分配套资金，主要用于提高重组项目整合绩效，所配套资金比例不超过交易总金额25%的，一并由并购重组审核委员会予以审核；超过25%的，一并由发行审核委员会予以审核。

修订后的《重组办法》允许上市公司发行股份购买资产与配套融资同步操作，解除了相关二者分开操作的政策限制，实现一次受理一次核准，有利于上市公司拓宽兼并重组融资渠道，有利于减少并购重组审核环节，有利于提高并购重组的市场效率。不过，由于借壳上市一般不涉及配套融资，因此，以发行股份购买资产方式借壳上市能否适用上述政策尚存在不确定性。有业内消息称，中国证券监督委员会正在征询意见，拟明确不允许借壳上市进行配套融资。

（四）金融、创投行业目前不得借壳上市

《决定》明确规定，上市公司购买的资产属于金融、创业投资等特定行业的，由中国中国证券监督委员会另行规定。因此，在中国证券监督委员会专门规定出台前，银行、证券、信托、创投等行业暂时不能借壳上市。2011年4月，国海证券在新政策出台前获准借壳上市，可谓非常幸运。

（五）换股吸收合并工商登记进一步简化

2011年11月，国家工商行政管理总局发布《关于做好公司合并分立登记支

持企业兼并重组的意见》（工商企字〔2011〕226 号），对并购重组中公司的合并分立登记进行了简化，主要包括：

第一，支持公司同时办理重组登记。因公司合并、分立申请办理公司登记，自公告刊登之日起45 日后，申请人可以同时申请办理公司注销、设立或者变更登记。

第二，支持公司一次性申请多项变更登记。公司合并分立时增加股东、增加注册资本等其他登记事项变更的，只要符合《公司法》、《公司登记管理条例》等法律法规和公司章程的规定，可以一并提交相关登记申请，并按照总局内资企业登记材料规范的要求提交申请材料。

（六）国有资产借壳上市规则进一步完善

2011 年 9 月，国务院国有资产监督委员会发布《关于中央企业国有产权置换有关事项的通知》（国资发产权〔2011〕121 号，以下简称《通知》）。《通知》规定，国有单位以所持上市公司股份进行置换，国有单位与上市公司之间置换并涉及国有单位所持上市公司股份发生变化的，按照相关规定办理。与《通知》同时发布的政策解读进一步指出，对中央企业产权置换涉及所持上市公司股份发生变化等事项，国务院国务院国有资产监督委员会已以《关于规范国有股东与上市公司进行资产重组有关事项的通知》（国资发产权〔2009〕124 号）等文件予以规范，《通知》明确此类置换事项按照相关规定办理。

（七）严控内幕交易，加强信息管理

借壳上市是内幕交易的重灾区之一，建立制度防范内幕交易对借壳上市的顺利进行意义重大。2011 年 10 月，中国证券监督委员会公布了《关于上市公司建立内幕信息知情人登记管理制度的规定》（中国证券监督委员会公告〔2011〕30 号），主要规范上市公司的内幕信息管理，要求上市公司根据内幕信息的流转做好内幕信息知情人登记管理的工作。同时，国务院国有资产监督委员会公布了《关于加强上市公司国有股东内幕信息管理有关问题的通知》（国资发产权〔2011〕158 号），从上市公司国有股东、实际控制人确定内幕信息管理负责机构、建立内幕信息管理规章制度、强化信息披露、配合上市公司实施内幕信息知情人登记、加强教育培训等方面对国有股东及上市公司的实际控制人提出要求，同时对地方国有资产监管机构如何加强对地方国有股东内幕信息管理工作的监管提出了相关意见。

（八）不支持创业板借壳上市

2011 年 11 月，深圳证券交易所发布《关于完善创业板退市制度的方案》（征求意见稿），明确规定，不支持暂停上市公司通过借壳方式恢复上市。深圳证券交易所表示，创业板公司一旦进入暂停上市状态，将不支持这类公司进行重大资产重组，并通过借壳的方式实现恢复上市，以避免“借壳炒作”的现象在创业板重现。

2012 年 4 月 20 日，《深圳证券交易所创业板股票上市规则》（2012 年修订）正式发布，明确不支持通过“借壳”恢复上市。

二　2011 年借壳上市交易的特点

（一）2011 年借壳上市案例的统计

以中国证券监督委员会核准时间为序，2011 年获得中国证券监督委员会核准的借壳上市案例共有 25 例。主要信息见表 1：

表 1　2011 年借壳上市案例信息

交易名称	借壳上市方式	核准时间	所属行业
*ST 炼石借壳 ST 偏转	发行股份购买资产	2011 年 12 月	矿产业
长江传媒借壳 ST 源发	发行股份购买资产	2011 年 12 月	传媒业
均胜电子借壳 ST 得亨	发行股份购买资产	2011 年 11 月	制造业
百视通借壳广电信息	发行股份购买资产	2011 年 11 月	制造业
海润光伏借壳 ST 申龙	换股吸收合并	2011 年 10 月	制造业
兴业矿业借壳富龙热电	发行股份购买资产	2011 年 10 月	矿产业
三湘股份借壳 *ST 商务	发行股份购买资产	2011 年 9 月	房地产
亿晶光电借壳海通集团	发行股份购买资产	2011 年 9 月	制造业
宋都股份借壳 ST 百科	发行股份购买资产	2011 年 9 月	房地产
铁岭新城借壳中汇医药	发行股份购买资产	2011 年 9 月	公用事业
盛达矿业借壳 *ST 威达	发行股份购买资产	2011 年 9 月	矿产业
华夏幸福借壳 ST 国祥	发行股份购买资产	2011 年 8 月	房地产
云煤能源借壳 *ST 马龙	发行股份购买资产	2011 年 8 月	矿产、能源业
国机汽车借壳 *ST 盛工	发行股份购买资产	2011 年 7 月	贸易服务
浙报传媒借壳 *ST 白猫	发行股份购买资产	2011 年 6 月	传媒业

续表

交易名称	借壳上市方式	核准时间	所属行业
象屿股份借壳 * ST 夏新	发行股份购买资产	2011 年 6 月	社会服务
金马集团借壳 * ST 金马	发行股份购买资产	2011 年 6 月	矿产业
大名城借壳 * ST 华源	发行股份购买资产	2011 年 6 月	房地产
大地传媒借壳 * ST 鑫安	发行股份购买资产	2011 年 5 月	传媒业
国海证券借壳 SST 集琦	换股吸收合并	2011 年 5 月	金融业
金科股份借壳 ST 东源	换股吸收合并	2011 年 5 月	房地产
渤海租赁借壳 ST 汇通	发行股份购买资产	2011 年 5 月	租赁服务
银亿股份借壳 ST 兰光	发行股份购买资产	2011 年 5 月	房地产
新华联借壳 S * ST 圣方	发行股份购买资产	2011 年 4 月	房地产
恒逸石化借壳 * ST 光华	发行股份购买资产	2011 年 4 月	石化业

资料来源：中国证券监督委员会主页、巨潮资讯网。

（二）2011 年借壳上市的方式

在上述 25 例借壳上市案例中，3 例以换股吸收合并方式进行，其余 22 例以发行股份购买资产方式进行。可见，2011 年大部分借壳上市均是以发行股份购买资产方式进行的（见图 1）。

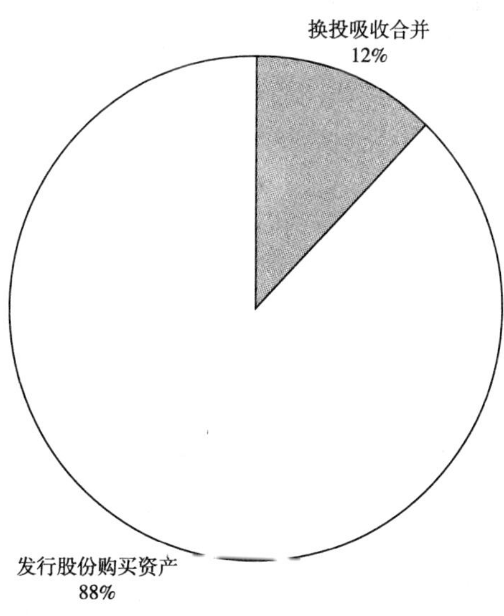

图 1　2011 年借壳上市方式

资料来源：证监会主页、巨潮资讯网。

换股吸收合并和发行股份购买资产是借壳上市的基本方式。笔者将在后文对两种方式的主要区别进行对比。

（三）2011 年借壳上市的行业

在上述案例中，房地产、矿产业和传媒三大行业非常显著。其中，房地产企业共 7 家（铁岭新城主营业务为土地一级开发，象屿股份主营业务为物流园区相关项目的开发经营及房地产租赁服务，这两家公司与一般的房地产开发企业有所不同，本文未将二者纳入），矿产企业 5 家，传媒企业 3 家，其他行业 10 家（见图 2）。

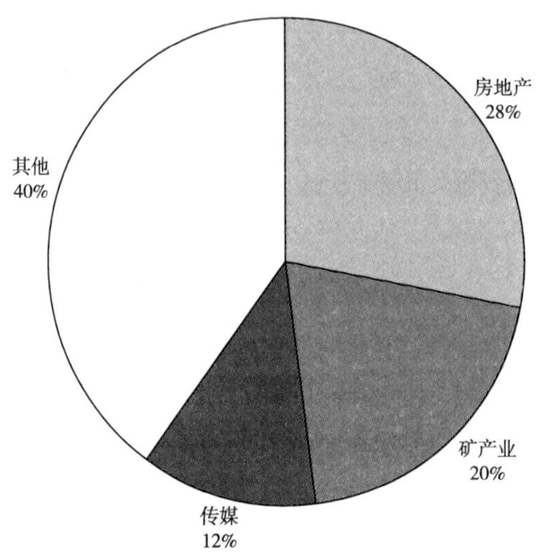

图 2　2011 年借壳上市行业

资料来源：证监会主页、巨潮资讯网。

基于上述总结可知，2011 年仍以房地产、矿产等重资产行业借壳上市为主。传媒行业借壳上市异军突起，反映了国家政策对资本市场的导向性。

鉴于上述三行业在 2011 年借壳上市占有重大比例，后文在分析借壳上市共性问题之后，对上述三行业借壳上市的特殊法律问题再进行专项分析。

三　借壳上市不同方式的主要区别

案例表明，2011 年借壳上市方式主要有两种：换股吸收合并和发行股份购

买资产。

吸收合并是指一家公司吞并和吸收另一家公司，存续公司的资本规模和业务规模更大，而被合并公司未经清算而解散，并将其全部资产和负债转让给存续公司的法律行为。换股吸收合并是吸收合并的一种，即并购方以向被并购方股东发行股份的方式，交换其所持有的被并购方股权，进而吸收合并被并购方。

发行股份购买资产，也称定向增发，是指上市公司作为交易一方，以非公开发行方式向少数特定投资者发行证券，用以购买资产（包括股权资产）。

基于借壳上市及其他类型并购重组案例的分析，我们认为换股吸收合并与发行股份购买资产在以下几方面存在重大区别：

第一，发行对象数量限制不同。发行股份购买资产在性质上是一种非公开发行，发行对象不得超过 10 人。吸收合并不同于非公开发行，发行对象不受 10 名的限制。因此，如果拟并购对象是上市公司或股东人数超过 10 人的公司，只能采用吸收合并方式。当然，如果换股对象累计超过 200 人，则根据《证券法》构成公开发行。

我们对 2011 年以换股吸收合并方式借壳上市的 3 起案例（海润光伏借壳 ST 申龙、国海证券借壳 SST 集琦、金科股份借壳 ST 东源）进行分析。其中，ST 申龙向海润光伏全体股东共计 20 名发行股票，用以交换海润光伏股权；SST 集琦向国海证券除索美公司、索科公司之外的股东共 12 名发行股票，用以交换国海证券股权；ST 东源向金科集团全体股东共计 26 名发行股票，用以交换金科股份股权。在上述 3 例借壳上市案例中，被合并方股东均超过 10 名，不符合发行股份购买资产的条件。因此，我们认为，发行对象是否超过 10 名，是决定采取何种方式借壳上市的最重要条件之一。不过，在投资实践中，换股吸收合并的对象也有少于 10 人的情况。例如，2012 年初宣布终止的翔鹭化纤借壳 ST 黑化，其换股吸收合并对象为 4 名。

在 2011 年的借壳上市交易中，已经存在上市公司向有限合伙企业发行股份购买资产的情况。有限合伙企业在某种程度上能够规避对发行对象人数的限制。我们也注意到，中国证券监督委员会非常关注有限合伙的信息披露，要求追溯到自然人。

案例：渤海租赁借壳 ST 汇通（有限合伙作为发行对象）。远景投资是 ST 汇通的交易对象之一，是一家有限合伙企业。远景投资的普通合伙人新远景佑成也是一家有限合伙企业，远景投资的一个有限合伙人也是一家有限合伙企业。中国证券监督委员会要求这三家有限合伙企业一直披露到最终的自然人或国有控股主体。

第二，登记过户程序繁简有所不同。吸收合并相关资产过户和验资手续相对简便，发行股份购买资产相对烦琐。

案例：葛洲坝整体上市。发行股票购买资产的资产过户手续烦琐，需要很长时间才能完成。而采用换股吸收合并方式，只要股权办理完工商登记过户，就可以完成验资手续，整个进程相对快捷。

第三，对被并购方的资产质量要求不同。以发行股份方式购买资产，发行人可以选择购买资产的范围。发行人的控股股东可以将暂时不符合上市条件的资产不注入上市公司。吸收合并则将导致被合并方全部资产归入合并方。因此，换股吸收合并对被合并方的资产质量要求较高。

案例一：大地传媒借壳上市。河南省新华书店发行系统、河南人民出版社等暂时不具备注入上市公司的条件。因此，中原出版传媒集团未将上述资产注入大地传媒。

案例二：华侨城整体上市。由于历史原因，华侨城集团在深圳华侨城片区承担部分政府部门职能，因此，华侨城集团采用由华侨城 A 向集团定向发行股份，购买集团资产的方式实现整体上市，而未采用由上市公司换股吸收合并华侨城集团的方式。

第四，中小股东、债权人保护程序不同。换股吸收合并需要履行债权人公告、提前清偿债务或提供担保，赋予异议股东收购请求权，发行股份购买资产没有特殊要求。在公司合并的情况下，《公司法》第一百四十三条对股份公司异议股东提供了异议股东收购请求权的保护，第一百七十四条对公司债权人提供了要求提前清偿债务或提供担保的保护。在股份公司购买、出售资产的情况下，《公司法》未对异议中小股东和债权人提供上述保护。

第五，现金流要求不同。在目前法律环境下，吸收合并难以同时募集资金，还需要准备提前清偿债务、收购异议股东股份的资金。根据《决定》，发行股份购买资产的，可以同时募集部分配套资金。

第六，发行股份购买资产无法取得控股股东的行业资质。在借壳上市中，如果被并购方（控股股东或其子公司）具有特殊行业资质，换股吸收合并导致被并购方法人资格消灭，被并购方的特殊行业资质在取得主管部门许可后，将由被

存续方承继。

对于发行股份购买资产而言，由于行业资质本身不属于可以购买的资产范围，无法通过发行股份购买属于控股股东的特殊行业资质。

案例一：国海证券借壳 SST 集琦。SST 集琦披露，经中国证券监督委员会核准，合并完成后，由 SST 集琦承继国海证券的证券许可资质。资本市场上类似的案例还有海通证券、东北证券、长江证券、国元证券、西南证券、广发证券等借壳上市案例。

案例二：葛洲坝整体上市。采用发行股份购买资产方式。则葛洲坝股份无法承继其控股股东水电工程公司所具有的多项工程建设资质（包括水利水电建设特级资质）。采用换股吸收合并方式则水电工程公司的多项资质由葛洲坝股份承继。

基于上述分析，我们认为，发行股份购买资产在注入资产范围的灵活性、维护控股股东利益、保障现金流的稳定安全等方面具有比较优势；换股吸收合并在发行对象不受 10 人限制、登记过户程序、取得行业资质等方面具有比较优势。当然，选择何种方式借壳上市非常复杂，取决于个案的具体情况。本文只进行了基础性分析。

四　2011 年借壳上市法律问题分析及解决

（一）2011 年借壳上市常见法律问题及其解决

我们以 2011 年内获得监管机构核准的案例为样本，以公布的借壳上市报告书及法律意见书为基础，对 2011 年借壳上市常见法律问题进行总结梳理。

1. 关于交易价格是否公允

根据中国证券监督委员会公布的并购重组共性问题审核意见关注要点，中国证券监督委员会对借壳上市交易价格是否公允的审核思路是，在充分尊重资产评估报告专业性的基础上，要求出具评估报告的程序公正、合法。具体而言，根据《重组办法》第十九条，在借壳上市类重大资产重组中，相关资产以资产评估结果作为定价依据。根据《重组办法》及中国证券监督委员会审核实践，投资机构应关注以下方面：

第一，普遍关注点。主要包括：①评估报告与赢利预测报告、公司管理层讨论与分析之间是否存在重大矛盾。②评估基准日的选择是否合理，基准日后评估结果与资产当前公允价值是否发生重大偏差，评估机构是否视情况重新出具评估报告。③标的资产在拟进入上市公司之前三年是否进行过评估，两次评估值之间是否存在较大差异，如存在是否已详细说明评估差异的合理性关联交易问题。

第二，评估方法与参数。包括评估方法选择是否得当，是否采用两种以上评估方法，评估参数选择是否得当，不同评估方法下评估参数取值是否存在重大矛盾。

第三，评估机构。包括资产评估机构是否具备证券期货从业资格，资产评估机构与审计机构之间是否存在影响其独立性的因素，是否更换过评估机构及具体原因，对以土地使用权和珠宝类相关资产为评估对象的，是否符合专门规定。

第四，特别资产类型。包括企业股权价值、流动资产、房地产、知识产权、采矿权等是否考虑该类财产的特别因素。

根据《重组办法》，上市公司董事会应当对评估机构的独立性、评估假设前提的合理性、评估方法与评估目的的相关性以及评估定价的公允性发表明确意见。上市公司独立董事应当对评估机构的独立性、评估假设前提的合理性和评估定价的公允性发表独立意见。

案例：国海证券借壳 SST 集琦。中国证券监督委员会要求律师说明国海证券转让价格低于其账面净资产的情况是否违反国有资产管理有关规定。律师认为，国海证券的评估值以 2008 年 9 月 30 日为基准日，该评估值高于当时的净资产值。基于该估值，各方签署了《吸收合并协议》，该协议仍有效。评估有效期虽然已经超过一年，经核查，国海证券已经重新评估报备，且获得广西自治区政府的批准（仍以 2008 年 9 月 30 日为基准日）。

2. 关于资产权属及其完整性

根据《重组办法》第 10 条以及《关于规范上市公司重大资产重组若干问题的规定》（中国证券监督委员会公告〔2008〕14 号），重大资产重组所涉及的资产应当权属清晰，资产过户或者转移不存在法律障碍。投资机构应当关注标的资产是否已取得相应权证，标的资产权属是否存在争议或限制，标的资产的完整性情况是否充分披露，以及借壳方及其控股股东是否采取解决措施。

案例一：恒逸石化借壳＊ST 光华。恒逸石化及其下属公司被纳入评估范围

的建筑物中，共有 51 处未取得权属登记证书。律师认为，上述建筑物目前存在一定的法律瑕疵，但由于其并非相关企业的主要生产经营设施，且占恒逸石化及其下属公司总建筑面积的比例很低，不会影响相关企业的正常生产经营活动。同时，恒逸集团承诺协助解决建筑物法律瑕疵问题，并承担所有相关成本、费用（包括可能的处罚）。因此，律师认为建筑物法律瑕疵不构成借壳上市的法律障碍。

案例二：炼石矿业借壳 ST 偏转。中国证券监督委员会注意到，炼石矿业的采矿权取得的是洛南县政府的批复，而根据有关规定，应取得省级以上国土资源部门的相关证明。经核查后，律师认为，采矿权的取得及相关价款、税费的缴纳在取得洛南县国土资源局的证明后，已得到陕西省国土资源厅的确认，无法律障碍。

3. 关于持续经营能力

按照借壳重组标准与 IPO 趋同原则，持续经营能力将是审核的重点。尤其是对于新型赢利模式，更需要详细论证赢利能力的合法性、独立性和可持续性。

案例：铁岭新城借壳中汇医药。拟注入上市公司的铁岭财京赢利模式主要是土地一级开发业务。监管机构关注了该赢利模式的合法性、独立性和可持续性。

一是合法性。2006 年至 2007 年底，铁岭市政府、铁岭市土地储备中心与铁岭财京相继签署《城市运营框架协议》、《土地一级开发协议》，确认铁岭财京是受政府方委托的唯一从事铁岭新城土地一级开发的单位。2008 年国务院发布《国务院关于促进节约集约用地的通知》（国发〔2008〕3 号），明确规定“土地前期开发要引入市场机制，按照有关规定，通过公开招标方式选择实施单位”。律师认为《城市运营框架协议》、《土地一级开发协议》在国发〔2008〕3 号文之前签署，且经过铁岭市人大常委会审议通过，符合法律规定。

二是独立性。由于土地一级开发的特殊性，铁岭财京与铁岭市相关政府部门有着紧密的联系。律师认为，铁岭财京与铁岭市相关政府部门并非单纯的政府机关对企业的管理与支持，其更多的是受《土地一级开发协议》约束的合同双方当事人之间的合同关系。因此，铁岭市政府与铁岭财京基于《土地一级开发协议》形成的铁岭新城开发的相互依赖关系并不必然导致铁岭财京的业务丧失独立性。

三是可持续性。律师认为，铁岭财京除土地一级开发外，还取得了新城区供水业务、污水业务的特许经营权，对新城区的污水处理和垃圾处理等其他业务的运营享有优先权，此外，铁岭市政府还承诺给予大力支持，因此，铁岭财京的赢利模式具有可持续性。

4. 关于实际控制人

根据中国证券监督委员会《关于职工持股会及工会能否作为上市公司股东的复函》（中国证券监督委员会法律部〔2000〕24 号）、《关于职工持股会及工会持股有关问题的法律意见》（法协字〔2002〕第115 号）要求，拟上市公司的股东不属于职工持股会及工会持股；同时，发行人的实际控制人不属于职工持股会及工会持股；对已上市公司而言，在受理其再融资申请时，应要求发行人的股东不存在职工持股会及工会。按照中国证券监督委员会要求及投资实践，在借壳上市中，实际控制人是职工持股会及工会的也需要进行清理，但可以在借壳上市后清理，而不要求必须事前清理。

案例：渤海租赁借壳 ST 汇通（工会作为实际控制人）。ST 汇通控股股东海航集团的实际控制人为海航工会。律师认为，该借壳上市不涉及公开发行股票或者其他再融资行为，因此不应因工会持股问题影响审批。且 ST 汇通于 1996 年上市，早于中国证券监督委员会相关规定。海航集团也承诺解决工会作为实际控制人问题。因此该问题不构成借壳上市的障碍。资本市场上还有易食股份借壳宝商集团案例（也是由海航集团主导的借壳上市），律师出具了基本相同的法律意见。

5. 关于关联交易与同业竞争

在借壳上市中，如果上市公司控股股东未将全部相关资产注入上市公司，将会产生关联交易与同业竞争问题。关联交易来源于上市公司控股股东未将产业链上下游相关资产注入上市公司，同业竞争来源于控股股东未将产业链同一阶段相关资产注入上市公司。中国证券监督委员会在审核实践中，非常关注关联交易与同业竞争问题。对于借壳上市后存在关联交易及同业竞争的，控股股东及关联方需要承诺解决相关问题。

案例一：大地传媒借壳 *ST 鑫安。由于存在理顺管理体制工作复杂，资产、人员问题庞杂等问题，中原出版传媒集团所属新华书店系统暂不进入上市公司。由此，中原出版传媒集团的中小学教材业务中的代理出版业务进入上市公司，而发行业务则由上市公司外的新华书店发行系统承担，形成关联交易。保荐人认为，中小学教材经营业务政策性强，由政府定价；同时，中原出版传媒集团和上市公司承诺依法合规开展业务，接受监督，上述措施将保证关联交易不会损害上

市公司及中小股东的利益。

案例二：渤海租赁借壳ST汇通。除渤海租赁外，海航集团和海航实业还实际控制长江租赁等五家融资租赁公司，形成潜在同业竞争。律师认为，渤海租赁与五家融资租赁公司在战略定位与主营业务上不存在实质性同业竞争，海航集团和海航实业及五家融资租赁公司分别出具避免同业竞争的承诺，并在此基础上出具了包含解决措施的补充承诺函。上述措施将有助于避免同业竞争，维护上市公司利益。

6. 其他应予关注的内容

除上述内容外，根据中国证券监督委员会公布的并购重组共性问题审核要点，借壳上市中是否存在内幕交易、债权债务处理是否得当、股权转让和权益变动是否已取得批准并充分披露、过渡期间损益安排、收购资金来源、挽救上市公司财务困难的重组方案可行性以及审计机构与评估机构是否具备独立性也是中国证券监督委员会非常关注的内容。投资机构应对上述事项保持高度关注。此外，按照借壳重组标准与IPO趋同原则，投资机构还应适当参考监管机构对IPO的审核要求。

（二）借壳上市相关行业特殊问题及其解决

1. 房地产企业借壳上市的特殊问题

2011年获得中国证券监督委员会核准借壳上市的房地产企业共有7家，即三湘股份、宋都股份、华夏幸福、大名城、金科集团、银亿控股和新华联。房地产企业借壳上市，除需要注意借壳上市共性问题外，还需要符合国家有关房地产行业的调控政策。

2010年，国务院发布《关于坚决遏制部分城市房价过快上涨的通知》（2010年国十条）。根据2010年“国十条”及配套规定，我们认为在房地产企业借壳上市中，投资机构应对以下问题保持特别关注：

第一，房地产企业是否存在闲置土地及炒地行为。“2010年国十条”强调，对存在土地闲置及炒地行为的房地产开发企业，证监部门暂停批准其上市、再融资和重大资产重组。对于“土地闲置”、“炒地”的认定，应根据《城市房地产管理法》第二十六条、第四十五条的规定认定。

第二，土地竞拍和开发建设过程中，股东是否存在违规对其提供借款、转贷、担保或其他相关融资便利。国家住房和地区建设部副部长齐骥将“违规”解释为“主要是违反国家在公司治理、信贷管理、证券市场融资等方面的法律法规的行为”，例如，股东通过关联交易进行利益输送、擅自将信贷资金转贷、提供贷款用于房地产子公司缴纳土地出让金等。

第三，非房地产主业的国有及国有控股企业是否参与商业性土地开发和房地产经营业务。

第四，房地产开发企业对取得预售许可证或者办理现房销售备案的房地产开发项目，是否在规定时间内一次性公开全部销售房源，并严格按照申报价格明码标价对外销售，是否存在捂盘惜售、囤积房源、哄抬房价等行为。

案例： 宋都股份借壳 ST 百科。宋都股份详细说明了集团公司、股份公司及其下属各项目公司不存在闲置土地及转让土地行为，不存在股东违规提供借款、转贷、担保或其他相关融资便利，不存在违规销售房屋行为，符合《关于坚决遏制部分城市房价过快上涨的通知》等国家调控政策。华夏幸福借壳 ST 国祥、新华联借壳 S＊ST 圣方等案例也多次提到国家宏观调控政策对房地产行业的影响。

2. 矿产企业借壳上市的特殊问题

矿产企业借壳上市是 2011 年资本市场的重头戏，共有 5 家矿产企业成功借壳上市，分别是炼石矿业借壳 ST 偏转、兴业矿业借壳富龙热电、云煤能源借壳＊ST 马龙、银都矿业借壳＊ST 威达和鲁能集团借壳＊ST 金马。我们认为在矿产企业借壳上市中，应对以下问题保持特别关注：

第一，矿业权的信息披露与评估。中国证券监督委员会将“矿业权的信息披露与评估”单独列为审核要点，包括矿业权证（勘察许可证或采矿许可证）有关情况、矿业权评估的基本情况、生产许可证书取得的情况、其他相关许可资质证书齐备情况，以及有偿取得探矿权、采矿权时价款缴纳的情况。如果实际生产能力与矿业权证书登记的生产能力有差异，还需审核实际生产能力是否经过合法审批。

案例： 鲁能集团借壳＊ST 金马。中国证券监督委员会注意到，河曲电煤目前持有的采矿权证将于 2012 年 6 月到期，存在不能续期的风险，要求重组方提出具体措施确保上市公司利益不受损失。鲁能集团认为，目前上榆泉煤矿采矿许可证不存在有效期满不能续期的法律障碍，鲁能集团将对续期工作高度重视，并于该采矿权证到期前及时提醒、督促和配合河曲电煤开展工作，确保续期工

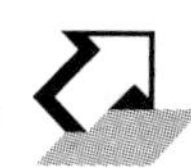

作顺利完成。如河曲电煤的采矿许可证不能续期且因此遭受损失，上市公司可依据其与鲁能集团签署的《发行股份购买资产协议》及《赢利预测补偿协议》就其损失获得相应赔偿。

第二，矿产企业的环保核查。应关注：一是企业生产是否符合环保法规、政策要求，最近三年是否曾经受到环保部门处罚，环境恢复治理方案审批及落实情况等。二是根据中华人民共和国环境保护部（发文时为国家环保总局）《关于对申请上市的企业和申请再融资的上市企业进行环境保护核查的通知》（环发〔2003〕101 号）的规定，煤炭业、采矿业企业是否已通过环保部门的环保核查。

第三，矿产企业的安全生产。应关注矿产企业最近三年是否存在超能力生产和重大安全事故。对于煤矿开采企业，尤其应关注安全生产问题，以及在煤炭生产许可证上登记的生产能力，是否超过由煤矿安全生产管理部门核定的生产能力，是否受到行政处罚及整改情况。

案例： 鲁能集团借壳 * ST 金马。拟置入上市公司的河曲电煤所属上榆泉煤矿于 2006 年 4 月 ~2007 年 7 月取得煤炭生产许可证前存在无证生产煤炭行为，2007 年 7 月 ~2009 年 6 月存在超能力生产煤炭行为。忻州市煤焦专项办公室出具收缴违规生产所得 7000 万元的决定。律师认为，河曲电煤已缴纳全部违规所得并承诺未来严格依核定原煤产能生产，且鲁能集团承诺确保上市公司未来不会因河曲电煤历史违规行为承担经济处罚责任，该不规范经营行为不会对重组后的上市公司构成不利影响。

3. 传媒企业借壳上市的特殊问题

2011 年借壳上市的传媒企业有长江传媒借壳 ST 源发、浙报传媒借壳 * ST 白猫和大地传媒借壳 * ST 鑫安。我们认为，投资机构对于传媒企业借壳上市，应关注报刊业的“两分开”行业政策。我国报刊业实行采编业务与经营业务“两分开”政策，采编业务不能上市。因此，报刊类传媒上市需要做好相关工作。

案例： 浙报传媒借壳 * ST 白猫。为落实“两分开”政策，浙报集团进行了剥离采编资产和安置相关人员、签署授权经营与广告收入分成协议等安排。采编与经营“两分开”后，采编从事媒体内容的采集和编辑工作，日常业务运作资金来自于相应经营公司的广告分成。资本市场上还有华闻传媒、新华传媒等采用收入分成的类似案例。

结　　语

2011 年，借壳上市法律环境发生了重大变化，借壳上市的含义得到明确界定，监管规则细化，并引入了借壳重组标准与 IPO 趋同原则。根据该原则，借壳上市除需要符合重大资产重组的一般规定外，拟借壳上市的资产还需要在独立性、赢利性及持续经营时间上达到更高的要求。

作为投资机构，在选择目标公司时，应当重视中国证券监督委员会的审核要点、借鉴已有的成功案例，还应按照借壳重组标准与 IPO 趋同原则，借鉴监管机构对 IPO 的要求，适当提高项目选拔标准。

参考文献

1. 中国证券监督管理委员会：《中国上市公司并购重组发展报告》，中国经济出版社，2009。
2. 上海证券交易所公司管理部：《第八届中国公司治理论坛“典型并购重组案例奖”案例评析》，《证券法苑》第二卷，法律出版社，2010。
3. 马骁：《上市公司并购重组监管制度解析》，法律出版社，2009。

Legal Affairs of Reverse Acquisition in 2011

Peng Peng

Abstract: Legal environment significantly changed in 2011. In August, CSRC launched the rule "Amending the Provisions on the Material Asset Reorganization and Ancillary Financing of Listed Companies", and clearly rules reverse acquisition. The article reviews the new rules. More than 20 reverse acquisition transactions were approved by the CSRC this year. Using case method, the article summarizes the legal problems in common.

Key Words: Reverse Acquisition; Legal Environment; Legal Affair

中国皮书网

发布皮书研创资讯，传播皮书精彩内容
引领皮书出版潮流，打造皮书服务平台

栏目设置：

- □ 资讯：皮书动态、皮书观点、皮书数据、 皮书报道、皮书新书发布会、电子期刊
- □ 标准：皮书评价、皮书研究、皮书规范、皮书专家、编撰团队
- □ 服务：最新皮书、皮书书目、重点推荐、在线购书
- □ 链接：皮书数据库、皮书博客、皮书微博、出版社首页、在线书城
- □ 搜索：资讯、图书、研究动态
- □ 互动：皮书论坛

www.pishu.cn

中国皮书网依托皮书系列“权威、前沿、原创”的优质内容资源，通过文字、图片、音频、视频等多种元素，在皮书研创者、使用者之间搭建了一个成果展示、资源共享的互动平台。

自2005年12月正式上线以来，中国皮书网的IP访问量、PV浏览量与日俱增，受到海内外研究者、公务人员、商务人士以及专业读者的广泛关注。

2008年10月，中国皮书网获得“最具商业价值网站”称号。

法律声明

“皮书系列”（含蓝皮书、绿皮书、黄皮书）由社会科学文献出版社最早使用并对外推广，现已成为中国图书市场上流行的品牌，是社会科学文献出版社的品牌图书。社会科学文献出版社拥有该系列图书的专有出版权和网络传播权，其 LOGO（ ）与“经济蓝皮书”、“社会蓝皮书”等皮书名称已在中华人民共和国工商行政管理总局商标局登记注册，社会科学文献出版社合法拥有其商标专用权。

未经社会科学文献出版社的授权和许可，任何复制、模仿或以其他方式侵害“皮书系列”和（ ）、“经济蓝皮书”、“社会蓝皮书”等皮书名称商标专用权的行为均属于侵权行为，社会科学文献出版社将采取法律手段追究其法律责任，维护合法权益。

欢迎社会各界人士对侵犯社会科学文献出版社上述权利的违法行为进行举报。电话：010－59367121，电子邮箱：fawubu@ssap.cn。

社会科学文献出版社